Kontaktadresse nach EU-Produktsicherheitsverordnung:
produktsicherheit@fischerverlage.de

Wie sind Erzählungen von Spielfilmen des klassischen Hollywoodkinos aufgebaut? Diese Leitfrage steht im Hintergrund von Michaela Krützens materialreicher Darstellung narrativer Figuren im Film. Ein analytischer Blick auf das populäre Kino und gleichzeitig die detaillierte Untersuchung eines paradigmatischen Films: Jonathan Demmes ›Das Schweigen der Lämmer‹.

Michaela Krützen, geb. 1964, ist Professorin an der Hochschule für Fernsehen und Film in München, 2001 wurde sie auf den Lehrstuhl »Kommunikations- und Medienwissenschaft« berufen. Zuletzt erschien von ihr im S. Fischer Verlag »Dramaturgien des Films. Das etwas andere Hollywood« (2010).

Unsere Adresse im Internet: www.fischerverlage.de

Michaela Krützen

Dramaturgie des Films

Wie Hollywood erzählt

Fischer Taschenbuch Verlag

4. Auflage

© 2024 S. Fischer Verlag GmbH,
Hedderichstr. 114, 60596 Frankfurt am Main

Originalausgabe

Printed in Germany
ISBN 978-3-596-16021-1

Wo soll man die Struktur der Erzählungen suchen?
In den Erzählungen vermutlich.

ROLAND BARTHES

Inhaltsverzeichnis

Einleitung:
Das Schreien der Lämmer

Clarice Starling ist nervös. Die angehende FBI-Agentin hat sich noch einmal Zutritt zu dem inhaftierten Serienmörder Hannibal Lecter verschafft. Diesmal verfügt sie jedoch nur über einen ungültigen Ausweis, denn der Fall wurde ihr entzogen. Clarice handelt eigenmächtig und riskiert damit ihren Ausschluss aus der FBI-Akademie. Die Studentin steht unter Zeit- und Leistungsdruck: Clarice will endlich die wahre Identität von Buffalo Bill erfahren, dem Psychopathen, der eine junge Frau in seinem Keller gefangen hält und der sie bald töten wird. Jeden Moment kann Clarice' unbefugtes Eindringen entdeckt werden, und wenn sie versagt, wird Bills Opfer sterben. Clarice weiß, dass sie das Leben der Gefangenen retten könnte – wenn Lecter ihr nur eine Chance gäbe.

DAS SCHWEIGEN DER LÄMMER – Clarice Starling

Dementsprechend unruhig geht Clarice vor dem Käfig auf und ab, in dem Lecter provisorisch untergebracht ist. In seiner neuen Zelle trägt der Gefangene blütenweiße Kleidung, die von grellem Deckenlicht angestrahlt wird. Lecter erscheint als Lichtgestalt, die er für Clarice ja auch ist: Nur er weiß, was sie wissen will. Clarice fragt nach Bills Namen, doch Lecter doziert ganz allgemein über das Begehren. Die junge Frau drängt: »Doktor, wir haben jetzt keine Zeit mehr für derartige Spielchen.« Lecter kontert: »Wir haben unterschiedliche Zeitvorstellungen.« Er beobachtet Clarice, und von ihm aus gesehen scheint die junge Frau hinter Gittern zu stehen. Sie wirkt wie eine nervöse Gefangene, während Lecter, der tatsächlich eingesperrt ist, vollkommen entspannt auf seinem Stuhl sitzt.

DAS SCHWEIGEN DER LÄMMER – Lecter verhört Clarice

Der Inhaftierte hat alle Zeit der Welt; er lässt sich nicht verhören. Stattdessen hat er die Macht, Clarice zu befragen: »Jetzt sind Sie dran, mir etwas zu sagen.« Bevor er ihr weiterhilft, soll sie ihm von ihrer Kindheit erzählen. Sie soll ihm endlich das Erlebnis offenbaren, über das sie sich bislang zu sprechen gesträubt hat: »Nach der Ermordung Ihres Vaters wurden Sie zur Waise. Sie waren zehn Jahre alt. Sie lebten dann bei Verwandten auf einer Pferde- und Schafranch in Montana. Und?« Da Clarice keine andere Möglichkeit sieht, an die begehrten Informationen zu kommen, erteilt sie unwirsch Auskunft: »Und eines Morgens bin ich einfach ausgerissen.« Lecter gibt sich mit einer solch diffusen Antwort nicht zufrieden und setzt seine Befragung fort: »Nicht einfach, Clarice. Was hat Sie fortgetrieben, wann genau brachen Sie auf?«

Lecter fragt nach einem Detail – »wann genau brachen Sie auf« –, und im Laufe dieser Frage zoomt die Kamera vom *close up* in den *extreme close up*, fast schon in eine Detailaufnahme von seinem Gesicht. Die Verengung der Einstellungsgröße hat Konsequenzen für die Gesprächssituation. Nach dem Zoom ist das Gitter, das die beiden trennte, nicht mehr zu sehen. Clarice steht nicht mehr auf Seiten der Wärter, die sie zu diesem Zeitpunkt auch tatsächlich fürchten muss, und Lecter ist nicht länger der Gefangene. Keine Absperrung trennt sie mehr. Tatsächlich haben die beiden einander noch nie so nahe gestanden. Sie reden nun *face to face,* von Angesicht zu Angesicht. Dabei hält Lecter den Kopf leicht gesenkt, sodass er – obschon im Verhältnis zu Clarice erhöht sitzend – nach oben blickt, wenn er sie ansieht. Er fixiert Clarice, als wolle er sie hypnotisieren. Der Intensität dieses Blicks und der Suggestivkraft seiner Frage kann sich die junge Frau nicht entziehen: Tatsächlich ändert sich ihr Gesichtsausdruck. Bislang hat sie Lecter angeblickt; nun schaut sie ins Leere. Clarice ist jetzt bereit zu tun, was Lecter fordert. Sie sagt ihm, was er wissen will. Sie erzählt ihm vom Schreien der Lämmer.

Clarice Ich hörte ein seltsames Geräusch.
Dr. Lecter Was war es?
Clarice Es war – ein Schreien war es. Es war ein Schreien wie von einer Kinderstimme.
Dr. Lecter Was taten Sie?
Clarice Ich lief nach unten, nach draußen. Ich schlich mich in den Viehstall. Ich war voller Angst, wollte nicht hinsehen, aber ich musste hinsehen.
Dr. Lecter Und was, Clarice, erblickten Sie, was, Clarice?
Clarice Lämmer. Die Lämmer haben geschrien.
Dr. Lecter Sie wurden geschlachtet, die Frühlingslämmer.
Clarice Die Lämmer haben geschrien …

Gegen ihren erklärten Willen hat Clarice den Schrecken ihrer Kindheit benannt. Sie sah als Zehnjährige, wie die Frühlingslämmer geschlachtet wurden. Verzweifelt versuchte das kleine Mädchen, die verängstigten Tiere zu retten:

Clarice Zuerst versuchte ich, sie zu befreien. Ich öffnete das Tor zu ihrem Gehege, aber sie wollten nicht weglaufen. Sie standen nur da, ganz verwirrt, sie wollten nicht wegrennen.
Dr. Lecter Aber Sie konnten wegrennen und taten es auch, nicht?

CLARICE Ja. Ich nahm ein Lamm mit und rannte davon, so schnell ich konnte.

DR. LECTER Wohin wollten Sie, Clarice?

CLARICE Ich weiß es nicht. Ich hatte nichts dabei. Nichts zu essen, nichts zu trinken. Und es war bitterkalt, bitterkalt. Ich dachte: Könnte ich doch wenigstens eines der Lämmer retten. Aber es war so schwer, es war so schwer. Nur einige Kilometer kam ich weiter, dann griff mich der Sheriff auf. Der Rancher war außer sich vor Wut. Dann schickte er mich ins Waisenhaus nach Bozeman.

Die ausführliche Schilderung der gescheiterten Flucht wird in nur einer Einstellung gezeigt, in einer Großaufnahme von Clarice. Ihr Gesicht ist der Kamera frontal zugewandt. Ein solcher *close up* ist keine ungewöhnliche Einstellungsgröße in dieser Sequenz: Fast der gesamte mit Clarice befasste Dialog, der rund vier Minuten lang ist und sich über 27 Einstellungen erstreckt, wurde in Schuss und Gegenschuss aufgelöst – frontal aufgenommene Großaufnahmen von Clarice und Lecter wechseln sich ab, wenn auch der Bildausschnitt im Verlauf des Gesprächs enger wird.

Aber inmitten all dieser *close ups* ist die Einstellung, in der Clarice von den Lämmern spricht, herausragend. Während die übrigen 26 Einstellungen im Schnitt nur fünf Sekunden lang sind, dauert Clarice' Erklärung ganze 62 Sekunden. Der Gegenschnitt auf ihren Gesprächspartner fehlt; Lecters kurze Zwischenfragen sind ins Off gelegt. Die Kamera bewegt sich nicht in dieser Zeit. Nur Clarice' Gesicht ist zu sehen; der Hintergrund liegt im Dunkeln, sodass er kaum wahrnehmbar ist. Den Kopf hält die junge Frau ruhig, ihre Mimik ist sparsam. Ein *talking head* – sicherlich keine Einstellung, die aufgrund ihrer Gestaltung Aufmerksamkeit erregen dürfte. *Dennoch soll im Folgenden die Narration des Films DAS SCHWEIGEN DER LÄMMER ausgehend von dieser Großaufnahme analysiert werden.*

Die Erinnerung an die Schlachtung der Frühlingslämmer hat dem Film ganz offensichtlich seinen Namen gegeben. Das ist auf den ersten Blick erstaunlich, denn erst in der 66. Minute des Films ist überhaupt von Lämmern die Rede. Hinzu kommt, dass die Geschichte von Clarice' Flucht nur einen bescheidenen Raum der Erzählzeit einnimmt – kaum vier von insgesamt 118 Minuten. Auch ist im gesamten Film kein Lamm zu sehen, weder schreiend noch schweigend. Was also bedeutet das Schreien der Lämmer für DAS SCHWEIGEN DER LÄMMER?

Nur ein selten abgedrucktes Pressefoto zeigt die erwachsene Clarice, die ein Lamm in den Armen hält. Im Unterschied zu den übrigen Werbefotos, die anlässlich des Kinostarts von DAS SCHWEIGEN DER LÄMMER veröffentlicht wurden, handelt es sich um eine Schwarzweißaufnahme. Bezeichnenderweise trägt Clarice gerade auf diesem Foto eine Frisur, die im Film nicht denkbar wäre. Auf der Leinwand hat die Agentin keine Locken, sondern glatte Haare. Das schwarze, leicht dekolletierte Kleid gehört nicht zur üblichen Garderobe der Ermittlerin. Clarice bevorzugt hochgeschlossene Kleidung, trägt bei der Arbeit baumwollene Jogginganzüge oder schlecht sitzende Jacketts. Auch der auffällige, sakral anmutende Hintergrund passt nicht zu den Schauplätzen, an denen DAS SCHWEIGEN DER LÄMMER spielt. Weder im Gefängnis noch auf der FBI-Akademie gibt es derartige Blumenornamente.

DAS SCHWEIGEN DER LÄMMER – Clarice Starling mit dem Lamm

Das *publicitiy still* inszeniert eine verletzlichere Clarice, die auch weniger angespannt ist als im Film. So hat zum Beispiel ihr Mund nicht den entschlossenen Ausdruck, den sie zumeist bei ihrer Arbeit zeigt. Es ist offenbar nicht die kompetente und ehrgeizige Agentin, die hier posiert; das Foto mit dem Lamm zeigt eine ›andere‹ Clarice.

DAS SCHWEIGEN DER LÄMMER – Clarice Starling bei Ermittlungen

Eine versonnen blickende junge Frau, die keine Notiz von ihrer Umwelt zu nehmen scheint. Eine Frau, deren Haupt von einer Gloriole umkränzt wird. Diese ›andere‹ Clarice muss aus einer im Film nicht verwendeten Erzählebene stammen. Als Erwachsene hat Clarice ja nie ein Lamm in den Armen gehalten, nur in metaphorischer Hinsicht trägt sie noch an seiner Last. Die im Werbefoto in Szene gesetzte Bürde ist entscheidend für die Interpretation ihrer Figur: Die gescheiterte Flucht, das Versagen Clarice' bei der Rettung eines Lamms, ist ein unverarbeitetes Problem aus der Vergangenheit der Protagonistin – ihre Backstorywound.

Als Backstorywound bildet Clarice' Erinnerung den Ausgangspunkt der folgenden Überlegungen; ihr Gegenstand ist die Struktur filmischer Narrationen. *Wie, so lautet die Leitfrage, sind die Erzählungen von Spielfilmen des Hollywoodkinos aufgebaut? Was ist ihre Struktur? Welchem Muster folgen diese Filme, und was für Figuren zeigen sie?*

Die Beantwortung dieser Fragen ist ein Beitrag zur filmwissenschaftlichen Narratologie.[1]* Seit Anfang der achtziger Jahre sind eine Fülle von Untersuchungen auf diesem Gebiet veröffentlicht worden: Es gibt grundlegende Theorien des filmischen Erzählens[2], Grammatiken der Narration[3] und Überlegungen zum Prozess des Verstehens von Geschichten.[4] Untersucht wurde die Perspektive der Erzählung

* Die Anmerkungen befinden sich am Ende des Bandes ab Seite 369

– ihr *point of view* – und die Instanz des Erzählers.[5] Es erscheinen psychoanalytische[6] und tiefenhermeneutische Filmanalysen, die darstellen, wie eine Erzählung vom Zuschauer erlebt wird.[7] Einige Wissenschaftler und Wissenschaftlerinnen befassen sich mit der Aufdeckung kultureller Mythen und mit ideologischen Einschreibungen in die Geschichte[8], andere untersuchen den Aufbau von Erzählungen.[9] Zu diesem Teilgebiet der Narratologie, der Plotanalyse, kann die DRAMATURGIE DES FILMS gezählt werden.

Den Plot definiert Umberto Eco als »die Geschichte, wie sie tatsächlich erzählt wird, wie sie an der Oberfläche erscheint«.[10] Plotanalysen beschäftigen sich mit der »Zusammenfügung der Geschehnisse«, die Aristoteles im sechsten Kapitel seiner POETIK als zentral herausstellt.[11] In der Filmwissenschaft zielen sie in der Regel auf die Konzeption eines Erzählmodells ab, das die Folge- und Ablaufbeziehungen narrativer Sequenzen eines Spielfilms darstellt.[12] Derartige Folge- und Ablaufbeziehungen sollen zunächst am Beispiel von DAS SCHWEIGEN DER LÄMMER aufgezeigt werden. Die Vorgehensweise ist demzufolge deduktiv und folgt damit Roland Barthes' Anregung, wie die strukturale Analyse von Erzählungen anzugehen sei. Die Erzählanalyse, die »Millionen von Erzählungen« gegenüberstehe, sei »zwangsläufig zu einem deduktiven Vorgehen verurteilt«. Sie sei verpflichtet, »zunächst ein hypothetisches Beschreibungsmodell (…) zu entwerfen und von diesem Modell ausgehend allmählich auf die Arten herabzusteigen, die gleichzeitig von ihm erfasst werden oder von ihm abweichen«.[13]

Ein solches ›hypothetisches Beschreibungsmodell‹ wird hier anhand des Leitfilms DAS SCHWEIGEN DER LÄMMER vorgestellt. Dieser Thriller ist eine kommerziell äußerst erfolgreiche, von Kritikern hochgelobte, von Wissenschaftlern viel beachtete und mit fünf Oscars in den Hauptkategorien ausgezeichnete Produktion.[14] Zum Vergleich herangezogen werden rund 300 Filme des Hollywoodkinos, des so genannten *classical cinema*. Die Erzähltradition des *classical cinema*, die schon in den zehner Jahren entwickelt wurde, wird bis heute fortgeführt – auch wenn das aktuelle Kino in seiner Gesamtheit oftmals als post-klassisch bezeichnet wird. Im Mittelpunkt dieser Untersuchung stehen erfolgreiche Hollywood-Produktionen der achtziger und neunziger Jahre, die dem *mainstream* zugeordnet werden können.

Welche Gemeinsamkeiten gibt es zwischen Das Schweigen der Lämmer und Pretty Woman? Was verbindet E. T. mit Thelma und Louise? Inwiefern ähneln sich Mondsüchtig und Basic Instinct, Der einzige Zeuge und Tootsie? Welche grundlegende Differenz besteht zwischen der Narration von Krieg der Sterne und den Geschichten, die in den Fortsetzungen der Saga erzählt werden? Welchem narrativen Muster folgen Stirb langsam und Jäger des verlorenen Schatzes? Was unterscheidet Clarice Starling von Indiana Jones?

Die Plotanalyse wird diese Fragen beantworten. Das aus dieser Analyse resultierende Modell soll nicht nur filmwissenschaftlichen, sondern auch filmpraktischen Ansprüchen Genüge leisten – das ist eine Besonderheit dieser Untersuchung, die sich sowohl an Medienwissenschaftler als auch an Medienpraktiker wendet. Integriert werden sowohl die wichtigsten Beiträge aus der Narratologie als auch die bekanntesten Ratgeber zum Drehbuchschreiben.[15] Besonderes Augenmerk wird dabei auf zwei weit verbreitete Handbücher gelegt, auf die beiden Bestseller Das Handbuch zum Drehbuch von Syd Field und auf Christopher Voglers The Writer's Journey.[16]

Nun zielen Fields und Voglers Ratgeber auf die Produktion von Drehbüchern ab. Im Unterschied dazu befassen sich narratologische Untersuchungen mit der Analyse von bereits fertig gestellten Filmen. Daher ist das hier vorgestellte, integrative Modell ausdrücklich keine Anleitung für angehende Drehbuchautoren. Es ist kein Muster, das zur Nachahmung empfohlen wird, keine »Zauberformel«[17], erst recht keine »quick buck formula«[18], nach der immer wieder gesucht wird. So hat zum Beispiel die britische Filmemacherin Sue Clayton 2003 untersucht, was die Formel für erfolgreiches Filmemachen ist. Auftraggeber war bezeichnenderweise die Firma *Diet Coke*, deren Geschäft ja auf einer (geheim gehaltenen) Formel beruht. Claytons Ergebnis: »30 % Action, 17 % Comedy, 12 % Sex und Romantik, 10 % Special Effects, 10 % Handlung, 8 % Musik, 13% Gut gegen Böse.«[19] Die Dramaturgie des Films bietet keine derartigen Mengenangaben; sie ist kein Rezeptbuch.

Auf der Grundlage des hier entwickelten Modells kann auch keine Prognose darüber aufgestellt werden, welche Stoffe in Zukunft erfolgreich sein könnten.[20] Ob solche Voraussagen überhaupt aufgestellt werden können, bezweifeln Praktiker und Wissenschaftler.

Der amerikanische Ökonom Art de Vany, der den Kassenerfolg von Filmen der Spielzeit 1985/86 in den Kontext der Chaostheorie gestellt hat, kommt Mitte der neunziger Jahre zu dem Schluss, Einspielergebnisse hingen nicht zwingend von der Qualität des Drehbuchs ab.[21] Der Dramaturg Robert McKee stellt fest: »No one can teach what will sell, what won't, what will be a smash or a fiasco, because *no one knows*.«[22] Diese Einschätzung ist unter Autoren so verbreitet, dass Oscar-Preisträger William Goldman sie in Großbuchstaben schreibt: Dies sei »die vielleicht wichtigste Tatsache der gesamten Filmbranche: NIEMAND WEISS BESCHEID«.[23]

Die DRAMATURGIE DES FILMS bietet ganz bewusst keinen praktischen Leitfaden für die *Produktion* filmischer Erzählungen. Vorgestellt wird vielmehr ein Modell, das bei der *Analyse* filmischer Erzählungen hilfreich ist – und natürlich auch bei der Beschäftigung mit Treatments und Drehbüchern. In dieser Hinsicht ist das Modell auch für Praktiker und Praktikerinnen von Nutzen. Die Produzentin, die die Erzählungen der Zukunft auf die Leinwand bringen will, sollte durchschauen, wie Geschichten der jüngeren Vergangenheit aufgebaut waren. Der Dramaturg, der einen Stoff betreut, muss seine analytischen Fähigkeiten schulen. Und auch die Autorin, die einen noch nie gesehenen Film auf die Leinwand bringen will, die gerade *nicht* die Muster des Hollywoodkinos bedienen möchte, sollte wissen, wie diese Muster funktionieren.

Welchem Muster das *classical cinema* folgt, wird in acht Kapiteln entwickelt. Da die Backstorywound Ausgangspunkt der Modellbildung ist, muss in einem ersten Schritt geklärt werden, was eine Backstorywound ist und welche Funktion sie für die filmische Erzählung hat. Welche Typen von Backstorywounds können unterschieden werden? Was unterscheidet Clarice' Verletzung von der anderer Figuren des Hollywoodkinos? (Kapitel 1) Ausgehend von dieser Funktionsbeschreibung wird im nächsten Schritt ein narratives Modell vorgestellt, das sich als ›die Reise des Helden‹ zusammenfassen lässt. Grundlage dieses Modells ist die Gegenüberstellung von zwei Welten, die der Held durchquert (Kapitel 2). Der Weg durch diese beiden Welten kann wiederum in drei Abschnitte gegliedert werden. Eine filmische Erzählung besteht aus den Phasen Trennung, Prüfungen, Ankunft. Diese drei Phasen korrespondieren mit den Akten, deren Ausarbeitung die Ratgeberliteratur empfiehlt. Gustav Freytag arbeitete schon 1863 in DIE TECHNIK DES DRAMAS mit einer Gliederung in Akte, Syd Field variiert Freytags Schema in seinem 1984 erschienenen HANDBUCH ZUM DREHBUCH (Kapitel 3).

Schließlich können die drei Phasen in mehrere Erzählschritte unterteilt werden, in einzelne Stationen der Reise. Am Beispiel von DAS SCHWEIGEN DER LÄMMER wird gezeigt, wie die Phasen der Trennung (Kapitel 4), der Prüfungen (Kapitel 5) und der Ankunft (Kapitel 6) im Detail verlaufen. In drei Kapiteln wird der Film Sequenz für Sequenz analysiert, vom ersten Bild des Vorspanns bis zum letzten Bild des Abspanns.

Aber auch bei DAS SCHWEIGEN DER LÄMMER lassen sich Sequenzen ausmachen, die nicht mit dem Modell der ›Reise‹ zu beschreiben sind. Welche Rolle spielt die ›Attraktion‹, die ›Nummer‹ und der ›Exzess‹ in den Erzählungen des klassischen Hollywoodkinos (Kapitel 7)? Am Beispiel der Filmreihe KRIEG DER STERNE wird gezeigt, dass die Erzählformen des Mediums Film nicht mit nur *einem* narrativen Modell erfasst werden können. Auch müssen bei der Konzeption von Erzählmodellen die Unterschiede zwischen den Medien berücksichtigt werden. Abschließend soll daher die Frage geklärt werden, wie serielle Filmfiguren und Serienfiguren im Fernsehen beschaffen sind (Kapitel 8).

Die in acht Kapiteln verfolgte Argumentationslinie verläuft, bildlich gesprochen, von einem Punkt aus in immer weiter gefassten Bahnen, gewissermaßen in einer Spirale. Fixpunkt der Spirale – Ausgangspunkt der Analyse – ist eine Einstellung, das kleinste filmische Segment. Diese Einstellung zeigt Clarice' Offenbarung vom Schreien der Lämmer. Ihre Erinnerung wird als Backstorywound in den Kontext des gesamten Films gestellt, der in größere Erzählphasen gegliedert werden kann. Die Überlegungen zu *einer* Erinnerung, *zwei* Welten und *drei* Akten entsprechen zusammengenommen dem ersten Teil der Untersuchung, in dem die Grundlagen des Modells der ›Reise‹ vorgestellt werden. Im zweiten Teil der Untersuchung wird dieses Modell ausgehend von dem Beispielfilm DAS SCHWEIGEN DER LÄMMER dargestellt und auf Produktionen des aktuellen Hollywoodkinos übertragen. Ziel des dritten Teils ist es, die Grenzen dieses Modells aufzuzeigen – nicht nur für das Medium Film, sondern auch für das Medium Fernsehen. Diese Grenzziehung entspricht der weitest gefassten Bahn, steht aber dennoch in Beziehung zum Ausgangspunkt, zur Backstorywound. Am Beispiel einer hypothetischen, für das TV neu konzipierten Figur ›Clarice‹ ist zu zeigen, warum die Backstorywound in den Erzählungen des Fernsehens nur sehr selten eingesetzt werden kann.

Die Verfolgung einer von einem Punkt ausgehenden und immer weiter gefassten Argumentationslinie beinhaltet eine sukzessive Entfernung von diesem Ausgangspunkt, von der Großaufnahme Clarice Starlings, die aber dennoch in jedem Schritt der Argumentation als Bezugspunkt herangezogen wird. Daher wird bei jeder ›Umrundung‹ von Clarice' Erinnerung die Rede sein. Die spiralförmige Bewegungsrichtung der Argumentationslinie findet sich in der graphischen Ansicht des Erzählmodells wieder, das am Beispiel von DAS SCHWEIGEN DER LÄMMER entwickelt werden wird. Auch die Reise der Heldin kann als spiralförmig verlaufender Weg dargestellt werden: Somit wird die Schraubenlinie, der die Analyse folgt, zugleich die modellhafte Darstellung des narrativen Musters sein, das für Filme des Hollywoodkinos kennzeichnend ist.

Teil I
Die Grundlagen des Modells:
Eine Erinnerung, zwei Welten,
drei Erzählphasen

1. Eine Erinnerung:
Die Backstorywound der Hauptfigur

Als Clarice Starling auf Dr. Hannibal Lecter trifft, ist sie kein Kind
mehr. Sie ist 26 Jahre alt, eine attraktive und erfolgreiche Frau. Clarice hat ihr Psychologie- und Kriminologie-Studium mit Auszeichnung abgeschlossen und gehört zu den Besten ihres Jahrgangs an
der FBI-Akademie. Jack Crawford, oberster Chef der Abteilung
›Verhaltensforschung‹, hat ihre Erfolge genauestens registriert und
sie jetzt sogar für einen Sonderauftrag ausgesucht. Vor Clarice liegt
offenbar eine glänzende Karriere, die mit der Ergreifung des Serien-
killers Buffalo Bill beginnen könnte. Doch die Geschichte der Lämmer, die sie Hannibal Lecter erzählt, bezieht sich nicht auf ihre Gegenwart oder ihre Zukunft. Clarice spricht in dieser Sequenz über
ihre Vergangenheit. Was die 26-Jährige als 10-Jährige erlebte, ist Teil
ihrer Backstory.

Zurückliegende Ereignisse, von denen eine Figur berichtet, werden von Drehbuchautoren als Backstory bezeichnet. Was genau ist
darunter zu verstehen? Welche Funktion haben schmerzliche Erinnerungen und wie können diese systematisiert werden? Eine Typologie der Backstorywounds wird in diesem Kapitel am Beispiel aktueller Produktionen entwickelt. In diese Typologie können auch
Filmklassiker wie Casablanca oder Citizen Kane eingeordnet
werden. Als problematisch wird sich bei dieser Systematisierung
ausgerechnet Das Schweigen der Lämmer erweisen – der Leitfilm
der Untersuchung.

Die Backstory

In seinem Handbuch zum Drehbuch rät Syd Field seinen Schü-
lern, die Biographie der von ihnen erdachten Filmfiguren vollständig aufzuschreiben – von der Geburt »bis zu der Zeit, in der ihre Geschichte beginnt«.[24] Die angehenden Autoren sollen mit einem
solchen Lebenslauf Klarheit über den Charakter und die Ziele ihrer
Figuren gewinnen. Diese Arbeitsanweisung ist nicht filmspezifisch:
Bereits in seinem 1946 erschienenen Ratgeber zur Gestaltung von

Theaterstücken hat Lajos Egri einen detaillierten Fragebogen vorgestellt, dessen Ausfüllen die Konzeption der Backstory erleichtern soll.[25] Ein Autor solle in der Lage sein, das Aussehen, das soziale Umfeld und die Psyche seiner Protagonisten genauestens darzustellen.[26]

Egris und Fields Vorbild folgend, haben Jürgen Wolff und Kerry Cox eine mehrseitige Checkliste für Filmfiguren entworfen. Sie fordern Drehbuchautoren auf, das Verhältnis der Hauptfigur zu ihren Eltern, ihren Geschwistern und anderen wichtigen Bezugspersonen zu beschreiben. Sie sollen den Lebensstil und Lebensraum der Familie definieren, die Stationen der Ausbildung, Hobbys und Interessen der Kindheit bestimmen.[27] Noch ausführlicher ist Christopher Keanes Frageliste:»Was für eine Musik schaltet ihre Hauptfigur ein, wenn sie ins Auto steigt? Was legt sie auf, wenn sie in ihre Wohnung kommt? Country? Klassik? New Age? Rock?«[28] Ähnlich lautende Ratschläge geben fast alle Handbücher zum Drehbuchschreiben.[29]

In der Filmpraxis wird dieser Ratschlag oftmals befolgt; Oscarpreisträgerin Callie Khourie, Autorin von THELMA UND LOUISE, händigte der Darstellerin Geena Davis vor Drehbeginn eine mehrseitige Beschreibung von Thelmas Backstory aus.[30] In der filmwissenschaftlichen Auseinandersetzung mit der Narration von Filmen spielt die Kategorie Backstory dagegen keine Rolle. Weder David Bordwell noch Edward Branigan, Seymour Chatman oder Kristin Thompson, um nur vier Beispiele zu nennen, verwenden diese Bezeichnung in ihren umfangreichen Untersuchungen, obwohl sie sich ausführlich mit der Zeitstruktur von Filmen befassen.[31] ›Backstory‹ ist demzufolge ein Begriff aus der Produktionspraxis. Es ist ein Terminus, mit dessen Hilfe sich alle an einer Filmproduktion Beteiligten rasch verständigen können, der aber bei der Analyse von Erzählstrukturen nicht verwendet wird.[32]

Ursache dieser Aussparung könnte sein, dass die in den Ratgebern zum Drehbuchschreiben aufgeführten Checklisten Informationen zur Backstory zählen, die im fertigen Film nicht erwähnt werden.[33] So umfasst der Fragebogen von Wolff/Cox einige Angaben, die in DAS SCHWEIGEN DER LÄMMER keine Rolle spielen. Über die Hobbys der kleinen Clarice oder über ihre Beziehung zu ihren Lehrern ist nichts zu erfahren, sogar das Verhältnis zur Mutter bleibt ausgespart. Diese Informationen, die für den Autor im Arbeitsprozess relevant sein mögen, spielen bei der Filmanalyse keine Rolle. Sie berücksichtigt allein die in der fertig gestellten Produktion genannten oder gezeigten Elemente, die eine Figur charakterisieren.

Unklar ist jedoch, welche dieser Informationen über eine Figur zur Backstory gehören. Legt man Syd Fields Anweisungen zu Grunde, dann endet die Vorgeschichte ganz einfach da, wo die Geschichte beginnt.[34] Aber diese Bestimmung ist ungenau. So spricht zum Beispiel Clarice in DAS SCHWEIGEN DER LÄMMER mehrfach über ihre Kindheit. Eine Field folgende Definition würde offen lassen, ob die gesamte Jugend von Clarice als Backstory aufgefasst werden kann. Warum gehört sie nicht ganz einfach zur Story des Films? Was genau ist unter dem ›Beginn der Geschichte‹ zu verstehen?

Es wäre nahe liegend, die erste Einstellung eines Films als den Anfang der Erzählung zu bezeichnen. Zur Backstory einer Figur würden dann alle Erlebnisse gehören, die sie vor ihrem ersten Erscheinen im Film gehabt hat. Diese Begriffsbestimmung scheint eindeutig und wäre sogar exakt festzulegen. Im Falle von DAS SCHWEIGEN DER LÄMMER leuchtet sie auch ein: Clarice' Geschichte würde mit ihrem Waldlauf beginnen, also mit der ersten Sequenz des Films, und mit der Verleihung ihres FBI-Abzeichens enden, also mit der letzten Sequenz. Ihre Backstory würde alle Ereignisse umfassen, die vor dem Waldlauf stattgefunden haben.

Nun gibt es aber eine Vielzahl von Filmen, die nach einer ersten, einführenden Sequenz einen deutlichen Zeitsprung machen. BACKDRAFT zeigt zu Beginn, wie der Vater des Protagonisten, ein Feuerwehrmann, bei einem Einsatz ums Leben kommt. Sein kleiner Sohn Brian wird Zeuge seines Todes. TWISTER fängt ebenfalls mit einer Erfahrung an, die die Hauptfigur in ihrer Kindheit machte: Jo verliert ihren Vater bei einem Wirbelsturm.[35] Es folgen in beiden Filmen Sequenzen, in denen die Hauptfiguren erwachsen sind. Jo Harding (Helen Hunt) erforscht inzwischen Tornados, Brian McCaffrey (William Baldwin) beginnt eine Ausbildung als Feuerwehrmann. Wenn die Erzählungen – einer solchen Definition entsprechend – jeweils mit der ersten Sequenz beginnen würden, in denen die Hauptfigur auftaucht, wäre die Bestimmung der Vorgeschichte problematisch. Konsequent weitergeführt, könnte die Backstory bei diesen beiden Filmen nur noch zwischen der Geburt der Hauptfiguren und dem Tod ihrer Väter zu verorten sein.

Es gibt noch eine zweite Möglichkeit, den ›Beginn der Geschichte‹ zu definieren. Der Anfang der Geschichte könnte das früheste Ereignis innerhalb der erzählten Zeit sein; dieses Ereignis kann zu einem beliebigen Zeitpunkt der Erzählzeit des Films platziert sein. Diese Bestimmung setzt allerdings voraus, dass zwischen dem tatsächlichen Ablauf einer Erzählung und der Chronologie der in der Geschichte vorkommenden Ereignisse differenziert wird. Genau diese Unterscheidung haben die Vertreter des russischen Formalismus schon vor achtzig Jahren getroffen. So grenzt Jurij Tynianov *fabula* und *syuzhet* voneinander ab[36], was in der deutschen Rezeption bisweilen mit Fabel und Sujet übersetzt wird.[37] Gebräuchlicher ist aber die englischsprachige Bezeichnung – Story und Plot.[38]

Die Differenzierung zwischen Plot und Story brachten David Bordwell und Kristin Thompson Mitte der achtziger Jahre in die Filmanalyse ein.[39] Der Plot wird von ihnen definiert als »die Kette aller kausal wirksamen Ereignisse, wie wir sie im Film selbst zu sehen und zu hören bekommen«.[40] Der Plot ist die Geschichte, wie sie auf der Leinwand abläuft.[41] Mit Story hingegen wird die »geistige Anordnung von chronologisch und kausal verbundenem Material«[42] bezeichnet. Der Plot fängt dieser Definition entsprechend mit der ersten Einstellung des Films an; die Story beginnt mit dem frühesten im Film erwähnten oder vom Zuschauer erschlossenen Ereignis. Demzufolge beginnt der Plot von DAS SCHWEIGEN DER LÄMMER mit dem Waldlauf, den Clarice in der ersten Minute der Filmzeit absolviert. Der Anfang der Story kann in der 61. Minute angesetzt werden: Lecter fragt die Senatorin, deren Tochter Buffalo Bill entführt hat, ob sie ihre Tochter gestillt habe. Seine Frage bezieht sich auf ein Ereignis, das vor etwa 25 Jahren stattgefunden hat. Weil die Backstory im Unterschied zur Story eine figurenbezogene Größe ist, muss sie von Clarice (oder Hannibal) ausgehen. Bezogen auf Clarice wäre der Anfang ihrer Story die Sequenz, in der sie am jüngsten ist: In der 19. Filmminute begrüßt die etwa neunjährige Clarice ihren Vater, der von der Arbeit kommt. Mit dieser Umarmung beginnt ihre Story.

Es ist aber nicht ausreichend, die Backstory als den Anfang der Story zu bezeichnen, da sich ihr Endpunkt so nicht bestimmen lässt. Gehört Clarice' Psychologiestudium noch zur Backstory? Wie ist der Waldlauf oder das Gespräch mit Crawford einzuordnen? Das Hinzufügen eines zweiten Kriteriums schafft Klarheit. Die Backstory sind alle auf die Hauptfigur bezogenen Informationen, die sich auf die vor der im Film dominant erzählten Zeit beziehen. ›Dominanz‹ ist hier rein quantitativ zu verstehen; die dominant erzählte Zeit macht in Minuten ausgedrückt einen Großteil des Spielfilms aus. Damit gehören die Kindheitserlebnisse in BACKDRAFT und TWISTER eindeutig zur Backstory, denn es überwiegt mit über 95 % der erzählten Zeit die Lebensphase der erwachsenen Hauptfiguren.

Mit dieser Definition lassen sich auch Filme erfassen, in denen eine Lebensgeschichte rückblickend erzählt wird – sei es die eigene oder die einer anderen Person. In FREUNDINNEN, FOR THE BOYS, TITANIC oder GRÜNE TOMATEN ist die Vergangenheit der weiblichen Hauptfigur, die zugleich die Erzählerin ist, keine Backstory, da sie den Film zeitlich dominiert. Die etwa 1995 spielende Bergung des Wracks der *Titanic*, deren Augenzeugin die greise Rose ist, bildet nur eine Rahmenerzählung für das Abenteuer der jungen Rose, das sie 1912 erlebte. Die Binnenerzählung ist, obwohl sie in der Vergangenheit der Hauptfigur liegt, keine Backstory, denn sie macht zeitlich den Großteil des Films aus. Die Backstory entspricht dem Leben der jungen Frau *vor* der Einschiffung: Rose (Kate Winslet) erzählt, wie sie den Millionär Carl kennen lernte und warum ihre Mutter sofort für eine Hochzeit plädierte.

Im Fall von DAS SCHWEIGEN DER LÄMMER gehören alle Ereignisse zur Backstory, die Clarice vor dem Waldlauf erlebt hat. Die im Film dominant erzählte Zeit ist die zwischen dem zur Ausbildung gehörenden Taining, das in der ersten Minute gezeigt wird, und der Abschlussfeier dieser Ausbildung, die in den letzten Minuten zu sehen ist. Die Backstory umfasst nicht nur die szenisch umgesetzten Erinnerungen, die Flashbacks, sondern auch die Rückbezüge in Gesprächen: Crawfords Hinweise auf Clarice' Studium, Lecters Mutmaßungen über ihre Herkunft oder Clarice' Erzählung von den Lämmern. Diese Erzählung ist allerdings ein besonderer Teil ihrer Backstory; sie unterscheidet sich von anderen Elementen der Vorgeschichte.

Die Backstorywound

Ein zehnjähriges Mädchen schreckt frühmorgens auf, aufgeweckt durch laute Schreie. Das Kind geht hinunter in den Stall und entdeckt, dass Lämmer geschlachtet werden sollen. Es versucht vergeblich, eines der Tiere zu retten, indem es mit ihm flieht – so knapp kann Clarice Erlebnis zusammengefasst werden. Doch ihr Widerstand, diese Geschichte preiszugeben, verweist darauf, dass es sich beim Schreien der Lämmer um mehr als um eine beliebige Erinnerung handelt.

> DR. LECTER Sie wachen immer noch manchmal auf. Wachen
> auf im Dunkeln – und hören die Lämmer schreien?
> CLARICE Ja.

Tatsächlich hat Clarice die Schlachtung nie vergessen können; noch immer träumt sie davon. Es ist eine Kindheitserinnerung, unter der sie bis heute leidet. Aus dieser Beschreibung lässt sich eine erste Definition der Backstorywound ableiten: *Sie ist ein unverarbeitetes Erlebnis in der Vorgeschichte einer Filmfigur.*

Eine seelische Verletzung der Hauptfigur ist nicht nur in DAS SCHWEIGEN DER LÄMMER auszumachen. Auch der Multimillionär Edward (Richard Gere), die männliche Hauptfigur aus PRETTY WOMAN, kann eine Erfahrung aus seiner Vergangenheit nicht verschmerzen. In der 65. Minute des Films erzählt er Vivian (Julia Roberts) von seiner Kindheit.

> EDWARD Meine Mutter war Musiklehrerin. Sie hat meinen Vater
> geheiratet, dessen Familie sehr viel Geld hatte. Er hat sie wegen
> einer anderen Frau verlassen. Und sein Geld nahm er mit.

Dieser zweifache Verlust, der des Vaters und der des Reichtums, wurde zur lebensbestimmenden Verletzung. Als Erwachsener ging Edward voller Ehrgeiz daran, die Firma seines Vaters zu zerstören, was ihm schließlich gelang: »Mein Vater war Präsident eines Unternehmens, das ich geschluckt habe.« Diese destruktive Energie hat der Mittdreißiger beibehalten. Er plant, die Werft des väterlichen Unternehmers James Kross aufzukaufen und zu zerschlagen.

Am Beispiel von PRETTY WOMAN kann die Funktion der Backstorywound aufgezeigt werden. Edward wurde zu Beginn des Films als rücksichtsloser Spekulant eingeführt, den zum Beispiel der Erhalt von Arbeitsplätzen nicht interessiert. Schon die erste Sequenz des Films zeigt, dass er seine Freundinnen schlecht behandelt, seine Mitarbeiter schikaniert und seine Geschäftspartner ruiniert. Diese Vorgehensweise, die in der Regel eine negative Figur kennzeichnet, wird durch das Kindheitserlebnis erklärt. Edward will sich immer noch an seinem Vater rächen, auch wenn der inzwischen verstorben ist. Da es nun eine – zumindest innerhalb der Filmlogik – plausible Motivation für sein Verhalten gibt, erscheint Edward nicht länger als geldgieriger oder machthungriger Kapitalist, sondern als ein unglücklicher Mann. Diese Umdeutung macht die zentrale Leistung der Backstorywound klar: *Sie soll das Verhalten einer Figur verständlich machen, soll sie motivieren.*

Dass Figuren mit einer Motivation für ihr Handeln versehen werden, ist eine neuzeitliche Erfindung – eine Erfindung, die Walter Benjamin bedauert. Er führt in seinem Essay DER ERZÄHLER aus, dass Sagen, Legenden, Märchen und Mythen ohne derartige Erläuterungen funktionieren: »Herodot erklärt nichts.«[43] Benjamin lobt an der mündlichen Erzählung »keusche Gedrungenheit, welche sie psychologischer Analyse entzieht«, den »Verzicht auf psychologische Schattierung«.[44] Die von Benjamin beklagte Technik, den Charakter einer Figur ausdrücklich zu motivieren, hat sich im Medium Theater schrittweise durchgesetzt.[45] Sie wird im 20. Jahrhundert zur Konvention: 1912 widmet William Archer dem Thema Figurenzeichnung ein ganzes Kapitel seines Buches PLAY-MAKING: A MANUAL OF CRAFTSMANSHIP.[46] Er verurteilt zum Beispiel das zeitgenössische Drama BELLA DONNA, da die Autoren nicht darlegen, warum die weibliche Hauptfigur mordet:

> The authors have drawn her cleverly enough. They have shown her in the first act as a shallow-souled materialist, and in the later acts as vain, irritable, sensual, unscrupulous creature. But have they given us any insight into her psychology? No, that is just what they have not done.[47]

Was Archer ›Psychologisierung‹ nennt, setzt sich etwa zeitgleich im Medium Film durch.[48] Die Veränderung der Figuren in Dramen und Drehbüchern hängt sicherlich mit der Entwicklung der Psychoanalyse und ihre Verbreitung in popularisierter Form zusammen, die schließlich auch Hollywood erreicht.[49]

Die Filmwissenschaftlerin Kristin Thompson hat aufgezeigt, dass der entscheidende Unterschied zwischen dem ›primitiven Kino‹, wie sie es nennt, und dem ›klassischen Kino‹ die psychologisierende Charakterzeichnung ist. Das primitive Kino datiert Thompson von 1895 bis 1908. Während dieser Zeit reagieren die Figuren einfach nur auf ein Ereignis: »Wird die Geldbörse eines Mannes gestohlen, dann jagt er den Dieb.«[50] Im ›klassischen Kino‹, dessen Erzählweise sich in der Übergangszeit von 1909 bis 1916 schrittweise durchsetzt, erhalten Filmfiguren nicht nur einen Namen.[51] Sie müssen darüber hinaus auch zu einer Geschichte passen und sich deutlich voneinander unterscheiden, sodass es nicht zu Verwechslungen kommen kann. Außerdem sollen sie folgerichtig handeln. Träume, Visionen oder Erinnerungen werden bereits in der Übergangsphase, also ab 1909, zur Charakterisierung einer Figur eingesetzt. Das Ziel, das eine Figur erreichen will, ergibt sich im klassischen Kino nicht nur aus äußeren Zwängen, sondern wird in einen Zusammenhang mit ihrer Persönlichkeit gesetzt. Mit dem Aufkommen des klassischen Kinos setzt sich demnach auch durch, dass das Handeln einer Figur motiviert wird. Als Schlüssel zum Verständnis einer Figur wird seitdem die Backstorywound präsentiert.

Nach einem solchen Schlüssel sucht auch Hannibal Lecter in Das Schweigen der Lämmer vom ersten Gespräch an. Nachdem er Clarice Starling kaum vier Minuten kennt, stellt er erste Mutmaßungen über die junge Agentin an: »Sie sind von Ehrgeiz geradezu zerfressen, nicht?« Ihr Eifer fällt ihm vom ersten Blick an auf und sofort fahndet er nach einer Verletzung, die diesen Charakterzug begründen könnte. Noch stellt er keine Fragen, sondern unterstellt ihr eine Vorgeschichte:

> Dr. Lecter Wissen Sie, wie Sie mir vorkommen, mit Ihrem hübschen Täschchen und Ihren billigen Schuhen? Wie ein richtiger Bauerntrampel. Ein von oben bis unten gut abgeschrubbter emsig bemühter Bauerntrampel mit einem bisschen Geschmack. Die gute Ernährung ist für Ihren Körperbau erfolgreich gewesen, aber Sie sind erst eine Generation vom schlimmsten weißen Abschaum entfernt, nicht wahr, Agentin

Starling? Und Sie können anstellen, was Sie wollen, Ihre ge-
wöhnliche Herkunft dringt bei Ihnen aus sämtlichen Poren. Was
macht Ihr Vater? Ist er Bergarbeiter? Stinkt er nach Ruß, wenn er
nach Hause kommt? Ich weiß, wie rasch die Jungs zu Ihnen
gefunden haben. Immer wieder all diese öden schmuddeligen
Fummeleien auf den Rücksitzen irgendwelcher Autos. Während
Sie nur davon geträumt haben, alldem zu entkommen, irgendwohin abzuhauen. Den ganzen Weg bis zum FBI …
CLARICE Sie sehen eine Menge …

Im zweiten Gespräch scheint Lecter sein Interesse an Clarice verloren zu haben. Er befasst sich nur mit dem Fall und schlägt der angehenden Agentin einen Handel vor, einen Pakt: Wenn er in eine Zelle
mit einem Fenster verlegt wird, dann wird er Informationen über
Buffalo Bill liefern. Doch im dritten Gespräch wird offensichtlich,
dass der Ausblick nur ein Teil seiner Forderung war. Neben einer
Aussicht fordert Lecter Einsicht – Einsicht in Clarice' Wesen. Er erklärt: »Quid pro quo. Ich erzähle Ihnen etwas, Sie erzählen mir etwas. Aber nicht über diesen Fall. Über sich selbst. Quid pro quo. Ja
oder nein? Ja oder nein, Clarice?« Der *Quid pro quo*-Handel, den
Lecter im dritten Gespräch mit Clarice abschließt, zielt auf die Enthüllung der Backstorywound. Diese wird im vierten Dialog, dem
Ausgangspunkt dieser Analyse, vollzogen.

In DAS SCHWEIGEN DER LÄMMER ist die Backstorywound ein unverarbeitetes Erlebnis aus der Vergangenheit der Hauptfigur, das ihren zentralen Charakterzug motiviert. Diese Funktionsbestimmung
erinnert an den Begriff des Traumas. Das aus dem Griechischen
stammende Wort bedeutet übersetzt ›Verletzung‹; mit Verletzung
lässt sich auch der englische Ausdruck ›wound‹ übersetzen: »1.
Wunde (*a. fig.*), Verletzung, Verwundung, 2. Fig. Verletzung, Krän-
kung«.[52] Sind die seelischen Verletzungen der Hauptfigur mit diesem Begriff zu fassen? Ist ›Backstorywound‹ womöglich nur ein
modischer Ausdruck für ›Trauma‹?

Backstorywound und Trauma

Die *American Psychiatric Association* definiert das Trauma als ein Ereignis, das den »tatsächlichen oder drohenden Tod oder ernsthafte Verletzung« beinhaltet und dadurch »intensive Furcht, Hilflosigkeit oder Entsetzen« auslöst.[53] Diese Definition ist umstritten, da sie die Objektivierbarkeit traumatischer Situationen voraussetzt. Eine weniger auf das Ereignis, sondern mehr auf das Erleben des Einzelnen konzentrierte Bestimmung bieten Gottfried Fischer, der Begründer des ersten deutschen Instituts für Psychotraumatologie, und Peter Riedesser an. In ihrem Lehrbuch wird ein psychisches Trauma definiert als ein

> vitales Diskrepanzerlebnis zwischen bedrohlichen Situationsfaktoren und den individuellen Bewältigungsmöglichkeiten, das mit Gefühlen von Hilflosigkeit und schutzloser Preisgabe einhergeht und so eine dauerhafte Erschütterung von Selbst- und Weltverständnis bewirkt.[54]

Fischers und Riedesser unterscheiden die traumatische *Situation*, die objektiv nachvollziehbar ist, und das traumatische *Erlebnis*, das subjektiv erfahren wird und abhängig ist von der Situationsdeutung des Erlebenden, von der »individuellen Bedeutungszuschreibung«.[55] Das Trauma ist nicht überwunden, wenn »die traumatische Situation oder das Ereignis vorbei ist«[56], sondern erst, wenn es in die psychische Struktur integriert werden konnte, wenn die seelische Belastung überwunden wurde.

Diese Definition scheint exakt der Backstorywound in DAS SCHWEIGEN DER LÄMMER zu entsprechen. Clarice fühlte sich hilf- und schutzlos. Sie konnte das Erlebnis bislang nicht bewältigen und ist bis heute in ihrem Selbst- und Weltverständnis erschüttert, auch wenn dies auf den ersten Blick nicht zu erkennen ist. Sie berichtet von Angstträumen und reagiert auf Nachfragen mit ausweichenden Antworten. Mit Verharmlosungen versucht Clarice Lecters Fragen nach ihrer Flucht zu entgehen. Dieses Verhalten entspricht Fischers und Riedessers Beschreibung traumatisierter Menschen, die versuchen, die Relevanz des Erlebnisses zu verleugnen. Ihren Vorgaben entspricht auch, dass die Schlachtung der Lämmer als Ereignis eine objektive Tatsache ist, aber erst zur seelischen Verwundung wird, weil Clarice sie subjektiv als verletzend erlebte. Ihr Onkel, der Rancher, war bei der gleichen Schlachtung anwesend; das Töten der Lämmer bedeutet für ihn aber Berufsalltag und hat ihn wahrschein lich nicht belastet. Würde man Fischer und Riedessers Definition auf den Film anwenden, so wäre Clarice' Verletzung überwunden, sobald sie das Schreien der Lämmer verarbeitet hätte.

Trotz dieser offensichtlichen Übereinstimmungen zwischen Trauma und Backstorywound muss an dem Unterschied zwischen diesen beiden Kategorien festgehalten werden. Das Trauma ist eine lebensweltliche Größe; real existierende Menschen können eine traumatische Erfahrung machen. Die Backstorywound hingegen erfüllt eine narrative Funktion, die ausdrücklich nicht mit lebensweltlichen Maßstäben gemessen werden darf.[57] Sie betrifft Filmfiguren, die durch eine in der Vorgeschichte liegende Verletzung in ihrem Verhalten motiviert werden. Es handelt sich im wahrsten Sinne des Wortes um einen Teil der Back*story*.

Zu Missverständnissen in der Interpretation von Backstorywounds kommt es vor allem durch einen *real-life-approach*, der im alltäglichen Gespräch über Filme weit verbreitet ist. Wohl deshalb betont auch Kristin Thompson in ihren filmanalytischen Schriften noch einmal ausdrücklich die an sich offensichtliche Tatsache, dass Figuren keine realen Menschen sind, sondern »eine Anhäufung von Semen«.[58] Seme sind Verfahren, die eine Figur charakterisieren.

> Da Figuren keine Menschen sind, beurteilen wir sie nicht notwendigerweise nach den Maßstäben alltäglichen Verhaltens und alltäglicher Psychologie. Vielmehr müssen die Figuren ebenso wie alle anderen Verfahren oder Verfahrenskombinationen unter dem Gesichtspunkt ihrer Funktion im Gesamtwerk analysiert werden.[59]

Figuren haben einen »strukturalen Status«, wie Roland Barthes formuliert.[60] Sie entsprechen daher nicht »realen psychologischen Mustern«.[61] Der Medienwissenschaftler Thomas M. Leitch fasst zusammen: »characters cannot be explained in the same way human behaviour as such is explained. The identity of narrative characters, unlike that of real people, is a uniquely discursive function.«[62] Die Filmpraktiker Maltby und Craven verdeutlichen diesen Zusammenhang mit einer Anekdote:

> An interviewer once complained to Alfred Hitchcock about the implausibility of one of his plots. Why, he asked, did the characters not simply go to the police? Because, replied Hitchcock, then the movie would be

over. In that answer we can see not only the workings of an industrial
logic that dictates the duration of a movie, but also the logic of a narrative system that functiones less in terms of a psychological realism
among the characters than in terms of the construction and release of a
suitable amount of pressure exerted.[63]

So ist zum Beispiel jedem Zuschauer klar, dass eine Agentin in der
Ausbildung wohl kaum im Alleingang operiert hätte. Im ›wirklichen
Leben‹ hätte Clarice sicher Verstärkung gerufen, nachdem sie Buffalo Bill identifiziert hat. Doch statt zu einer Telefonzelle zu rennen,
folgt sie dem bewaffneten Serienmörder in den Keller. Clarice' Entscheidung ist eine der Konventionen, mit denen das Hollywoodkino
immer wieder arbeitet; diese Konventionen werden trotz ihrer starken Abweichung von jeglicher Alltagserfahrung akzeptiert: »When
we talk of popular films as ›realistic‹, then we do not necessarily
mean they are like ›real life‹; we mean that we have in a sense agreed
to respond to their codes and conventions – their established sys-
tems of narration – as if they *were* like real life.«[64] Figuren folgen in
ihrem Handeln keiner lebensweltlichen, sondern einer narrativen
Logik, die oftmals sogar im Widerspruch zum ›wirklichen Leben‹
steht.

Die Verankerung in der narrativen Logik gilt nicht nur für das
Handeln der Figuren, sondern auch für ihre Motivation. Da Figuren
gerade nicht »realen psychologischen Mustern«[65] entsprechen, sind
auch Backstorywounds als narrative Konventionen zu begreifen.
Wer sie am Maßstab des menschlichen Seelenlebens misst, muss sie
fast zwangsläufig für unrealistisch halten.[66] Eine Gleichsetzung von
Trauma und Backstorywound wird daher stets zu Fehlurteilen über
eine der beiden Verletzungen führen. So muss die Backstorywound
im Unterschied zum Trauma ›erzählbar‹ sein. Oft müssen in einem
Film wenige Worte ausreichen, um die Situation anschaulich zu machen, um ein Bild heraufzubeschwören. Edward benötigt in PRETTY
WOMAN nur die zwei schon zitierten Sätze, um seine Verletzung –
die feige Flucht seines reichen Vaters – auszudrücken: »Er hat sie
wegen einer anderen Frau verlassen. Und sein Geld nahm er mit.«
Diese kurze Bemerkung soll und muss ausreichen, um Edwards Ge-
fühllosigkeit zu begründen. Das bedeutet: Die Backstorywound ist –
anders als das Trauma – ein eindeutig benennbares Ereignis, das als
alleinige Ursache für das Verhalten der Hauptfigur gilt.

Die geringe Komplexität der Erinnerung und der eindeutige Zusammenhang zwischen Ursache und Wirkung sind die beiden wesentlichen Unterschiede zum Trauma. Es besteht eine ›einfache Kausalität‹ zwischen der erlebten Verletzung und dem Charakter der Hauptfigur. Das macht die Backstorywound in gewisser Weise austauschbar, wie im Kontext der Produktionspraxis gezeigt werden kann.

Backstorywound und Produktionspraxis

In der narrativen Logik eines Films folgt aus der Backstorywound, die in der Vergangenheit liegt, das Handeln der Protagonisten in der Gegenwart. Diese Reihenfolge wird in der Produktionspraxis häufig umgekehrt. Der Charakter einer Figur, der bereits feststeht, wird nachträglich durch eine Backstorywound motiviert. Diese Vorgehensweise lässt sich durch den Vergleich von Drehbuchfassungen zeigen, den so genannten *drafts*. In der Produktionspraxis werden stets mehrere Fassungen eines Buchs entwickelt. An der Ausarbeitung des Textes sind zum Teil zehn oder gar zwanzig Autoren beteiligt.[67] So werden in den *credits* der Komödie TOOTSIE nur Larry Gelbart und Murray Schisgal genannt; an der Vorlage hat laut Vorspann noch Don McGuire mitgearbeitet. Tatsächlich schrieben in den vier Jahren der Bucharbeit jedoch Robert Kaufman, Elaine May, Bob Garland, Barry Levinson und Valerie Curtin an mindestens einer der Fassungen mit.[68]

Vier oder fünf *drafts* sind nicht die Ausnahme, sondern der Regelfall. Die Autoren von AUS NÄCHSTER NÄHE schrieben innerhalb von acht Jahren sogar 27 komplette Fassungen ihres Buchs und lieferten rund 300 Überarbeitungen einzelner *scenes* ab.[69] Bei SCHLAFLOS IN SEATTLE wurden im Verlauf von zwei Monaten neun *revisions* angefertigt.[70] Der eigens für diese Arbeit eingestellte Steven E. DeSouza baute innerhalb von vier Wochen acht *revisions* in das Drehbuch von STIRB LANGSAM ein.[71]

Der Vergleich verschiedener Fassungen eines Buches zeigt, dass viele Autoren zunächst den *main plot* konzipieren, die Haupthandlungslinie. Dann erst arbeiten sie an einer möglichen Motivation der Figuren, an einer Backstorywound. Der Regisseur von DER WEISSE HAI, Steven Spielberg, engagierte zum Beispiel während der Dreharbeiten John Milius als zusätzlichen Autor. Dessen einzige Aufgabe war die Konzeption einer bis dato fehlenden Backstorywound für die Figur des Quint, die gezielt angefordert wurde:

> Steven Spielberg and Rick Dreyfuss called me at my house in Los Angeles and said *they needed a reason why this guy hates sharks*. At first, I was going to have it be this incident that happened at the Battle of Guadalcanal, but the sharks ate Japs as well as Americans (…). But who else would know about the sinking of the USS Indianapolis? (…) I wrote the scene over the phone, not on the set. I put the phone down and started writing, and I'd pick it up after I wrote some, and they'd have a secretary take it down. It didn't take very long to write – maybe half an hour, 45 minutes.[72]

Offenbar wurde die Backstorywound in diesem Fall erst während der Dreharbeiten eingefügt.

Ähnlich verlief der Prozess bei DIE ÜBLICHEN VERDÄCHTIGEN. Christopher McQuarrie, der Autor des Oscar-gekrönten Drehbuchs, ging bei der Entwicklung dieses Kriminalfilms von der Situation aus, dass ein unbedeutender, verängstigter Krimineller (Kevin Spacey) bei einem Verhör aussagt. Seine Erinnerungen, die als Flashbacks gezeigt werden, stehen im Mittelpunkt des Films. Am Ende, nach seiner Entlassung, wird sich jedoch herausstellen, dass der Mann eine lange Lügengeschichte erzählt hat und dass er selbst der Drahtzieher des Mordes war. Der scheinbar so verstörte Feigling ist in Wahrheit der grausame Keyser Söze, vor dem die gesamte Unterwelt zittert. Ein Flashback, eine Erinnerung des Kleinkriminellen, offenbart die Backstorywound des Unterweltbosses: Söze hat seine Frau und seine Kinder erschossen, nachdem sie in die Hände seiner Gegner geraten waren. Interessanterweise hat McQuarrie diese eindrucksvolle Backstorywound erst in einer späteren Fassung des Drehbuchs hinzugefügt; in den ersten Versionen fehlt die Sequenz.[73] Hinzu kommt, dass er sie ursprünglich für eine andere Figur und für einen anderen Film konzipiert hatte.

Diese beiden Beispiele zeigen, dass sich die Backstorywound von einer Filmfigur ›lösen‹ lässt. Im Unterschied zum Trauma, das an einen Menschen gebunden ist, ist sie durchaus übertragbar. Einige Figuren werden von *draft* zu *draft* mit einer neuen Backstorywound versehen. In anderen Fällen wird im *final script* eine in früheren Fassungen genannte Backstorywound abgeschwächt. Das Buch zu

THELMA UND LOUISE arbeitet die in der Backstory liegende Vergewaltigung Louises (Susan Sarandon) noch ganz klar heraus[74]; so sollte zum Beispiel eine Akte zu sehen sein, aus der hervorgeht, dass Louises Vergewaltiger freigesprochen wurde.[75] Im Film bleibt es schließlich Thelma überlassen, den »Vorfall in Texas« zu benennen, über den Louise sich nach wie vor zu reden weigert.

Bisweilen wird die Backstorywound nicht nur gekürzt, sondern sogar ganz gestrichen. Im Drehbuch zu GHOST wird noch angedeutet, dass Sam (Patrick Swayze) seiner Freundin keine Liebeserklärung machen kann, weil er bereits eine gescheiterte Ehe hinter sich hat.[76] Die weibliche Hauptfigur Annie (Meg Ryan) aus SCHLAFLOS IN SEATTLE wird im Buch gleich zu Beginn von ihrem karriereorientierten Freund Seth verlassen, der aus beruflichen Gründen nach Moskau zieht und ihr ganz ernsthaft eine Fernbeziehung vorschlägt.[77] Diese Sequenz wurde gedreht, aber bei der Montage herausgenommen; im Film bleibt unklar, warum Annie sich nicht mehr auf eine Liebesbeziehung einlassen will und eine Vernunftehe vorzieht.

Auch die Komödie TOOTSIE hat nur im Drehbuch eine breit dargestellte Backstory. Auf den ersten Seiten erfährt der Zuschauer, dass Hauptfigur Michael (Dustin Hoffman) verheiratet war und als vielversprechender Schauspieler galt, bevor ihm sein bester Freund Terry bei der Besetzung einer Rolle vorgezogen wurde.[78] Michaels gescheiterte Ehe und der Grund für sein berufliches Versagen werden im fertig gestellten Film nicht erwähnt. Auch bei PRETTY WOMAN wurde eine der beiden Backstorywounds gestrichen. Im *shooting script* erzählt Vivian Edward, wie sie als Teenager von zu Hause ausriss, und deutet an, dass ihr Vater sie sexuell missbraucht hat.[79] Im Film fehlt der gesamte Dialog; Vivian erwähnt lediglich eine unglückliche Jugendliebe. In diesen vier beispielhaft ausgesuchten Fällen erschien es im Verlauf der Produktion nicht mehr notwendig, den Charakter der Hauptfigur zusätzlich zu motivieren.

Versteht man die Backstorywound als strukturelles Element der Narration, wird die Drehbucharbeit an der Backstorywound verständlich. Ein Trauma ist nicht austauschbar, und es kann auch kein retardierendes Moment sein, das gestrichen werden muss. Ein Trauma ist nicht Bestandteil einer Geschichte, sondern eines Lebens. Bei der Backstory hingegen geht es vorrangig darum, das Verhalten ei-

ner Figur im Rahmen eines Films so plausibel wie möglich zu motivieren. Wenn es dazu einer Verletzung in der Vorgeschichte bedarf,
so muss diese in die Erzählung integriert werden.

Dieses Prinzip lässt sich auch an der Produktion von DAS
SCHWEIGEN DER LÄMMER nachvollziehen. Clarice erzählt nicht nur
im Film von ihrer Backstorywound, sondern auch in allen *drafts* des
Drehbuchs und in dem gleichnamigen Roman von Thomas Harris.
Im 35. Kapitel des Thrillers wird Clarice von Hannibal Lecter gezwungen, von ihrer Kindheit zu berichten. Die Situation, die Harris
auf knapp drei Seiten schildert, entspricht im Prinzip der des Films,
und einige Passagen des Gesprächs sind von Drehbuchautor Ted
Tally wörtlich übernommen worden. Es gibt jedoch mehrere Unterschiede: Die kleine Clarice flieht im Roman nicht mit einem Lamm.
Sie rennt stattdessen mit dem nahezu blinden Pferd Hannah davon,
das ins Schlachthaus gebracht werden soll. Im Roman erinnert sich
die erwachsene Clarice:

> Ohne das Licht anzumachen, zog ich mich an und ging nach draußen.
> Hannah hatte Angst. Alle Pferde im Gehege hatten Angst und liefen her-
> um. Ich blies ihr in die Nase, und sie wusste, dass ich es war. Schließlich
> legte sie ihre Nase in meine Hand. In der Scheune und im Schuppen
> beim Schafpferch waren die Lichter an. Nackte Birnen, große Schatten.
> Der Kühlwagen war gekommen, und der Motor dröhnte im Leerlauf.
> Ich führte sie weg.[80]

Die Erinnerung ist konzentriert auf die Geschichte des Pferdes. Erst
als Lecter Clarice fragt, was sie damals am Tag ihrer Flucht geweckt
hat, erwähnt sie die schreienden Lämmer: »Ich wachte auf, und hörte die Lämmer schreien. Ich wachte im Dunkeln auf, und die Lämmer schrien.«[81]

In seinem Drehbuch hat Ted Tally die Flucht vom Sommer in den
Winter verlegt und sie dadurch lebensbedrohlicher für das Kind ge-
macht. Das Pferd hat er bereits in der ersten von insgesamt vier
Drehbuchfassungen gestrichen.[82] Das hat zur Folge, dass Clarice'
Erinnerung im Film ohne Happy End bleibt. Im Roman gelingt ihr
nämlich die Rettung der Stute, die das Mädchen ins Kinderheim be-
gleitet und dort ihr Gnadenbrot erhält. Zweitens vereinfacht die
Konzentration auf die Lämmer die Geschichte, die im Roman viel
ausführlicher erzählt wird. Und drittens hat Tally einen direkten
Zusammenhang zwischen dem auslösenden Faktor, dem Schreien

der Lämmer, und der Reaktion des Kindes, der Flucht, hergestellt, der so in Harris' Vorlage nicht gegeben ist. Tallys Änderungen sind somit ein weiteres Indiz dafür, dass bei der Schilderung von Backstorywounds das Ereignis betont wird. Die Konzentration auf das ›verursachende Moment‹ unterscheidet die Backstorywound vom Trauma, das prozessual im lebensgeschichtlichen Zusammenhang zu begreifen ist.

Die Konzentration auf ein ›verursachendes Moment‹ verbindet so unterschiedliche Filme wie Das Schweigen der Lämmer und Pretty Woman: Edward wurde von seinem Vater verlassen, Clarice wurde Zeugin einer Schlachtung. Andere Figuren hatten einen Unfall, verloren ihre Geliebten oder ihr gesamtes Vermögen. Offenbar gibt es eine Vielzahl von sehr unterschiedlichen Ursachen. Im Vergleich der Backstorywounds zeigt sich jedoch, dass bestimmte Typen herausgearbeitet werden können, die immer wieder eingesetzt werden.

Typische Backstorywounds des aktuellen Hollywoodkinos

Die Schlachtung von Lämmern ist eine Erfahrung, die in keinem anderen Spielfilm als Backstorywound Verwendung findet. Bestimmte Verletzungen bleiben singulär, während andere immer wieder benutzt werden. Neben Edward aus Pretty Woman wurde auch der kleine Elliott aus E. T. von seinem Vater verlassen. Am Beispiel von Hollywoodfilmen der letzten zwanzig Jahre kann ein regelrechtes Repertoire von Backstorywounds zusammengestellt werden. Grundsätzlich können vier Typen unterschieden werden: Tod, Trennung, Gewalterfahrung und Versagen.

Tod

Weshalb horcht Ellie Arroway (Jodie Foster) in Contact mit solcher Verbissenheit ins All? Als Kind hoffte sie per Funk mit ihrem verstorbenen Vater Kontakt aufnehmen zu können; heute benutzt sie das größte Radioteleskop der Welt. Warum hat sich Bruce Wayne (Michael Keaton) eine Identität als Batman zugelegt? Er kämpft gegen das Böse, weil seine Eltern vor seinen Augen getötet wurden. Was treibt den Polizisten Bud in L. A. Confidential an? Sein gewalttätiger Vater ließ den Jungen mit ansehen, wie er die Mutter zu Tode prügelte; deshalb verfolgt Bud (Russell Crowe) jeden Schläger, der eine Frau angreift, mit geradezu fanatischem Einsatz.

Der Tod eines Elternteils ist eine besonders häufig eingesetzte Backstorywound, für die drei Merkmale gelten. Zum Zeitpunkt des Todes ist die Hauptfigur des Films in der Regel noch ein Kind, zwischen acht und zwölf Jahren alt. Die Jugend der Figur lässt das Erlebnis noch einschneidender erscheinen, denn für ein Kind ist der Tod eines Elternteils von ungleich größerer Bedeutung als für einen Erwachsenen. Diesen intensivierenden Effekt hat auch das zweite Charakteristikum. Das Kind erlebt das Sterben zumeist persönlich mit; es war Augenzeuge. Hinzu kommt drittens, dass die Umstände des Todes bei den mittlerweile erwachsenen Protagonisten oft zu einem Gefühl der Schuld führen, auch wenn objektiv gesehen kein Versagen vorliegt. Der kleine Bruce hat seine Eltern nicht gegen die bewaffneten Angreifer, die ihn leben ließen, verteidigen können. Auch Bud konnte seiner Mutter nicht helfen, denn der Vater hatte ihn mit einer Handschelle an die Heizung gefesselt, bevor er die Mutter erschlug. Dass die erst zehnjährige Ellie die Tabletten nicht schnell genug fand, die ihrem herzkranken Vater das Leben gerettet hätten, ist ihr nicht anzulasten. Niemand wird den Kindern einen Vorwurf machen können – sie selbst aber glauben bis heute, damals versagt zu haben. Dieses Gefühl bestimmt ihr Leben und vor allem ihren Berufswunsch.[83]

Nach diesem Schema verlaufen auch die Backstorywounds in den bereits erwähnten Filmen BACKDRAFT und TWISTER. Jo erforscht Tornados, weil ihr Vater in einem Wirbelsturm ums Leben kam, Brian will Feuerwehrmann werden, weil er den Tod seines Vaters bei einem Einsatz mit ansehen musste. Insbesondere Berufe, die ein hohes Risiko mit sich bringen, werden durch diesen Typ der Backstorywound begründet. Sowohl Jo als auch Brian könnten in ihrem Job tagtäglich das Leben verlieren. Ihr fast schon fanatischer, heldenhafter Einsatz, dem andere Filmfiguren skeptisch gegenüberstehen, wird auf diese Weise motiviert. Daher wird diese Backstorywound häufig bei Filmen verwendet, deren Thema der außergewöhnliche, zumeist viel Mut erfordernde Beruf der Hauptfigur ist.

Der Tod des eigenen Kindes ist eine zweite oft verwendete Backstorywound dieses Typs. MENSCHENKIND erzählt von der ehemali-

gen Sklavin Sethe (Oprah Winfrey), die in einem Geisterhaus lebt.
Den Spuk verursacht Sethes Baby ›Menschenkind‹, das sie als Säugling erschlug, um es vor der Sklaverei zu bewahren. Für den Tod seines Kindes fühlt sich auch Sean Archer (John Travolta) verantwortlich, die Hauptfigur aus dem Thriller Im Körper des Feindes, der in der Gegenwart angesiedelt ist. Ein Killer hat Archers kleinen Sohn erschossen, um sich an ihm zu rächen. Seans Lebensziel wird es, den Mörder zu stellen. Ähnlich agiert John (Tom Cruise) in dem Science-Fiction Minority Report: Sein Sohn wurde in seiner Gegenwart entführt, später getötet. Danach wurde John Agent bei einer Behörde, die Verhaftungen vornimmt, bevor der Mord begangen werden kann. Sein ganzes Leben wird von dieser Arbeit bestimmt. Ein Muster wird bei diesen drei Filmen, die in der Vergangenheit, der Gegenwart und der Zukunft spielen, erkennbar: Wie beim Verlust der Eltern, so ist die Backstorywound auch beim Tod des eigenen Kindes gewichtiger, wenn die Figur sich dafür persönlich verantwortlich fühlt. Der Alltag von Sethe, Sean und John wird bestimmt von ihren Schuldgefühlen.[84]

Die beiden bisher genannten Typen von Backstorywounds sind von ihrer Struktur her verwandt. Aber der Tod des eigenen Kindes wird seltener eingesetzt als der von Vater und Mutter, obwohl beide Erlebnisse als ähnlich einschneidend dargestellt werden können. Die Unterschiede in der Häufigkeit hängen mit dem in der Regel jugendlichen Alter der Hauptfiguren und den Personenkonstellationen von Filmen des klassischen Hollywoodkinos zusammen. Zumeist sind die Protagonisten ungebunden und lernen erst im Verlauf des Films ihre große Liebe kennen. Für ein aus einer früheren Beziehung stammendes Kind bedarf es daher einer Erklärung, die weitaus aufwendiger ist als der Verweis auf die Eltern. Eine umfangreichere Backstory muss in den Film eingearbeitet werden, die sowohl die frühere Liebe als auch das Kind umfasst. Zeitlich ist dies nur zu bewerkstelligen, wenn das zentrale Thema eines Films die Aufarbeitung einer Backstorywound ist. Dies ist zum Beispiel bei Menschenkind der Fall. In diesem Film ist die Aufdeckung der Backstorywound der Schlüssel zum Verständnis der Handlung.

Eine dritte Variante der Backstorywound ›Tod‹ ist das Sterben des Lebensgefährten oder der Lebensgefährtin. Über den Verlust seiner Frau ist der Psychologe Sean (Robin Williams) in Good Will Hun-

TING nie hinweggekommen, und auch der unsterbliche Connor MacLeod (Christopher Lambert) betrauert in HIGHLANDER noch immer seine Geliebte, deren Tod bereits mehrere hundert Jahre zurückliegt. Der Geschäftsmann Chas (Ben Stiller) hat in DIE ROYAL TENNENBAUMS panische Angst um das Leben seiner Kinder, seit seine Frau bei einem Flugzeugabsturz starb. In KÖNIG DER FISCHER hat sich Parry (Robin Williams) in eine Phantasiewelt geflüchtet, nachdem seine Frau vor seinen Augen erschossen wurde; in DIE HAND AN DER WIEGE will eine junge Witwe sogar einen Mord begehen, um den Tod ihres Mannes zu rächen. Von einem Mord erzählt schließlich auch David Lynchs rätselhafter Thriller MULHOLLAND DRIVE: Danielle (Naomi Watts) hat einen Killer beauftragt, ihre Ex-Geliebte Camille zu töten. Die dadurch ausgelöste Backstorywound führt zu einem Alptraum, der die ersten 111 Minuten des Films ausmacht und der Danielle schließlich in den Selbstmord treibt.[85]

Auch die Backstorywound ›Tod des Lebensgefährten‹ kann mit Schuldgefühlen einhergehen, die in der Sache unbegründet sind: In DER ENGLISCHE PATIENT leidet der schwer verletzte Graf Laszlo Almiesy (Ralph Fiénnes) unter dem Tod seiner Geliebten, die er nach einem Unfall in der Wüste nicht retten konnte. Die Wunden, die ihn zum ›englischen Patienten‹ machten, können genau so wenig verheilen wie seine Backstorywound. In diesem Film ist die seelische Verletzung Motivation für die Verzweiflung des Protagonisten, der seine große Liebe nicht vergessen kann und den Tod sucht. In diesem Punkt unterscheiden sich die Konstruktionsmöglichkeiten dieser Backstorywound also nicht von den bisher erwähnten. Eine Besonderheit ist aber, dass sie im Unterschied zu dem Verlust der Eltern oder des Kindes auch in Komödien eingesetzt werden kann, genauer gesagt in *romantic comedies*. Loretta will in MONDSÜCHTIG eine Vernunftehe eingehen, da sie ihren ersten Mann bei einem Unfall verlor. Jetzt ist sie entschlossen, ihre zweite Heirat nicht auf Liebe zu gründen. Sie plant alles perfekt und richtet damit erst recht ein Chaos an. In SCHLAFLOS IN SEATTLE leidet der Witwer Sam (Tom Hanks) so sehr unter dem Verlust seiner Frau, dass er noch immer mit ihr spricht, sie sogar zu sehen glaubt. Der Film erzählt, wie er eine neue Liebe findet. Offenbar ist die Funktion der Backstorywound trotz der unterschiedlichen Gewichtung in beiden Fällen gleich: In romantischen Komödien begründet der Tod eines früheren Partners, warum die Hauptfigur zunächst vor einer neuen Liebesbeziehung zurückschreckt.

Eine vierte Spielart der Backstorywound ›Tod‹ ist der Verlust von Geschwistern. In GRÜNE TOMATEN sieht Idgie (Mary Stuart Masterson), wie ihr Bruder von einem Zug überrollt wird. Nach diesem Erlebnis hat sie sich in eine exzentrische Einzelgängerin verwandelt. In NELL erlebt die gleichnamige Hauptfigur (Jodie Foster) den Tod ihrer Zwillingsschwester und ihrer Mutter mit. In DER HOCHZEITS-TAG hat ein Auftragskiller (Chazz Palminteri) versehentlich seine Schwester erschossen.[86] Gelegentlich wird – fünftens – auch der Tod des besten Freundes oder eines nahe stehenden Kollegen als Variante genutzt. Besessen vom gewaltsamen Tod seines Partners ist der Polizist Pete (Wesley Snipes) in dem Fallschirmspringerfilm DROP ZONE. Er sucht den Schuldigen, der das Verbrechen begangen oder zu verantworten hat.[87]

Fasst man die durch Tod verursachten Backstorywounds zusammen, wird offensichtlich, dass es in allen fünf hier genannten Fällen – Eltern, Kinder, Lebensgefährten, Geschwister, Freunde – um den Tod von Bezugspersonen der Hauptfigur geht. Die Menschen, die der Hauptfigur am Herzen liegen, sterben an den Folgen einer Krankheit, sind Opfer eines Mörders oder verunfallen. Doch muss der Verlust einer Bezugsperson nicht unbedingt durch den Tod erfolgen; auch die Trennung von einem geliebten Menschen ist eine schwerwiegende Erfahrung, die in zahlreichen Variationen als Backstorywound eingesetzt wird.

Trennung

In LEAVING LAS VEGAS hat der Alkoholiker Ben Sanderson (Nicolas Cage) seine Frau und seine Kinder verloren. Er erinnert sich nicht mehr, ob er trinkt, weil sie sich von ihm trennten, oder ob sie sich von ihm trennten, weil er trinkt. ABSOLUTE POWER erzählt von dem Einbrecher Luther (Clint Eastwood), der mit seiner Tochter nicht mehr gesprochen hat, seit er vor vielen Jahren ins Gefängnis musste. Etliche Figuren haben keinen Kontakt mehr zu ihren Kindern oder ihren Eltern. Scheidungskind Elliott vermisst seinen Vater, und auch sein neuer Freund E. T., der Außerirdische, hat gerade seine Eltern verloren; sie mussten ihn allein auf dem Planeten Erde zurücklassen. In To Wong Foo, Thanks for Everything, Julie Newmar wurde Vada (Patrick Swayze) von ihren Eltern verstoßen, als diese herausfanden, dass ihr Sohn ein Transvestit ist. Auf der Suche nach seinem Vater ist Luke Skywalker (Mark Hamill) in Krieg der Sterne. Ihm wurde jahrzehntelang verschwiegen, dass sein Vater – Darth Vader – noch lebt.

Die Trennung von den eigenen Kindern oder den Eltern ist jedoch eine vergleichsweise selten verwendete Backstorywound. Häufiger eingesetzt wird die Trennung von einer Partnerin oder einem Partner. Nach seiner Scheidung durchlebt der Buchhändler William (Hugh Grant) in der Komödie Notting Hill eine Krise; in dem Kriminalfilm Mona Lisa sucht das Callgirl Simone (Cathy Tyson) verzweifelt nach ihrer Geliebten, einem heroinabhängigen Mädchen, das verschleppt wurde.[88] Bei der Trennung wiederholt sich ein schon beim Tod des Partners erkanntes Prinzip. Die mit einer Liebesbeziehung verknüpfte Verletzung kann sowohl in Melodramen als auch in Komödien eingesetzt werden; sie ist offen für alle Genres. Ihre Kompatibilität wird dadurch begünstigt, dass sie nur einen geringen Erzählaufwand erfordert. Auch wenig differenziert angelegte Actionfiguren wie zum Beispiel Barb Wire (Pamela Anderson) aus dem gleichnamigen Film können in einem einzigen Dialog klarstellen, was die Ursache ihres Handelns ist.

Hat ein Film mehrere Hauptfiguren, so kann es sein, dass jede Figur ihre eigene Backstorywound erhält. Nicht nur der schwer verletzte Graf Almásy, sondern auch seine Pflegerin Hannah (Juliette Binoche) ist in Der englische Patient von einer Kriegserfahrung gezeichnet. Sie hat gesehen, wie ihre Freundin von einer Mine zerfetzt wurde. König der Fischer erzählt nicht nur von Parrys Leiden, sondern auch von dem Schmerz des Radiomoderators Jeff. In Mondsüchtig verliert Loretta ihren Ehemann bei einem Busunfall, während Ronny – der Mann, in den sie sich verliebt – von seiner Verlobten nach einem Arbeitsunfall verlassen wurde. Der Bäcker verlor erst seine Hand, dann seine Braut. Zusammengestellt werden aber nicht nur die Backstorywounds Tod und Trennung; möglich ist auch die Kombination mit einer Verletzung, die durch eine Gewalterfahrung verursacht wird.

Gewalterfahrung

Unter Gewalterfahrung ist sowohl das direkte Erleben von Gewalt als auch deren Beobachtung zu verstehen. Clarice sieht nur, wie die Lämmer geschlachtet werden; ihr selber wird kein körperliches Leid zugefügt. Auch bei diesem Typ von Backstorywound sind mehrere Formen zu unterscheiden. Seit den 80er Jahren ist die Vergewaltigung oder der sexuelle Missbrauch zu einer häufig thematisierten Backstorywound geworden. In dem Gerichtsfilm NUTS wird gezeigt, dass die Hauptfigur Claudia (Barbra Streisand) über viele Jahre von ihrem Stiefvater missbraucht wurde. Dass sie einen Freier im Badezimmer tötete, hängt ursächlich mit ihrer Vorgeschichte zusammen. Opfer einer Vergewaltigung wurde der kaum zehnjährige Tom Wingo (Nick Nolte), die Hauptfigur aus HERR DER GEZEITEN. Drei entflohene Sträflinge vergewaltigten ihn, seine Mutter und seine Schwester; erst als Erwachsener durchbricht Tom das Schweigegebot seiner Mutter.[89]

Physische und psychische Gewalt wird auch bei der Folter ausgeübt. In DER TOD UND DAS MÄDCHEN glaubt Paulina Escobar (Sigourney Weaver) nach vielen Jahren, ihren Peiniger an der Stimme wiederzuerkennen. Sie wurde als politische Gefangene gefoltert und vergewaltigt; jetzt nimmt sie den vermeintlichen Täter gefangen und will sich rächen. Folter ist in der Regel mit Gefangenschaft verbunden. Eine Figur kann zum Beispiel in einem Konzentrationslager, einem Kriegsgefangenenlager oder einer Haftanstalt gelebt haben.

Auch ein Kriegserlebnis kann zur Backstorywound werden. Der psychisch kranke Birdy (Matthew Modine) leidet in dem gleichnamigen Film unter den Folgen des Vietnam-Krieges. Diese Erfahrung verbindet ihn mit dem stummen Obdachlosen Carl (Liam Neeson) aus SUSPECT oder dem aggressionsenthemmten Bowlingspieler Walter (John Goodman) in THE BIG LEBOWSKI.[90] Eine Variante der ›Kriegs-Verletzung‹ ist die von den Soldaten als negativ empfundene Rückkehr nach Amerika. Rambo (Sylvester Stallone), der im Vietnamkrieg eingesetzt wurde, kann nicht verstehen, warum er zu Hause nicht als Held gefeiert wird, sondern als Störenfried gilt. Bei ›Heimkehrer-Filmen‹ dieses Typs führte nicht nur der Krieg, sondern die Abwertung der Kriegsteilnahme zu einer Verletzung der Hauptfigur.

Schließlich müssen einige Figuren mit der Erfahrung von Schlägen oder gar Mordversuchen fertig werden. Will Hunting (Matt Damon) wurde in Good Will Hunting von seinen Pflegeeltern geprügelt, weigert sich aber, darüber zu sprechen.[91] In Copykill muss die berühmte Psychiaterin Dr. Helen Hudson (Sigourney Weaver) mit ansehen, wie ein Geistesgestörter ihren Leibwächter tötet. Ihr selbst hat der Killer eine Schlinge um den Hals gelegt, sodass sie jeden Moment zu ersticken droht. Nach diesem Erlebnis ist die selbstbewusste Wissenschaftlerin nicht mehr in der Lage, ihr Haus zu verlassen. Dieses Beispiel verdeutlicht, dass es auch möglich ist, bei einer Figur mehrere Backstorywounds zu kombinieren, etwa eine persönliche Gewalterfahrung mit der Beobachtung von Gewalt gegenüber einer anderen Person. In L. A. Confidential hat der Polizist Bud als Kind nicht nur den Verlust seiner Mutter erlebt, sondern wurde zudem auch Zeuge ihrer Ermordung und Opfer der Schläge seines Vaters. Darüber hinaus war er tagelang gefangen, da ihn der Vater angekettet hatte.

Vergewaltigung, Missbrauch, Folter, Kriegserfahrung, Schläge, Mordversuche, Beobachtung von Gewalt – die Backstorywounds der Gewalterfahrung sind heterogener als die des Verlusts durch Tod oder Trennung. Sie sind zugleich aber auch spezifischer. Eine derartige Verletzung der Hauptfigur prägt den gesamten Film: Der Tod und das Mädchen befasst sich zentral mit der Foltererfahrung und der Frage, ob Rache an dem Folterer geübt werden darf. Backstorywounds dieser Art sind demnach enger mit der Handlungsführung verknüpft und können oftmals nicht ausgetauscht oder gestrichen werden. Dies gilt in gewisser Weise auch für den dritten Typ der Backstorywound, für das berufliche Versagen.

Versagen

Von geringerer Bedeutung für das klassische Hollywoodkino ist die Backstorywound des beruflichen Versagens, durch das zumeist eine andere Person in Lebensgefahr gebracht oder gar getötet wurde. In dem Kriminalfilm Basic Instinct hat Detective Nick Curran (Michael Douglas) bei einem Einsatz zwei harmlose Touristen erschossen, da er unter Drogen stand und die Situation nicht einschätzen konnte. Seitdem trägt er den verächtlich gemeinten Spitznamen

Shooter. Nick hat ein Entzugsprogramm hinter sich und ist in psychologischer Beratung, als er auf Catherine Tramell (Sharon Stone) trifft, eine Mordverdächtige.[92]

Der Typ ›Versagen‹ umfasst nur wenige Titel, da in diese Gruppe nicht das Versagen beim Schutz von primären Bezugspersonen einbezogen werden soll; diese Fälle sind ja schon in der Kategorie ›Tod‹ erfasst. Die persönliche Dimension der Backstorywound ›berufliches Versagen‹ ist daher schwieriger zu vermitteln. BODYGUARD und IN THE LINE OF FIRE lösen das Problem durch die Berühmtheit des Schutzbefohlenen. In BODYGUARD konnte ein Leibwächter (Kevin Costner) das Attentat auf Ronald Reagan nicht verhindern und leidet bis heute darunter. IN THE LINE OF FIRE erzählt die Geschichte des in die Jahre gekommenen Leibwächters Frank Horrigan (Clint Eastwood), der bei der Bewachung von John F. Kennedy in Dallas versagte und nun eine zweite Chance erhält.

Insgesamt gesehen ist die Backstorywound des Versagens auf Berufsgruppen konzentriert, die mit dem Schutz anderer Menschen befasst sind; insbesondere bei Polizisten und Leibwächtern eignet sie sich als Motivation für die Berufswahl. Nur in sehr seltenen Fällen entstammen Figuren mit dieser Backstorywound anderen Berufsgruppen: TIN CUP erzählt von dem Golfer Roy McAvoy (Kevin Costner), der sich nach einem verpatzten Golf-Turnier vom Wettkampfsport zurückgezogen hat, KÖNIG DER FISCHER von einem zynischen Radiomoderator (Jeff Bridges), der Mitschuld am Selbstmord eines seiner Hörer trägt, COLOR OF NIGHT von einem Psychologen (Bruce Willis), dessen Patientin sich aus dem Fenster seiner Praxis wirft.

Mit den vier Grundtypen – Tod oder Trennung von Bezugspersonen, Gewalterfahrung und berufliches Versagen – lassen sich fast alle im Hollywoodkino vertretenen Backstorywounds bezeichnen, wobei die Kategorien Tod und Trennung noch einmal als Verlusterfahrung zusammengefasst werden können. Im Unterschied dazu kennt die Psychotraumatologie Dutzende von potentiell traumatisierenden Ereigniskonstellationen: Vergewaltigung, sexueller Missbrauch, Raubüberfälle, Unfälle, (Natur-)Katastrophen, Trennung oder Scheidung der Eltern, Heimunterbringung, Beobachtung eines Mords oder eines natürlichen Todesfalls, Misshandlung, (Bürger-)-

Krieg, Bombardierung, Feindbeschuss, Gefangenschaft, Folter, Krankheit, Mobbing, Demütigungen in Beziehungen, Gehirnwäschepraktiken in Sekten, Einbrüche, Vandalismus, Flucht und Vertreibung.[93] Die Autoren des Hollywoodkinos beschränken sich auf einige wenige Möglichkeiten: Nur ein geringer Teil der potenziell traumatisierenden Ereigniskonstellationen findet eine Entsprechung im Schema der Backstorywounds.[94]

Verlust	Tod	Eltern, Söhne/Töchter, Lebensgefährten, Geschwister, Freunde
	Trennung	Eltern, Söhne/Töchter, Lebensgefährten
Gewalt-erfahrung		Vergewaltigung/Missbrauch, Schläge/ Mordversuch, Folter/Gefangenschaft, Kriegs-/Heimkehrer-Erfahrung, Beobachtung von Gewalt
Berufliches Versagen		

Typische Backstorywounds des klassischen Hollywoodkinos

Nun wurde dieses Schema am Beispiel von US-amerikanischen Filmen entwickelt, die in den letzten 25 Jahren Premiere hatten. Es könnte daher der Eindruck entstehen, dass die Backstorywound ein Phänomen des aktuellen Kinos sei. Dies ist nicht der Fall. Auch früher gedrehte Filme lassen sich in die gerade entwickelte Systematik einordnen, wie am Beispiel von zwei Filmklassikern gezeigt werden kann, die Anfang der vierziger Jahre in die Kinos kamen.

Backstorywounds in Filmklassikern

CITIZEN KANE und CASABLANCA sind häufig gewählte Beispiele für Filmanalysen.[95] In der Liste der besten amerikanischen Filme, die das renommierte *American Film Institute* jährlich herausgibt, belegen diese beiden Produktionen auch heute noch die Plätze eins und zwei.[96] Der erstgenannte Film gehört »seit Jahrzehnten unangefochten zum Kanon der Filmklassiker«[97]: Über CITIZEN KANE zu schreiben, so heißt es, bedeute, über das Kino an sich zu schreiben.[98] Der zweitgenannte Film wird als »Kultphänomen«[99] bezeichnet. Umberto Eco erklärt CASABLANCA sogar zum Inbegriff von Film.[100] Beide

Produktionen operieren mit einer Backstorywound der männlichen Hauptfigur: Rick Blaine und Charles Foster Kane haben eine Verletzung erlebt. Ein Vergleich ihrer Backstorywounds wird einen neuen Blick auf die Erinnerung von Clarice Starling ermöglichen.

CASABLANCA: »Play it, Sam«

»Ich halte für niemanden den Kopf hin.« Nur gegen Bezahlung will der Barbesitzer Rick Blaine (Humphrey Bogart) den von den Nationalsozialisten verfolgten Flüchtlingen helfen, die in Casablanca auf ihre Ausreise warten. Deren gerechte Sache scheint ihm gleichgültig zu sein. »Rick ist in jeder Beziehung vollkommen neutral«, grinst Captain Renault, der französische Statthalter. Rick stimmt zu: »Ihr Geschäft ist die Politik. Meins ist es, ein Lokal zu führen.« Doch was hat Rick nach Casablanca verschlagen und was machte ihn zum Zyniker? Aufschluss darüber bietet der erste Auftritt von Ilsa Lund (Ingrid Bergmann). In der 24. Filmminute – rund ein Viertel des Films ist schon vorbei – betritt sie Ricks Café an der Seite ihres Ehemanns. Ihr Eintreffen wird von dem Klavierspieler Sam registriert, der ungläubig den Kopf schüttelt. Offenbar kennt er Ilsa und ist über ihren Besuch nicht erfreut.

Knapp fünf Minuten später bittet Ilsa den Musiker an ihren Tisch: »Spiel ein paar von den alten Liedern, Sam.« Der Klavierspieler ist nervös; er sorgt sich um Rick:

SAM Lassen Sie ihn bitte in Ruhe, Miss Ilsa. Sie bringen ihm Unglück.
ILSA Spiel es einmal, Sam. Zur Erinnerung an damals.
SAM Ich weiss nicht, was Sie meinen, Miss Ilsa.
ILSA Spiel es, Sam. Spiel »As Time Goes By«.

Sam spielt das Liebeslied aber erst nach nochmaliger, eindringlicher Aufforderung. Während er singt, schaut Ilsa versunken ins Leere, eine stumme Großaufnahme, die ganze 25 Sekunden dauert. Das plötzliche Auftreten von Rick unterbricht das Lied: »Sam, ich habe dir doch gesagt, du sollst das nie wieder spielen …« In diesem Moment erblickt er Ilsa, die Tränen in den Augen hat. Dramatische Musik setzt ein.

Das Gespräch zwischen Sam und Ilsa hat das Wiedersehen mit Rick vorbereitet. Sam wollte seinen Chef offenbar vor einer Erinnerung schützen. Rick verbindet mit dem Lied As Time goes by eine Verletzung, die Ilsa ihm zugefügt haben muss. Auch muss die junge Frau noch immer eine große Bedeutung für ihn haben, denn Rick stößt jetzt alle Regeln um, die in der ersten halben Stunde des Films als für ihn charakteristisch eingeführt wurden. Zuvor hatte er es zweimal ausdrücklich abgelehnt, mit einem Gast zu trinken. Jetzt setzt er sich zu Ilsa an den Tisch und übernimmt sogar die Rechnung für sie und ihren Ehemann: »Ein Prinzip wird hier durchbrochen«, erklärt Captain Renault. Der Sinn der früheren Ablehnungen liegt in dieser Zustimmung. Die einfache Tatsache, dass Rick sich zu Ilsa an den Tisch setzt, wird so regelrecht mit Bedeutung aufgeladen. »Schon wieder ein Grundsatz dahin. Das war ein sehr interessanter Abend«, wundert sich Renault.

Offenbar ist Ilsa eine wichtige Person in Ricks Leben gewesen, doch noch ist unklar, woher sie sich kennen. In einem Flashback wird das wenige Minuten später klargestellt. Rick und Ilsa hatten eine Liebesbeziehung, als sie noch in Paris lebten. Am Tage ihrer gemeinsam geplanten Flucht verließ Ilsa ihn ohne Angabe von Gründen. Wegen dieser Treulosigkeit ist Rick zum Zyniker geworden; Ilsas Verrat ist seine Backstorywound. Das Lied As Time goes by, das Rick nie wieder hören wollte, rührt an seine Verletzung. Ilsas Aufforderung ist eine der berühmtesten Zeilen der Filmgeschichte, auch wenn sie oft falsch wiedergegeben wird. Statt »Play it, Sam«, wie es im Original heißt, lautet das Zitat meist »Play it *again*, Sam«. Dass fast immer von »Play it *again*, Sam« die Rede ist, hängt nicht nur mit Woody Allens gleichnamigem Film zusammen. Das Lied As Time goes by hat eine Geschichte, es wird nicht nur gespielt, sondern *wieder* gespielt. Ilsas Bitte drückt den Wunsch nach der Erinnerung aus, die Rick vermeiden will. »You must remember this«, lautet die erste Zeile des Liedtextes. Tatsächlich ist Rick nun gezwungen, sich seiner Vergangenheit zu stellen.

Casablanca zeigt, wie Rick die Trennung von seiner Geliebten überwindet. Er erkennt, dass Ilsa ihn nicht böswillig verlassen hat, sondern dass sie gehen musste. Sie konnte ihm nicht Adieu sagen, da ihr totgeglaubter Mann, der Widerstandskämpfer Victor Laszlo, plötzlich auftauchte und sein Verbleib geheim gehalten werden

musste. Weil Rick ihr Verhalten jetzt versteht, kann er ihr beim endgültigen Abschied auf dem Flughafen sagen: »Uns bleibt immer noch
Paris.« Aus der schmerzenden Backstorywound ist jetzt eine positive,
sentimentale Erinnerung geworden. Ricks Wunde ist verheilt. Er
kann seinen Sarkasmus aufgeben und wieder zu dem Mann werden,
der er vor der Trennung von Ilsa war. Der Barbesitzer schließt sich
dem Widerstand gegen die Faschisten an. CASABLANCA erzählt, wie
ein Mann seine Backstorywound offenbart und überwindet.

CITIZEN KANE: »Rosebud«

Das Schloss Xanadu, ein gigantisches Gebäude. Der reichste Mann
der Welt, Charles Foster Kane (Orson Welles), liegt im Sterben. Der
Milliardär ist ganz allein. Die erste Sequenz von CITIZEN KANE zeigt
die letzte Minute seines Lebens. In seiner Hand hält Kane eine
Schneekugel, in der ein kleines, schneebedecktes Häuschen steht. Es
wird von einer Winterlandschaft umgeben; Schneeflocken wirbeln
durch das Glas. Kanes Mund ist bildfüllend zu sehen und er flüstert
sein letztes Wort: »Rosebud.« Da fällt die Schneekugel zu Boden und
zerbricht. Charles Foster Kane ist tot.

   In einer Wochenschau soll ein Nachruf auf Kane gezeigt werden.
Bei der Abnahme des fertigen Kurzfilms bemängelt der Journalist
Rawlston, dass ein Aufhänger fehle. Er weist seinen Reporter
Thompson an, nach der Bedeutung des Wortes »Rosebud« zu for-
schen:

> RAWLSTON Es ist nicht genug zu sagen, was ein Mensch geleistet
> hat. Die Leute wollen wissen, wer und was er war. Sekunde …
> ich glaube, ich hab's. Was war Kanes letztes Wort? Das letzte
> Wort, das er auf dieser Welt gesagt hat? Vielleicht hat er auf
> seinem Sterbebett selber alles von sich gesagt. (…) Wer war
> ›Rosebud‹? Was war das?

Thompson recherchiert: Kane ist der Erbe eines Millionenvermö-
gens, das seine Mutter plötzlich ihr Eigen nennen konnte. Ein Gast
ihrer Pension hatte mit einer vermeintlich wertlosen Silbermine bezahlt, die sich später als ertragreich herausstellte. Der Junge wurde
daraufhin von seiner Mutter fortgegeben; sie vertraute ihn einem

erfahrenen Finanzier zur Erziehung an. Als er abgeholt wurde, schlug der kleine Charles zornig mit seinem Schlitten nach diesem Mann. Was Thompson nicht erfährt, ist die Tatsache, dass auf diesem Schlitten das geheimnisvolle Wort stand, mit dem der Film beginnt: »das berühmteste Wort der Filmgeschichte«.[101] ›Rosebud‹ ist demnach ein Verweis auf die Trennung des Kindes von der Mutter. Es benennt Kanes Backstorywound, die im Verlust einer primären Bezugsperson besteht. Diese Trennung klingt auch in Charles Foster Kanes Namen an: Ein *foster child* ist ein Pflegekind. Somit passt seine Backstorywound auf den ersten Blick problemlos in das Schema der Backstorywounds.

Die Backstorywound in CITIZEN KANE scheint grundsätzlich dem gleichen Muster wie die in CASABLANCA zu folgen. Beide können von der Systematik erfasst werden, und in beiden Fällen stimmt zudem noch überein, dass die Verletzung, die in der Vergangenheit geschah, nur schrittweise offen gelegt wird. Diese Übereinstimmung ist allerdings nur punktuell; die beiden Kultfilme stellen den Weg ihrer Hauptfiguren ganz unterschiedlich dar. CASABLANCA erzählt, dass eine Verletzung überwunden werden kann. Rick Blane ist am Ende des Films geheilt. CITIZEN KANE hingegen erzählt von einer Wunde, die nicht verheilen konnte. Charles Foster Kane nimmt seinen Schmerz mit ins Grab. Ihm ist kein Happy End vergönnt.

Diese Differenz in der Entwicklungslinie der Figuren setzt sich in ihrem Handeln fort. Rick Blaines Zynismus wird durch die Trennung von Ilsa Lund motiviert. Kanes Backstorywound läuft jedoch ins Leere, und zwar in zweifacher Hinsicht: *Erstens* erkennt der Reporter nicht die Bedeutung des Wortes, da er den Schlitten übersieht. Am Ende des Films wird das Gefährt sogar als wertlos eingestuft und ins Feuer geworfen. Thompsons Suche scheitert, und Kanes Geheimnis bleibt ungelüftet. Der Reporter bemerkt sogar ausdrücklich, dass ein Wort allein wohl nicht das Leben eines Mannes erklären kann. Die Kinozuschauer jedoch sehen den Schlitten und erfahren, was ›Rosebud‹ bedeutet. Sie wissen mehr als der Reporter, nur hilft dieses Wissen nicht weiter bei der Erklärung von Kanes Charakter. Dies ist die *zweite* Täuschung. Der Reporter, der die Suche aufgibt, wird hiermit indirekt noch einmal bestätigt:

> The search for ›Rosebud‹ does not lead to a certain resolution at the end: we the audience discover what ›Rosebud‹ was. (…) But even at this

point, when we learn the answer to Thompson's question, a degree of uncertainty remains. Just because we have learned what Kane's dying word meant, do we know his entire character? Or is Thompson's final statement *correct* – that no one word can explain a person's life? It is tempting to declare that all of Kane's problems arose from his loss of his sled and home life as a child, but the film suggests that is too easy a solution.[102]

Wie der Milliardär handelt, lässt sich nicht auf ›Rosebud‹ zurückführen, auch wenn nun bekannt ist, was das Wort bedeutet. Die Backstorywound ist nicht der alles erklärende Schlüssel zu Kanes Gebaren. Sein Verhalten ist viel zu widersprüchlich, um allein durch die Trennung von seiner Mutter motiviert zu sein. Dass er als Kind fortgegeben wurde, erklärt zum Beispiel nicht, warum er immer wieder auf der Suche nach etwas Neuem ist, warum seine Projekte zum Größenwahn tendieren. Kane strebt nicht nach Liebe, sondern nach Bedeutung. Sein dominanter Charakterzug ist die Maßlosigkeit – und die lässt sich nicht als Reaktion auf den Verlust des Elternhauses deuten. Offenbar besteht keine ›einfache Kausalität‹ zwischen der Backstorywound und dem Charakter der Hauptfigur.

Ein Detail aus der Produktion des Films kann versinnbildlichen, dass die Backstorywound ins Leere läuft und gerade deshalb eine Fülle von Interpretationen zulässt. Die Glaskugel, die der sterbende Kane zu Beginn des Films in seiner Hand hielt, war bei den Dreharbeiten leer. Welles ließ das Haus – den Ort von Kanes Kindheit – erst nachträglich hineinkopieren.[103] Auch der Schnee wurde erst in der Postproduktion hinzugefügt. Grundlage der in Szene gesetzten Backstorywound ist demnach nur ein ›Hohlkörper‹, der beliebig hätte gefüllt werden können.

Die Bedeutung von ›Rosebud‹ hat dennoch – oder genau aus diesem Grund – Generationen von Filmwissenschaftlern beschäftigt.[104] Noël Carroll teilt die zahlreichen Interpretationen des Films in zwei Gruppen: Er unterscheidet diejenigen, die davon ausgehen, dass ›Rosebud‹ den Charakter Kanes erklären könnte, von denjenigen, die gerade dies verneinen.[105] Erstere suchen nach einer Bedeutung des Wortes für Kanes Leben: ›Rosebud‹ verweise auf Kanes Unfähigkeit, eine selbst gestellte Aufgabe zu einem Ende zu führen.[106] Die zweite Gruppe erklärt die Suche in Übereinstimmung mit Orson Welles, der von einem ›dollar book Freud‹ spricht[107], zum »plot gim-

CITIZEN KANE – Die Schneekugel

mick«[108]. Der Film biete eine Lösung, die überhaupt nichts auflö-
se.[109] Jorge Louis Borges bezeichnet CITIZEN KANE daher als Labyrinth ohne Mitte.[110] Gerade dass der Film die Erklärung verweigere,
dass er uneindeutig bleibe, sei ein Zeichen für seine Modernität:
Hier werde zum ersten Mal gezeigt, dass ein Flashback als bloße Hy-
pothese, als Facette der Wahrheit benutzt werden kann.[111]

Dass es zwei Lager von Interpreten gibt, lässt sich durch die Analyse der Backstorywound erklären. Der Verweis auf »Rosebud« ist
ein Spiel mit der Backstorywound, das nur gelingen kann, da dieses
Erzählelement jedem filmerfahrenen Zuschauer geläufig ist. CITI-
ZEN KANE macht sich die Konvention der Backstorywound zunutze,
wählt die Nachforschungen über sie sogar zum Ausgangspunkt der
Handlung. Zugleich aber wird die wichtigste Funktion der Back-
storywound, die Motivation der Figur, nicht erfüllt. Dadurch wird
»Rosebud« – im Gegensatz zu »Play it (again), Sam« – offen für eine
Vielzahl von Interpretationen.

In diesem Punkt unterscheidet sich die Figurenführung in CITI-
ZEN KANE und CASABLANCA. CASABLANCA weist eine Backstorywound auf, die exakt der zuvor entwickelten Systematik entspricht,
sowohl im Hinblick auf ihren Typ als auch auf ihre Funktion: Sie
motiviert den Charakter von Rick Blaine. Auch die Backstorywound von Charles Foster Kane lässt sich in die Systematik der
Backstorywounds einordnen. Sie kann aber nicht als der Schlüssel
zu seinem Charakter gelten. Genau umgekehrt verhält es sich mit
dem Film, der im Mittelpunkt dieser Analyse steht: Die Erzählung

vom »Schreien der Lämmer« gibt Aufschluss über die Figur Clarice, motiviert ihren Charakter, lässt sich aber nicht ohne weiteres in die Systematik der Backstorywounds einordnen.

DAS SCHWEIGEN DER LÄMMER
in der Systematik der Backstorywounds

Die Schlachtung von Lämmern ist eine außergewöhnliche Backstorywound. Sie lässt sich nur bedingt in das Schema einordnen. Es handelt sich *erstens* um eine Sonderform des persönlichen Versagens, da es Clarice nicht gelang, eines der Lämmer zu retten: »Ich dachte: Könnte ich doch wenigstens eines der Lämmer retten …« Im Unterschied zu den übrigen Filmen dieser Kategorie war das Kind aber nicht beruflich mit dieser Aufgabe betraut; es handelt sich um das Scheitern an einer selbst gewählten Verantwortung. Diese Zuordnung kann daher nicht ganz überzeugen. Außerdem war Clarice *zweitens* Zeugin einer gewalttätigen Handlung. Doch im Unterschied zu nahezu allen Filmen dieser Kategorie richtet sich die Gewalt in diesem Film gegen Tiere, nicht etwa gegen eine Bezugsperson der Hauptfigur oder gegen sie selbst.

Allerdings zeigt DAS SCHWEIGEN DER LÄMMER noch eine zweite Verletzung von Clarice, die mit einer Bezugsperson zusammenhängt. Sie wird weit vor der Geschichte der Schlachtung erzählt und gehört in die *dritte* Gruppe der Backstorywounds. Zwei kurze Flashbacks – die beiden einzigen des Films – zeigen Clarice' Vater.

Der erste Flashback beginnt in der 19. Filmminute. Clarice bricht vor dem Gefängnis zusammen. Sie hat gerade zum ersten Mal mit Hannibal Lecter gesprochen, der Mutmaßungen über ihre Vergangenheit angestellt hat. Jetzt verlässt sie das Gefängnis. Aus Clarice' Perspektive ist zu sehen, wie sie auf ihr Auto zugeht. Einer Nahaufnahme von Clarice und einer weiteren Totalen des Parkplatzes folgt eine Halbtotale. Ebenfalls in der Subjektiven wird gezeigt, wie sie zu dem Streifenwagen ihres Vaters läuft. Die erwachsene Starling geht weiter, der Vater steigt aus dem Streifenwagen aus. Der erst jetzt erfolgende Gegenschnitt auf die kleine Clarice zeigt, dass nicht länger die achtziger, sondern die sechziger Jahre in Szene gesetzt werden. Zu sehen ist eine Erinnerung: Als Zehnjährige begrüßt Clarice ihren Vater, einen uniformierten Polizisten, der von der Arbeit kommt:

»Daddy!« Sie rennt glücklich zu ihm, er fängt sie auf und wirbelt sie durch die Luft. Offenbar hat das Kind seinen Vater sehr geliebt. Die nächste Einstellung zeigt die erwachsene Clarice, die schluchzend an ihrem Auto lehnt.

<small>DAS SCHWEIGEN DER LÄMMER – Der erste Flashback</small>

Der zweite Flashback ist ebenfalls eine Erinnerung von Clarice an ihren Vater. Diesmal geht es jedoch nicht um Liebe und Geborgenheit, sondern um Tod und Verlassenheit. In der 38. Filmminute muss die junge Agentin in einem Beerdigungsinstitut auf ihren Einsatz warten; sie soll bei der Obduktion einer Frauenleiche helfen. Ein offener Sarg ist in der angrenzenden Kapelle aufgebahrt. Clarice nähert sich dem Toten, sie geht anscheinend auf ihn zu. Doch die Subjektive täuscht auch hier. Der Gegenschnitt auf ihr Gesicht offenbart, dass dieser Gang eine Erinnerung ist. Es ist die Zehnjährige, die sich dem aufgebahrten Vater nähert. Die kleine Clarice küsst den Leichnam. Erst ein Ruf Crawfords bringt die erwachsene Clarice, die in der nächsten Einstellung zu sehen ist, wieder in die Gegenwart zurück.

Diese beiden Erinnerungen, die Liebe zum Vater und sein Tod, sind nach einem ähnlichen Prinzip montiert. Der Zuschauer muss annehmen, dass ihm etwas gezeigt wird, was die Erwachsene sieht. Tatsächlich stellt sich das Gesehene aber als ein rund 15 Jahre altes ›Bild‹ heraus, als Erinnerung. Gemeinsam ist beiden Flashbacks auch, dass die Kameraperspektive während des Rückblicks nicht die eines Kindes ist. Die Einstellungen sind in der Augenhöhe eines Er-

DAS SCHWEIGEN DER LÄMMER – Der zweite Flashback

wachsenen aufgenommen, als würde die Agentin sich in einer anderen Zeit bewegen. Beide Flashbacks werden schließlich in der 51. Filmminute wieder aufgegriffen. Hier fragt Lecter Clarice bei ihrem dritten Gefängnisbesuch nach dem schrecklichsten Erlebnis ihrer Kindheit.

CLARICE Der Tod meines Vaters.
DR. LECTER Erzählen Sie mir davon, aber lügen Sie nicht. Ich würde es merken.
CLARICE Er war Polizeibeamter … und eines Nachts, da überraschte er zwei Einbrecher, die gerade aus einem Supermarkt verschwinden wollten. Sie schossen.
DR. LECTER War er auf der Stelle tot?
CLARICE Nein. Er war sehr stark. Er hat noch einen Monat überlebt.

Diese Erzählung gibt eine typische Backstorywound des klassischen Hollywoodkinos wieder. Ein Kind oder eine junge Frau verliert nach der Mutter, die früh gestorben ist, auch noch den Vater, zu dem sie ein liebevolles Verhältnis hatte.

In den letzten Jahren wurde diese Backstorywound zum Beispiel in der romantischen Komödie WÄHREND DU SCHLIEFST oder in dem Science-Fiction CONTACT verwendet. Auch in diesen beiden

Filmen wird in Flashbacks gezeigt, wie liebevoll ein verwitweter Vater mit seiner Tochter umging, und in beiden Produktionen wurde die Tochter schwer vom Tod des Vaters getroffen. Dies ist eine Übereinstimmung zwischen der Fahrkartenverkäuferin Lucy, der Wissenschaftlerin Ellie und der FBI-Agentin Clarice. Clarice erinnert sich: »Meine Mutter war schon gestorben, als ich noch ganz klein war. Deshalb wurde mein Vater zur ganzen Welt für mich. Und als er mich verließ, blieb mir gar nichts. Ich war zehn Jahre alt.« Nichts sei ihr mehr geblieben, drückt Clarice ihren Schmerz aus. Ihre Berufswahl erscheint wie eine Bestätigung dieses Satzes. Clarice' Vater war Polizist; sie will FBI-Agentin werden. »Das Vatermotiv ist recht klar. Es schreibt Starling auf die Rolle der Tochter fest, die einerseits danach strebt, mit dem Vater identisch zu werden, andererseits auf ihn fixiert ist. Als toter Vater bleibt er ihr Idol und wird ständig durch andere Väter ersetzt.«[112]

Dass Clarice noch von einer zweiten Backstorywound berichten wird, ist angesichts der Bedeutung dieser ersten Verletzung kaum zu erwarten. Sie selbst hat ja auch ausdrücklich erklärt, dass der Tod des Vaters ihre schlimmste Kindheitserinnerung sei. Außerdem scheinen die beiden Flashbacks regelrecht auf diese Offenbarung hinauszulaufen, die mittlerweile ein Klischee im klassischen Hollywoodkino geworden ist: die Schwäche der starken Frau ist ihre enge Beziehung zum Vater. »It's a cliché of Hollywood cinema, pulp fictions and psychoanalysis that tomboys or active heroines somehow identify with their fathers. In action films, the heroine is presented as either motivated by her maternal instincts or as taking over/inheriting her father's position.«[113] Vor diesem Hintergrund ist die Funktion der Erzählung vom Schreien der Lämmer unklar. Sicher wird die Schlachtung der Tiere das Kind nicht mehr getroffen haben als der Tod des Vaters, der zudem noch langsam und qualvoll gewesen sein muss. Warum sind die schreienden Lämmer und nicht der Tod des Vaters als Clarice' Backstorywound zu bezeichnen?

Die Backstorywound wurde als ein benennbares Ereignis definiert, das als alleinige Ursache für das Verhalten der Hauptfigur gilt. Doch Clarice' Ehrgeiz wird nicht aus dem Tod des Vaters – der konventionell üblichen Backstorywound – abgeleitet. Sie trägt keinerlei Schuld an seiner Ermordung und war auch nicht Augenzeugin des

Schusswechsels. Im vierten Gespräch kommt Lecter auch nicht mehr auf den Vater zu sprechen, so als sei dieses Problem bereits bewältigt. Stattdessen sucht er nach einer anderen Erklärung. Er fragt die Agentin nach ihrer Flucht und als er diese Geschichte kennt, gibt er sich zufrieden. Jetzt stellt er einen Zusammenhang zwischen Clarice' Charakter und dieser – nicht etwa der früheren – Kindheitserinnerung her:

> DR. LECTER Sie wachen immer noch manchmal auf, nicht wahr? Wachen auf im Dunkeln und hören die Lämmer schreien.
> CLARICE Ja ...
> DR. LECTER Und Sie glauben, wenn Sie die arme Catherine retten, dann würde all das aufhören. Sie glauben, wenn Catherine lebt, würden Sie nie wieder im Dunkeln aufwachen durch dieses grauenhafte Schreien der Lämmer.

Clarice arbeitet so verbissen an der Lösung des Falls, weil sie einen Alptraum überwinden will. Sie sehnt sich nach Ruhe. Schon in der ersten Sequenz des Films rennt Clarice wie gehetzt durch den Wald. Ihre Rastlosigkeit erschließt sich nun auf dem Hintergrund ihrer Backstorywound. Clarice möchte, dass die Lämmer schweigen. Sie riskiert den Ausschluss aus der FBI-Akademie, weil sie Catherine retten muss, und sie muss Catherine retten, weil sie als Kind die Lämmer nicht in Sicherheit bringen konnte. Clarice' Motor ist die Sehnsucht nach Wiedergutmachung. Diesen Zusammenhang erklärt ihr Hannibal Lecter – Dr. Hannibal Lecter, um genau zu sein. Der Gefangene ist nämlich nicht nur ein Psychopath, er ist auch ein Psychiater.[114]

Einen Psychiater hat auch der Millionär Edward in PRETTY WOMAN bemüht. Der Millionär investierte 10 000 $ in eine Therapie, damit er sich die Wut auf seinen Vater eingestehen kann. Clarice hingegen, die selbst Psychologie studiert hat, bezahlt mit ihren Erinnerungen für die kriminalistische Hilfe des Psychiaters, dessen Patientin sie wider Willen geworden ist. Ausgehend von ihrer Backstorywound lässt sich DAS SCHWEIGEN DER LÄMMER als die Geschichte einer Therapie interpretieren. Die Geschichte dieser filmischen Therapie – die nicht mit lebensweltlichen Maßstäben gemessen werden darf – verläuft nach einem narrativen Schema, das der Psychologe Joseph Campbell konzipiert hat. Dieses Modell soll im Folgenden weiterentwickelt werden: Die Aufdeckung der Backstorywound ist eine Station auf der ›Reise der Heldin‹.

2. Zwei Welten:
Die Reise der Heldin

Vor mehr als fünfzig Jahren veröffentlichte der amerikanische Wissenschaftler Joseph Campbell eine Untersuchung über die Struktur von Sagen und Legenden: THE HERO WITH A THOUSAND FACES. In Deutschland ist das Buch erstmals 1953 unter dem Titel DER HEROS IN TAUSEND GESTALTEN erschienen. Die umfangreiche Beispielsammlung umfasst Mythen aus aller Welt – inklusive Bibel und Koran. Campbell hat diese Erzählungen verglichen und kommt zu dem Ergebnis, dass alle Texte einem gemeinsamen Grundmuster folgen. Ein Held, sei es Aeneas, Buddha oder Moses, begibt sich auf eine Reise, die nach festen Regeln abläuft: »Mag der Heros lächerlich sein oder erhaben, Grieche oder Barbar, Heide oder Jude, der wesentliche Umriss seiner Abenteuer variiert kaum.«[115] Der Heros hat, wie der Titel des Buchs schon sagt, tausend Gesichter, erscheint also in vielen verschiedenen Gestalten. Doch erleben alle Helden und Heldinnen im Grunde *eine* Geschichte: »in der Morphologie des Abenteuers, der beteiligten Personen und errungenen Siege findet man erstaunlich wenige Abwandlungen.«[116] Jede Geschichte verläuft nach einem bestimmten Muster:

> Der Heros verlässt die Welt des gemeinen Tages und sucht einen Bereich übernatürlicher Wunder auf, besteht dort [gegen] fabelartige Mächte und erringt einen entscheidenden Sieg, dann kehrt er mit der Kraft, seine Mitmenschen mit Segnungen zu versehen, von seiner geheimnisvollen Fahrt zurück.[117]

Campbells Beschreibung der ›Reise‹, die er im Verlauf seines Buchs immer präziser fasst, erinnert auf den ersten Blick an einen der so genannten *masterplots*, wie sie in dramaturgischen Ratgebern verbreitet werden. Darunter sind Grundsituationen zu verstehen, auf welche die Handlung aller Dramen und Filme zurückzuführen sein sollen. Die Suche nach diesen Grundsituationen hat eine lange Tradition. Schon im 18. Jahrhundert hat Carlo Gozzi 36 Konstellationen aufgelistet, aus denen seiner Meinung nach alle Dramen abgeleitet werden können. Diese Zusammenstellung wurde von Goethe und Eckermann diskutiert; Schiller hat sogar versucht, Gozzis Entwurf zu vervollständigen.[118] Die bekannteste Überarbeitung dürfte jedoch die von Georges Polti sein, der 1895 die Monographie Les trente-six situationes dramatiques veröffentlichte. Darin unterscheidet er Grundsituationen wie die Bitte, die Rettung, die Rache oder die Strafe. Polti nennt eine Vielzahl von Beispielen, erläutert Sonderfälle und Varianten. Lucrezia Borgia gilt ihm als Exempel für die Situation Nummer 19, die ›unerkannte Tötung eines Verwandten‹, für die er insgesamt 21 Möglichkeiten sieht.[119]

Eine Übertragung von Poltis Kategorisierung auf den Film regte Gottfried Müller schon zu Beginn der vierziger Jahre in Dramaturgie des Theaters und des Films an.[120] Auch einige aktuelle Filmhandbücher listen dramatische Grundsituationen auf. Zum Beispiel stellt Ronald B. Tobias unter Berufung auf Polti zwanzig *masterplots* zusammen, darunter die Suche, das Abenteuer, das Opfer, die Rettung, die Verfolgung oder die Flucht.[121] So soll zum Beispiel der Suche-Plot von der »Suche nach einem Menschen, einem Ort oder einem Ding«[122] handeln, wobei das Schicksal des Suchenden im Vordergrund stehe. Eine solche Geschichte werde in Der Zauberer von Oz verhandelt: Dorothy will nach Hause zurückfinden; sie sucht einen Heimweg. Zwölf Uhr Mittags hingegen sei ein Opfer-Plot: Die Quäkerin Amy verrate für ihren Ehemann ihre religiösen Prinzipien.

Was unterscheidet nun die *masterplots* oder die *situationes dramatiques* von der ›Reise des Helden‹? Tobias und Polti gehen grundsätzlich davon aus, dass alle denkbaren Plots in ihrer Anlage und in ihrem Ablauf erfasst werden können, auch wenn beide einräumen, dies möglicherweise noch nicht erreicht zu haben. Symptom dieses Denkens ist die Nummerierung der Grundsituationen, die beide Bücher sogar im Titel tragen. Polti und Tobias teilen demnach die Vorstellung, dass es eine begrenzte Anzahl möglicher Handlungen gibt, die aufgezählt werden können. Dies unterscheidet ihre Beiträge von der ›Reise des Helden‹. Die ›Reise‹ ist kein *masterplot*, sondern ein Modell, das offen ist für die Analyse von Plots unterschiedlichster Thematik. Für dieses Modell ist es nicht von Bedeutung, ob der zu analysierende Film von einer Rettung oder einer Rache, einer Revolte oder einem Rätsel handelt. Der Zauberer von Oz und Zwölf Uhr Mittags gehören keineswegs verschiedenen Gruppen von Filmen an; das Musical und der Western folgen vielmehr der gleichen narrativen Grundstruktur.

Im Unterschied zum Modell der ›Reise‹ zielt das Konzept des *masterplots* auf eine inhaltliche Typisierung aller Plots ab; das erklärt die umfangreichen Inhaltsangaben. Die Zusammenstellung von Grundsituationen führt auch nicht zu einer genaueren Vorstellung vom Ablauf eines Plots. Genau dies leistet aber das Modell der ›Reise‹. Es ist – im Sinne David Bordwells – als narrativer Prototyp zu verstehen. Das Modell erfasst den zeitlichen Fortschritt eines Films und verdeutlicht somit, wie die Handlung von Spielfilmen aufgebaut ist.[123]

Ausgangspunkt der Modellentwicklung ist eine Beschreibung Campbells, der den Ablauf der ›Reise‹ in drei Phasen gliedert: »Der Weg, den die mythische Abenteuerfahrt des Helden normalerweise beschreibt, folgt, in vergrößertem Maßstab, der Formel (…) Trennung – Initiation – Rückkehr, einer Formel, die der einheitliche Kern des Monomythos genannt werden kann.«[124] Diese Beschreibung enthält zwei problematische Begriffe: Held und Monomythos. Unter einem Helden wird umgangssprachlich ein Mann verstanden, der sich mutig verhält, »eine Gestalt von außergewöhnlichen Gaben«[125]. Tzvetan Todorov definiert:

> Dort, wo es sich in den Augen gewöhnlicher Sterblicher um eine Situation handelt, die keine Wahl lässt und in der man sich ganz einfach den Umständen fügen muss, begehrt der Held auf, lässt sich vom äußeren Schein nicht blenden, und es gelingt ihm, durch eine Tat, die sich über das Gewöhnliche erhebt, das Schicksal zu bezwingen. Der Held ist das Gegenteil des Fatalisten.[126]

Diese Vorstellung ist nicht anschlussfähig. Damit das Modell für den Film nutzbar gemacht werden kann, muss es erstens auch Feiglinge berücksichtigen; nur ein Teil der Protagonisten des klassischen Hollywoodkinos ist von Beginn an mutig. Zweitens muss das Modell auch Frauen einbeziehen. Weder Campbell noch Todorov scheinen die Möglichkeit weiblichen Heldentums zu bedenken.[127] Diese Festlegung fortzuführen wäre fatal. Eine Vielzahl der hier gewählten Filmbeispiele und selbstverständlich auch der zentrale Beispielfilm hat eine weibliche Hauptfigur. Wenn also im Folgenden von ›Helden‹ die Rede ist, so sind damit alle Hauptfiguren von Spielfilmen gemeint, seien sie männlich oder weiblich, mutig oder feige.

Der zweite problematische Begriff, ›Monomythos‹, den Campbell in seiner Formel verwendet, stammt ursprünglich von James Joyce, der in Finnegans Wake vom »monomyth« spricht.[128] Campbell, der Co-Autor von A Skeleton to Finnegans Wake ist, hat den Ausdruck aufgegriffen und neu gefasst.[129] Was versteht er darunter? Inwiefern kann ein Modell, das auf die Beschreibung von Mythen abzielt, überhaupt für die Analyse von Spielfilmen genutzt werden? In diesem Kapitel wird aufgezeigt, dass Campbells Vorstellung der zwei Welten anschlussfähig ist. Auch die Figuren des klassischen Hollywoodkinos betreten unbekannte Welten. Welche Welten sind das, und warum bedürfen die Figuren überhaupt einer Veränderung?

Der Mythos und der Traum

Rund dreißig Jahre nach dem Erscheinen von Joseph Campbells Buch wurden seine Thesen erstmals für den Film nutzbar gemacht. Seit Mitte der achtziger Jahre legen die Amerikaner Keith Cunningham, Thomas Schlesinger und Christopher Vogler in ihren Workshops den künftigen Autoren nahe, ihre Figuren die Phasen Trennung, Initiation und Rückkehr durchlaufen zu lassen. Alle drei arbeiten als *script consultants;* sie beraten Drehbuchautoren und Produktionsfirmen in dramaturgischer Hinsicht.[130] Der erste den Film einbeziehende Zugriff auf Campbells Modell erfolgte demnach von Seiten der Praxis.[131] Auffällig ist, dass sich alle Praktiker positiv, ja geradezu begeistert über die von Campbell aufgezeigte Traditionslinie äußern, die bis in die Antike reicht. Bereitwillig übernehmen sie Campbells Begrifflichkeit. Zum Beispiel erklärt Field den Film kurzerhand zum zeitgenössischen Mythos.[132] Die *script consultants* behaupten, dass in allen Erzählungen ein mythischer Kern stecke; Voglers Buch heißt im Untertitel Mythic Structure for Storytellers and Screenwriters.

Nun versteht aber jeder Autor und jede Autorin etwas anderes unter ›Mythos‹. Einigkeit besteht lediglich darüber, dass dem Mythos eine ›tiefere Wahrheit‹ innewohnt.[133] Linda Seger erklärt:

> Myths are the common stories at the root of our universal existence. They're found in all cultures and in all literature, ranging from the Greek myths to fairy tales, legends, and stories drawn from all over the

world's religions. A myth is a story that is ›more than true‹ (…), because it is lived by all of us, at some level. It is a story that connects and speaks to us all.[134]

Christopher Vogler hält den Mythos für eine Metapher, die sich der menschlichen Vorstellungskraft entziehe. »It is a comparison that helps us understand, by analogy, some aspects of our mysterious selves. A myth, in this way of thinking, is not an untruth but a way of reaching profound truth.«[135] Vergleicht man die kurzen Erläuterungen zum Mythos in den Ratgebern, dann entsteht der Eindruck, als solle der Begriff ›Mythos‹ lediglich die Arbeit des Drehbuchschreibens aufwerten. Der Autor einer Teenie-Komödie darf sich als Nachfolger Homers wähnen, der Dramaturg eines TV-Movies als Fortschreiber Ovids. Die Ratgeber lassen offen, was genau unter der ›mythischen Struktur‹ oder dem ›mythischen Kern‹ zu verstehen ist und welche Rolle der Mythos tatsächlich in Drehbüchern spielt.

Was der ›mythische Kern‹ eines Films sein könnte, wird auch in der Filmwissenschaft nicht beantwortet, da Campbells Thesen hier keine Beachtung finden.[136] Einen für die Modellbildung anschlussfähigen Begriff von Mythos bietet allerdings Gerald Prince in seinem DICTIONARY OF NARRATOLOGY. Der Mythos sei zunächst einmal nichts anderes als ein Plot, »an arrangement of incidents«.[137] Da für die Strukturanalyse ohne Belang ist, was das Spezifische der Plots von Mythen ist, kann an diese einfache Definition angeknüpft werden. Aufgegeben wird damit die Vorstellung eines allen Kulturen gemeinsamen Monomythos, von der Campbell ausgeht und den alle *script consultants* begeistert aufgreifen. Die These der Überzeitlichkeit bleibt Mutmaßung. »The objection to these conclusions is not that they are wrong but simply that there is no way to determine whether they are right or wrong.«[138] Das Modell der Reise ist ausdrücklich nicht als überzeitlich zu verstehen. Es ist daher für die weiteren Überlegungen ohne Belang, ob die Erzählstruktur der von Campbell nacherzählten Mythen auf unserer Wahrnehmung der Jahreszeiten basiert, wie Northrop Frye annimmt.[139] Oder ob sie dem Verlauf des Geschlechtsakts entsprechen, wie die Filmpraktiker Tom Schlesinger und Keith Cunningham oder der Literaturwissenschaftler Robert Scholes vermuten.[140] Beide Thesen verklären zur überzeitlichen Wahrheit, was lediglich erzählerische Konvention ist.

Neben der mythischen Dimension des Modells muss auch eine zweite, für Campbell zentrale Kategorie aufgegeben werden: die des Traumes. In seinen Untersuchungen zum Mythos beruft sich Campbell auf C. G. Jungs Theorie des kollektiven Unbewussten. Vereinfacht gesagt, sieht Jung in den Mythen eine »psychische Manifestation«[141], in der »die Seele über sich selber aussagt«.[142] Dieses Konzept fortführend, erklärt Campbell:

> Der Traum ist verpersönlichter Mythos, der Mythos entpersönlichter Traum, und beide sind auf die gleiche Weise symbolisch für die Dynamik der Psyche. Aber während im Traum die besonderen Konflikte und Schwierigkeiten des Träumenden die Formen verzerren, sind die Probleme und Lösungen, die der Mythos zeigt, für die ganze Menschheit unmittelbar gültig.[143]

Campbell will die »psychologische Bedeutsamkeit der mythischen Symbolwelt«[144] untersuchen. Seiner Ansicht nach haben Legenden zwar nur den Anspruch, das Leben von Helden zu beschreiben, tatsächlich aber verhelfen sie »den unbewussten Wünschen, Ängsten und Konflikten, über denen das bewusste Verhalten des Menschen sich erhebt, zu symbolischem Ausdruck«.[145] Die Psychologie – so Campbell – kann eine Übersetzungsleistung bieten. Sie deckt auf, welche unterdrückten Wünsche der Menschen in diesen Geschichten verborgen sind: »Es ist der Zweck des vorliegenden Buchs, einiges von den Wahrheiten, die, für uns unkenntlich, unter den Gestalten von Religion und Mythos verborgen sind, wieder aufzuschließen.«[146]

Campbell entwickelt ein vom Mythos ausgehendes Erzählmuster, um Aufschluss über die menschliche Seele zu erhalten – dies ist sein erklärtes Ziel. Diese Zielsetzung unterscheidet sich ganz offensichtlich von der einer strukturalen Textanalyse. In der DRAMATURGIE DES FILMS wird weder von allen Menschen gemeinsamen Urvorstellungen noch von der Psyche des Einzelnen die Rede sein. Aufgegeben wird eine Verallgemeinerung: die Rückbindung an den Mythos und an den Traum. Angeknüpft wird nur an das von Campbell entworfene Erzählmuster, das dementsprechend auch nicht mehr Monomythos genannt werden kann.

Dass dem neuen, auf Spielfilme angewandten Modell nicht mehr die Vorstellung des Monomythos zugrunde liegt, verdeutlicht eine Bearbeitung der von Campbell gezeichneten Skizze. Er sieht die

›Reise‹ als Kreislauf und bezeichnet die Trennung des Helden von seiner Umwelt mit X, seine Initiation mit Y und die Rückkehr mit Z. Die drei Phasen der Reise trennt er durch eine horizontale Linie:

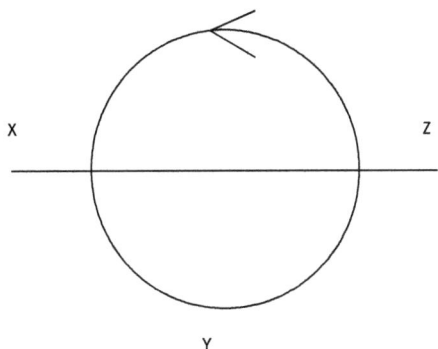

Campbells Skizze des Monomythos

Die im Folgenden weiterentwickelte, neue Visualisierung der ›Reise‹ verkehrt sozusagen Campbells Bild. Der Mythenforscher zeichnet seinen Kreis – ausgehend von der Vorstellung eines kosmischen Zyklus – linksdrehend. Die folgenden Diagramme zu DAS SCHWEIGEN DER LÄMMER sind rechtsdrehend gezeichnet. Nicht ohne Grund: Es handelt sich um Darstellungen, die den Zeitverlauf eines Films deutlich machen sollen. Sie wurden daher im Uhrzeigersinn entwickelt. Ein Film folgt – im Unterschied zum Buch oder zum Computerspiel – einem festen zeitlichen Ablauf; jede Einstellung lässt sich über ihren Zeitpunkt definieren.

Doch auch diese neue, symmetrisch gespiegelte Zeichnung ist nur ein erster Entwurf. Die graphische Darstellung wird im Laufe der Entwicklung des narrativen Modells mehrfach verändert werden. Ein erster Schritt zur Weiterentwicklung dieses Modells ist die Offenlegung des Erzählprinzips, das der Abfolge Trennung – Initiation – Rückkehr zugrunde liegt: das Prinzip der zwei Welten.

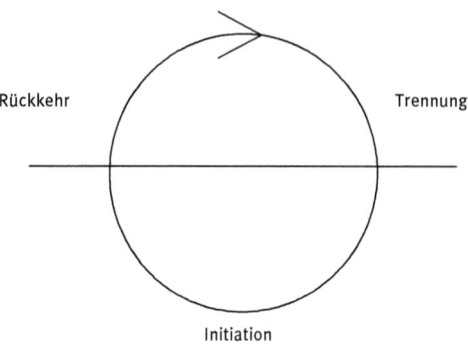

Trennung – Initiation – Rückkehr

Das Vertraute und das Unbekannte

Clarice Starling weiß Bescheid. Sie kennt ihren Trainingspfad, und der Weg zurück in die Akademie ist ihr vertraut. Ohne Schwierigkeiten findet sie Crawfords Büro, und wie sie mit dem ranghohen Agenten umgehen muss, hat sie gelernt. Clarice steht, bis er sie auffordert, Platz zu nehmen. Eine Nachfrage beginnt sie höflich mit »Entschuldigung, Sir«. Schon die erste Sequenz des Films verdeutlicht, dass in der FBI-Akademie eine strenge Hierarchie eingehalten wird. Es gibt einen Stundenplan und eine Kleiderordnung. Eine blaue Kappe und blaue Ohrschützer sind Pflicht beim Schusstraining, ein schwarzer Helm muss beim Boxen getragen werden. Sogar die grauen Sweat-Shirts, die Clarice beim Joggen trägt, sind mit dem Logo des FBI versehen. In der Akademie gelten klare Regeln und eindeutige Maßstäbe. Jede Leistung wird benotet. Clarice gehöre in die Spitzengruppe ihres Jahrgangs, erklärt Crawford ihr beim ersten Zusammentreffen. In der Welt des FBI muss Clarice niemals zweifeln, wo sie steht. In dieser Welt kennt sie ihren Rang – ihren Platz.

Die Welt der Serienmörder Hannibal Lecter und Buffalo Bill ist eine verwirrende Welt. Die beiden Männer akzeptieren keine gesellschaftlichen Regeln. Sie töten, weil es sie befriedigt, weil es ihnen gefällt. Clarice Starling hat viel über diese Welt gelesen, aber sie kennt sich trotzdem nicht in ihr aus. Das mit Auszeichnung abgeschlossene Psychologiestudium hilft ihr nicht weiter: »Jetzt wieder Marsch zurück auf die Schulbank, kleine Starling. Flieg, flieg, flieg …«, erklärt Lecter ihr kategorisch. Sie ist für ihn nur eine unbedarfte Schülerin. Als Clarice den Gefangenen nach dem Schema behandeln will, das man ihr an der Universität beigebracht hat, durchschaut er das Manöver sofort und kanzelt sie ab:

> Dr. Lecter Nein, nein, nein, nein. Dabei hatten Sie es gut gemacht. So aufmerksam waren Sie und hatten Aufmerksamkeit verdient. Sie hatten begonnen, Vertrauen aufzubauen, durch die peinliche Wahrheit über Miggs. Und jetzt plötzlich diese plumpe Überleitung zu Ihrem Fragebogen. So wird das nichts …

Sobald die junge Frau ihr Schulbuchwissen ausbreitet, wird sie von Lecter korrigiert. Sogar ihre Privatkleidung, die sie bei diesem Termin trägt, wird von ihm lächerlich gemacht. In der Welt der Serienmörder weiß Clarice Starling sich nicht zu bewegen. In dieser Welt ist sie verloren.

Joseph Campbells Modell von der ›Reise des Helden‹ ist – auch wenn er selbst dies nicht ausdrücklich formuliert hat – in zwei Welten unterteilt: Der Held verlässt den Ort seines Alltags und betritt »eine Welt fremdartiger und doch seltsam vertrauter Kräfte«.[147] Auf den Film übertragen bedeutet dies, dass die Hauptfigur die ihr vertraute Umgebung verlässt, in der sie sich bislang selbstverständlich bewegt hat, und in eine ihr unbekannte Welt vorstößt. Diese Opposition kann in der Skizze, die das Modell veranschaulicht, ergänzt werden:

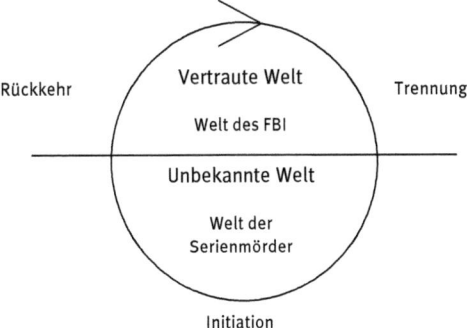

Das Modell der zwei Welten

In der Skizze wird die Zweiteilung durch die horizontale Linie angedeutet, die eine Art Schwelle darstellt.[148] Die obere Hälfte des Kreises steht für die vertraute, die untere Hälfte für eine unbekannte Welt. Clarice Starling verlässt die FBI-Akademie und begibt sich in die ihr fremde Welt eines Serienmörders. Dieses Prinzip der Gegenüberstellung lässt sich bei vielen Filmen des klassischen Hollywoodkinos wiederfinden. Die Hauptfiguren reisen von einer Welt in die andere, vom Vertrauten zum Unbekannten.

Reisewege vom Vertrauten zum Unbekannten

Eine Hauptfigur geht auf eine Reise: Edward, der Millionär aus PRETTY WOMAN, verlässt eine Party seines Mitarbeiters Stuckey, der eine Villa in Hollywood Hills besitzt. Da seine eigene Limousine von parkenden Autos blockiert wird, leiht er sich Stuckeys Ferrari und sitzt seit Jahren zum ersten Mal wieder selber am Steuer. Verzweifelt fragt Stuckey: »Weißt du denn überhaupt, wo du hinfährst?« Er ruft ihm hinterher, dass er in die falsche Richtung abbiege, aber Edward hat bereits Gas gegeben. Er verirrt sich hoffnungslos und landet am Hollywood Boulevard, dem Straßenstrich. Hier steht Vivian und wartet auf Kunden. Doch der Fahrer des nagelneuen Luxusautos, der vor ihr hält, möchte nur den Weg nach Beverly Hills wissen. Sie verkauft ihm diese Information, und weil Edward so großzügig zahlt, fährt sie ihn sogar persönlich zu seinem Hotel.

Vivians Fahrt ist nur einige Kilometer lang, doch am Ende ihres Wegs betritt sie eine neue Welt – die Welt der Reichen und Superreichen. Hier gelten andere Regeln. Vivian trägt die falsche Kleidung und weiß sich beim Essen nicht zu benehmen; eine Weinbergschnecke rutscht ihr aus der Zange und fliegt wie ein Geschoss durch den Raum. Beim Kleiderkauf am *Rodeo Drive* scheitert sie an den arroganten Verkäuferinnen, die sie des Geschäftes verweisen. Erst als Edward sie begleitet, wird Vivian bedient. In einem Schnellkurs lässt die junge Frau sich beibringen, welche Gabeln für welchen Gang vorgesehen sind. Sie war noch nie in der Oper, geschweige denn beim Polo. Doch im Verlauf des Films lernt Vivian Edwards Welt kennen und lernt auch, sich in ihr sicher zu bewegen.

Auch Edward wird eine neue Welt kennen lernen, obschon er das

Viertel der Millionäre nur für kurze Zeit verlassen hat. Vivian zeigt ihm nicht nur den Weg nach Beverly Hills. Der gefühlskalte Geschäftsmann, ein *workaholic*, lernt durch sie eine Welt kennen, in der Emotionen zählen. Sie bringt ihm bei, barfuß über Gras zu gehen oder müßig in der Badewanne herumzuliegen. Am Ende des Films wird Edward entgegen seiner ursprünglichen Absicht eine bankrotte Firma nicht aufkaufen, sondern sanieren. Er wird kein Arrangement mit Vivian treffen, wie er das mit seinen bisherigen Freundinnen getan hat. Stattdessen macht er ihr einen Heiratsantrag. Der falsche Weg, den Edward zu Beginn des Films einschlug, erweist sich am Ende doch als der richtige.

Die ›Reisen‹, die in Filmen des klassischen Hollywoodkinos unternommen werden, zeichnen sich in ihrer Anlage durch fünf Besonderheiten aus.

(1) Für das Erzählprinzip der zwei Welten spielt es keine Rolle, ob die Reise nur kurze oder lange Zeit dauert. In Mosquito Coast irrt eine amerikanische Familie monatelang durch den Dschungel, in Thelma und Louise fliehen die beiden Frauen fünf Tage lang Richtung Mexiko, in Die Zeit nach Mitternacht fährt ein Programmierer nur wenige Stunden durch das nächtliche New York.

(2) Auch die Entfernung, die die Reisenden zurücklegen, ist sehr unterschiedlich. In Die Brautprinzessin ist der Held, ein zehnjähriger Junge, sogar an sein Bett gefesselt. Die neue Welt, die er kennen lernt, erschließt sich ihm durch ein Märchen, das ihm sein Großvater (Peter Falk) erzählt. Ähnlich ergeht es in Grüne Tomaten der übergewichtigen Evelyn (Kathy Bates), die den bezeichnenden Nachnamen Couch trägt. Ihre Reise führt sie nur in ein nahe gelegenes Altersheim, wo die *couch potatoe* jedoch von einer völlig anderen Welt erfährt, der längst vergangenen Welt von Idgie und Ruth. Der kleine Junge und die Mittfünfzigerin begeben sich auf eine Reise, ohne sich fortzubewegen, auf eine Reise, die nur in ihrer Phantasie stattfindet.

(3) Dies deutet schon an, dass die Reise in eine andere Welt nicht unbedingt mit einer räumlichen Veränderung verbunden sein muss, auch wenn bei den meisten Filmen mit einem Ortswechsel gearbeitet wird. In Pleasantville geraten die Geschwister Jenny und David (Reese Witherspoon/Tobey Maguire) nach

Nutzung einer magischen Fernbedienung in eine TV-Serie. Hinzu kommt, dass sie bislang in den Neunzigern gelebt haben und sich nun in den Fünfzigern zurechtfinden müssen. Eine andere Zeitstufe kann demnach auch eine neue Welt bedeuten, in die eine Figur reist. Zu unterscheiden sind vier Formen von Zeitreisen: Von der Gegenwart in die Zukunft (DEMOLITION MAN), von der Zukunft in die Gegenwart (TERMINATOR; TWELVE MONKEYS) von der Vergangenheit in die Gegenwart (FOREVER YOUNG; DAS PHILADELPHIA EXPERIMENT) und von der Gegenwart in die Vergangenheit (ZURÜCK IN DIE ZUKUNFT). Das Prinzip dieser Zeitreisen unterscheidet sich nicht von dem räumlicher Reisens: PEGGY SUE HAT GEHEIRATET erzählt von einer Mittvierzigerin (Kathleen Turner), die in den sechziger Jahren aufwacht. Hier erkennt sie, dass sie ihren Mann (Nicolas Cage) trotz aller Enttäuschungen wieder heiraten würde. Zu Beginn des Films möchte sie sich von ihm scheiden lassen, an seinem Ende, nach ihrer Rückkehr in die Gegenwart, will sie einen Neuanfang mit ihm wagen. Dieser Sinneswandel liegt in der Konfrontation mit ihrer eigenen Vergangenheit begründet, die ihr mittlerweile zur unbekannten Welt geworden ist.

(4) Zeitmaschinen sind eines der Gefährte, mit denen sich eine Hauptfigur auf die Reise in die unbekannte Welt begibt. Zu unterscheiden sind Fortbewegungsmittel und eine Vielzahl von Zielen. Thelma und Louise packen ihre Koffer zu Beginn des Films nur für einen Wochenendausflug in die Berge. Von New York nach Montana fährt eine Karrierefrau (Kristin Scott Thomas) mit ihrem Auto in DER PFERDEFLÜSTERER, von New York nach L. A. fliegt ein Psychologe (Bruce Willis) in COLOR OF NIGHT. Ein stellungsloser Buchhalter (Johnny Depp) reist mit dem Zug in den Westen Amerikas (DEAD MAN), ein städtischer Polizeibeamter (Johnny Depp) mit der Postkutsche in ein von der Außenwelt abgeschnittenes Dorf (SLEEPY HOLLOW). Der Soldat John J. Dunbar (Kevin Costner) reitet in DER MIT DEM WOLF TANZT bis zum äußersten Grenzposten, in unerschlossenes Gebiet. Captain B. L. Willard (Martin Sheen) wagt sich in APOCALYPSE NOW mit einem Patrouillenboot in den Dschungel, in das »Herz der Finsternis«.

(5) Schließlich ist festzuhalten, dass die Anlage der ›Reise‹ unabhängig vom Genre ist. Kate (Meg Ryan) muss in der *romantic comedy* FRENCH KISS durch ganz Frankreich irren, um ihre wahre Liebe zu finden, und Faith (Marisa Tomei) fährt aus demselben Grund in NUR FÜR DICH kreuz und quer durch Italien. In dem Melodrama JENSEITS VON AFRIKA folgt Karen Blixen (Meryl Streep) ihrem Ehemann nach Nairobi, in DAS PIANO reist die stumme Ada (Holly Hunter) mit ihrem Instrument bis nach Neuseeland, und in TITANIC fährt Rose (Kate Winslet) als Passagierin eines Luxusschiffs über den Atlantik. In dem Krimi DIE SCHWARZE WITWE fliegt die Ermittlerin Alex (Debra Winger), die ihr Leben ansonsten in einem wegen der Computermonitore abgedunkelten Büro verbringt, nach Hawaii. In Abenteuerfilmen verschlägt es die Hauptfiguren in den südamerikanischen Dschungel (AUF DER JAGD NACH DEM GRÜNEN DIAMANTEN), nach Nordafrika (JÄGER DES VERLORENEN SCHATZES) oder gar ins All (ARMAGEDDON).

Die Aufstellung belegt, wie vielfältig die ›Reisen‹ im klassischen Hollywoodkino sein können. Weder das Genre des Films noch das Fortbewegungsmittel der Hauptfigur, ihr ursprüngliches Ziel und die Zahl der zurückgelegten Kilometer sind von Bedeutung für das Modell. Entscheidend ist nur, dass die neue Welt, in die der Held sich begibt, ›anders‹ ist. Doch was genau ist ›anders‹?

Typische Gegenwelten des aktuellen Hollywoodkinos

In der Komödie DIE WAFFEN DER FRAUEN pendelt die Sekretärin Tess (Melanie Griffith) jeden Morgen mit der Fähre von Staten Island in den *financial district* Manhattans. Als sie merkt, dass sie von ihrer Chefin Katherine (Sigourney Weaver) hintergangen worden ist, schlüpft Tess heimlich in deren Rolle. Sie zieht in Katherines Haus, trägt ihre Kleider und lässt sich ihre langen Haare nach dem Vorbild wohlhabender Frauen kurz schneiden. Tess legt ihren billigen Schmuck genauso ab wie ihren Dialekt. Derart verwandelt, wickelt sie Geschäfte im großen Stil ab, bis ihre Chefin überraschend zurückkommt.[149] Die beiden Welten, in denen Tess sich bewegt, werden im Film durch unterschiedliche Kleidung und Frisuren verdeutlicht.

Die Waffen der Frauen – Tess Harding als Sekretärin und Chefin

Die Möglichkeiten, zwei Welten gegeneinander zu setzen, sind vielfältig, aber es lassen sich einige immer wiederkehrende Oppositionen ausmachen. Eine erste Gruppe von Produktionen, zu denen auch Die Waffen der Frauen gehört, setzt soziale Ungleichheit in Szene. Diese Filme handeln vom gesellschaftlichen Auf- oder Abstieg der Hauptfigur, die sich in der unbekannten Welt zunächst nicht angemessen zu verhalten weiß, sich dann aber doch zurechtfindet. Kontrastiert wird der *Lebensstandard*.

In King Ralph wird ein drittklassiger Sänger (John Goodman) zum britischen König, in Dave übernimmt ein Jobvermittler (Kevin Klein) die Aufgaben des amerikanischen Präsidenten und in Zoff in Beverly Hills verwandelt sich ein Obdachloser (Nick Nolte) in einen Unternehmer. Die gegenläufige Bewegung, vom Reichtum zur Armut, erzählen die Komödien Overboard, Der Prinz aus Zamunda und Das Leben stinkt: Hier wird eine hochnäsige Millionärin nach Gedächtnisverlust zur dreifachen Mutter (Goldie Hawn) in einer Arbeiterfamilie, ein Thronfolger (Eddie Murphy) nach der Flucht aus seinem Königreich zur Putzkraft und ein selbstherrlicher Milliardär (Mel Brooks) nach einer Wette zum Stadtstreicher. Die Konfrontation zwischen Reich und Arm wird in diesen beiden Variationen, also als Auf- oder Abstieg, sowie in einer dritten, kombinierten Variante durchgespielt. In den Komödien Glücksritter und Filofax tauschen ein kleiner Ganove und ein

Yuppie, die einander nicht kennen, ihre Identitäten: Der Reiche wird über Nacht arm und der Arme über Nacht reich.

Soziale Unterschiede zeigen sich aber nicht nur in finanziellen Gegensätzen, sondern auch in verschiedenen *Lebensgewohnheiten.* Damit verbunden sind in der Regel auch unterschiedliche Wertvorstellungen.[150] In DIRTY DANCING lernt Baby (Jennifer Grey), die Tochter eines Arztes, die Lebensweise von Profi-Tänzern kennen. Sie schleicht sich von der offiziellen Party, die für die Gäste des Hotels ausgerichtet wird, in die Baracken der Angestellten, die dort ganz anders tanzen – eben »dirty«. Hier liegt WILD THING auf dem Plattenteller, während im Haupthaus GOING TO THE CHAPEL gespielt wird. Baby verliebt sich in den Anführer der Truppe (Patrick Swayze) und riskiert den Bruch mit ihren Eltern. DIRTY DANCING ist ein gutes Beispiel dafür, dass die Hauptfiguren, die ihre vertraute soziale Umgebung verlassen, deren Werte überdenken. Baby belügt den von ihr vergötterten Vater und finanziert heimlich eine Abtreibung.

Unterschiedliche Lebensgewohnheiten haben Menschen verschiedener Religionen. In DER EINZIGE ZEUGE lebt ein New Yorker Polizist (Harrison Ford) vorübergehend in einer Amish-Gemeinde, in SISTER ACT verschlägt es eine Nachtclub-Sängerin (Whoopie Goldberg) in ein Kloster.[151] Auch nationale und ethnische Differenzen sind ein Thema: Ein Soldat aus dem Westen Amerikas (Kevin Costner) wird in DER MIT DEM WOLF TANZT Mitglied eines Indianerstamms, eine Umweltschützerin aus New York (Andie MacDowell) lernt in GREEN CARD französische Lebensgewohnheiten kennen; ihr ›Scheinehemann‹ (Gerard Depardieu) raucht filterlose Zigaretten, trinkt Rotwein und schlemmt saftigen Braten.[152] Auf der ›Reise des Helden‹ werden Kontinente gegenübergestellt: Der russische Polizist Ivan (Arnold Schwarzenegger) löst in RED HEAT einen Fall als Partner eines Amerikaners (James Belushi), und in MR. BASEBALL reist ein alternder Sportstar (Tom Selleck) nach Japan, um dort einen neuen Job anzutreten. Ein australischer Jäger (Paul Hogan) fliegt nach New York (CROCODILE DUNDEE), eine britische Lehrerin (Jodie Foster) schifft sich nach Siam ein (ANNA UND DER KÖNIG).

Die Konfrontation mit einer unbekannten Kultur ist nicht immer mit einer weiten Reise verbunden. Städter müssen plötzlich in einem

Dorf überleben (City Slickers, Doc Hollywood, Und täglich grüsst das Murmeltier), Provinzler in Metropolen (Das Geheimnis meines Erfolges, Zwei mal zwei), Naturmenschen in

Der einzige Zeuge – John Book bei den Amish

der Stadt (Nell, Greystoke). Ganoven behaupten sich unter Filmproduzenten (Schnappt Shorty) oder unter Politikern (Ein ehrenwerter Gentleman). Die unbekannte Welt, die der Held kennen lernt, kann auch die Lebensweise einer anderen Rasse sein. Ein als Schwarzer getarnter Weißer lebt unter Schwarzen (Soul Man), ein Schwarzer (Robert Duvall), der bislang glaubte, ein Weißer zu sein, entdeckt seine wahren Wurzeln (Family Thing – Brüder wider Willen), ein indianischer FBI-Agent (Val Kilmer) besinnt sich bei Ermittlungen im Reservat auf seine Abstammung (Halbblut).

Eine weitere Variante der ›zwei Welten‹ ist die Begegnung des Protagonisten mit ihm unbekannten Familienverhältnissen. Überzeugte Singles erleben die Probleme einer Vater- oder einer Mutterschaft (Noch drei Männer, noch ein Baby; Baby Boom). Ein Kinderfeind wird zum Kindergärtner (Kindergarten Cop) und ein Karrieremann zum Familienmenschen (Family Man), Waisen werden in das Leben einer Großfamilie integriert (Während du schliefst).

Besonders häufig werden Hauptfiguren, die sich zu Beginn eines

Films durch Durchschnittlichkeit auszeichnen, in ihnen fremde (Sub-)Kulturen geworfen. So erzählt Susan ... verzweifelt gesucht von einer braven Hausfrau, die in die New Yorker Nachtclub-Szene gerät, in ein »punk wonderland«.[153] Ein biederer Programmierer verirrt sich in Künstlerkreise (Die Zeit nach Mitternacht), ein rechtschaffener Ingenieur lebt plötzlich unter Gangstern (Kopfüber in die Nacht) und eine verklemmte Büroangestellte wird zur Agentin (True Lies).[154] Diesen Figuren ist gemeinsam, dass sie sich in ihrem bisherigen Leben langweilen. Sie führen Ehen, derer sie überdrüssig sind, und üben Berufe aus, die ihnen monoton erscheinen. Die Begegnung mit der neuen Welt, der fremden Lebensform, bedeutet für sie eine Art Befreiung.

Fasst man die bisher genannten Beispiele zusammen, so zeigt sich, dass sie Welten zeigen, deren Opposition auf sozialen Unterschieden beruht: auf unterschiedlichem Lebensstandard und Lebensgewohnheiten – auf ökonomischen, kulturellen, religiösen, nationalen, ethnischen und politischen Differenzen. Eine weitere Gruppe von Filmen arbeitet mit einer Gegenüberstellung von Welten, die an den Körper der Hauptfigur gebunden ist. Die neue Erfahrung des Leibes kann auf ganz unterschiedlichem Wege zu Stande kommen. Die Hauptfigur wird konfrontiert mit einer Erfahrung, die (a) ihr Geschlecht, (b) ihre sexuelle Orientierung, (c) ihr Alter, (d) ihren Tod oder (e) ihre Gesundheit betreffen.

(a) Ein Beispiel für die Konfrontation mit der Welt des anderen Geschlechts ist Tootsie. Michael Dorsey (Dustin Hoffman) erlebt als Dorothy Michaels, dass ihn der Regisseur als ›Dummchen‹ behandelt.[155] In fast allen Filmen, in denen Männer Frauenkleider tragen, lernen sie, was es heißt, eine Frau zu sein.[156] Umgekehrt erleben Frauen, wie es in der Welt der Männer zugeht: Das Musical Yentl erzählt die Geschichte einer Jüdin (Barbra Streisand), die sich als männlicher Student ausgibt, um die Thora lesen zu dürfen. In Filmen wie diesem tragen Frauen Männerkleidung, um in den Genuss ihnen sonst verweigerter Privilegien zu kommen.[157]

Besonders verwickelt ist der Kleidertausch in Victor/ Victoria. Die stellungslose Sängerin Victoria (Julie Andrews) braucht einen Job und heuert als Transvestit bei einer Revue an. Hier spielt die Frau einen Mann, der vorgibt eine Frau zu sein. In diesem, wie auch in fast allen Filmen, bei denen ein Kleidertausch stattfindet, scheitert die zunächst erfolgreiche Annahme einer neuen Identität letztlich aus emotionalen oder sexuellen Gründen. Victoria, die Victor spielt, verliebt sich in einen Mann, Michael Dorsey, der Dorothy Michaels spielt, in eine Frau. Yentl wird zur Heirat mit einer Frau gezwungen, hat sich aber in einen anderen Studenten verliebt. Alle drei Figuren nehmen wieder ihre ursprüngliche Geschlechtsidentität an und kehren damit in ihre alte Welt zurück.

Die Welt des anderen Geschlechts kann aber nicht nur durch den Kleidertausch erfahren werden: In den Anwalt Roger Cobb (Steve Martin) fährt in Solo für Zwei die Seele einer Frau, sodass er fortan zweigeschlechtlich ist. Ein Chauvi (Mel Gibson) kann plötzlich hören, was Frauen denken (Was Frauen wollen). Ein Schürzenjäger wacht eines Morgens sogar mit dem Körper einer Frau auf; nun muss Steve als Amanda (Ellen Barkin) leben – eine Rolle, in der er sich überhaupt nicht zurechtfindet (Switch). Das Ergebnis dieser Erfahrungen deckt sich mit der des Kleidertauschs. Der Playboy erkennt erst jetzt, wie verächtlich er die Frauen in seinem früheren Leben behandelt hat. Der Macho wird zu einer liebevollen Mutter.[158]

(b) Seit den achtziger Jahren können Figuren eine neue Welt auch durch den Wechsel ihrer sexuellen Orientierung erleben. Heterosexuelle Männer und Frauen entdecken ihre Homosexualität, homosexuelle Männer und Frauen nehmen heterosexuelle Beziehungen auf. In der Komödie In & Out begreift ein Lehrer (Kevin Kline) erst, nachdem er öffentlich geoutet wurde, dass er tatsächlich schwul ist. Ähnlich ergeht es einer jungen Wissenschaftlerin, die in einem katholischen College arbeitet. Sie entdeckt in When Night is Falling, dass sie sich in die Künstlerin Petra verliebt hat.[159]

(c) Auch ein anderes Alter kann eine neue (Körper-)Erfahrung sein. In der Spielzeit 1987/88 handelten gleich vier Komödien von einem Tausch zwischen den Generationen. In Big wacht ein Zwölfjähriger eines Morgens als Erwachsener auf, in Ich bin Du haben Vater und Sohn über Nacht ihre Erscheinung ausgetauscht, und in Endlich wieder achtzehn sind es Großvater und Enkel. Zauberhafte Zeiten erzählt, dass eine junge

Frau (Meg Ryan) sich im Körper eines alten Mannes wieder-
findet.[160]

(d) Eine Spielart dieses Körpertauschs ist die Wiedergeburt in einer
anderen Gestalt oder das Leben nach dem Tod im eigenen, aber
nicht mehr funktionsfähigen Körper. Die Grenze zwischen den
beiden Welten – der alten und der neuen Identität – ist bei Filmen dieses Typs durch den Tod der Hauptfigur markiert. Sam
(Patrick Swayze) muss in GHOST erst lernen, wie sich ein Ver-
storbener unter den Lebenden behaupten kann.[161]

(e) In einer fremden Welt müssen sich schließlich auch Figuren zurechtfinden, die mit Krankheit oder einer Behinderung konfrontiert werden. IN SACHEN HENRY erzählt von einem erfolgreichen Anwalt (Harrison Ford), der bei einem Raubüberfall
niedergeschossen wird. Henry verliert sein Gedächtnis und
muss sogar das Sprechen von Neuem erlernen. Während der Rehabilitation verändert er sich vollkommen: Aus dem Karrieris-
ten wird ein liebevoller Familienvater.[162]

Eine Variante der Gegenwelt ›Krankheit‹ ist die Konfrontation
mit psychischen Problemen. Tom – Hauptfiguren in HERR DER
GEZEITEN – begibt sich widerwillig in therapeutische Behand-
lung und erkennt Schritt für Schritt seine ›innere Welt‹. Figuren
werden mit der Welt des Wahnsinns konfrontiert. In KÖNIG DER
FISCHER lässt Radiomoderator Jack (Jeff Bridges) sich auf die
Phantasiewelt eines Obdachlosen (Robin Williams) ein und
sucht mit ihm den Heiligen Gral – mitten in New York. Der
übergewichtige Jack (Marlon Brando) behandelt in DON JUAN
DE MARCO einen jungen Mann, der sich für den berühmten
Liebhaber hält und besinnt sich dadurch auf seine eigene Lei-
denschaftlichkeit.

Diese Beispiele zeigen, dass allen Figuren, in welche Welt auch immer sie sich begeben, gemeinsam ist, dass sie sich zunächst von der
ihnen vertrauten Welt trennen und in der fremden Welt mit dem
Unbekannten konfrontiert werden. Diese Konfrontation führt zu einer Veränderung der Hauptfigur. In ähnlicher Weise hat Elisabeth
Bronfen den Weg der Figuren in ihrer psychoanalytischen Deutung
des klassischen Hollywoodkinos beschrieben. Sie schreibt über den
Gegensatz von Vertrautem und Fremdem, macht diese Opposition

zum Ausgangspunkt ihrer Deutung des Filmklassikers DER BLAUE ENGEL.

DER BLAUE ENGEL: Heimat und Exil

In ihrer 1999 erschienenen Studie HEIMAT: ILLUSIONSSPIELE IN HOLLYWOOD versteht Elisabeth Bronfen das Kino im wahrsten Sinne des Wortes als ›Traumfabrik‹. Hollywood erzähle Geschichten, die »unsere Angst- und Wunschträume realisieren und uns diese über den uns vor einer direkten Berührung schützenden Umweg der bewegten Bilder erleben lassen«.[163] Das Hollywoodkino artikuliere »auf entstellte Weise die gescheiterte Verdrängung von kulturell bedrohlichem Wissen«.[164] Die Zuschauer kehren immer wieder »in das Archiv des uns vertrauten Erzählkinos zurück, um dort für die widersprüchlichen, unlösbaren und nie eindeutig bestimmbaren Gegebenheiten unserer gelebten Wirklichkeit ein sinnstiftendes Gedankengebäude zu finden«.[165]

Von diesen Grundannahmen ausgehend, versucht Bronfen nun in acht umfangreichen Filmanalysen, einen »Dialog zwischen psychoanalytischer Deutung und der Bildersprache und Handlungsfolge ausgewählter Spielfilme«[166] herzustellen. Ausgangspunkt ihrer Analysen ist das titelgebende Gefühl des ›Heimwehs‹, das sie in erster Linie an der Figurenzeichnung festmacht. Sie untersucht einen Gegensatz: die Spannung zwischen Heimat und Exil. Heimat gilt ihr als Verortung, als der vertraute Ort, das Exil als Entortung, als Verlust von Zugehörigkeit.

Was Bronfen unter Verortung und Entortung versteht, zeigt ihre Analyse von DER BLAUE ENGEL. Professor Immanuel Rath ist – wie es im Film formuliert wird – ›Professor am *hiesigen* Gymnasium‹. Seine Position ist mehr als gefestigt, dennoch gibt er alles auf, um einer Sängerin mit zweifelhaftem Ruf zu folgen. Bronfen bezeichnet diesen Weg als eine »Vertreibung aus dem vertrauten Haus«[167], die symptomatisch für die Figuren des Hollywoodkinos sei. Raths Übertritt in eine unbekannte Welt entlarve die bisherige Sicherheit als Trugschluss: die Geschichte erzähle davon, »dass das Ich nie Herr im eigenen Haus ist«.[168] Diese Formulierung hat Bronfen aus Sigmund Freuds VORLESUNGEN ZUR EINFÜHRUNG IN DIE PSYCHOANALYSE übernommen. Der Mensch sei sich im Kern seiner selbst fremd. Dies ist laut Bronfen das Thema von Der Blaue Engel; in diesem Film gehe es um die Entortung des Professors.[169]

Auf den ersten Blick scheint Bronfens Ansatz dem Modell der ›Reise‹ zu entsprechen. Es gibt aber einen entscheidenden Unterschied in der Methodik. Bronfen untersucht Filmfiguren mit Kategorien des menschlichen Seelenlebens, ohne dies zu problematisieren. Sie unterscheidet nicht zwischen der Abreise der Schauspielerin Marlene Dietrich in die USA und der des Professor Rath in die Nachbarstadt. Sie differenziert im weiteren Verlauf ihres Buches auch nicht zwischen dem Regisseur Alfred Hitchcock und seiner Figur Mrs. De Winter. Bronfen selbst bezeichnet ihre Vorgehensweise als »spekulative Lektüre«, die es erlaubt, Hitchcocks Fremdheit in Amerika mit der Situation der Figur Mrs. De Winter aus seinem ersten US-Film Rebecca in Verbindung zu setzen.[170] Beide – Hitchcock und De Winter – hätten ihr vertrautes Heim verlassen und seien ›entortet‹.

Wegen der methodischen Unterschiede zwischen der psychoanalytischen Herangehensweise und dem hier vertretenen Ansatz, der streng zwischen Film- und Lebenswelt trennt, wird Bronfens Entwurf nur in einem Punkt in das Modell der ›Reise‹ eingebracht. Ihre Analysen bestätigen, dass Figuren des Hollywoodkinos im Verlauf eines Films die Konfrontation mit dem Unbekannten erleben. So ist Der Blaue Engel nicht nur der Filmtitel, sondern auch Bezeichnung für einen fremden Ort, für eine Spelunke im Hafenviertel. Diesen Ort sucht der bis dato unbescholtene Professor Rath (Emil Jannings) auf. Er gibt vor, seine Schüler dort auf frischer Tat ertappen zu wollen. Doch der einmalige Besuch in der fremden Welt wird zu einer ›Reise‹: Rath übernachtet bei der Sängerin Lola Lola. Er kommt am nächsten Morgen zu spät zur Schule und ist dort über Nacht zu einer Witzfigur geworden. Seine Schüler verspotten ihn, und das Kollegium beschließt seine Suspendierung. Daraufhin wird der alte Mann in eine ihm fremde Welt geworfen, denn er heiratet Lola Lola (Marlene Dietrich). Die Spelunke Der Blaue Engel ist – aus Professor Raths Perspektive gesehen – eine ›Gegenwelt‹ zum Gymnasium, in das er sich am Ende des Films flüchten wird, um dort zu sterben. In der Schule war er ein respektierter Mann, im Wirtshaus ist er ein ›dummer August‹. Als Ehemann Lolas ist er noch nicht einmal in der Lage, seinen Lebensunterhalt zu verdienen. Rath scheitert in der Welt der Schausteller und wird seine Reise mit seinem Leben bezahlen.

Was Bronfen als Entortung beschreibt, ist die Konfrontation mit dem Fremden, die die Figuren des Hollywoodkinos in der zweiten Phase der Erzählung durchleben. Bei allen im vorangegangenen Abschnitt aufgeführten Beispielen geht es – Bronfens Formulierung aufgreifend – um eine ›Vertreibung aus dem vertrauten Haus‹. Alle Figuren erleben den ›Verlust von Zugehörigkeit‹, das ›Exil‹, und erkennen auf ihrer Reise, dass ihre bisherige ›Heimstatt‹ nicht verlässlich war. Besonders deutlich wird dies bei Figuren, die ihre Identität verändern. Der Mann in Frauenkleidern sieht die Welt plötzlich aus weiblicher Perspektive, und der Erwachsene, der zum Teenager wurde, erblickt die Welt mit den Augen eines Kindes. Entscheidend für die Reise des Helden oder der Heldin ist bei allen Figuren, dass sich die beiden Welten deutlich voneinander abheben. Der ältere Professor trifft auf eine junge Sängerin, der reiche Unternehmer auf eine verschuldete Prostituierte, die resignierte Steuerberaterin auf einen emotionsgeladenen Opernfan. Gegenübergestellt werden Singledasein und Familienleben, Gewalt und Friedfertigkeit, Anpassung und Rebellion.

Derartige Oppositionen lassen sich auch in den beiden Welten von DAS SCHWEIGEN DER LÄMMER ausmachen. Die Gegensätze werden durch zwei Figuren repräsentiert – durch die junge Amerikanerin Clarice Starling und den älteren Briten Hannibal Lecter. Starling ist die Herkunft aus einfachen Verhältnissen immer noch anzumerken, Lecter ist ein überdurchschnittlich kultivierter Genießer. Sie weiß sich nicht zu kleiden, er sieht sogar im Drillich der Gefangenen wie ein Gentleman aus. Sie lebt in Freiheit, läuft zu Beginn des Filmes durch einen Wald. Er fristet sein Leben in Gefangenschaft, in einem dunklen Kerker. Sie erlernt einen Beruf, dessen Ziel es ist, Leben zu schützen, er ist ein mehrfacher Mörder, der aus reiner Lust tötet. Clarice und Lecter trennen nicht nur Gitter, sondern Welten.

Das Aufeinandertreffen solch gegensätzlicher Welten ist zentral für die Erzählungen des *classical cinema*. Oppositionen werden entwickelt, damit es überhaupt eine Erzählung geben kann, denn Unterschiede sind eine Voraussetzung für Veränderung, und die Geschichten des Hollywoodkinos handeln von den Veränderungen, die eine Figur erfährt.

Die Erzählung und die Veränderung

Eine junge Frau im Jogginganzug läuft durch den Wald. Sie zieht sich an einem Seil hoch, hält erschöpft inne und joggt weiter. Ihr Keuchen ist zu hören. Sie klettert über ein Hindernis. Stundenlang könnte sie weiter trainieren, womöglich bis zum Ende des Films, doch jede Erfahrung mit den Konventionen des Erzählens spricht gegen diese Fortsetzung der Geschichte. Die Erzählung »wählt selbstverständlich immer nur das gewinnbringende Glied, nämlich dasjenige, das ihr das Überleben als Erzählung gewährleistet.« Wo der Protagonist »sein eigenes Schicksal zu wählen scheint, wählt in Wirklichkeit die Erzählung ihr eigenes Überleben: Hinter der Freiheit des Protagonisten verbirgt sich der Selbsterhaltungstrieb der Erzählung: die narrative Ökonomie (…) sublimiert sich als menschliche Willensfreiheit.«[171]

Roland Barthes spricht vom »Selbsterhaltungstrieb der Erzählung, die von zwei möglichen Ausgängen einer Handlung stets denjenigen wählt, der die Geschichte vorantreibt«.[172] Die junge Joggerin wird ihren Waldlauf abbrechen, weil sie mit einem durchdringenden Ruf von einem uniformierten Mann dazu aufgefordert wird: »Starling!« Auf der Kappe des Rufenden steht in Großbuchstaben FBI. Offenbar ist etwas Unvorhergesehenes passiert: »Crawford will sie sehen!« Clarice reagiert sofort und läuft in eine andere Richtung. Statt dem Trainingspfad zu folgen, joggt sie zur FBI-Akademie.

Geschichten werden durch Veränderungen vorangetrieben.[173] Diese Beobachtung lässt sich bei nahezu allen Sequenzen eines Films des klassischen Hollywoodkinos machen. In der Filmpraxis werden diese Veränderungen *beats* genannt: »beats are not the main focus of the story. They are not what the story is about. But they do prepare us for what is to come next.«[174] Robert McKee definiert: »A beat is an exchange of behaviour in action/reaction.«[175]

Jede Sequenz braucht einen solchen *beat*, wenn sie die Handlung vorantreiben soll – und ein Merkmal des klassischen Hollywoodkinos ist es, *dass* jede Sequenz die Handlung vorantreiben soll. »No scene that doesn't turn«, lautet eine Faustregel des Schreibens.[176]

»Never leave a scene by the same door you came in«, heißt eine andere. »Every scene should advance the story.«[177] Selbst Dancyger und Rush, die Autoren des alternativen Ratgebers WRITING BEYOND THE RULES erklären: »a must – each scene must move the plot«.[178] Wie diese in allen Handbüchern beschriebene Bewegung zu Stande kommt, kann ein Modell von Claude Bremond verdeutlichen, das er schon in den sechziger Jahren entwickelt hat.

Claude Bremond geht davon aus, dass es an jedem Punkt der Erzählung zwei Möglichkeiten gibt. Die Hauptfigur kann handeln oder nicht handeln, siegen oder verlieren.[179] Auf dieser Unterteilung aufbauend sind – so Bremond – drei Phasen einer Sequenz zu unterscheiden: (1) der Ursprung, eine Möglichkeiten eröffnende Ausgangssituation, (2) die Entwicklung, das Aktualisieren oder Nicht-Aktualisieren der Potenzialität, und (3) der Abschluss, das Erreichen oder Nicht-Erreichen des Ziels. Bremond veranschaulicht diese drei Phasen mit einem Vergleich: Phase 1 entspricht dem Spannen des Bogens (Virtualität), in Phase 2 wird der Pfeil abgeschossen oder nicht abgeschossen (Aktualisierung), in Phase 3 erreicht er das Ziel oder verfehlt es (Abschluss).[180]

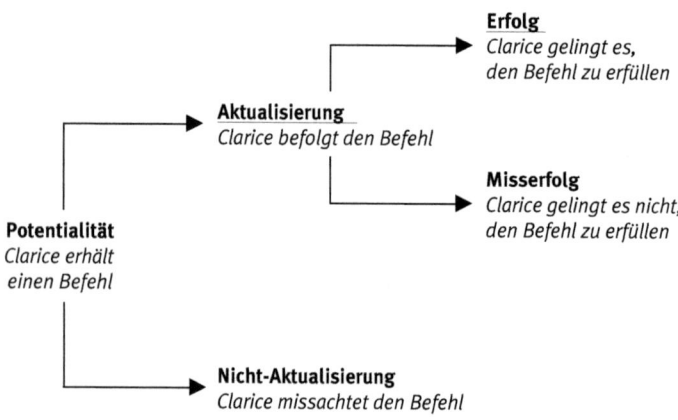

Virtualität, Aktualisierung, Abschluss

Veränderungen basieren auf Wahlmöglichkeiten. Clarice entschließt sich, dem Befehl zu folgen. Ihr Waldlauf endet daher nicht unter der Dusche, sondern in Crawfords Büro. Daraus wird sich eine neue

Potenzialität ergeben, da Crawford sie in der zweiten Sequenz des Films mit einem Auftrag betrauen möchte. Er hat sie nicht ohne Grund zu sich rufen lassen. Clarice kann jetzt entscheiden, ob sie Lecter aufsuchen wird, oder ob sie das Angebot ablehnt. Bremonds Modell, das wegen seiner Mechanistik und »finalistischen Handlungslogik«[181] kritisiert wurde, lässt sich bei der Analyse von Filmen des klassischen Hollywoodkinos einsetzen, da diese tatsächlich einer solchen Handlungslogik folgen.

Die einzelnen Wahlmöglichkeiten, die bislang auf eine Sequenz bezogen waren, können zu größeren Einheiten zusammengefügt werden, sodass die Logik des Handlungsablaufs einer gesamten Erzählung oder eines ganzen Films darstellbar wird. Das Grundprinzip jeder Sequenz – die Veränderung – ist auch das Grundprinzip der gesamten Erzählung.[182]

Die Hauptfigur und ihr Umfeld

Konfrontiert mit den gewaltfrei lebenden Amish, verändert sich der aus Philadelphia stammende Polizist John Book (DER EINZIGE ZEUGE). Im Unterschied dazu bleibt der Detroiter Polizist Axel Foley (Eddie Murphy) vom Luxus in Beverly Hills unbeeindruckt. Seine unbürokratische Art hat jedoch Einfluss auf seine beiden neuen Kollegen: Sie sind zunehmend selbstbewusster geworden und riskieren schließlich sogar den Ausschluss aus dem Dienst (BEVERLY HILLS COP). Diese beiden Beispiele zeigen, dass im klassischen Hollywoodkino zwei Formen der ›Reise‹, der Veränderung, zu unterscheiden sind: die der Hauptfigur und die ihrer Umgebung. Diese beiden Formen des Wandels, die für das Verständnis des Hollywoodkinos zentral sind, sollen in fünf exemplarischen Gegenüberstellungen verdeutlicht werden.

Das erste Beispielpaar sind zwei Komödien, in denen die männlichen Hauptfiguren Frauenkleidung tragen. Im zweiten Beispiel werden zwei behinderte Hauptfiguren verglichen, im dritten zwei Außerirdische, im vierten zwei homosexuelle Protagonisten und im fünften zwei Engel.

a) *Männer in Frauenkleidung*: Die Komödie TOOTSIE erzählt, dass Michael Dorsey ein anderer Mann geworden ist, nachdem er für kurze Zeit eine Frau war. Im Gegensatz zu Michael tragen die *drag queens* aus To Wong Foo, Thanks for Everything, Julie Newmar auch am Ende des Films noch Röcke. Auf ihrer Reise nach New York stranden sie in einer verschlafenen amerikanischen Kleinstadt, deren Einwohner sie radikal verändern. Eine Frau, die von ihrem Mann geschlagen wird, wirft ihn hinaus, ein schüchternes Mädchen gewinnt neues Selbstbewusstsein. Am Schluss des Films haben die drei Transvestiten sogar den Dorfrockern Manieren beigebracht.

b) *Behinderte*: Der geistig zurückgebliebene Forrest (Tom Hanks) bleibt in Forrest Gump immer derselbe, aber er macht aus seinem Freund, dem verbitterten Lt. Dan, wieder einen lebensfähigen Menschen. Dirk Blothner spricht in seiner Analyse von einem stabilen Mittelpunkt, einer Achse.[183] Forrest bleibt stoisch, was immer auch in seiner Umgebung passiert. Eine ähnliche Konstellation ist in Rain Man zu erkennen. Auf einer Reise mit seinem autistischen Bruder (Dustin Hofman) erkennt ein abgebrühter Geschäftsmann (Tom Cruise), dass ihn Geld allein nicht glücklich machen kann. Die behinderten Männer, die sich nicht ändern können, vermögen offenbar die Menschen, die sie lieben, einfach durch ihre Anwesenheit zu verändern. Genau umgekehrt verhält es sich mit der Rollstuhlfahrerin aus Passion Fish. Die verbitterte Frau lernt durch eine Pflegerin, sich in ihrer Situation zurechtzufinden. Hier wird die Behinderte durch ihre Umwelt verändert.

c) *Ausserirdische*: In E. T. und Meine Stiefmutter ist ein Alien kommt ein Außerirdischer – respektive eine Außerirdische – auf den Planeten Erde und lebt bei einer amerikanischen Familie. In E. T. ändert der Außerirdische das Leben des kleinen Elliott und kehrt wieder zu seinen Eltern ins All zurück. In Meine Stiefmutter ist ein Alien verändert sich hingegen die Außerirdische (Kim Basinger), die sich schließlich für ein Leben als Mensch entscheidet und auf der Erde bleibt.

d) *Homosexuelle*: In Philadelphia beeinflusst die schwule Hauptfigur Andrew (Tom Hanks) den homophoben Rechtsanwalt Joe Miller, der ihn zunächst nicht vor Gericht vertreten will. Nach ihrer ersten Begegnung wäscht sich Miller (Denzel Washington) noch die Hände, da er fürchtet, sich durch die bloße Berührung des HIV-positiven Andrew infiziert zu haben. Am Ende des

Films nimmt er den sterbenden Andrew, der sein Freund geworden ist, in die Arme. In Desert Hearts hingegen verändert die Hauptfigur nicht ihre Umwelt, sondern sich selbst, als sie erkennt, dass sie lesbisch ist. Die gehemmte Professorin lässt sich auf eine Beziehung mit einer jungen Künstlerin ein.

e) *Engel*: In Rendezvous mit einem Engel beeinflusst ein Engel (Denzel Washington) zwei Menschen – einen Priester und seine Frau (Whitney Houston). Der Geistliche hat den Bau einer Kathedrale zu seinem Lebensziel gemacht. Der Engel zeigt ihm, dass die Seelsorge und die Liebe zu seiner Frau wichtiger sind. Dagegen verändert ein Mensch den Engel in Stadt der Engel. Seth (Nicolas Cage) verliebt sich in eine Ärztin (Meg Ryan) und gibt seine himmlische Existenz auf. Er ist von nun an sterblich, kann riechen, fühlen und schmecken.[184]

Der Wandel einer Hauptfigur oder ihrer Umgebung kann am besten durch die Gegenüberstellung des Anfangs- mit dem Endzustand deutlich gemacht werden.[185] Die Eigenschaften, die der Figur oder der Situation zu Beginn des Films als fehlerhaft zugeschrieben wurden, sind in der Schluss-Sequenz beseitigt oder zumindest verständlich gemacht worden. Ein heruntergekommener Anwalt (Paul Newman) hat sein Ehrgefühl wiederentdeckt (The Verdict), ein geldgieriger Anwalt (John Travolta) hat sein Vermögen im Dienste der Gerechtigkeit geopfert (Zivilprozess). Außerdem lässt sich festhalten, dass beide Typen von Wandlung – die der Umgebung und die der Hauptfigur – eng mit dem im vorangegangenen Kapitel beschriebenen Wechsel zwischen zwei Welten verknüpft sind. Am Beispiel des Musicals Der Zauberer von Oz lässt sich zeigen, wie das Prinzip der Veränderung mit dem Prinzip der zwei Welten zusammenhängt.[186] Außerdem verdeutlicht die Einbeziehung dieses viel diskutierten Filmklassikers noch einmal, dass die hier dargestellten Prinzipien des Erzählens nicht nur im aktuellen Hollywoodkino zu finden sind.

Der Zauberer von Oz: Von Kansas ins Munchkinland

Der Dramaturg Christopher Vogler empfiehlt, dass sich die *ordinary world* und die *special world* radikal unterscheiden sollen. Der Held müsse eine schwerwiegende Veränderung erleben, wenn er die

Schwelle zur Fremde überschreitet. In Der Zauberer von Oz wird dieser Grenzübertritt visuell verdeutlicht. Die vertraute Welt ist schwarz-weiss gefilmt, das Zauberland Oz hingegen in Technicolor.[187] Die vertraute Welt ist eine Farm in Kansas. Hier lebt die kleine Dorothy (Judy Garland) bei ihrer Tante und ihrem Onkel. Die erste Sequenz zeigt, wie sie nach Hause rennt. Dorothy fürchtet sich vor der Nachbarin Miss Gulch, die droht, den kleinen Hund Toto zu töten. Bei ihrer Tante findet das Mädchen kein Verständnis. Tante Em muss sich um die Arbeit auf der Farm kümmern, um die defekte Brutmaschine und ihre müßigen Arbeiter: »Du regst dich ganz umsonst auf. Stör uns jetzt bitte nicht länger. Such dir einen stillen Platz und rege dich nicht mehr auf.« In ihrer Not sucht sich das Mädchen tatsächlich einen einsamen Platz auf der Farm und träumt von dem Ort, an dem es keinen Ärger gibt. Sie singt ein Lied über dieses Land, das jenseits des Regenbogens liegen muss:

> Somewhere over the rainbow, way apart,
> there's a land that I heard of, once in a lullaby.
> Somewhere over the rainbow, skies are blue,
> and the dreams that you dare to dream
> really do come true ...

Dieses sehnsuchtsvolle Lied entwirft ein Bild von der Gegenwelt, die Dorothy sich erträumt. Auf der anderen Seite des Regenbogens gibt es keinen Regen. Hier ist alles wunderbar. »It is a celebration of Escape«, wie Salman Rushdie schreibt, »a hymn, *the* hymn – to Elsewhere.«[188]

Zweimal verlässt Dorothy die Farm. Beim ersten Mal folgt sie dem entlaufenen Toto, macht sich dann aber doch wieder auf den Heimweg, als ihr ein Zirkuszauberer die Sorgen ihrer Tante vor Augen führt. Nur ist inzwischen ein Sturm aufgezogen, und das Haus, in das Dorothy flieht, fliegt durch die Luft, bis es unsanft landet. Das Mädchen öffnet die Tür, und in diesem Moment wird das bis dahin schwarz-weiße Bild farbig. Dorothy ist in einer ›anderen Welt‹ gelandet – im Munchkinland. Staunend verkündet sie ihrem Hündchen, sie seien wohl nicht mehr zu Hause: »Toto ... I have a feeling we're not in Kansas anymore.«

Dieser Satz wird in zahlreichen Filmen zitiert. In der *International Movie Database* sind 120 Produktionen aufgelistet, die auf Der Zauberer von Oz verweisen, darunter zum Beispiel die Rocky

HORROR PICTURE SHOW oder GOOD MORNING VIETNAM.[189] Ein aktuelles Beispiel ist der Science-Fiction MATRIX: Nachdem der junge Hacker Neo (Keeanu Reeves) erstmals die Simulation, die Matrix, verlassen hat, wird er gewarnt: »Buckle your seatbelt, Dorothy, because Kansas is going bye-bye.« Kansas, das war die virtuelle Welt, in der Neo bislang lebte und deren Produziertheit er jetzt erkennt. Elisabeth Bronfen hat ausdrücklich auf die Ähnlichkeit der Erzählungen beider Filme verwiesen. Wie Dorothy, so überschreitet auch Neo die Schwelle zu einer unbekannten phantastischen Welt: »Die Matrix ist das Oz des ausgehenden 20. Jahrhunderts.«[190]

Auch im Drehbuch zu DAS SCHWEIGEN DER LÄMMER findet sich eine Anspielung auf DER ZAUBERER VON OZ. Clarice bemerkt nach dem Fund eines abgetrennten und konservierten Kopfes in einem Lagerraum: »Well, Toto, we're not in Kansas anymore.« Die Agentin wurde mit ihrer ersten Leiche konfrontiert und erkennt, dass sie sich jetzt in der Welt der Serienkiller bewegt.[191] Somit bezeichnet Dorothys berühmter Satz den Übertritt von der vertrauten in die unbekannte Welt. Damit erschließt sich seine vielfältige Verwendbarkeit. Nahezu jede Filmfigur könnte ihrem Staunen über das Geschehen in der unbekannten Welt mit diesem Satz Ausdruck verleihen.

»Toto, I have a feeling we're not in Kansas anymore« (um 1980)

Die Übertragbarkeit von Dorothys Erlebnissen auf andere Filme setzt sich fort im zweiten Akt. Das Mädchen hat von dieser Welt geträumt, doch als sie dort ankommt, will sie sofort wieder nach Hause zurück, nach Kansas. Dorothy macht sich auf den Weg zum Zauberer von Oz, der sie nach Hause bringen soll. Sie folgt dem in einer Spirale verlaufenden, gelben Steinweg, den die Zwerge besingen: »Follow the yellow brick road ...« Auf ihrem Weg lernt sie drei Mitstreiter kennen: einen Blechmann, dem das Herz fehlt, eine Vogelscheuche, die sich nach Verstand sehnt, und einen Löwen, der ohne Mut ist. Sie wünschen sich, dass der Zauberer ihnen gibt, was sie sich erträumen.

Doch der Zauberer, den zu suchen mehr als die Hälfte der Filmzeit in Anspruch nimmt, erweist sich als Scharlatan. Er kann ihnen weder Gefühle noch Courage oder Klugheit geben. Dennoch war die Reise nicht umsonst: Der Zauberer erklärt zu Recht, dass die drei Kameraden die von ihnen gewünschten Eigenschaften ja auf ihrer Reise erworben haben. Aber was ist mit Dorothy? Der Zauberer kann sie nicht nach Kansas zurückbringen. Die gute Hexe Glinda weiß Rat: »Du hast meine Hilfe nicht nötig. Es lag immer schon in deiner Macht, heimzukehren.« Sie fragt Dorothy, was sie gelernt habe.

DOROTHY Wenn ich mich wieder nach etwas sehnen sollte, dann werde ich niemals mehr weit von unserem Hof suchen. Denn wenn etwas nicht da ist, dann kann es auch nicht gefunden werden. Stimmt das?
GLINDA Genau so ist es.

Dorothy muss nur die Absätze der roten Schuhe, der legendären *ruby slippers*, gegeneinander schlagen. Diese Schuhe besitzt sie bereits seit ihrer Ankunft im Märchenland; sie hat bislang nur nicht gewusst, dass diese Schuhe Zauberkraft besitzen. Jetzt kann das Mädchen aus eigener Kraft den Heimweg finden. Sie muss nur noch einen Zauberspruch sprechen: »Es ist nirgends besser als daheim ...« Im Original: »There's no place like home, there's no place like home ...«

Dorothy folgt Glindas Rat und landet tatsächlich wieder in Kansas. Sie erwacht in ihrem Bett, an dem ihre Familie und ihre Freunde stehen. Möglicherweise hat Dorothy ihr Bett gar nicht verlassen und ihr Abenteuer war nur eine Vision; schließlich wurde sie bei dem Sturm von einem Balken am Kopf getroffen. Möglicherweise hat sie sich auf ihrer Reise keinen Meter fortbewegt. Aber Dorothy hat – wie ihre drei Freunde – auf jeden Fall eine ›Reise‹ angetreten, in deren Verlauf sie erkannt hat, dass es zu Hause doch am schönsten ist, dass sie sich mit dem bescheiden soll, was sie hat. Dieser Schluss empört Salman Rushdie: »Must we accept that she now accepts the limitations of her home life, and agrees that the things she doesn't have there are no loss to her? Is that right? Well, excuse *me*, Glinda, but it is hell.«[192] Unabhängig von der Bewertung der Mahnung zur Bescheidenheit, so ist die Erkenntnis Dorothys auf jeden Fall das Ergebnis ihres Abenteuers. Der Zauberer von Oz erzählt demnach die Geschichte einer Reise von einer tristen Farm in ein buntes Märchenland und zurück, die eine Wandlung der Protagonistin bewirkt: Die unzufriedene Dorothy freut sich jetzt regelrecht auf ihr Zuhause.[193] Ihr Ziel war nicht Munchkinland, sondern Zufriedenheit.

Das Ziel der Hauptfigur

In seinem Ratgeber für Drehbuchautoren erklärte Walter S. Bloem schon 1924, dass sich die Hauptfigur durch ihr Tun, ihr Handeln auszeichnet: »In the first act his goal is set, in the last act he reaches it. Everything that intervenes between these two acts is a test of strength.«[194] Der Filmwissenschaftler David Bordwell schreibt mehr als siebzig Jahre später:

> Eines der hervorstechendsten Merkmale des Hollywoodkinos ist, dass alle etwas Bestimmtes wollen. In einem europäischen Film wissen die Charaktere sehr häufig nicht, was sie wollen. Sie verbringen den halben Film damit, herauszufinden, was sie wollen. Am Ende stellen sie möglicherweise fest, dass sie sowieso nichts wollten oder dass sie kein Recht haben, irgendetwas zu wollen. Hollywoodkino funktioniert so nicht. Von Anfang an wissen wir meist, was die Filmfiguren wollen. Der Wunsch treibt diese Charaktere.[195]

Bloems und Bordwells Festellungen sind symptomatisch. In wissenschaftlichen Untersuchungen und in praktisch orientierten Lehrbüchern besteht Einigkeit darüber, dass sich die Handlung eines klassischen Hollywoodfilms aus den Aktionen der Hauptfigur entwickelt. Die Figur und der Plot seien untrennbar.[196] Der Dramaturg Lajos Egri erklärt sogar kategorisch: »character creates plot, not vice versa.«[197] Was die Wissenschaft als *protagonist-driven story film* bezeichnet, wird in der Filmpraxis *characterdriven* genannt.[198] Die

Handlung wird im klassischen Hollywoodkino dadurch vorangetrieben, dass eine Figur ihr Ziel zu erreichen versucht. Dieses Ziel
wird zu Beginn des Films formuliert, im Verlauf des Films aber neu
gesteckt, häufig sogar völlig verworfen. Diese Umformulierung vollzieht sich im Verlauf der ›Reise‹, die die Hauptfigur unternimmt.

Gedächtnisforscher haben herausgefunden, dass eine Erzählung,
in der das Ziel zu Beginn formuliert wird, einfacher nachzuvollziehen ist.[199] Dies machen sich die Filme des klassischen Hollywoodkinos zu Nutze. Die Helden dieser Filme wollen zum Beispiel mit Sex
eine Million Dollar verdienen, wie in Ein unmoralisches Angebot oder auch nur 3000 Dollar einnehmen. Der Arbeitstitel von
Pretty Woman lautete bezeichnenderweise Three Thousand
und der erste nach dem Vorspann gesprochene Satz lautet: »Egal,
was sie sagen, es geht immer nur um Geld.« Bildfüllend sind dabei
mehrere goldene Münzen zu sehen.

Ziel der Hauptfiguren ist die Anmietung einer Wohnung (Green
Card) oder die Bewirtschaftung einer Farm (Jenseits von Afrika). Die Heldinnen kämpfen um die Gesundheit ihrer Kinder (Der
Pferdeflüsterer) oder um deren Leben (Terminator 2). Sie
planen einen Ausflug (Thelma und Louise) oder eine Hochzeit
(Mondsüchtig). Sie wollen Außerirdische orten (Contact),
Baseball spielen (Eine Klasse für sich) oder einen Hurrikan erforschen (Twister). Sie möchten studieren (Yentl), ihre Familie
ernähren (Erin Brockovich), als Tänzerin reussieren (Flashdance), einen Managerposten übernehmen (Die Waffen der
Frauen) oder einfach nur berühmt werden (Evita).

Auch in Das Schweigen der Lämmer sind die Ziele klar gesteckt. Clarice will unbedingt einen Job in Jack Crawfords Abteilung. Als Crawford sie gleich zu Beginn des Films fragt, ob sie nach
dem Abschluss für ihn arbeiten will, antwortet sie ausdrücklich: »Ja,
das möchte ich, Sir. Unbedingt.« Um ihr Ziel zu erreichen, muss
Clarice Bill gefangen nehmen: »Das Ziel des Protagonisten ist für
das Drehbuch deshalb so entscheidend, weil es die Bewegungsrichtung der Handlung bestimmt.«[200] Diese sowohl in der Filmwissenschaft als auch in der Filmpraxis akzeptierte Vorstellung findet Eingang in das Modell von der ›Reise des Helden‹, da dieses Modell
ausdrücklich von der Hauptfigur ausgeht. Es orientiert sich am Weg
des Protagonisten, an seiner Entwicklungslinie. Die ›Reise des Hel-

den‹ ist ein sequentielles Modell, das den zeitlichen Ablauf einer Erzählung berücksichtigt.

Diesen Ablauf, den Weg des Helden, stellt sich Joseph Campbell
als eine Abfolge von Stationen vor. Er sieht den Weg zugleich als Teil
eines Kreislaufs, den er den ›kosmogonischen Zyklus‹ nennt.[201] Ana-
logien sieht Campbell zwischen der ›Reise des Helden‹ und verschiedenen Schöpfungsgeschichten. Seiner Meinung nach erlebt der Held
im Kleinen, was in den Mythen als Weltentwicklung beschrieben
wird: »Der Held ist derjenige, der noch im Leben die Ansprüche des
Überbewussten, das in der ganzen Schöpfung mehr oder minder
unbewusst ist, erkennt und vertritt.«[202] Das auf Campbells Ideen
aufbauende narrative Modell von der ›Reise des Helden‹ wurde bereits von der mythischen Dimension abgekoppelt; damit ist die An-
bindung an zyklisch verlaufende Schöpfungsgeschichten ohnehin
obsolet geworden. Die Vorstellung eines Zyklus führt außerdem zu
einer falschen Vorstellung vom Weg, den der Protagonist eines Filmes beschreibt. Würde es sich um einen Kreislauf handeln, dann
stünde er am Ende des Films wieder genau dort, wo seine Reise be-
gonnen hat.

Aber der ›Held‹ des Schlussbildes ist im Hollywoodkino nie der
der ersten Sequenz, auch wenn er am gleichen Ort stehen sollte. Dorothy ›landet‹ in Der Zauberer von Oz wieder bei ihrer Familie,
liegt sogar wieder in genau dem Bett, von dem aus ihre Reise begann, aber sie sieht Kansas jetzt mit anderen Augen. Auch die Prostituierte Vivian ist am Ende des Films Pretty Woman in ihre schä-
bige Wohnung zurückgekehrt, aber jetzt plant sie, wieder zur Schule
zu gehen. Statt der blonden Perücke und des schwarzen Minirocks
trägt sie jetzt offenes Haar und seriöse Kleidung. Die Figur hat sich
grundlegend verändert.

Auch in Das Schweigen der Lämmer ist Veränderung der zentrale Begriff. Zum einen erklärt Lecter, dass Buffalo Bill nach Veränderung strebe; Sinnbild dieser Transformation sei der Kokon, den er
seinen Opfern in den Rachen steckt: »Die große Bedeutung des
Schmetterlings liegt in der Metamorphose. Die Larve, die Raupe,
wird zur Puppe, die sich nunmehr in Schönheit verwandelt. Unser
Billy will sich auch verwandeln …« Billy glaubt, ein Transsexueller
zu sein und näht sich deshalb eine ›zweite Haut‹ aus der Epidermis
seiner Opfer. Er arbeitet an seiner Wiedergeburt. Sein Ziel ist eine

neue Identität; ein Traum, dessen Erfüllung Clarice Starling verhindern wird. Auf der anderen Seite sucht auch Clarice die Veränderung. Lecter hat ihr schon bei der ersten Begegnung angesehen, dass sie sich von ihrer Herkunft befreien will. Sie versucht zum Beispiel, ihren Akzent zu verbergen.[203] Am Ende des Films hat Clarice bewiesen, dass sie den Anforderungen des FBI gewachsen ist. Die letzte Sequenz des Films zeigt, wie sie ihren Ausweis erhält, der sie zur vollwertigen Agentin macht. Sie hat ihre Prüfung im wahrsten Sinne des Wortes bestanden.

DER ZAUBERER VON OZ – Dorothy auf ihrem Weg zum Zauberer

Dieses Beispiel zeigt, dass das klassische Hollywoodkino erzählt, wie eine Figur ein Ziel erreicht. Der ›gelbe Steinweg‹, dem eine Figur folgt, führt nicht zurück zum Ausgangspunkt: Sie hat nicht die Gestalt eines Kreises, sondern verläuft in der Form einer Spirale. Der Erzählform des klassischen Hollywoodkinos wird eine Spirale gerechter, wie auch Gilles Deleuze in DAS BEWEGUNGSBILD notiert.[204]

Die Spirale verdeutlich, dass die Figur sich auf ihrer Reise fortentwickelt. Daher ist auch die bislang verwendete Bezeichnung ›Rückkehr‹, die Joseph Campbell vorschlägt, irreführend. Nur ein geringer Teil der Hauptfiguren kehrt an den Ausgangspunkt ihrer Reise zurück. THELMA UND LOUISE erzählt zum Beispiel von zwei Frauen, die gerade nicht in ihr altes Leben zurück möchten und in letzter Konsequenz den Freitod vorziehen. Sie kehren nicht nach Hause zurück, aber sie beenden ihre Reise mit einem veränderten

Bewusstsein. Um auch solche Filme beschreiben zu können, in denen den Hauptfiguren die Rückkehr nicht gelingt oder in denen sie diese verweigern, soll für das Modell der Begriff ›Ankunft‹ verwendet werden.

Auch der Begriff der ›Initiation‹ wurde verworfen. Initiation bezeichnet ganz allgemein den Eintritt in ein neues Lebensstadium; insofern wäre der Begriff durchaus passend. In der Regel wird mit Initiation aber eine Zeremonie verbunden, die den Eintritt eines Jugendlichen in die Welt der Erwachsenen oder eines Gläubigen in eine Religionsgemeinschaft markiert. Derartige Rituale, die in den von Campbell bearbeiteten Mythen zu finden sind, werden im Hollywoodkino nicht gezeigt. Auch sind die Formen des Eintritts, des Übergangs vielfältiger. Daher wird im Folgenden statt ›Initiation‹ der Begriff ›Selbsterkenntnis‹ vorgezogen. Die Selbsterkenntnis ist aber, wie Campbell selber bemerkt, nur der Höhepunkt in einer Kette von Prüfungen, denen die Hauptfigur in der zweiten Phase ausgesetzt wird.[205] Daher wird dieser Erzählabschnitt von nun an als die Phase der Prüfungen bezeichnet. Die ›Reise des Helden‹ besteht somit aus den drei Erzählphasen Trennung, Prüfungen und Ankunft.

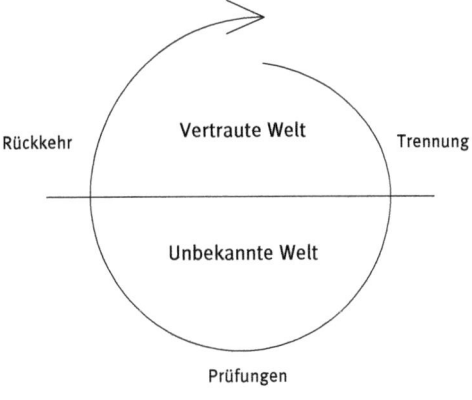

Vom Kreis zur Spirale

3. Drei Erzählphasen:
Akteinteilung und Wendepunkte

Ein Großteil des Buchs DER HEROS IN TAUSEND GESTALTEN beschreibt die drei Erzählphasen, die ein mythischer Held zu durchlaufen hat. Joseph Campbell entwickelt auf knapp 200 Seiten, wie diese Stadien in Sagen und Legenden dargestellt werden und fasst jede Phase abschließend in wenigen Sätzen zusammen. Sein Resümee, dass er anhand hunderter Beispiele gewinnt, lautet:

> Der Mythenheld, der von der Hütte oder dem Schloss seines Alltags sich aufmacht, wird zur Schwelle der Abenteuerfahrt gelockt oder getragen, oder er begibt sich freiwillig dorthin. Dort trifft er auf ein Schattenwesen, das den Übergang bewacht. Der Held kann diese Macht besiegen oder beschwichtigen und lebendig ins Königreich der Finsternis eingehen (Bruderkampf, Kampf mit dem Drachen; Opfer, Zauber) oder vom Gegner erschlagen werden und als Toter hinabsteigen (Zerstückelung, Kreuzigung).[206]

Campbells Formulierungen sind eng an die Legenden angelehnt, die er nacherzählt. Für das klassische Hollywoodkino lässt sich sein Resümee folgendermaßen umformulieren: Die Hauptfigur verlässt in der ersten Phase der Erzählung die ihr vertraute Umgebung und betritt eine ihr unbekannte Welt. Dieser Aufbruch kann freiwillig geschehen oder erzwungen werden, zufällig passieren oder gezielt angestrebt werden. Beim Wechsel von der einen in die andere Welt trifft die Figur auf Gegenspieler, die sie von diesem Entschluss abbringen wollen. Diese Zusammenfassung entspricht der bisherigen Analyse von DAS SCHWEIGEN DER LÄMMER: Clarice Starling verlässt die ihr vertraute FBI-Akademie und betritt die ihr unbekannte Welt der Serienmörder. Der Aufbruch wird durch einen gezielten Auftrag veranlasst, den sie von ihrem Vorgesetzten Jack Crawford erhält. Bevor sie mit Lecter spricht, wird sie von mehreren Seiten gewarnt.

Mit dem Übertritt der Hauptfigur in die ›andere Welt‹ beginnt die zweite Phase der Erzählung. Campbell schreibt zusammenfassend:

> Dann, jenseits der Schwelle, durchmisst der Held eine Welt fremdartiger und doch seltsam vertrauter Kräfte, von denen einige ihn gefährlich

bedrohen (Prüfungen), andere ihm magische Hilfe leisten (Helfer). Wenn er am Nadir des mythischen Zirkels angekommen ist, hat er ein höchstes Gottesgericht zu bestehen und erhält eine Belohnung.[207]

Auf das Hollywoodkino angewandt bedeutet das: In der zweiten Phase einer Erzählung muss die Hauptfigur sich bewähren. Sie bewältigt verschiedene Aufgaben und lernt sukzessive, sich in einer ihr fremden Welt zurechtzufinden. Dabei wird sie von Gegnern bedroht und von Beratern unterstützt. Auf dem Höhepunkt dieser Phase bewältigt die Hauptfigur eine besondere, für sie existentielle Prüfung.

Das gilt auch für DAS SCHWEIGEN DER LÄMMER. Clarice Starling hat zunächst erste berufliche Erfolge aufzuweisen, die sie Hannibal Lecter und Jack Crawford verdankt. Lecter hilft ihr mit Hinweisen, Crawford schenkt ihr sein Vertrauen. Dann aber muss Clarice ein Scheitern ihrer Ermittlungen hinnehmen. Nachdem ihr der Auftrag entzogen worden ist, entscheidet sie sich jedoch, ihre Karriere aufs Spiel zu setzen und noch einmal mit Hannibal Lecter zu reden. Die besondere, existentielle Prüfung, auf die sie sich bei diesem Gespräch einlässt, ist die Offenbarung ihrer Backstorywound. Als Belohnung gibt ihr Lecter den entscheidenden Hinweis, der sie zu Buffalo Bill führen wird.

Die dritte Phase der Erzählung, die Campbell ›Rückkehr‹ nennt, beginnt nach einem nochmaligen Übertritt der Schwelle:

> Die Schlussarbeit ist die Rückkehr. Wenn die Mächte den Helden gesegnet haben, macht er sich nun unter ihrem Schutz auf (Sendung); wenn nicht, flieht er und wird verfolgt (Flucht in Verwandlungen, Flucht mit Hindernissen). An der Schwelle der Rückkehr müssen die transzendentalen Kräfte zurückbleiben; der Held steigt aus dem Reich des Schreckens wieder empor (Rückkehr, Auferstehung). Der Segen, den er bringt, wird der Welt zum Heil.[208]

Auf das Hollywoodkino bezogen formuliert: In der dritten Phase bewältigt die Hauptfigur die zu lösende Aufgabe in einer finalen Auseinandersetzung. Sie kehrt in ihre gewohnte Welt zurück oder wendet sich endgültig von ihr ab. In DAS SCHWEIGEN DER LÄMMER gelingt es Clarice Starling, Buffalo Bill zu überführen und die von ihm gekidnappte Catherine zu befreien. Sie besteht außerdem ihre Prüfungen an der FBI-Akademie und erhält den Status einer Agentin.

Die drei Phasen Trennung, Prüfungen, Ankunft stimmen zeitlich mit dem Anfang, der Mitte und dem Ende eines Films überein. In diese drei Phasen teilt auch Syd Field den Ablauf eines Filmes ein: »Was haben alle Filmgeschichten gemeinsam? Einen Anfang, eine Mitte, einen Schluss. Der Anfang entspricht dem Ersten Akt, die Mitte dem Zweiten Akt und der Schluss dem Dritten Akt.«[209] Entsprechen die Erzählphasen Trennung, Prüfungen und Ankunft den Akten, die Field zum ›Grundmuster‹ erklärt? Ist die ›Reise des Helden‹ womöglich nur eine Variation seines Drei-Akte-Modells? An einem von Field selbst gewählten Beispiel – THELMA UND LOUISE – soll diese Frage überprüft werden.

Die Dreiteilung des Plots

Zentrales Thema von Syd Fields Lektionen ist die Struktur der Erzählung, deren Bedeutung er immer wieder herausstellt. Schon in seinem ersten Ratgeber schreibt er:

> Struktur ist der wichtigste Faktor im Drehbuch. Sie ist die Kraft, die alles zusammenhält. Sie ist das Skelett, das Rückgrat, die Basis. Ohne Struktur gelingt Ihnen keine Story. (…) Alle guten Filme haben eine starke und solide Grundlage in ihrer Struktur. (…) Ein Drehbuch ohne Struktur hat keinen Handlungsfaden; es irrt hin und her, findet keine Richtung und wird langweilig und schwerfällig. Es funktioniert nicht. Es hat keine Richtung und keine Entwicklungslinie.[210]

Wie die Struktur einer Erzählung aussehen soll, gibt Field in einem Schema vor, das er selbst als ›Paradigma‹ bezeichnet.[211] Sein Muster besagt, dass die Form einer Erzählung drei Akten entspricht. Den ersten Akt nennt er *setup* oder *exposition*, den zweiten *confrontation* und den dritten *resolution*.[212] Diese Unterteilung lässt sich in einem Großteil aller Ratgeber zum Drehbuchschreiben und in zahlreichen narratologischen Untersuchungen wiederfinden.[213] Die Praktikerin Linda Seger unterscheidet *setup*, *development* und *resolution*, der Wissenschaftler Peter Wuss Problem, Lösungsversuche und Lösung.[214] Im Unterschied zu den meisten Autoren, bietet Field jedoch eine zeitliche Definition der Akte an; diese minutengenaue Festlegung hat sein Handbuch berühmt gemacht.

Die Dauer der Akte

Syd Fields erste Definition der Akte erfolgt nicht über inhaltliche Zuschreibungen, sondern über deren Dauer. Die drei Akte sind von unterschiedlicher Länge: Das erste Viertel eines Films entspricht dem Anfang, das letzte Viertel macht den Schluss eines Filmes aus.[215] Zwischen diesen beiden Teilen liegt die Mitte, die insgesamt die Hälfte der Filmzeit, also rund 60 Minuten einnimmt. Wie in der Filmproduktion üblich, geht Field davon aus, dass eine Drehbuchseite im Schnitt einer Filmminute entspricht.[216] Tatsächlich hat z. B. ein Film wie THELMA UND LOUISE bei 120 Minuten Länge ein Drehbuch von 129 Seiten und das Buch zu dem 118-minütigen Film DAS SCHWEIGEN DER LÄMMER umfasst im *final draft* 120 Seiten.[217] Stellt man Fields Aufteilung in einer Tortengraphik dar, so scheint es auf den ersten Blick dem Modell der ›Reise‹ zu entsprechen, das die Handlung ja auch in drei Phasen aufteilt. Die Phase der Trennung entspräche dann dem *setup*, die Phase der Prüfungen der *confrontation* und die Phase der Ankunft der *resolution*.

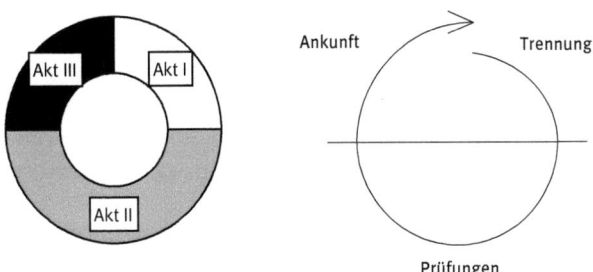

Aktaufteilung und Phasenmodell

Die Ähnlichkeit der Graphiken täuscht jedoch: Die ›Reise des Helden‹ verzichtet auf konkrete Zeitangaben. Dass die Trennlinie zwischen der vertrauten und der unbekannten Welt den Kreis exakt in zwei Hälften teilt, ist lediglich eine optische Anlehnung an Campbell. Er hat in seiner Skizze vom Monomythos eine horizontale Grenze durch den Mittelpunkt gezogen, obwohl in den Sagen und Mythen der Anteil der *nightworld*, der »unbekannten Welt«, einen größeren Umfang ausmacht als die Beschreibung der *dayworld*, der »vertrauten Welt«. Die auf Campbell zurückzuführende Skizze, die das narrative Modell graphisch umsetzt, will nur Aufschluss über die Abfolge der drei Phasen geben, nicht aber über ihre Länge.

Natürlich ist es möglich, die Grenze zwischen den Welten in Minuten auszudrücken. Zu diesem Zweck muss nur der Zeitpunkt der Schwellenübertritte, wie Campbell diese Momente nennen würde, bestimmt werden. Vivian zieht in PRETTY WOMAN in der 15. Minute in das vornehme Hotel ein, in dem Edward wohnt, und in der 105. verlässt sie es. In DER EINZIGE ZEUGE trifft John Book in der 34. Filmminute bei den Amish ein und reist in der 100. wieder ab. Frauenkleider trägt Michael Dorsey in TOOTSIE von der 20. bis zur 101. Minute. In der 27. Minute von DIE WAFFEN DER FRAUEN schlüpft Tess in die Kleidung ihrer Chefin, die sie in der 90. wieder ablegen muss. Loretta geht in der 24. Minute von MONDSÜCHTIG zu Johnny, kehrt in der 91. Minute zum Backsteinhaus ihrer Familie zurück.

Die Dauer der drei Erzählphasen variiert demnach von Film zu Film, wenn auch in einem gewissen Rahmen. Verallgemeinernd lässt sich lediglich sagen, dass bei Spielfilmen von rund 110 Minuten Länge die Phase der Trennung selten kürzer als 5 und selten länger als 35 Minuten ist und dass die dritte Phase zwischen 5 und 20 Minuten umfasst. Es bestehen also große zeitliche Unterschiede in der Aufteilung von Trennung, Prüfungen und Ankunft. Eine exakte zeitliche Festlegung, wie Field sie vorschlägt, ist daher wenig sinnvoll.

Nun versteht Field, der seine Aufteilung minuten- respektive seitengenau festlegt, die zeitliche Gliederung zwar normativ; er weist aber auf Abweichungen hin:

> Es gibt natürlich auch ein paar Varianten. In CHINATOWN und DER STADTNEUROTIKER ist der Erste Akt jeweils 23 oder 24 Seiten lang, und manchmal ist der Zweite Akt länger als 60 Seiten, und in Ausnahmefällen ist auch der Dritte Akt einmal 20 bis 25 Seiten lang. Na und? Das Paradigma gilt auch dann noch.[218]

Die Bestimmung der Akte kann auch bei Field nicht nur durch eine mechanische Aufteilung nach Minuten erfolgen. Dies wäre nur dann der Fall, wenn Field einen technischen Aktbegriff hätte, wie er in der Praxis bei Fernsehformaten durchaus üblich ist. Der Begriff ›Akt‹ (*act*) wird bei der Produktion auch für eine Einheit verwendet, die zwischen zwei Werbeblöcken liegt. So haben TV-Movies 7 Akte,[219]

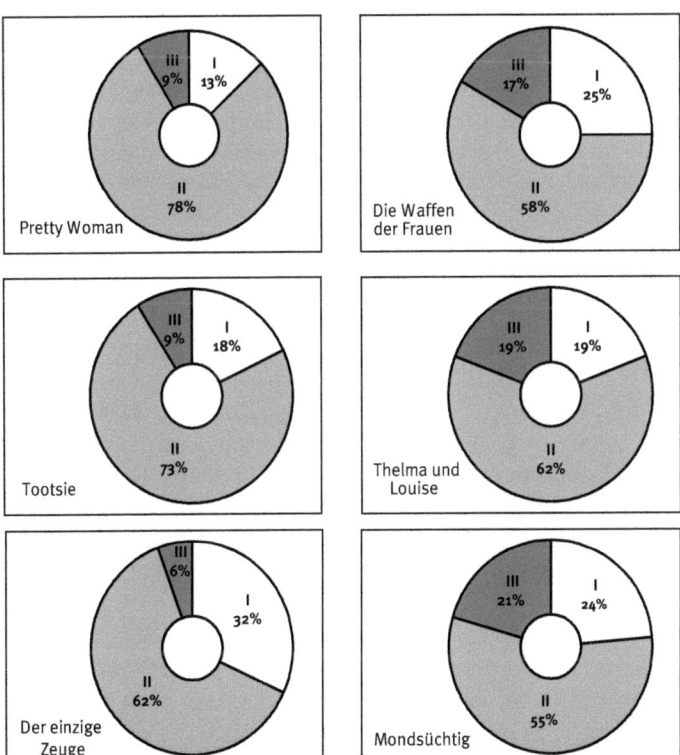

Die Erzählphasen im zeitlichen Ablauf – sechs Beispiele

während sich *sitcoms* mit einer Bruttosendezeit von 30 Minuten in zwei Akte aufteilen lassen.[220] Die Unterbrechung durch Werbung erfordert zwar eine bestimmte Erzählweise, doch dürfen die durch sie entstehenden Einheiten nicht mit dem Aktbegriff Fields gleichgesetzt werden. Field begrenzt seine Akte zwar zeitlich, bestimmt sie aber in einem zweiten Schritt auch inhaltlich. Diese inhaltliche Bestimmung hat Tradition.

Die Tradition des 3-Akte-Modells

In seiner POETIK wendet sich Aristoteles ausdrücklich gegen das episodische Erzählen: »Unter den einfachen Fabeln und Handlungen sind die episodischen die schlechtesten.«[221] Er spricht sich vehement für eine geschlossene Handlung aus. Diese zeichne sich durch drei Stadien des Erzählens aus: »Ein Ganzes ist, was Anfang, Mitte und Ende hat.«[222] Er definiert im siebten Abschnitt seiner Überlegungen:

> Ein Anfang ist, was selbst nicht mit Notwendigkeit auf etwas anderes folgt, nachdem jedoch natürlicherweise etwas anderes eintritt oder entsteht. Ein Ende ist umgekehrt, was selbst natürlicherweise auf etwas anderes folgt, und zwar notwendigerweise oder in der Regel, während nach ihm nichts anderes mehr eintritt. Eine Mitte ist, was sowohl selbst auf etwas anderes folgt als auch etwas anderes nach sich zieht.[223]

Fast alle Handbücher zur Dramaturgie des Films gehen von einer Akt-Struktur bei Spielfilmen aus, und fast alle berufen sich dabei auf Aristoteles' POETIK.[224] David Howard und Edward Mabley listen die POETIK sogar in ihrer Leseliste als eine von acht Empfehlungen auf.[225] Es ist durchaus branchenüblich, den über 2300 Jahre alten Text als Quelle anzuführen. Doch eine konkrete Bezugnahme ist in den Büchern kaum nachzuvollziehen. Aristoteles' Entwurf wird weder zitiert noch problematisiert. Die Autoren der Ratgeber gehen nicht auf sein Dramenmodell ein und halten sich nicht einmal an seine Begrifflichkeit.

Das ist aus ihrer Perspektive verständlich. Aus der POETIK lassen sich nur sehr wenige konkrete Handlungsanweisungen für das Schreiben ableiten.[226] Das gilt auch für die auf Aristoteles aufbauenden Texte: für die in der italienischen Renaissance von Julius Caesar Scalinger und Lodovico Castelvetro verfassten Kommentare zur POETIK, für die Schriften von Corneille und Racine, die im 17. Jahrhundert die Aktstruktur der *tragédie classique* beschrieben, und für die dramaturgischen Texte des 18. Jahrhunderts. Weder Gottscheds Regelpoetik noch Lessings HAMBURGISCHE DRAMATURGIE gelten den Filmdramaturgen als relevant.

Ähnlichkeiten zu Filmdramaturgien heutigen Zuschnitts haben erst diejenigen Dramenhandbücher des ausgehenden 19. Jahrhunderts, die Erfolgsmuster versprechen.[227] Diese Quellen werden in keinem Ratgeber ausdrücklich erwähnt; der Rückgriff mag bei vielen Autoren nicht bewusst geschehen sein. Signifikant sind vor allem die Übereinstimmungen mit Gustav Freytags TECHNIK DES DRAMAS, das 1863 publiziert wurde. Freytags Buch fand nach seiner Übersetzung auch in englischsprachigen Ländern weite Verbreitung. Freytag's Technique of Drama erschien schon 1894 in den USA. Der Titel zeigt durch den vorangestellten Nachnamen an, dass der Autor bereits damals ein Markenzeichen auf dem zeitgenössischen Buchmarkt war.[228] Viele der US-Ratgeber hielten sich an Freytags Vorstellungen. Um die Jahrhundertwende wird sein Schema bis ins Detail kopiert.[229]

Freytag erklärt, die Handlung eines Dramas ist »aus vielen Einzelheiten zusammengesetzt und besteht aus einer Anzahl dramatischer Momente, welche *nacheinander in gesetzlicher Gliederung* wirksam werden«.[230] Diese Gliederung schafft Freytag durch eine Akteinteilung. Er arbeitet nicht mit bühnentechnisch begründeten Akten, die durch Öffnen und Schließen des Vorhangs begrenzt werden, sondern sucht nach inhaltlichen Einheiten.[231] Freytag unterscheidet »fünf Theile«: Einleitung, Steigerung, Höhepunkt, Fall/Umkehr und Katastrophe.[232]

Auch Syd Field geht es um die Gliederung der gesamten Handlung in kleinere, dramatische Einheiten. Auch er sucht nach einem Regelwerk für Autoren und konzipiert ein aktorientiertes, chronologisch aufgebautes Abfolgemodell. Fields Ansatz gleicht also dem von Gustav Freytag, obwohl es ihm um Filme des 20. Jahrhunderts und nicht um Dramen des 19. Jahrhunderts geht. Inwieweit stimmen nun Freytags »Theile« mit Fields »Akten« überein?

Syd Fields Akte und Gustav Freytags »Theile«

Field definiert die Akte nur kurz: »Der Erste Akt ist eine Einheit dramatischer Handlung, der Ihre Geschichte etabliert.«[233] Zu Beginn einer Erzählung müssen die Hauptfiguren vorgestellt, eine Orientierung über Ort und Zeit geschaffen und der zentrale Konflikt eingeführt werden. Mit dieser sehr allgemeinen Einschätzung entspricht Fields Konzept sowohl den praktischen Ratgebern[234] als auch wissenschaftlichen Untersuchungen zum Anfang von Erzählungen.[235] Das gilt auch für den zweiten Akt: »Der Zweite Akt ist die Handlungseinheit, in der Ihre Figur allen Hindernissen ausgesetzt wird und sie überwindet (oder auch nicht), um ihr dramatisches Ziel zu erreichen.«[236] Und für den dritten: »Der Dritte Akt dreht sich um den dramatischen Kontext der Auflösung. Im Dritten Akt löst sich ihre Geschichte auf. Auflösung meint hier ›die Lösung‹.«[237]

Ein Vergleich mit Freytags fünf ›Theilen‹ ist auf der Grundlage dieser doch recht kurzen Definitionen nicht möglich. Im zweiten Teil des HANDBUCHS unterteilt Field jedoch seine drei Akte in kleinere Einheiten; diese Feingliederung wird oft übersehen. Der erste Akt setze sich zusammen aus drei Dritteln à zehn Seiten. Auf den ersten zehn Seiten werden laut Field die Hauptfiguren eingeführt, sowie die »dramatische Absicht, die dramatische Konstellation.«[238] Genau dies geschieht auch in Freytags ›Einleitung‹, die somit dem ersten Drittel des *setup* entspricht. Fields dritter Akt kann ebenfalls in Freytags Überlegungen integriert werden. Was er den Abschluss der *resolution* nennt, ihren letzten Teil, ist im Grunde Freytags ›Katastrophe‹. Allerdings beschränkt sich Freytag in seinen Ausführungen auf die Tragödie, sodass er den Untergang des Helden, seinen Tod, für zwingend notwendig hält.[239] Ansonsten stimmen seine Ratschläge – »man vermeide jetzt jedes unnötige Wort«[240] – bei diesem Teil der Handlung bis ins Detail mit Fields Empfehlungen überein.

Fields Akte sind also nicht mit Freytags ›Theilen‹ identisch, entspringen aber der gleichen Vorstellung von »Handwerksregeln«[241] und Handlungsaufbau. Field schreibt Freytag gewissermaßen für ein anderes Medium fort. Das ist möglich, da die Mehrzahl der Erzählungen des klassischen Hollywoodkinos bis heute am *well made play* orientiert sind.[242] John Fell sieht in den Dramen des 18. und 19. Jahrhunderts die wichtigste Traditionslinie für die in Filmen erzählten Geschichten.[243] Am Beispiel des Films könne McLuhans These belegt werden, dass ein neues Medium immer die Form des Mediums annehme, das es langfristig ersetzen wird.[244] Während sich das Drama Ende des 19. Jahrhunderts anderen Formen zuwendet und die Autoren gerade um die Abkehr von der klassischen Aktstruktur kämpfen, greift der Film diese Struktur auf und verfestigt sie sogar. Diese Verfestigung hängt sicherlich mit den weitaus höheren Produktionskosten des Films zusammen und mit dem damit verbundenen Wunsch der Absicherung. Die Übereinstimmungen zwischen Field und Freytag sind somit nicht zufällig, sondern mediengeschichtlich begründet.

Field und Freytag legen unterschiedliche Erzählabschnitte fest; die Grundlagen ihrer Grenzziehungen sind jedoch identisch. Genau wie

Freytag operiert Field nämlich mit dem gleichen, allgemeinen Begriff von Handlung. Er unterteilt die Erzählung in Akte, ohne eine bestimmte Perspektive auf den Plot einzunehmen; er operiert – in der Sprache heutiger Autoren ausgedrückt – *storydriven*. Dies unterscheidet Fields und Freytags Vorgehensweise von der ›Reise des Helden‹. Das Modell der ›Reise‹ ist *characterdriven* und bestimmt die Erzählabschnitte von der Hauptfigur und ihrer Entwicklung ausgehend. Die ›Reise des Helden‹ steht also nicht in direkter Nachfolge der Dramenratgeber des 19. Jahrhunderts, und die Phasen ›Trennung – Prüfungen – Ankunft‹ entsprechen nicht den dort in Variationen vorgestellten Akten und »Theilen«, an die in der Neuzeit nahezu alle Ratgeber zum Drehbuchschreiben anknüpfen.

Dieser entscheidende Unterschied zwischen der ›Reise‹ und Fields ›Paradigma‹ erklärt eine Vielzahl von Problemen, die bei der Anwendung des Field-Modells auftauchen. Von einem dieser Probleme ausgehend wird die Differenz zwischen aktorientierten Modellen und der ›Reise des Helden‹ – ein unterschiedliches Verständnis von Handlung – nun genauer herausgearbeitet. Beispiel ist der von Field selbst analysierte Film THELMA UND LOUISE; Ausgangspunkt der Problematisierung und Differenzierung sind die so genannten Plot Points.

Wendepunkte auf der ›Reise des Helden‹

Damit sich eine Geschichte entwickeln kann, muss nach der Einführung der Hauptfigur(en) etwas Entscheidendes, etwa Einschneidendes passieren. Gustav Freytag nennt solche Veränderungen »Stellen des Dramas«[245], Syd Field spricht von Plot Points: »Ein Plot Point ist ein Vorfall, eine Episode oder ein Ereignis, das in die Handlung eingreift und sie in eine andere Richtung dreht. Richtung meint *Entwicklungslinie.*«[246] Linda Seger bezeichnet einen solchen Vorfall als *turning point*: »with this turning point, everything is different«.[247] Die Begrifflichkeit vereinheitlichend, werden diese richtungsändernden Momente im Folgenden als Wendepunkte bezeichnet. Sie können in die Aktaufteilung integriert werden. Syd Field geht davon aus, dass ein erster Wendepunkt am Ende des ersten Akts anzusiedeln sei, etwa in der 20. Minute eines Films. Nach dem Wendepunkt I beginnt der zweite Akt, der nach einem zweiten Wendepunkt endet. Dieser Wendepunkt II führt, so Field, die Geschichte nun noch einmal zum dritten und letzten Akt.[248]

Dieses Schema verwendet Field nicht nur, um angehenden Autoren und Autorinnen bei der Drehbucharbeit zu helfen, sondern auch bei der Analyse aktueller Filme. In seinem Buch FOUR SCREENPLAYS bespricht er ausführlich den Aufbau des Oscar-prämierten Erfolgsfilms THELMA UND LOUISE.

Aktstruktur und Wendepunkte in THELMA UND LOUISE

In den ersten zehn Minuten von THELMA UND LOUISE bereiten die beiden Frauen eine gemeinsame Reise vor. Die ersten Sequenzen zeigen zum Beispiel, wie sie ihre Koffer packen: Die vernünftige Louise steckt ihre Schuhe ordentlich in Schutzhüllen, während die chaotische Thelma einfach ihre ganze Sockenschublade in den Koffer kippt. Der Ausflug beginnt mit einem Stopp an einer Bar, der in der 20. Filmminute eine dramatische Wendung nimmt. Ein Mann versucht, Thelma auf dem Parkplatz zu vergewaltigen, doch Louise kann das verhindern. Sie rettet ihre Freundin und erschießt den Vergewaltiger, als der sie mit obszönen Sprüchen provoziert. Dieser Moment ist der erste Wendepunkt: Von nun an sind die Frauen nicht mehr auf einer Urlaubsreise, sondern auf der Flucht.[249]

Der zweite Akt – die *confrontation* – zeigt den Versuch der beiden Flüchtenden, sich der Justiz zu entziehen. Er soll laut ›Paradigma‹ mit einem zweiten Wendepunkt enden, der dem Geschehen noch einmal eine neue Wendung gibt.[250] Doch Field hat Probleme, diesen Punkt in THELMA UND LOUISE zu bestimmen. Schließlich weist er ihn im Drehbuch nach, denn im Film ist der von ihm genannte Dialog gestrichen worden. Als Wendepunkt II nennt er Thelmas im Film nicht vorkommende Erklärung, sie ginge nicht zurück zu ihrem Ehemann. Diesen Entschluss hätte sie etwa in der 88. Minute des Films äußern sollen, während sie mit Louise durch die Nacht fährt. Im Anschluss an Thelmas Äußerung sollten die Frauen die Landschaft bewundern. Diese Passage ist tatsächlich im Film verwendet worden: »Ich wollte schon immer reisen. Ich hatte nur nie die Möglichkeit.« Louise antwortet: »Jetzt hast du sie.«[251]

Fields Festlegung des Wendepunktes ist methodisch fragwürdig, da er Film- und Drehbuchanalyse mischt, ohne dies kenntlich zu machen oder gar zu problematisieren. Sie kann darüber hinaus auch inhaltlich nicht überzeugen. Die Aussage Thelmas sei die Ruhe vor dem Sturm, erklärt Field: »For the first time they understand there may be no way back.«[252] Ihr Satz führe zum dritten Akt, zur *resolution*, in dem die Situation aufgelöst wird. Die beiden Frauen werden von der Polizei gestellt und entschließen sich zum Freitod. In welcher Weise Thelmas Erklärung zum dritten Akt führt, erklärt Field jedoch nicht. Der Moment passt zwar zeitlich in sein Schema, das den zweiten Wendepunkt zwischen der 85. und 90. Minute ansetzt, kann aber nicht plausibel mit dem Schluss des Films verknüpft werden. Was weist im Moment der Ruhe auf den tödlich verlaufenden *showdown* hin? Zu diesem Zeitpunkt wäre es durchaus noch vorstellbar, dass den beiden Frauen die Flucht nach Mexiko gelingen könnte; die Polizei hat sie noch nicht gestellt.

Die hier auftretenden Probleme bei der Bestimmung eines Wendepunkts sind kein Einzelfall in Fields Arbeiten. Eine kritische Prüfung seines Entwurfs zeigt, dass sich der erste Akt und der erste Wendepunkt in der Regel einfach bestimmen lassen. In nahezu allen Filmen des klassischen Hollywoodkinos kann im ersten Viertel der Filmzeit eine Sequenz ausgemacht werden, in der sich die etablierte Situation grundsätzlich verändert. Doch fällt es oftmals auch bei einem von Field selbst gewählten Beispiel schwer, den zweiten Wendepunkt zu bestimmen und die Struktur des zweiten Akts genauer herauszuarbeiten, der die Hälfte der gesamten Filmzeit ausmachen soll. Das ist kein Zufall: Field hat die Wendepunkte nur sehr vage definiert.

Er setzt mehrfach zu einer Begriffsbestimmung an, wiederholt dann aber nur die einmal gegebene Umschreibung.[253] In seinem jüngsten Buch heißt es zum Beispiel, ein Wendepunkt sei »an incident, episode, or event that hooks into the action and spins it around into another direction«.[254] Diese und alle früheren Definitionen sind nicht eindeutig. Da eine filmische Erzählung auf Veränderungen basiert, lassen sich in ihrem Verlauf zahlreiche Wendepunkte bestimmen. Gustav Freytag spricht zum Beispiel von einem ›erregenden Moment‹, das die Handlung in Bewegung bringe. Dies platziert er nach dem ersten Akt.[255] Dennoch entspricht dieses ›Moment‹ nicht Fields Wendepunkt, da Freytag eine andere Akteinteilung hat. Offenbar können mehrere Wendepunkte zu Beginn einer

Erzählung ausgemacht werden, was Field in seinen jüngsten Publikationen auch einräumt.[256]

Auch seine Zweifel bei der Festlegung der Wendepunkte gesteht Field ein: »Ich fragte mich, ob ich Recht hatte«, notiert er bei einer Besprechung des Science-Fiction E. T.: »Ich war mir nicht sicher, ob das die ›wahre‹ Struktur sei.«[257] Diese Zweifel sind symptomatisch. Um die beiden Wendepunkte eines Films sinnvoll bestimmen zu können, bedarf es einer Perspektive auf die Handlung. Diese Perspektive, die Field fehlt, kann das Modell von der ›Reise des Helden‹ bieten.

Eine Neubestimmung der Wendepunkte

In der 100. Filmminute von THELMA UND LOUISE telefoniert Louise mit dem Polizisten Hal, der sich für die Frauen einsetzt. Er fragt: »Wie sieht es aus? Wollen Sie da lebendig wieder rauskommen?« Louise ist unschlüssig. Sie beendet das Gespräch und geht hinaus zu ihrer Freundin. Der folgende Dialog zwischen den beiden Frauen entscheidet die Frage des Polizisten:

> THELMA Du lässt mich doch nicht hängen, oder?
> LOUISE Was meinst du?
> THELMA Du lässt dich nicht auf einen Handel mit denen ein? Ich meine, ich möchte es nur wissen.
> LOUISE Thelma, das kannst du mir doch nicht zutrauen, oder?
> THELMA Ich meine … ich würde verstehen, wenn du darüber nachdenken würdest. Du hast etwas, wofür es sich zurückzugehen lohnt. Jimmy und all das.
> LOUISE Jimmy ist keine Alternative.
> THELMA Ich weiss nicht. Irgendetwas hat sich in mir quer gelegt … und ich kann unmöglich zurück. Unmöglich. Ich wollte so nicht leben.
> LOUISE Das verstehe ich. Ich verstehe, was du meinst.

Der zweite Wendepunkt, den Field im Drehbuch suchen muss, lässt sich im fertig gestellten Film durchaus ausmachen. Auf den ersten Blick scheint die ausgewählte Sequenz der von Field vorgeschlagenen zu entsprechen: Thelma erklärt auch hier, dass sie nicht zurückgehen kann, und Louise stimmt ihr zu: Auch sie will ihr altes Leben nicht wieder aufnehmen. Doch im Unterschied zu dem nicht verwendeten Drehbuch-Dialog, der rund 15 Minuten früher stattgefunden hätte, bedeutet dieses Gespräch eine Entscheidung – die Entscheidung zwischen Leben und Tod. Die Frauen wissen jetzt, dass es kein Entkommen mehr gibt, und fahren dennoch weiter. Dieser Moment ist ein Wendepunkt ihres Schicksals, der die *resolution* bestimmt. Thelma und Louise begeben sich auf einen neuen, den letzten Abschnitt ihrer Reise, der im dritten Akt mit dem Freitod der beiden Frauen enden wird.

Das Beispiel zeigt: Der Wendepunkt ist keine beliebige Wendung im Verlauf der Handlung, sondern eine Umorientierung in der Entwicklung der Hauptfigur(en). Field hat Probleme bei der Bestimmung der Wendepunkte, weil er ganz allgemein versucht, ›die Handlung‹ zu strukturieren. Dies verweist noch einmal auf den zentralen Unterschied der 3-Akte-Modelle zur ›Reise des Helden‹: Eine sinnvolle Bestimmung der Wendepunkte kann nur vorgenommen werden, wenn sie figurenorientiert verstanden werden. Integriert in das figurenorientierte Modell von der ›Reise des Helden‹ lässt sich der Zeitpunkt des ersten Wendepunkts genauer bestimmen, ohne dass eine Zeitangabe vonnöten wäre. In der ersten Phase des Films – der Trennung – wird die Figur aus der ihr vertrauten Welt herausgerissen. Vor dem Übertritt in die neue Welt, am Beginn der ›Reise‹, liegt der erste Wendepunkt. In der zweiten Erzählphase lernt die Figur eine andere Welt kennen, doch muss sie diese wieder verlassen. Vor dieser Ankunft – der dritten Phase – steht die Figur an einem zweiten Wendepunkt.

An Wendepunkten sind die Figuren also jeweils vor dem Übertritt in die andere Welt angelangt. Fast immer stünde ihnen eine alternative Möglichkeit offen. Thelma und Louise hätten auch die Polizei verständigen können, was die verängstigte Thelma anfangs auch vorschlägt. Aber sie entscheiden sich für die Flucht nach Mexiko. Eine zweite Entscheidung treffen die Frauen, als sie das Angebot des ihnen gewogenen Polizisten Hal ablehnen und ihre Flucht fortsetzen. Für Thelma und Louise ist der zweite Wendepunkt sozusagen ein *point of no return*. Die figurenorientierte Bestimmung vereinfacht die Festlegung der Wendepunkte entscheidend und ermöglicht vor allem deren Begründung. Bindet man sie an die Ent-

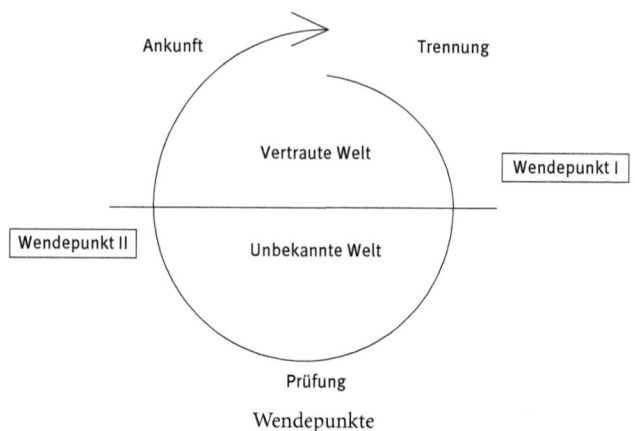

Ankunft   Trennung

Vertraute Welt

Wendepunkt I

Wendepunkt II   Unbekannte Welt

Prüfung

Wendepunkte

wicklungslinie der Hauptfigur, wird es nicht nur bei Thelma und Louise, sondern auch bei Das Schweigen der Lämmer möglich, die Wendepunkte sinnvoll festzulegen.

Der erste Wendepunkt in Das Schweigen der Lämmer

Syd Fields Überlegungen zu Das Schweigen der Lämmer sind wenig überzeugend. Er setzt als ersten Wendepunkt die Recherche im Möbellager an. Die junge Agentin findet in der 25. Filmminute einen menschlichen Kopf: »So far everything in the screenplay has led us up to this moment; it is the discovery of Raspail's head that really begins the story. Lecter has given something to Clarice to entice Jack Crawford to make a deal with him; Hannibal Lecter wants his view.«[258] Auch wenn die Entdeckung des abgetrannten Schädels exakt in Fields Zeitschema passt, muss ihre Bestimmung als Wendepunkt in Frage gestellt werden. Selbst Fields eigener, vager Definition zufolge ist die Festlegung kaum nachvollziehbar: Wieso läuft der erste Akt auf den Fund hinaus, und in welcher Weise wendet er das Geschehen zum zweiten Akt? Field bleibt eine Begründung schuldig. Tatsächlich spielt Raspails Kopf für die weitere Ermittlungsarbeit keine Rolle, denn für sich genommen bringt die Entdeckung des Kopfes Clarice keinen Schritt näher an Buffalo Bill heran. Die Sequenz führt sie nur zurück zu Lecter, der ihr neue Informationen anbieten wird. Somit ist die Enthüllung des Schädels zwar das erste Schockmoment des Films, aber nicht sein erster Wendepunkt.

Der erste Wendepunkt ist nach der hier neu gefassten Definition an früherer Stelle zu verorten. Am Ende ihres ersten Besuchs bei Lecter – in der 17. Filmminute – steht Clarice zunächst mit leeren Händen da. Sie wurde von Lecter gedemütigt und hat versagt: Nachdem sie ihm den Fragebogen ausgehändigt hat, ist offensichtlich, dass er ihn nicht beantworten wird. Lecter spottet: »Einer dieser Meinungsforscher wollte mich testen. Ich genoss seine Leber, dazu einen ausgezeichneten Chianti.« Er fordert Clarice auf, zur Schule zurückzukehren. Würde Clarice seinem Rat folgen, so hätte dies den vorzeitigen Abbruch der ›Reise‹ bedeutet. Doch Clarice' Weg führt nicht zurück zur Akademie. Sie geht nach der Befragung des Gefangenen Richtung Ausgang, als sie plötzlich von Lecters Zellennachbar Miggs mit Sperma beworfen wird. Lecter hat diesen Übergriff beobachtet und brüllt: »Kommen Sie zurück, Agentin Starling! Kommen Sie zurück! Agentin Starling!«

Im wahrsten Sinne des Wortes ›getroffen‹ rennt Clarice ein paar Schritte zurück zu Lecters Zelle. Sie lehnt an der Scheibe, ist dem Gefangenen ganz nah. Diese Episode verändert die Situation grundlegend: Zum einen zeigen Clarice' Tränen ihre wahren Empfindungen. Sie hat die Kontrolle über sich verloren. Dieser Kontrollverlust reizt Lecter, und er wird ihn im Laufe des Films immer vehementer einfordern. Zum anderen ist Lecter darüber aufgebracht, dass Miggs seine Besucherin gedemütigt hat. Er selbst hat Clarice verletzt, aber dass ein anderer dies tut, ist ihm unerträglich.

DR. LECTER Das wollte ich nicht, dass Ihnen so etwas passiert. Taktlosigkeiten sind für mich verabscheuungswürdig.
CLARICE Machen Sie den Test für mich.

Wie ehrgeizig Clarice ist, zeigt dieser unvermittelt vorgetragene Wunsch. Obwohl sie nach Miggs Angriff sehr verstört ist, hat die junge Frau das Ziel ihres Besuches nicht aus den Augen verloren. Sie bittet Lecter, der sich in gewisser Weise bei ihr entschuldigt, den Fragebogen doch noch auszufüllen. Aber Lecter lehnt ab.

Dr. Lecter Nein. Aber ich werde Sie glücklich machen. Ich verhelfe Ihnen zu dem, was Sie sich am meisten wünschen.

Clarice Und was ist das?

In der deutschen Fassung antwortet Lecter etwas verkürzt: »Karriere.« In der originalsprachigen Version heißt es: »Advancement, of course.« In diesem Moment, der 18. Minute des Films, entscheidet Lecter, dass seine Geschichte mit Clarice weitergehen wird – und damit auch die Geschichte von Das Schweigen der Lämmer. Lecter gibt Clarice einen direkten Hinweis auf das Lager und damit auf die Leiche: »Gehen Sie und spüren Sie Miss Mofet auf, eine alte Patientin von mir. Gehen Sie!«

Dieser Hinweis ist folgenreich: Clarice erkennt kurz darauf, dass eine ›Miss Hester Mofet‹ einen Lagerraum in Baltimore angemietet hat, in der Nähe von Lecters ehemaligem Wohnsitz. Sie entschlüsselt das Anagramm, das sich hinter diesem Namen verbirgt, als ›the rest of me‹. Daraufhin durchsucht sie den Lagerraum und findet einen abgetrennten Kopf. Zu Recht stellt Clarice später, beim zweiten Gespräch mit Lecter, fest: »Sie wollten, dass ich ihn finde.« Dass Lecter der jungen Agentin helfen wollte, gibt der weiteren Entwicklung von Clarice und den Ermittlungen den entscheidenden Impuls. Der Fund des Kopfes ist nur eine Folge seines Fingerzeigs, der somit als der erste Wendepunkt eingestuft werden muss.

Lecter weiß, dass Clarice klug genug ist, um seine Botschaft zu entschlüsseln. Er weiß auch, dass sie zu ihm zurückkehren muss, um ihn zu ihrem Fund zu befragen. Der Gefangene will Clarice wiedersehen, und er ist bereit, ihr etwas zu geben: »advancement«. Der Doppelsinn des Wortes ist bezeichnend. Es bedeutet sowohl Beförderung als auch Fortschritt, Wachstum. Lecter wird Clarice helfen, den Fall zu lösen, aber er wird ihr auch helfen, ›zu wachsen‹, sich zu verändern. Der erste Wendepunkt, der von der Hauptfigur ausgehend bestimmt wurde, korrespondiert demnach mit Clarice' Backstorywound. Indirekt kündigt Lecter an, dass Clarice es mit seiner Hilfe schaffen wird, ihre Verletzung zu überwinden. Dass die Entwicklung der Hauptfigur mit den Wendepunkten eines Films verbunden ist, lässt sich auch an einem weiteren Wendepunkt zeigen, den Syd Field als Midpoint bezeichnet.

Der zentrale Wendepunkt

In einer neueren Fassung seines ›Paradigmas‹ teilt Syd Field den zweiten Akt in zwei Hälften, die er durch den Midpoint trennt.[259] Somit gliedert sich sein ursprünglich dreigliedriges Schema in vier Einheiten, die jeweils ein Viertel der Filmzeit betragen sollen. Dieses Schema hat – wie schon das einfachere Grundmodell – großen Einfluss auf die dramaturgischen Ratgeber gehabt und wird in der Mehrzahl der aktuellen Handbücher zitiert oder variiert. Einer der prominentesten deutschen Autoren, Oliver Schütte, unterteilt die Akte zwar in insgesamt acht kleinere Handlungseinheiten, hält sich aber im Grunde an Fields Muster.[260] Aber genau wie Field bietet auch Schütte keine Definition des in der Mitte der Filmzeit liegenden Wendepunktes an. Field bezeichnet den Midpoint an einer Stelle als eine Art Neuanfang, an anderer als »Verbindungsstück«.[261] Er beschreibt ausführlich, welche Probleme er bei der Bestimmung des Midpoint*s* in CHINATOWN hatte. Immer wieder las er das Buch und bestimmte von Mal zu Mal unterschiedliche Midpoint*s*: »Ich wußte nicht, ob das der zentrale Punkt war oder nicht, und, wenn er es sein sollte, warum.«[262]

Diese Unsicherheit hängt erneut mit Fields handlungsorientierter Perspektive zusammen. Auch hier erweist sich ein Vergleich seines Paradigmas mit Gustav Freytags DIE TECHNIK DES DRAMAS als hilfreich. Freytag teilt die Handlung – wie Field – durch einen in der Mitte des Dramas liegenden Punkt: »Diese zwei Haupttheile des Dramas sind durch einen Punkt der Handlung, welcher in der Mitte derselben liegt, fest verbunden. Diese Mitte, der Höhepunkt des Dramas, ist der wichtigste Teil des Aufbaues, bis zu ihm steigt, von ihm ab fällt die Handlung.«[263] Freytag sieht den dritten Akt, den er insgesamt Höhepunkt nennt, als eine Szenengruppe, in deren Mittelpunkt das ›tragische Moment‹ steht. Somit entspricht Freytags ›tragischer Moment‹ im Prinzip Fields Midpoint.

Im Unterschied zu Field geht Freytag bei der Bestimmung seines in der Mitte liegenden ›Moments‹ jedoch von den Figuren aus. Der Held kämpfe mit »starken Seelenbewegungen«[264], die in zwei Phasen ablaufen. Der tragische Moment sei der Anfang der, wie Freytag es nennt, sinkenden Handlung – der »Umschlag«.[265] Das Spiel schlage in der Mitte des Dramas in das Gegenspiel um, das ›Einströmen‹ werde überführt in das ›Ausströmen‹. Konkret manifestiert sich dies laut Freytag in zwei Varianten. Zum einen kann der Held zunächst unbefangen leben, wie es seinem Charakter entspricht, und dann im zweiten Teil unter Druck geraten. Zum anderen kann er zu Beginn unter Zwängen leiden, von denen er sich dann nach dem ›Moment‹ befreit.

Nun sind diese beiden Varianten in ihrer Begrenztheit kaum auf Spielfilme des klassischen Hollywoodkinos zu übertragen. Freytags Unterteilung trifft in dieser Form nur bei wenigen Filmen zu. Seine Perspektive ist jedoch hilfreich, um Fields ungenaue Beschreibung zu konkretisieren. Auch der Midpoint muss als Wendepunkt in der Entwicklung der Hauptfigur verstanden werden. Dann kann er, in Präzisierung von Fields Gedanken, als der Moment bestimmt werden, in dem sich die Bewegungsrichtung der Figur im Hinblick auf ihre Umgebung ändert, ja umkehrt.

Auch wenn dieser Moment häufig in der Mitte eines Films zu finden ist, führt der Begriff Midpoint in die Irre, da er die Aufmerksamkeit auf die zeitliche Lokalisierung lenkt und von der Beschaffenheit des Erzählelements ablenkt. Freytags Bezeichung ›tragisches Moment‹ deckt nur einen Bruchteil der Filme des klassischen Hollywoodkinos ab. Daher wird Fields ›Midpoint‹ in Anlehnung an Brigitte Kramers Übersetzung im Folgenden als ›zentraler Wendepunkt‹ bezeichnet.[266] Was unter einem zentralen Wendepunkt zu verstehen ist, kann am Beispiel von Thelma und Louise verdeutlicht werden, auch wenn Field gerade diesen Punkt in der Besprechung seines Musterfilms ausspart.

Eine Neubestimmung des zentralen Wendepunkts

In der Mitte des zweiten Akts werden Thelma und Louise von dem Tramper JD (Brad Pitt) beraubt und sind völlig mittellos. Die leichtgläubige Thelma hat das Geld, das Louise besorgt hat, in ihrem Hotelzimmer gelassen. Sie kann sich überhaupt nicht vorstellen, dass der junge Mann sie nach einer gemeinsam verbrachten Nacht bestiehlt – obwohl sie weiß, dass er ein Räuber ist. Jetzt ist das Geld, das Louise mühsam besorgt hat, verloren. Thelma fühlt sich verantwortlich und erklärt ihrer Freundin: »Louise, hey. Jetzt hör mir zu.

Mach dir deswegen keine Sorgen. Steh auf, Louise. Mach dir deswegen keine Gedanken.« Diese Erklärung entspricht dem zentralen Wendepunkt, denn statt jetzt endgültig aufzugeben und sich den Behörden zu stellen, überfällt Thelma in der 70. Filmminute einen kleinen Laden. Dabei benutzt sie die Worte, die ihr der Gangster JD beigebracht hat:

> THELMA Guten Morgen, verehrte Damen und Herren. Das hier ist ein Überfall. Gut. Wenn niemand den Kopf verliert, wird niemand seinen Kopf verlieren. Also, bitte. Legen Sie sich jetzt alle auf den Boden, sofort. Danke.

Vor diesem Raub hätten die beiden Frauen sicher einen Deal mit der Justiz aushandeln und möglicherweise auf Notwehr plädieren können. Mit großer Wahrscheinlichkeit wäre Thelma sogar straffrei ausgegangen und Louise hätte mildernde Umstände geltend machen können. Doch nach dem bewaffnetem Überfall können die beiden Frauen nicht mehr zurück – und sie wollen es letztlich auch nicht mehr. Thelmas Entschluss teilt den zweiten Akt somit in zwei Hälften. Entscheidend für die zweite Hälfte des zweiten Akts ist, dass die bislang passive Thelma ihr neues Leben zu genießen beginnt:

> THELMA Es war so, als hätte ich mein Leben lang nichts anderes getan …
> LOUISE Hast du deine Berufung gefunden?
> THELMA Schon möglich, schon möglich … Der Ruf der Wildnis!

Bei der Überwältigung eines Polizisten ist sie regelrecht übermütig, und die Belehrung eines Truckdrivers, der sie belästigt hat, macht beiden Frauen Spaß. Sie sprengen seinen Wagen kurzerhand in die Luft, weil er sich nicht für seine obszönen Gesten entschuldigen will.

Ab dem zentralen Wendepunkt hat sich die Haltung der beiden Frauen zur Flucht und zu ihrem bisherigen Leben verändert. Der erste Akt zeigt, wie Thelma und Louise auf eine Reise gehen. Aus dem Ausflug wird nach dem ersten Wendepunkt eine Flucht. Die erste Hälfte des zweiten Akts setzt in Szene, wie die Frauen sich der

Strafverfolgung entziehen wollen. Nach dem zentralen Wendepunkt wird die Flucht vor der Justiz zu einem Aufbruch in ein ›neues‹ Leben. Der zweite Wendepunkt zeigt schließlich, dass dieser Aufbruch nicht in die Freiheit führen kann.

Die These, dass sich nach dem zentralen Wendepunkt die Bewegungsrichtung der Hauptfigur(en) im Hinblick auf ihre Umgebung ändert, bestätigt auch die Übertragung auf andere Filme des klassischen Hollywoodkinos: E. T. (1982), Der einzige Zeuge (1985), Zurück in die Zukunft (1985), Terminator 2 (1992). In den ausgewählten Beispielen geht es jeweils um das Verhältnis eines Einzelnen, einer männlichen Hauptfigur, zu einer Familie. In allen vier Filmen ist die Hauptfigur ein Außenseiter in der ihr unbekannten Welt und muss ihre wahre Identität verbergen.

In der ersten Hälfte des zweiten Akts wird E. T. in das Leben seines Freundes Elliott integriert. Er lernt dessen Geschwister kennen und bringt sich mit Hilfe des Fernsehgeräts das Sprechen bei.[267] In der zweiten Hälfte des zweiten Akts bereitet er seinen Rückflug vor. Er baut ein Gerät, mit dem er seine Eltern anpeilen kann, und funkt eine ganze Nacht lang nach Hause. Der zentrale Wendepunkt trennt die beiden Hälften des Akts. Er lässt sich mit dem berühmtesten Satz des Films bezeichnen: »Phone home« – »nach Hause telefonieren«. E. T. kann nicht bei Elliott und seinen Geschwistern bleiben, er muss zu seiner eigenen Familie zurück.[268] Einer Phase der Integration folgt in der zweiten Hälfte des zweiten Akts eine Distanzierung. Auf die Eingliederung folgt der schrittweise Abschied. Offenbar hat sich die Bewegungsrichtung der Figur im zentralen Wendepunkt geändert.

Dies gilt auch für den Androiden Terminator (Arnold Schwarzenegger) in dem Science-Fiction Terminator 2, den Polizisten John Book (Harrison Ford) in dem Krimi Der einzige Zeuge oder den Schüler Marty (Michael J. Fox) in der Komödie Zurück in die Zukunft. Alle drei könnten bei den Familien bleiben, deren Gast sie sind. Marty, der Zeitreisende, findet sich in den fünfziger Jahren bestens zurecht. Er ist der Star seiner Schule und hat eine Verehrerin. Book hat sich bei den Amish eingelebt und sich in Rachel, bei der er wohnt, verliebt. Auch der Terminator wird von den beiden Connors akzeptiert.[269] Er erscheint der Freiheitskämpferin Sarah Connor sogar als der ideale Vater für ihren Sohn:

SARAH Als ich John und die Maschine sah, war es auf einmal
ganz klar. Der Terminator würde niemals aufhören. Er würde
ihn niemals verlassen. Und er würde ihm niemals wehtun und
ihn anbrüllen, sich betrinken und ihn schlagen oder behaupten,
er sei zu beschäftigt, um ihn zu beschützen. Von all den Vätern,
die während all der Jahre gekommen und gegangen waren, war
dieses Ding der Einzige, der den Ansprüchen gewachsen war.
In einer wahnsinnigen Welt war dies die vernünftigste Alternative.

Doch im zentralen Wendepunkt stellt sich heraus, dass sowohl der
Polizist als auch der Schüler und der Cyborg ihr neues Familienleben aufgeben müssen. Marty setzt in der Vergangenheit seine Gegenwart aufs Spiel, da sich seine (dort gleichaltrige) Mutter in ihn
verliebt. In der Mitte der Filmzeit wird klar, dass er ›zurück in die
Zukunft‹ muss. Der Terminator gefährdet durch seine Anwesenheit
die Zukunft der Menschheit, da ein Nachbau seines Modells zur Un-
terwerfung der Menschheit durch Maschinen führen würde. John
Book macht das Zusammenleben von Rachel mit den übrigen
Amish unmöglich; ihr wird der Ausschluss aus der Gemeinschaft
angedroht. Alle vier – E. T., Marty, Book und der Terminator – müssen in ihre Welt zurückkehren.

Dass sich die Perspektive der Figur im zentralen Wendepunkt verändert, lässt sich nicht nur am Beispiel von Figuren zeigen, die sich
in eine Familie einleben und diese wieder verlassen müssen. Eine
Umkehrung der Bewegungsrichtung findet im Grunde auf allen
›Reisen‹ statt. In UND TÄGLICH GRÜSST DAS MURMELTIER genießt
Phil zunächst, dass seine Taten konsequenzlos bleiben.[270] Egal, was
er tut: Am nächsten Tag wacht er auf und es ist ungeschehen. Phil
betrinkt sich, hat einen *one night stand* und überfällt sogar eine
Bank. Doch schließlich verzweifelt er an der Zeitschleife. Er versucht, sich umzubringen. Dass der Selbstmord scheitert, ist mit dem
zentralen Wendepunkt gleichzusetzen. Der egoistische Phil versucht
von nun an, gute Taten zu vollbringen. Die Erlebnisse in der unbekannten Welt, der Welt der Zeitschleife, sind somit zweigeteilt. Insofern besteht eine Verbindung zwischen dem zentralen Wendepunkt
und der bereits dargelegten Vorstellung von zwei Welten, auf der die
›Reise des Helden‹ basiert.

		II/1	II/2
		Perspektive: Eingliederung	Perspektive: Abschied
E. T.	Außerirdischer in der humanoiden Familie Taylor	Lebt sich bei der menschlichen Familie ein	Muss zurück zu seiner Familie (Rückflug)
DER EINZIGE ZEUGE	gewaltbereiter Polizist bei einer dem Frieden verpflichteten Amish-Familie	Lebt sich bei den Amish ein	Muss nach New York zurückkehren (Rückfahrt)
ZURÜCK IN DIE ZUKUNFT	Junge aus der Gegenwart bei einer Familie in der Vergangenheit	Lebt sich in den 50er Jahren ein	Muss in die 80er Jahre zurückkehren (Zeitreise)
TERMINATOR 2	Android in der humanoiden Familie Connor	Lebt sich bei der menschlichen Familie ein	Muss die Familie verlassen (Selbstzerstörung)
		zentraler Wendepunkt **Umkehrung der Bewegungsrichtung**	

Die Umkehrung der Bewegungsrichtung im zentralen Wendepunkt

Das Leben in der ›unbekannten Welt‹ ist keine dauerhafte Lösung. Tess kann die Rolle ihrer Chefin nur für eine begrenzte Zeit spielen – das wird im zentralen Wendepunkt von DIE WAFFEN DER FRAUEN klar, als Katherine telefonisch ihre Rückkehr aus dem österreichischen Skigebiet ankündigt. Baby kann in DIRTY DANCING nur eine begrenzte Zeit ihr Doppelleben als brave Tochter und Tänzerin führen; im zentralen Wendepunkt werden ihre Lügen aufgedeckt, und sie verliert das Vertrauen ihres Vaters. Hat eine Figur sich im ersten Wendepunkt auf einen Rollentausch eingelassen, so stellt sich im zentralen Wendepunkt heraus, dass sie auf Dauer nicht beide Rollen übernehmen kann.

Michael Dorsey kann in TOOTSIE keine Frau bleiben, so erfolgreich er auch mit seiner neuen Identität ist. In der ersten Hälfte des zweiten Akts versucht Michael, eine Identität als Dorothy zu erlangen: Er wird in seiner neuen Rolle zum Star. Auf dem Höhepunkt seines Erfolges steht er als Dorothy auf dem Cover von TIME MA-

GAZINE und posiert an der Seite von Andy Warhol für ein Foto. Michael glaubt, dass er in Zukunft als Dorothy große Rollen spielen wird, und träumt sogar von der Eleanor-Roosevelt-Story. Der auf diesen Höhenflug folgende zentrale Wendepunkt zeigt dann, dass er weder als Michael Dorsey noch als Dorothy Michaels ein Privatleben aufbauen kann. Auf einer Party, zu der er als Michael geht, wird er von Julie, mit der er als Dorothy befreundet ist, abgewiesen. Sie schüttet ihm ein Glas Sekt ins Gesicht. Diese Ablehnung verändert Michaels Situation. In der zweiten Hälfte des zweiten Akts versucht er, seine Existenz als Mann zurückzuerlangen.[271] Michaels Bewegungsrichtung hat sich im Verlauf des zweiten Akts umgekehrt. Eine solche Kehrtwendung – das Prinzip des zentralen Wendepunktes – vollzieht auch Clarice in das DAS SCHWEIGEN DER LÄMMER.

Der zentrale Wendepunkt in DAS SCHWEIGEN DER LÄMMER

Das zweite Gespräch zwischen Hannibal Lecter und Clarice beginnt in der 25. Filmminute. Die Agentin sitzt vor Lecters Zelle und spricht mit ihm über ihren gruseligen Fund.

> DR. LECTER Was haben Sie bei dem Anblick empfunden, Clarice?
> CLARICE Zuerst war ich erschrocken, dann belustigt.
> DR. LECTER Jack Crawford ist Ihnen bei Ihrer Karriere behilflich, nicht wahr. Kein Zweifel, dass er Sie mag. Und Sie auch ihn mögen.
> CLARICE Hab nie drüber nachgedacht.
> DR. LECTER Glauben Sie, dass Jack Crawford Sie haben will, ich meine sexuell? Gewiss, er ist viel älter, aber – glauben Sie, dass er sich im Geiste ausmalt, Situationen, Praktiken, wie es wäre, Sie zu ficken?
> CLARICE Das interessiert mich nicht, Doktor.

Clarice geht zunächst auf Lecters Fragen ein, befolgt dann aber die Warnungen ihres Vorgesetzten und weicht seinen Unterstellungen aus; sie verhält sich ihrer Ausbildung entsprechend. Doch im dritten Gespräch willigt sie ein, seine privaten Fragen zu beantworten. In der 51. Filmminute lässt Clarice sich auf den bereits erwähnten Quid pro quo-Handel ein: »Quid pro quo. Ich erzähle Ihnen etwas, Sie erzählen mir etwas. Aber nicht über diesen Fall. Über sich selbst. Quid pro quo. Ja oder nein? Ja oder nein, Clarice?« Ihre Zustimmung ist der zentrale Wendepunkt in ihrer Beziehung zu Lecter. Der zweite Akt zeigt in seiner ersten Hälfte, wie Clarice versucht, Lecters Forderungen auszuweichen. In der zweiten Hälfte des zweiten Akts hat Clarice ihre Abwehr aufgegeben. Sie lässt zu, dass Lecter ihr näher kommt. Demnach hat sich ihre Bewegungsrichtung – dem Modell entsprechend – von diesem Moment an geändert.

Wie der erste Wendepunkt, so ist auch der zentrale Wendepunkt mit dem Fall des Serienmörders Buffalo Bill verknüpft. Beide Wendepunkte folgen einem Schema: Clarice gibt private Gefühle preis und wird von Lecter mit einem ihr beruflich nutzenden Hinweis belohnt. Beim ersten Wendepunkt war es ihre Bestürzung über Miggs' Attacke, die Lecter für sie einnahm. Sein Fingerzeig führte Clarice zu dem konservierten Kopf und somit zurück zu ihm. Der zentrale Wendepunkt basiert auf einem Handel, der in Wahrheit eine Erpressung ist. Als Gegenleistung für ihre Zustimmung gibt Lecter Clarice einen neuen Hinweis. Bill sei kein Transsexueller, sondern ein Mann, der glaubt, transsexuell zu sein. Diese Information schränkt den Kreis der in Frage kommenden Täter ein, da nun Männer gesucht werden können, deren Antrag auf Geschlechtsumwandlung abgelehnt wurde. Crawfords Abteilung wird dieser Spur im weiteren Verlauf des Films nachgehen und auf den Namen James Gumb stoßen.

Die Tabelle zeigt: Die Verknüpfung des Falls mit den Wendepunkten des Films gilt auch für den zweiten Wendepunkt, der im vierten Gespräch von Lecter und Clarice zu verorten ist. An dessen Ende fordert Clarice den Namen von Buffalo Bill, wird aber von den Wachleuten weggezerrt; inzwischen ist aufgeflogen, dass sie keine Zugangsberechtigung mehr hat. Plötzlich ruft Lecter sie zurück und übergibt ihr die Akte. Diese Übergabe wendet die Handlung zum dritten Akt, der allerdings erst nach Lecters Ausbruch beginnt. Clarice findet in den Akten den entscheidenden Hinweis auf Buffalo Bills Identität. Dieser Hinweis wird sie zu seinem Haus führen.

	Wendepunkt I	Zentraler Wendepunkt	Wendepunkt II
	erstes Gespräch Clarice/Lecter	drittes Gespräch Clarice/Lecter	viertes Gespräch Clarice/Lecter
Minute	~20	~50	~70
Auslöser der Preisgabe	Miggs beschmutzt Clarice mit seinem Sperma	Clarice akzeptiert den Quid pro quo-Handel	Fortführung des Quid pro quo-Handels
Preisgabe von Gefühlen	Zusammenbruch vor Lecters Zelle	Bericht vom Tod des Vaters	Bericht vom Schreien der Lämmer
Hinweis Hannibals	Hannibal schickt Clarice zu ›Miss Mofet‹	Hannibal erstellt ein Täterprofil für Clarice	Hannibal übergibt Clarice die Akte
Konsequenz für die Ermittlung	Clarice entschlüsselt den Hinweis auf ›Miss Mofet‹	(Crawford ermittelt in Kliniken für Geschlechtsumwandlungen)[272]	Clarice entschlüsselt Lecters handschriftliche Notiz
Konsequenz für den Fall	Clarice findet einen abgetrennten Kopf	Buffalo Bill wird als James Gumb identifiziert	Clarice findet James Gumb

Wendepunkte in DAS SCHWEIGEN DER LÄMMER

Auch die Akte und Wendepunkte von DAS SCHWEIGEN DER LÄMMER können graphisch dargestellt werden. Die aus Fields 3-Akte-Modell stammenden Wendepunkte sind in das Modell der ›Reise‹ integrierbar. Die Hinzunahme dieser Elemente ist produktiv für das Modell: Sowohl für den zentralen Wendepunkt, als auch für die Wendepunkte I und II gilt, dass durch ihre Bestimmung eine genauere Vorstellung von der Entwicklung einer Hauptfigur gewonnen werden kann. Die ›Reise des Helden‹ wird gewissermaßen um das Moment der Bewegungsrichtung ergänzt, die an jedem Wendepunkt neu zu bestimmen ist.

Möglich wurde dies durch die Präzisierung von Fields ursprünglichem Konzept, das die Bedeutung der Figurenentwicklung für das klassische Hollywoodkino verkennt. Durch Einbeziehung von Gustav Freytags Konzept ist ein integratives Modell entstanden, wobei allerdings Fields zeitliche Festlegungen aufgegeben wurden. Die

Wendepunkte in DAS SCHWEIGEN DER LÄMMER

Wendepunkte werden von nun an als Teil der Erzählphasen Trennung und Prüfungen verstanden. Sie sind Endpunkte dieser Erzählphasen, deren Grenzen durch das Übertreten von Schwellen markiert sind.

Was geschieht nun zwischen den Wende- und Schwellenpunkten? Die ›Reise des Helden‹ lässt sich in eine Vielzahl von Erzählschritten unterteilen. So beginnt die Phase der Trennung zum Beispiel mit einer Beschreibung des Status quo der Hauptfigur. In der Phase der Prüfungen müssen verschiedene Arten von Hindernissen überwunden werden. Für die Phase der Ankunft ist das Erreichen eines neuen Bewusstseins zentral. Ziel der folgenden drei Kapitel ist eine detaillierte Darstellung aller Stationen der ›Reise des Helden‹.

Teil II
Die Stationen des Modells:
Trennung, Prüfungen, Ankunft

4. Trennung:
Die erste Phase der Erzählung

Die Tür des Vorführraums wird geschlossen, das Licht verlöscht, und der Vorhang öffnet sich. Noch sind die Zuschauer unruhig, die Gespräche verebben nur langsam. Eine problematische Situation. Der Anfang einer Erzählung, »eines Diskurses, eines Textes ist ein sehr empfindlicher Ort: Wo soll man beginnen? Man muss das Gesagte dem Ungesagten entreißen: daher eine ganze Rhetorik von Anfangsmarkierungen.«[273] Im Märchen geschieht diese Markierung durch die Formel »Es war einmal«. Roland Barthes hat am Beispiel der APOSTELGESCHICHTE gezeigt, dass es solche Anfangsformeln auch in der Bibel gibt: »In Cäsarea lebte ein Mann namens Kornelius, Hauptmann in der so genannten Italischen Kohorte.« Barthes schließt daraus:

> Die Eröffnung ist eine Gefahrenzone für den Diskurs: das Einsetzen des Sprechens ist ein schwieriger Akt: der Ausgang aus dem Schweigen. In Wirklichkeit gibt es keinen Grund, eher *hier* als *dort* zu beginnen, und dieses Gefühl der Unendlichkeit des Sprechens ist, glaube ich, in allen Eröffnungsriten des Sprechens anzutreffen.[274]

Die von Barthes beschriebenen Eröffnungsriten gibt es auch im Kino. Dazu gehört das Verlöschen des Saallichts, das technisch erforderlich ist, aber zugleich den Beginn des Hauptfilms markiert. Auch der Film selber stellt sein Beginnen heraus. DAS SCHWEIGEN DER LÄMMER zeigt als erstes Bild das Logo des Verleihs *Orion*, dem nach einigen *frames* Schwarzfilm die Titel folgen. Die Titel sind – genau wie *der* Titel – eine Markierung des Anfangs. Zugleich sind sie aber schon Teil der ersten Erzählphase, auch wenn sie in einem in sich geschlossenen Vorspann, etwa als kurzer Zeichentrick, präsentiert werden.

Dass die Titel bereits Teil der Handlung sind, wird besonders deutlich in DAS SCHWEIGEN DER LÄMMER, da sie hier bis in die zweite Sequenz des Films hineinreichen. Der Name des Regisseurs, mit dem die Titel enden, wird erst nach rund vier Minuten eingeblendet. Bis zu diesem Zeitpunkt werden fünf wichtige, den Film sozusagen definierende Elemente eingeführt: Ort, Zeit, Genre, Stimmung und Thema von Das Schweigen der Lämmer stehen bereits vor dem Ende des Vorspanns fest.

Schon die erste Sekunde der ersten Einstellung lässt erkennen, wo der Film spielt: Über Baumwipfeln wird in Schreibmaschinenschrift »Woods near Quantico, Va« eingeblendet. Offenbar ist der US-amerikanische Bundesstaat Virginia Ort der Handlung. Die Stadt Quantico ist bekannt als Ausbildungsort für FBI und Armee. Noch in derselben Einstellung wird die zeitliche Einordnung des Geschehens möglich. Die Kleidung der ersten, im Bild erscheinenden Figur ist zeitgenössisch; zu sehen ist ein grauer Jogginganzug. Auch das Genre kann bereits jetzt erschlossen werden, da auf dem Sweat-Shirt der Frau ›FBI Academy‹ geschrieben steht. Kurz darauf erscheint zudem noch ein Uniformierter im Bild, dessen Mütze ihn als FBI-Agenten ausweist. Da das FBI involviert ist, wird es sich aller Voraussicht nach um einen Kriminalfilm handeln.

Das Schweigen der Lämmer – Clarice beim Waldlauf

Die Stimmung dieses Kriminalfilms wird ebenfalls in der ersten Sequenz etabliert. Der Wald, durch den die Frau läuft, liegt im Nebel, und die Filmmusik unterstützt die Unheimlichkeit der Atmosphäre. Offenbar ist Das Schweigen der Lämmer keine Kriminalkomödie, sondern ein mit dem Bedrohlichen, dem Unheimlichen befasster Film. Dessen Thema wird in der vierten Minute präzisiert. Zu sehen sind Schlagzeilen und Fotos, die eine Serie von Morden betreffen: »Bill Skins Fifth« lautet eine Überschrift. In Das Schwei-

GEN DER LÄMMER geht es augenscheinlich um die Ergreifung eines Scricnmördcrs.

Diese fünf noch vor Ende des Vorspanns gelieferten Informationen – Ort, Zeit, Genre, Stimmung und Thema – sind für den Anfang eines Films von großer Bedeutung. Darüber besteht auch Einigkeit in allen Ratgebern: »The set-up is designed to give us a clue about the spine or the direction of the story.«[275] Für die erste Station der ›Reise des Helden‹ ist die wichtigste Etablierung jedoch die der Hauptfigur.[276] Sie muss zu Beginn eines Films in der ihr vertrauten Welt vorgestellt werden. Wer ist Clarice Starling? Was treibt sie im wahrsten Sinne des Wortes an? Mit der Etablierung von Clarice beginnt die erste Phase der ›Reise‹, die Phase der Trennung. Der genaue Ablauf dieses ersten Erzählabschnitts ist Gegenstand dieses Kapitels: Wie verläuft die Phase der Trennung? Welche Stationen durchläuft die Heldin auf diesem Teil ihrer ›Reise‹?

Stationen sind – im Sinne Roland Barthes' – als Lexien zu verstehen. Die Leseeinheiten können vom Analysierenden festgelegt werden. Es handelt sich um eine »Art Rasterung des Textes, die die Fragmente der Äußerung liefert, mit denen man arbeiten wird«.[277]

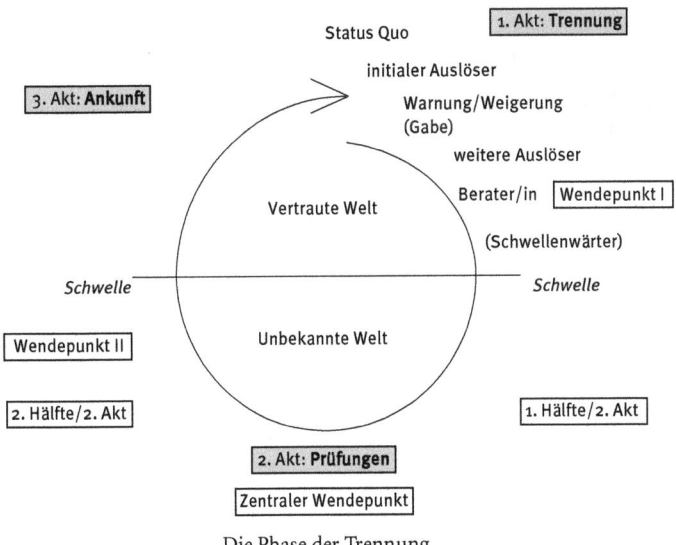

Die Phase der Trennung

Die Phase der Trennung kann in vier Leseeinheiten, in vier Stationen unterteilt werden. Jede dieser Stationen wird im Folgenden ausgehend von DAS SCHWEIGEN DER LÄMMER beschrieben, in das Modell der ›Reise‹ eingeordnet und in den Kontext jeweils eines anderen narrativen Modells gestellt. Dieses Prinzip – Gliederung der Erzählphase in Leseeinheiten, Beschreibung dieser Einheiten an Hand des Leitfilms und weiterer Filmbeispiele, Ergänzung des Modells durch Hinzuziehung anderer Erzählmodelle – wird in den Kapiteln 5 (Phase der Prüfungen) und 6 (Phase der Ankunft) beibehalten.

Status quo: Die Etablierung der Hauptfigur

Der *establishing shot*, die erste Einstellung von DAS SCHWEIGEN DER LÄMMER, dauert über eine Minute. Der Film beginnt mit einer Totalen. Die Kamera schwenkt von Baumwipfeln hinunter auf den Waldboden. Dies entspricht den Konventionen des klassischen Hollywoodkinos: »The narration may begin with a long shot that establishes the total space; this is by far the most common method.«[278] In dieser Einstellungsgröße ist nun zu sehen, wie sich von ferne eine zunächst nicht erkennbare Person keuchend einen Abhang hochkämpft. Sie bleibt dann auf dem Gipfel des Hügels stehen. Aus der Totalen ist durch die Vorwärtsbewegung der Figur die Nahaufnahme einer Frau geworden. In DAS SCHWEIGEN DER LÄMMER wird die Hauptfigur bereits in der ersten Einstellung etabliert.

Dass es sich bei der laufenden Frau um die Hauptfigur des Films handeln muss, lässt sich aus der Besetzung schließen. Der zuvor im Vorspann aufgeführte Star des Films – Jodie Foster – ist deutlich zu erkennen. Nur sehr wenigen Kinobesuchern wird Foster nicht bekannt (gewesen) sein. Die Oscar-Preisträgerin ist seit den frühen neunziger Jahren eine der bestbezahlten und berühmtesten Schauspielerinnen Hollywoods.[279] Daher ist zu erwarten, dass Foster die wichtigste Rolle des Filmes übernommen hat; immerhin wird ihr Name noch vor dem Titel des Films eingeblendet.

Fosters Image der neunziger Jahre ist das einer energischen und emanzipierten Frau.[280] In fast allen ihren Rollen hat der Star dieses Image fortgeschrieben; die von Foster verkörperten Figuren stimmen zumeist mit dem öffentlich über sie zirkulierenden Bild überein. Das Image der Darstellerin prägt daher die Figur Clarice, noch bevor diese ein Wort gesagt hat. Das bedeutet: Bereits die Besetzung gibt Auskunft über den Charakter eines *characters*.[281] Vom ersten Bild an hat die Figur Clarice ein ›Image‹. Vom ersten Bild an ist außerdem sichtbar, wie sie aussieht und wie sie sich bewegt. Wie sie heißt, macht der Ruf eines Uniformierten deutlich, der das Training der jungen Frau unterbricht. Der Name der Hauptfigur ist das erste im Film gesprochene Wort: »Starling!« Um die Etablierung Starlings geht es in dieser und der folgenden Sequenz, in den ersten sechs Minuten des Films.

Die Beschreibung der Hauptfigur

Der Ruf des Uniformierten führt außer Starlings Namen auch ihre berufliche Situation ein. Starling ist keine trainierende Sportlerin, sie gehört zum FBI. Allerdings ist sie noch keine Agentin, sondern nur eine Schülerin an der Akademie. Sie muss ihren Lauf unterbrechen, wenn sie dazu aufgefordert wird. Respektvoll dankt sie dem Ausbilder, der sie gestoppt hat: »Thank you, Sir.« Offenbar ist sie es gewohnt, zu gehorchen. Sie stellt keine Fragen: Ein gewisser Crawford will sie sprechen, und Clarice rennt sofort in Richtung des FBI-Gebäudes. Dabei passiert sie vier Schilder, die ihr Leben an der Akademie umreißen: »Hurt«, »Agony«, »Pain« – »Love it«. Wie es scheint, nimmt Starling an einem ausgesprochen harten Ausbildungsprogramm teil. So wie es aussieht, muss sich Starling nicht nur beim Waldlauf quälen.

Die zweite Sequenz zeigt, was Starlings Ausbildung beinhaltet. Auf dem Weg zu Crawfords Büro passiert sie mehrere Abteilungen der Akademie. Ihre Mitschüler üben das Abseilen an einem Haus und reinigen Waffen. Eine junge Frau grüßt sie: »Clarice!« Jetzt ist auch der Vorname der Hauptfigur bekannt. Außerdem hat der Weg gezeigt, dass Clarice zumindest eine Freundin auf dem Campus hat und dass sie eine von wenigen Frauen im Ausbildungsprogramm ist. Als sie in einen voll besetzten Fahrstuhl steigt, überragen ihre männlichen Mitschüler sie um Haupteslänge. Sie steht in der Mitte des Lifts zwischen neun Männern, die im Unterschied zu ihr auffällige rote T-Shirts tragen. Die in grau gekleidete Clarice muss den Kopf in den Nacken legen, um einem von ihnen ins Gesicht schauen zu können: »Die Bilder unterstreichen Fosters weiblichen Körper, ihre Fragilität. Sie ist besonders, sie ist anders.«[282]

DAS SCHWEIGEN DER LÄMMER – Clarice im Fahrstuhl

Clarice ist zwar kleiner, aber klüger als ihre Konkurrenten. Sie gehört zu den Jahrgangsbesten – mit dieser Feststellung wird sie von Jack Crawford begrüßt, dem Chef der Abteilung ›Behavioural Science‹. »Starling, Clarice M.«, spricht er sie an, als würde er eine Akte studieren. Zum dritten Mal wird der Name der Hauptfigur ausgesprochen; diesmal ergänzt durch das mittlere Initial. Jetzt kennt der Zuschauer den vollständigen Namen der angehenden Agentin. Im nun folgenden Dialog mit Crawford erfahren wir die Stationen ihrer Ausbildung und ihr berufliches Ziel. Clarice war auf der Universität von Virginia, hat zwei Studienabschlüsse erworben und möchte in die psychologische Abteilung des FBI übernommen werden. Crawford blättert durch ihre Akte, Clarice zupft nervös an ihrem Ohrläppchen:

CRAWFORD Mal sehen. Die beiden Hauptfächer Psychologie und Kriminologie mit ›sehr gut‹ abgeschlossen. Sommerpraktikum an der Reitzinger-Klinik. Hier steht, wenn Sie die Akademie absolviert haben, möchten Sie bei mir in der Abteilung für Verhaltensforschung arbeiten.

Crawfords Begrüßungsworte stellen seine Schülerin in gewisser Weise vor. »This is the kind of scene screenwriters hate. It is purely expository dialogue, which reveals information (...) the audience must know to move the story forward.«[283] Alle Ratgeber weisen auf die Problematik einführender Dialogtexte hin. Interessanterweise beginnt der Film in der vierten Fassung des Drehbuchs ausgerechnet mit Crawfords Sätzen. Das *shooting script* vom 6. 10. 89 lässt den Waldlauf aus.[284] Der Unterschied zwischen beiden Fassungen ist offensichtlich. In der tatsächlich gedrehten Version wird die Hauptfigur visuell eingeführt, eine Strategie, zu der eine Vielzahl von Ratgebern rät:

> Begin with an image. In most good films, the set-up begins with an image. We see a visualization that gives us a strong sense of the place, mood, texture, and sometimes the theme. (...) Films that begin with dialogue, rather than with a particular visual image tend to be more difficult to understand.[285]

Dieser an Praktiker gerichtete Rat Linda Segers stimmt mit filmanalytischen Beobachtungen überein. »Das Kino sollte seine Geschichten auf eine sehr direkte Art und Weise durch Bilder erzählen.«[286] Auch der Filmwissenschaftler David Bordwell notiert, dass »eine Grundregel lautet, *alles Wichtige visuell auszudrücken.*«[287]

Diese Methode wird bei der Mehrzahl von Filmen des Hollywoodkinos eingehalten. In den ersten Einstellungen von BOUND liegt die Diebin Corky gefesselt auf dem Fußboden eines Kleiderschranks. Es wird nicht *erzählt*, wer die Hauptfigur ist und was sie tut; stattdessen wird dies in Szene gesetzt. Die unterdrückte Sekretärin reicht ihrem Chef eine Rolle Klopapier an (DIE WAFFEN DER FRAUEN), und die feinfühlige Schriftstellerin weint über ihren eigenen Romanschluss (AUF DER JAGD NACH DEM GRÜNEN DIAMANTEN).

Kann nicht auf den *expository dialogue* verzichtet werden, so werden in der Regel eine oder mehrere Nebenfiguren diese Informationen einbringen. In STIRB LANGSAM sind es ein aufdringlicher Mitreisender und ein neugieriger Chauffeur, die den Polizisten John McClane nach seinem Beruf und seinem Familienleben fragen.[288]

> Es ist kein Zuckerschlecken für einen Darsteller, herumstehen zu müssen und die notwendigen Informationen zu geben, die wir für den Fortgang der Geschichte brauchen. Aber da diese notwendige Information das ist, was wir brauchen, um uns auf den Film einzustellen, ergeben sich einige Probleme. Was ist zu tun?[289]

Drehbuchautor William Goldman beantwortet diese Frage mit einem Verweis auf Cary Grant. Der war berühmt dafür, »dass er versuchte, die Expositionsrede auf andere Leute abzuschieben. Er war nicht dumm. Falls Sie einer Nebenfigur die Exposition überlassen können, dann tun Sie es.«[290]

Nebendarsteller werden im Englischen *supporting actors* genannt, ihre Funktion ist es, die Hauptdarsteller zu unterstützen. Eine Nebenfigur hat analog dazu die Funktion, die Hauptfigur zu unterstützen. Dies verdeutlicht noch einmal, warum es sinnvoll ist, das klassische Hollywoodkino als eine ›Reise des Helden‹ zu begreifen. Im Mittelpunkt stehen hier tatsächlich eine oder zwei Figuren und deren Entwicklung; nur in seltenen Fällen – etwa bei Sportfilmen wie Eine Klasse für sich – wird von einer Gruppe erzählt. Da sich das klassische Hollywoodkino mit der Darstellung einer Hauptfigur befasst, ist es Aufgabe einer Nebenfigur wie Jack Crawford, die Auskünfte über Clarice, die nicht in Szene gesetzt werden konnten, zu liefern. Seine Begrüßungsrede enthält nur ergänzende Details zu den zahlreichen bereits vor der vierten Minute gegebenen, visuell vermittelten Informationen, die Clarice vorstellen.

Mit Crawfords Beschreibung scheint die Hauptfigur vollständig etabliert. Ihr Aussehen, ihre Mimik und Gestik sind bekannt, ihr sozialer Status, ihre Ausbildungssituation und ihre bisherige Laufbahn bis zur sechsten Filmminute umrissen. Damit sind nach der zweiten Sequenz alle Anforderungen, die üblicherweise an die Einführung einer Hauptfigur gestellt werden, erfüllt. Doch die Station ›Status quo‹ umfasst noch eine weitere Information. Sie zeigt das zentrale Problem der Hauptfigur, das es im Verlauf des Films zu lösen gilt.

Status quo und Mangel

Clarice Starling rennt, als ginge es um ihr Leben – dabei absolviert sie nur einen Trainingslauf. Sie keucht, und ihre Gesichtszüge sind angespannt, als sie über ein Hindernis klettert. Ganz offenbar ist die Agentin ehrgeizig. Dieser Charakterzug der Figur deckt sich mit dem Image von Jodie Foster: Sie gilt als ›bossy‹, nicht erst seit sie eine eigene Produktionsfirma besitzt, selbst Regie führt und ihre Honorare an die männlicher Stars angeglichen worden sind.[291] Bestätigt wird die auf der Besetzung basierende erste Einschätzung der Figur Clarice im ersten Dialog des Films. Jack Crawford begrüßt Clarice:

> CRAWFORD Ich erinnere mich an Sie durch mein Gastseminar an der Universität von Virginia. Sie haben mir wegen der Auslegung der Bürgerrechte durch das FBI in den Hoover-Jahren ziemlich zugesetzt. Ich gab Ihnen eine 1.
> CLARICE Eine 1 minus.

Dass er ihr vor Jahren nur eine ›1 minus‹ statt einer glatten 1 gab, hat Clarice bis heute nicht vergessen. Die Note ist ihr so wichtig, dass sie ihren Vorgesetzen korrigiert. Dabei ist ihr sonstiges Auftreten ausgesprochen unsicher. Clarice' Gesichtszüge sind verkrampft und sie schaut Crawford kaum in die Augen. Das ›Minus‹ muss sie sehr getroffen haben, sonst hätte sie bei einer so nebensächlichen Bemerkung keinen Widerspruch riskiert.

Die Eigenschaft ›Ehrgeiz‹ kann durchaus als positiver Zug verstanden werden. Peter Brooks hat sie den Romanhelden des 19. Jahrhunderts zugeordnet: Ehrgeiz sei eine Kraft, die den Protagonisten vorantreibt. Der Held werde für seinen Eifer nicht belächelt: »It may in fact be a defining characteristic of the modern novel (as of bourgeois society) that it takes aspiration, going ahead, seriously.«[292] Der Ehrgeiz funktioniere wie ein Motor, der die Geschichte vorantreibt. In einem Nebensatz notiert Brooks jedoch, dass diese These eingeschränkt werden müsse: »This description, of course, most obviously concerns male plots of ambition.«[293] Ehrgeiz sei auch bei weiblichen Figuren anzutreffen, jedoch werde diese Eigenschaft bei Frauen anders eingesetzt: »it takes a more complex stance toward ambition, the formation of an inner drive.«[294] Dass eine Frau ehrgeizig ist, bedarf offenbar der Begründung, der Rechtfertigung.

Diese Feststellung gilt nicht nur für den Roman des 19. Jahrhunderts, sondern immer noch für den Spielfilm des ausgehenden 20. Jahrhunderts. Auch DAS SCHWEIGEN DER LÄMMER begründet den Ehrgeiz seiner weiblichen Hauptfigur. Was treibt Clarice an? Peter Brooks attestiert Figuren einen »motor of desire«, versteht sie gar als »desiring machines«.[295] Ursache des Verlangens ist ein nicht befriedigtes Bedürfnis. Dies ist eine zentrale Einsicht in die Anlage von Filmfiguren. Christopher Vogler spricht in diesem Zusammenhang von »the hero's lack«[296] oder »the missing element«[297], Ken Dancyger und Jeff Rush von einem »flaw«[298], Thomas Schatz von einem »loss«.[299] Die Figur leidet zu Beginn des Films an einem Mangel, der nur durch eine Veränderung ihrer Situation zu überwinden ist.

In welchen Formen tritt der Mangel in Filmen des klassischen Hollywoodkinos auf? Welche Funktion erfüllt der Mangel im Verlauf der Handlung? Der Mangel, der im Status quo angelegt wird, kann in dreifacher Hinsicht genauer erfasst werden. Es ist erstens möglich, verschiedene Arten von Problemen zu differenzieren. Zweitens lässt sich zeigen, dass das Problem der Hauptfigur oftmals schon an ihrem äußeren Erscheinungsbild festzumachen ist. Drittens sind zwei Varianten zu unterscheiden, wie Figuren mit dem Mangel umgehen.

a) Die Ausprägungen des Mangels

Bereits in der ersten Sequenz von THELMA UND LOUISE wird klar, dass Thelma mit einem eitlen Dummkopf verheiratet ist und Louise sich als Kellnerin durchschlagen muss. Unglücklich in ihrem Job und mit ihrer Beziehung ist auch Tess Harding in DIE WAFFEN DER FRAUEN: Sie wird von ihren männlichen Kollegen missachtet und bei Beförderungen übergangen; außerdem wird sie von ihrem Freund Mick hintergangen. Typische Problemstellungen sind demnach berufliche Frustration oder unglückliche Liebesbeziehungen. Die Hauptfiguren leiden unter Langeweile (OVERBOARD), sind resigniert (MONDSÜCHTIG) oder einsam: Fahrkartenverkäuferin Lucy übernimmt in WÄHREND DU SCHLIEFST den Schichtdienst an allen Feiertagen, da sie niemanden kennt, mit dem sie Weihnachten verbringen könnte. Einsam ist auch Victoria Grant in VICTOR/VICTORIA. Darüber hinaus ist sie arbeitslos und so hungrig, dass sie sich für ein Fleischklößchen prostituieren würde. Reich hingegen ist J. C. Wiatt in BABY BOOM; die Karrierefrau ist jedoch Gefangene ihres Berufs. Sarah Connor sitzt zu Beginn von TERMINATOR 2 sogar hinter Gittern.

Schon diese kurze Übersicht zeigt, dass es verschiedene Arten von Problemstellungen gibt, die nicht ohne weiteres systematisiert werden können. Doch eins ist allen hier genannten Figuren – von der pausenlos redenden Thelma bis hin zur einsilbigen Sarah – gemeinsam: Sie sind gewissermaßen in ihrer bisherigen Existenz gefangen. Allgemein lässt sich feststellen, dass ein Großteil der Figuren des klassischen Hollywoodkinos zu Beginn eines Films beruflich oder privat festgefahren ist. »We are stuck; the life in us is stuck«, beschreibt der *script consultant* Keith Cunningham die anfängliche Situation der Filmfigur aus deren Perspektive.[300]

Welche Konsequenzen hat diese Gefangenschaft? Während der Erzählphase des Status quo wird gezeigt, dass die Figur nicht zufrieden mit ihrer Situation sein kann – auch wenn sie etwas anderes behaupten mag; insgeheim wünscht sie sich ein anderes Leben. SUSAN ... VERZWEIFELT GESUCHT führt den Wunsch der Hauptfigur nach einem anderen Dasein bereits im Titel. Die Hausfrau Roberta (Rosanna Arquette) fristet ein monotones Leben in einem Vorort. Ihr Leben ist, so schreibt Lucy Fischer in ihrer Analyse des Films, »so flat, so devoid of desire«.[301] Roberta sehnt sich nach dem aufregenden Dasein einer ihr persönlich gar nicht bekannten Frau namens Susan (Madonna), die per Zeitungsannonce von ihrem Freund gesucht wird. Aufmerksam verfolgt sie seine Suchkampagne. Im Verlauf des Films wird sie nach einem Gedächtnisverlust in Susans Rolle schlüpfen und dabei völlig neue Seiten an sich selbst entdecken: »Roberta has desperately sought not only Susan, but she has desperately sought (and found) her *self*.«[302]

In GRÜNE TOMATEN wird Evelyn Couch (Kathy Bates) als völlig orientierungslos eingeführt. In der ersten Sequenz des Films führt sie als kartenlesende Beifahrerin ihren Ehemann in die Irre. »Du weißt mal wieder nicht, wo es langgeht«, moniert er zutreffend. Evelyn weiß in der Tat nicht mehr, wo es langgeht. Sie ist unzufrieden mit ihrem Leben und hat einen Selbsthilfekurs nach dem anderen belegt. Ratlos sitzt sie in einem Seminar, das die Erforschung des eigenen Körpers zum Ziel hat. Am Anfang des Films steht Evelyn am Beginn ihrer Wechseljahre, und ein Wechsel ist auch genau das, was sie braucht.

Das gilt auch für Charlie Driggs (Jeff Daniels), den biederen Börsenfachmann aus GEFÄHRLICHE FREUNDIN. In der ersten Sequenz des Films ist zu sehen, dass er seine Mittagspause in einem afrikanisch dekorierten Imbiss macht und dort die Zeche prellt. Die exzentrische Lulu hat ihn dabei beobachtet. Die schmuckbehangene Frau (Melanie Griffith) stellt Charlie zur Rede und erklärt, dass sie ihn durchschaue. Er sei »a closet rebel«, ein Westentaschenrebell. Charlie hätte seine Rechnung zahlen können; sein Betrug verrät seine Sehnsucht nach einem Abenteuer. Dieses Abenteuer wird ihm Lulu bieten: Sie entführt ihn. Im Laufe der Reise mit ihr wird Charlie erkennen, dass er tatsächlich das Potential zu einem freien, wilden Leben hat. Der Wunsch nach einer Veränderung wird bisweilen im Dialog geäußert. Er ist in der Regel aber schon am äußeren Erscheinungsbild der Figuren festzumachen.

b) Das Erscheinungsbild des Mangels

Evelyn Couch ist übergewichtig und leidet unter ihren Fressorgien; verzweifelt bemüht sie sich, ihr Gewicht unter Kontrolle zu bekommen. Roberta kleidet sich in SUSAN ... VERZWEIFELT GESUCHT wie die übrigen Hausfrauen des Vororts – bieder und einfallslos. Charlie Driggs trägt in GEFÄHRLICHE FREUNDIN einen betont konservativen dunkelblauen Anzug; er hat sogar einen Regenschirm dabei. Ihr Äußeres werden alle drei Figuren im Verlauf der Filme ändern: Evelyn wird professionelle Typ-Beraterin, Roberta erwirbt eine nietenbesetzte Lederjacke und Charlie ein Hawaii-Hemd.

Zu Beginn der Erzählung stecken männliche Figuren in Zweireihern oder in billigen Anzügen (MONA LISA). Weibliche Figuren tragen biedere Kostüme oder einengende Geschäftskleidung (BABY BOOM). Ihr Outfit ist unmodisch (MONDSÜCHTIG) oder unangemessen. In AUS NÄCHSTER NÄHE tritt die Journalistin Sally (Michelle Pfeiffer) am Anfang ihrer Karriere in einem pinkfarbenen Kostüm und mit einer billigen Dauerwelle vor die Kamera; ihr Kollege Justice (Robert Redford) wird ihr beibringen, sich adäquat zu kleiden.[303] Noch deutlicher ist die Verwandlung in DIE WAFFEN DER FRAUEN: Die stark geschminkte Sekretärin Tess ähnelt zu Beginn einer Prostituierten.[304]

In PRETTY WOMAN setzt die Prostituierte Vivian zu Beginn des Films eine hellblonde Perücke auf, die deutlich als solche zu erkennen ist, und stülpt darüber noch eine Lederkappe. Die lange, braune Lockenmähne, die zum Image von Julia Roberts gehört, wird erst später freigelegt. Offenbar muss sich auch diese Figur von ihrer Kleidung, die Verkleidung ist, befreien. Somit verweist der zu Beginn eines Films etablierte Mangel, der zum Beispiel durch unpassende

Kleidung in Szene gesetzt wird, auf den Befreiungsprozess, der im Laufe des Films stattfinden wird.

Kleidung ist auch ein wichtiger Aspekt in der Etablierung der Figur Clarice Starling. Während des Waldlaufs trägt sie einen Jogginganzug. In diesem Aufzug tritt sie auch vor ihren Chef, Jack Crawford, da sie vor dem Gespräch keine Zeit mehr hat, sich umzuziehen. Obschon ihre Kleidung verschwitzt und verschmutzt ist, scheint sie sich darin nicht unwohl zu fühlen. Thematisiert wird ihr Aussehen auch erst in den nächsten beiden Sequenzen, sodass ein Vorgriff notwendig ist, um die Kleidung zu Beginn des Films – den Jogginganzug – einordnen zu können.

In völlig anderer Garderobe macht Clarice sich nämlich auf den Weg zu Hannibal Lecter. Sie hat ein dunkelbraunes Jackett mit passendem Rock angezogen, dessen dicker Stoff allerdings nicht zu dem weißen, leicht durchsichtigen Oberteil passt, das sie für diesen Anlass ausgewählt hat. Clarice trägt ihre Haare jetzt offen, was einen unvorteilhaften Haarschnitt offenbart. Sie sieht in zweifacher Weise ›verkleidet‹ aus. Ihre Bewegungen verraten, dass sie sich in ihrem Kostüm unwohl fühlt. Diese Besonderheit bemerkt auch Hannibal Lecter in seiner schon einmal zitierten Beleidigung:

DR. LECTER Wissen Sie, wie Sie mir vorkommen, mit Ihrem hübschen Täschchen und Ihren billigen Schuhen? Wie ein richtiger Bauerntrampel.

Clarice' Kleidung verrät ihre Herkunft und zugleich ihre Schwäche: »her class/ethnic location, and her desire to escape it«.[305] Sie entstammt dem »poor white trash«, wie Lecter es in der originalsprachigen Fassung ausdrückt. Dass Clarice eine teure Tasche und billige Schuhe trägt, verdeutlicht, dass sie sich mitten in einem Umwandlungsprozess befindet. Sie hat sich trotz ihres Studiums noch nicht ganz von ihrer Herkunft befreien können, ist noch unsicher in Stilfragen.

Clarice' Kleidung als Ermittlerin macht sie zu einem Beispiel für *cross-class dressing*, ein Begriff, den Yvonne Tasker 1998 geprägt hat. Die Untersuchung des *cross-dressing*, so Tasker, dürfe nicht auf das Geschlecht begrenzt werden: »To reduce the analysis of cross-dressing to gender then, is to remove it from a complex historical relationship to construction of race, class, sexuality and to particular lesbian, gay and trans-gender identities (drag, butch, femme).«[306] *Cross-dressing* drücke immer auch den Wunsch nach Verwandlung aus: »the desire to be something other than what one is«.[307] Im Falle von Clarice betrifft dies in erster Linie ihren Wunsch nach Aufstieg. Dieser Wunsch kann auf einen weiteren Aspekt ihrer Kleidung bezogen werden: Das Jackett hat dicke Schulterpolster. Diese Schulterpolster gehören zu einem Stereotyp, das sich in den achtziger Jahren herausbildete: »a new look – crystallised in the phrase ›power dressing‹. The shoulder pad (and shoulder pad build-up) was to become a symbol and symptom of women's attempts to carve out a space for themselves in the world of work.«[308]

Der baumwollene, graue Jogginganzug des FBI ist eine Uniform und lässt keine Rückschlüsse auf die Herkunft seiner Trägerin zu. Er ist außerdem unisex. Männer und Frauen tragen den gleichen Anzug, wie bei einem späteren Lauf deutlich wird. In Zivilkleidung hingegen werden Clarice' zentrale Probleme deutlich. Sie muss sich nicht nur von ihrer Herkunft befreien, um den Aufstieg zu schaffen; sie muss auch das Handicap ihres Frauseins in dem von Männern dominierten FBI überwinden. Das macht sie zu einer außergewöhnlichen Figur: »Clarice Starling is a cross-class cross-dresser«.[309]

MONDSÜCHTIG – Loretta zu Beginn und am Ende des Films

Kleidung ist auch in DAS SCHWEIGEN DER LÄMMER Ausdruck des Problems der Hauptfigur, verweist auch in diesem Film auf einen

Mangel, auf den Wunsch nach Veränderung. In Filmen des klassischen Hollywoodkinos tragen Figuren oftmals eine Garderobe, die nicht mit ihrem biologischen Geschlecht oder ihrer sozialen Herkunft übereinstimmt, weil sie diese Festlegungen als Mangel empfinden und ihnen entkommen möchten. Der Wunsch nach Veränderung wird jedoch nicht von allen Figuren erkannt. Charlie Driggs scheint sich in seinem Anzug wohl zu fühlen, Loretta Castorini verteidigt ihr graues Haar vehement, und Sally Atwell ist sogar stolz auf ihr pinkfarbenes Kostüm. Das wirft die Frage auf, wie die Figuren ihre Ausgangssituation einschätzen. Wie gehen sie mit dem Mangel um?

c) Bewältigung des Mangels

Zwei Arten der (versuchten) Bewältigung des Mangels lassen sich unterscheiden. Einige Figuren können ihr Unbehagen formulieren, sind aber gleichwohl nicht in der Lage, sich zu befreien. In APOCALYPSE NOW hat Captain Willard (Martin Sheen) bei einem Fronturlaub erkannt, dass er sein altes Leben nicht wieder aufnehmen kann. Er kehrt nach Vietnam zurück, obwohl er befürchtet, wahnsinnig zu werden. Der Aristokrat Louis (Brad Pitt) leidet in INTERVIEW MIT EINEM VAMPIR derart unter dem Tod seiner Frau, dass er sich umbringen will. In TERMINATOR begehrt Kyle die Kellnerin Sarah (Linda Hamilton), die er nur von einem Foto kennt, so sehr, dass er durch die Zeit reist, um sie zu sehen.[310] Luke Skywalker (Mark Hamill) lebt zu Beginn von KRIEG DER STERNE bei seiner Familie, aber er möchte gerne auf die Akademie gehen, statt die Plantage zu beaufsichtigen. Er beschwert sich bei seinem Onkel, der ihn aber nicht ziehen lassen will. Luke hat seine Situation erkannt, ist aber nicht mutig genug, ohne die Zustimmung seines Onkels abzureisen.

Eine zweite Gruppe von Figuren will den Wunsch nach Veränderung nicht wahrhaben. Annie (Meg Ryan) betont in SCHLAFLOS IN SEATTLE, dass der Allergiker Walter ihr Traummann ist. Immer wieder will sie ihrer besten Freundin beweisen, wie einfallsreich und witzig ihr Verlobter ist – auch wenn ihr nie ein passendes Beispiel für seine Schlagfertigkeit einfällt. Howard (Kevin Kline) redet sich in IN & OUT ein, dass seine Verlobte Emily die ideale Frau für ihn ist, auch wenn er keinerlei Bedürfnis verspürt, mit ihr zu schlafen. Figuren wie Annie oder Howard haben sich mit ihrer Situation arrangiert und beharren sogar darauf, dass sie glücklich sind.

Offenbar ist zwischen dem unausgesprochenen und dem geäußerten Wunsch nach Veränderung zu unterscheiden. Beide Arten von Wünschen stehen jedoch in direkter Verbindung zur Backstorywound. Der Mangel, der im Status quo angedeutet wird, ist ein Vorbote des Problems, das sich mit dem Erkennen der Backstorywound offenbaren wird. Zu beobachten ist eine Diskrepanz zwischen dem Verhalten einer Figur zu Beginn eines Films und ihren (wahren) Bedürfnissen, die im Verlauf des Films offen gelegt werden.

Die Diskrepanz von Bedürfnis und Verhalten

Waldo Salt, der unter anderem ASPHALT COWBOY und COMING HOME schrieb, hat ein System für die Entwicklung von Figuren entwickelt. Wenn er ein Drehbuch schreibt, kontrastiert Salt die Wünsche seines Helden mit der Art und Weise, wie er versucht, diese Wünsche zu befriedigen:

> In discussing this with Waldo Salt, he said what he likes to do is find the spine by contrasting the need of the character with the mode in which the character goes about gaining that need. Take MIDNIGHT COWBOY [d. i. ASPHALT COWBOY] as an example: As a young boy the main character Joe Buck was abandoned by his mother and left at his grandmother's doorstep. But we see through flashbacks that he was really taking care of his grandmother, instead of her taking care of him. He was watching the house, massaging her shoulders, and so on. So his universal need (…) is the need to be loved. The mode in which he goes about getting this need is exactly antithetical to it, in that he becomes a male prostitute. He is getting paid to touch people, rather than being touched.[311]

Thomas Schlesinger und Keith Cunningham haben die Idee von *need vs. mode,* wie sie es nennen, aufgegriffen: »The character's mode, how he or she goes about trying to get things done, is at odds with his universal need. The universal need is the character's destiny, what he needs to become fully human. It may be need for love, for individuation, to express oneself, to see things as they really are.«[312] Die Figur kennt demnach ihre ›wahren Bedürfnisse‹ nicht. In der letzten Drehbuchfassung zu KRIEG DER STERNE bringt Luke Skywalkers bester Freund, der bei der Montage herausgenommen wurde, diese Situation auf den Punkt. Luke muss lernen, was wichtig für ihn ist: »You're going to have to learn what seems to be important or what really is important.«[313] Luke glaubt, dass er die Zustimmung seines Onkels abwarten muss und dass er sein Glück an der Akademie finden wird.

Wie Luke versuchen eine Vielzahl von Figuren des klassischen Hollywoodkinos ihre Bedürfnisse – *need* – mit einer falschen Strategie – *mode* – zu befriedigen. Freiheitskämpfer behaupten, materialistisch zu denken; Romantikerinnen geben vor, pragmatisch zu sein. Sie selbst sind sich dieser Verstellung nicht bewusst. Dieses Prinzip kann am Beispiel einer Einzelanalyse von UND TÄGLICH GRÜSST DAS MURMELTIER verdeutlicht werden.

Kristin Thompson hat 1997 eine umfangreiche Analyse dieser Komödie vorgelegt. Bei diesem Text handelt es sich um eine der wenigen narratologischen Untersuchungen, die sich mit einem zeitgenössischen Film befassen.[314] In der von Thompson ausgewählten US-Komödie erlebt der Wetteransager Phil (Bill Murray) einen Tag immer und immer wieder. Ausführlich erzählt Thompson die Handlung des Films nach und kommt zu dem Schluss, dass sich die Hauptfigur durch die Erfahrung der Zeitschleife von einem Misanthropen in einen liebenswürdigen Mann verwandelt: »Phil ist ein besserer Mensch geworden und so liebenswert, wie man es sich anfangs gar nicht hat vorstellen können.«[315] Thompsons Beobachtung ist sicher zutreffend, aber ihre Einzelanalyse bietet kein narratives Modell an, mit dem man von Phils Verwandlung auf andere Protagonisten des klassischen Hollywoodkinos schließen könnte. Durch Einbeziehung des Modells der ›Reise‹ und der Opposition Bedürfnis/Verhalten lässt sich zeigen, dass Phils Wandel kein Einzelfall ist. Seine Entwicklung verläuft vielmehr geradezu ›musterhaft‹.

Wenn Phil seine Wettervorhersagen macht, ist der Ansager charmant und humorvoll. Aber sobald die Kamera ausgeschaltet wird, verwandelt er sich in einen missmutigen und missgünstigen Menschen. Schon die erste Sequenz des Films zeigt, dass Phil seine Kollegen verachtet und seine Kolleginnen nur als potentielle *one night stands* betrachtet. Er ist egoistisch und zynisch: »Menschen sind Schwachköpfe«, lautet sein Credo. Phils Ziel, das er in den ersten zehn Minuten des Films gleich drei Mal formuliert, ist der Wechsel von seinem jetzigen Arbeitgeber – einem Lokalsender in Pittsburgh – zu einem überregionalen Anbieter. Dieses Ziel entspricht Phils *mode*.

Die Differenzierung zwischen Bedürfnis und tatsächlichem Verhalten einer Figur führt zu einer präziseren Bestimmung der für das klassische Hollywoodkino so typischen Zielsetzung. Phils Verhalten (sein *mode*) ist die Verfolgung seines ursprünglich gesetzten Ziels. Im Laufe des Films erkennt er, dass dieses Ziel falsch gesteckt war. Er realisiert seine wahren Bedürfnisse (sein *need*). Dazu wird er – dem Modell entsprechend – auf eine ›Reise‹ gehen. Der Sender schickt ihn mit einer jungen Redakteurin (Andie MacDowell) nach Punxsutawney; er soll über den *groundhog day*, den dortigen Murmeltiertag berichten. Das Erscheinen eines aus dem Winterschlaf erwachenden Murmeltiers soll über den weiteren Verlauf des Wetters Auskunft geben. Mit einem Ü-Wagen fährt das Team von der Großstadt, deren Hochhäuser aus der Vogelperspektive gezeigt werden, in das Dorf. In dieser unbekannten Welt – einem Ort, den Phil zunächst verachtet – gerät er in eine Zeitschleife.

> Groundhog Day, all over again. It will be Groundhog Day again tomorrow, too, and on the day after that. In another sense, tomorrow will never come. Groundhog Day will repeat itself over and over and over again, apparently until the end of time, and Phil will be permanently condemned to cover it. He's trapped in some kind of time warp. As Phil figures out the rules of his dilemma, we do, too. His world is inhabited by the same people every day, but they don't know that Groundhog Day is repeating itself. He is the only one who can remember what happened yesterday.[316]

Diese Erfahrung verändert Phil. Zunächst genießt er die Folgenlosigkeit, dann verzweifelt er daran. Seine Entwicklung, die der Phase der Prüfungen entspricht, lässt sich somit in zwei Abschnitte unterteilen. Im ersten nutzt er die neue Freiheit und die neuen Möglichkeiten; insbesondere setzt er seinen Ehrgeiz in die Verführung der Redakteurin Rita. Er spielt ihr vor, der perfekte Mann für sie zu sein. Phil horcht Rita aus und weiß an jedem der sich wiederholenden Tage mehr über sie. Durch sein Wissen verblüfft er die junge Frau, ohne sie jedoch völlig zu überzeugen.

Sein Scheitern führt zu einem Zusammenbruch. Phil begeht Selbstmord – und erwacht am nächsten Morgen wieder unversehrt in seinem Hotelbett. Nun findet ein bemerkenswerter Wandel statt. Phil konzentriert sich darauf, den Einwohnern von Punxsutawney zu helfen. Schließlich weiß er schon im Vorhinein, wer eine Reifenpanne haben wird oder zu ersticken droht. Als Rita ihn bei seinen guten Taten erlebt, verliebt sie sich in ihn, ohne dass er es darauf angelegt hätte. Ihre Liebe bedeutet die »Erlösung aus der Zeitfalle«[317]. Damit beginnt die Phase der Ankunft. Am Ende des Films könnte Phil Punxsutawney verlassen, aber er beschließt, mit Rita dort zu leben. Sein ursprüngliches Ziel – die Beförderung – hat er verworfen, denn sein wahres Bedürfnis war es offenbar, seine Menschenverachtung zu überwinden. Auch Phils »need is the need to be loved«.[318] Dieses Ziel kann er nur erreichen, wenn er liebenswert ist. Die letzte Sequenz des Films zeigt, dass Phil seine wahren Bedürfnisse in Punxsutawney befriedigen kann. Der Konflikt zwischen *need* und *mode* ist aufgelöst.

Und täglich grüsst das Murmeltier ist eine Komödie mit romantischen Elementen, in deren Mittelpunkt die charakterliche Veränderung des männlichen Protagonisten steht; die Liebesbeziehung kann als ein Maßstab für seinen Wandel verstanden werden. In der *romantic comedy* hingegen steht die Liebesbeziehung im Vordergrund der Erzählung.[319] In diesem Subgenre besteht die falsche Strategie der Hauptfigur – ihr *mode* – in der Bindung an den falschen Partner.

Die ›Verkörperung‹ von Bedürfnis und Verhalten

Maggie (Julia Roberts) steht in Die Braut, die sich nicht traut vor dem vierten Versuch der Eheschließung. Bereits dreimal ist sie kurz vor dem Jawort aus der Kirche geflohen. Sie ist regelrecht davongerannt und hat einmal sogar hoch zu Ross das Weite gesucht. Jetzt will sie den Trainer der örtlichen Football-Mannschaft ehelichen, der die Zeremonie mit ihr einübt wie einen Spielzug. Doch auch diese sorgsam vorbereitete Trauung platzt, da Maggie sich in einen anderen verliebt – in den Reporter Ike (Richard Gere), der nur in die Kleinstadt gekommen ist, um einen hämischen Artikel über die Braut, die sich nicht traut, zu schreiben. Durch die Liebe zu Ike stellt sich heraus, dass Maggie sich ihre Gefühle in den vorausgegangenen Beziehungen immer nur eingeredet hat. Sie hat sich an ihren jeweiligen Partner angepasst. Diese Anpassung ging bis in die Details: Aß ihr Verlobter sein Frühstückei am liebsten gebraten, dann bestellte auch sie Spiegeleier; bevorzugte er Eier im Glas, dann übernahm sie diese Präferenz. Maggie hat nie herausgefunden, was sie selber eigentlich möchte, was ihre wahren Bedürfnisse sind.

Dieses Nichtwissen teilt Maggie mit nahezu allen Frauenfiguren der *romantic comedy.* Loretta glaubt, sie müsse den umständlichen Johnny heiraten (MONDSÜCHTIG), Lucy verehrt den eitlen Peter (WÄHREND DU SCHLIEFST), Faith will einem blassen Fußspezialisten das Jawort geben (NUR FÜR DICH). Chauffeurstochter Sabrina betet einen leichtlebigen Millionär an (SABRINA), Südstaatlerin Melanie einen distinguierten New Yorker (SWEET HOME ALABAMA). Das Prinzip des ›falschen Partners‹ ist für das Genre kennzeichnend. Die weibliche Hauptfigur ist zu Beginn in der Regel an den einen Mann gebunden, der soziale und/oder finanzielle Sicherheit verspricht. In den neunziger Jahren sind derartige Konstellationen insbesondere in Komödien zu finden, die mit Meg Ryan besetzt sind: 1993 verlobt sie sich als Annie mit einem pedantischen Allergiker (SCHLAFLOS IN SEATTLE), 1994 als Catherine mit einem arroganten Wissenschaftler (I.Q. – LIEBE IST RELATIV), 1995 als Kate mit einem langweiligen Arzt (FRENCH KISS), 1997 als Maggie mit einem treulosen Koch (IN SACHEN LIEBE) und 1998 als Kathleen mit einem eitlen Journalisten (E-MAIL FÜR DICH).

Der falsche Mann verkörpert den *mode* der Figur, der richtige Mann den *need.* Die beiden konkurrierenden Männer sind in der Regel als Gegensatzpaar konzipiert. In DIE WAFFEN DER FRAUEN beschwert sich der Arbeiter Mick über die vielen Abendkurse, die seine Freundin Tess besucht. Sekretärin sei doch ein guter Beruf; sie solle sich mit dem Erreichten bescheiden. Auf Tess' Wünsche geht Mick nicht ein. Er schenkt ihr zum Geburtstag schwarze Spitzenunterwäsche – wie jedes Jahr.[320] Die enttäuschte Tess moniert seinen Egoismus und seine Einfallslosigkeit. Nur ein einziges Mal möchte sie von Mick einen Pulli oder ein Paar Ohrringe bekommen; ein Geschenk jedenfalls, das sie auch außerhalb des Appartements benutzen kann. Ein solches Geschenk erhält sie von Jack (Harrison Ford), dem Manager. Er macht Tess eine Aktentasche zum Präsent. Jack schätzt ihren Ehrgeiz, ihre Intelligenz.

Die Figurenkonstellation umfasst demzufolge die Heldin, die auf eine ›Reise‹ geht, den Mann, der ihren *mode* verkörpert, und den Mann, der ihren wahren Bedürfnissen entspricht. Zumeist bindet die *romantic comedy* den ›richtigen Mann‹ im ersten Akt noch an eine für ihn ungeeignete Partnerin. So steht Jack kurz vor der Verlobung mit Katherine, Tess' Chefin. Der ›falsche Mann‹ wird oftmals im Verlauf des zweiten Akts mit einer zu ihm passenden Frau kombiniert. Mick lebt am Ende des Films mit der Frau zusammen, mit der er Tess betrogen hat.

Die falsche Frau für den richtigen Mann	Der richtige Mann für die richtige Frau	Die richtige Frau (die Heldin)	Der falsche Mann für die richtige Frau	Die richtige Frau für den falschen Mann
Katherine	Jack	Tess	Mick	Seine Geliebte
Stilvoll Reich Erfolgreich Unehrlich	Stilvoll Reich Erfolglos Ehrlich	*1. Akt / 2. Akt* Niveaulos – stilvoll Arm – angeblich reich Erfolglos – erfolgreich Ehrlich – unehrlich	Niveaulos Arm Erfolgreich Unehrlich	Niveaulos Arm Erfolglos Unehrlich
	Bedürfnis (need)	⇔	Verhalten (mode)	

Die Opposition von Bedürfnis und Verhalten in Die Waffen der Frauen

Für die ›Reise der Heldin‹ ist entscheidend, dass sie im Verlauf des Films lernt, den ›richtigen Mann‹ zu lieben. Ihre wahren Bedürfnisse bleiben nicht abstrakt, sondern werden von ihm regelrecht verkörpert. Die Entscheidung für diesen ›richtigen Mann‹ ist in der *romantic comedy* die Entscheidung für das Gefühl, für die nicht kalkulierbare Liebe. Tess trennt sich von Mick, und Annie verlässt den Allergiker. Catherine entflieht dem Wissenschaftler, Kate dem Arzt, Maggie dem Koch und Kathleen dem Journalisten. Melanie entscheidet sich in Sweet Home Alabama für einen bodenständigen Südstaatler, Sabrina in Sabrina für einen soliden Geschäftsmann. Loretta wählt am Ende von Mondsüchtig doch nicht den übergewichtigen Mittfünfziger Johnny (Danny Aiello), der bei seinem Heiratsantrag noch nicht einmal auf die Knie gegangen ist. Statt dessen entscheidet sie sich für seinen unberechenbaren Bruder Ronnie (Nicolas Cage), den sie begehrt und liebt. Ronnies Leidenschaft gilt der Oper – Loretta weiß noch nicht einmal, wo die *Metropolitan Opera* ist. Er glaubt an die große Liebe – sie strebt eine Vernunftehe an. Durch Ronnie wird Loretta ihre wahren Bedürfnisse erkennen, die sie unterdrückt hat.

Für den weiteren Verlauf der ›Reise der Helden‹ ist von Bedeutung, dass der Status quo der Hauptfigur, die eine falsche Strategie verfolgt, nur nach außen hin stabil ist. Lorettas Beziehung zu Johnny ist von Beginn an zum Scheitern verurteilt. Der Widerstand ihres Vaters, seine entsetzte Reaktion auf die Verlobung, ist berechtigt: »Johnny Cammareri? Er ist ein Baby!« Da der Zweifel von Beginn an besteht, führt es in die Irre, den Ausgangspunkt eines Films als Äquilibrium zu beschreiben.

Gleichgewicht und Status quo: Stephen Heaths Transformationsmodell

Zu Beginn der achtziger Jahre hat Stephen Heath die Idee des gestörten Gleichgewichts in die Analyse von filmischen Narrationen eingebracht.[321] Er beruft sich dabei auf ein Modell des Literaturwissenschaftlers Tzvetan Todorov, der erklärt, dass die Erzählung eine kausal begründete Transformation sei, die fünf Stadien durchlaufe.[322] In der ersten Phase einer Erzählung besteht ein stabiler Zustand des Gleichgewichts, der in der zweiten Phase gestört wird. In der dritten Phase wird diese Störung erkannt, in der vierten der Versuch unternommen, sie zu überwinden. In der fünften Phase schließlich gelingt es, das ursprüngliche Gleichgewicht wiederherzustellen.[323]

Stephen Heath nutzt Todorovs Modell zur Analyse von Im Zeichen des Bösen, den Orson Welles 1958 drehte. Dieser Film beginnt mit der Explosion eines Autos, bei der die beiden Insassen getötet werden. Heath folgert daraus, dass im Hollywoodkino ein zu Beginn eingeführter Zustand – ein Paar reist mit einem Wagen – gestört werde. Diesen stabilen Zustand nennt er S: »A beginning is therefore always a violence, the interruption of the homogeneity of

S.«[324] Aus (S) wird laut Heath zunächst (S'):

> Simple definition: a narrative action is a series of elements held in a re-
> lation of transformation such that their consecution – the movement of
> transformation from the one to the other – determines a state S' diffe-
> rent to an initial state S. (…) The task of the narrative – the point of the
> transformation – is to resolve the violence, to replace it in a new homo-
> geneity.[325]

Der am Ende erreichte Zustand – »a new homogeneity« – zeigt eine
neue Sachlage, ist aber zugleich auch die Wiederherstellung der Ausgangssituation S: »›Replace‹ has a double edge: on the one hand, the
narrative produces something new, replaces S with S'; on the other,
this production is the return of the same, S' replaces S, is the re-
investment of its elements.«[326] Auch Heath geht davon aus, dass am
Ende eines Films der Ausgangszustand wiederhergestellt wird.

Die auf Todorovs Modell basierenden Überlegungen haben mittlerweile einen hohen Verbreitungsgrad in der Filmwissenschaft.[327] In
vereinfachter Form lassen sie sich heute in fachspezifischen Einführungen wiederfinden, wie etwa in Jill Nelmes' INTRODUCTION TO
FILM STUDIES von 1996 oder in John Beltons 1994 erschienenem
Handbuch AMERICAN CINEMA/AMERICAN CULTURE:

> Narrative process follows an orderly pattern in which an initial state of
> affairs is introduced, after which something occurs to disturb this equi-
> librium. Subsequently events attempt to restore the original status quo,
> but this is repeatedly frustrated, and order is recovered at the end of the
> film.[328]

Aber nicht alle Filmwissenschaftler stimmen diesem Entwurf zu.
Noël Carroll hat in MYSTIFYING MOVIES: FADS AND FALLACIES IN
CONTEMPORARY FILM THEORY die Position von Heath und anderen auf Todorov aufbauenden narrativen Modellen scharf kritisiert:
»From the viewpoint of advancing our understanding of the narrative operation of film, the equilibrium model, in short, is thorough-
ly inadequate.«[329]

Carrolls zum Teil polemisch formulierte Einwände können in
drei Kritikpunkte zusammengefasst werden. Er gibt erstens zu bedenken, dass Filme nicht immer symmetrisch aufgebaut seien.[330] In
einer Vielzahl von Filmen ist der Schluss gerade nicht die Wiederherstellung der Ausgangssituation, sondern die Verwirklichung von

deren Gegenteil. So heiratet der Wissenschaftler David Huxley am Ende der Komödie LEOPARDEN KÜSST MAN NICHT statt seiner unromantischen Mitarbeiterin Alice, mit der er zu Beginn des Films verlobt ist, die emotionale Susan. Zwar finden die erste und die letzte Sequenz des Films im Museum statt, doch unter völlig unterschiedlichen Vorzeichen. Alice half ihm, das Dinosaurierskelett zusammenzusetzen. Susan hingegen zerstört das mühsam rekonstruierte Ausstellungsstück bei ihrem Besuch. Die Ausgangssituation ist also keineswegs wiederhergestellt. Todorov hat dies beachtet: »the second equilibrium is similar to the first, but the two are never identical.«[331]

Doch auch diese Feststellung wird von Carroll kritisiert. Sein zweiter Einwand lautet, dass der Beginn und der Schluss eines Filmes mit dem Begriff Äquilibrium nicht angemessen beschrieben werden können: »If there is anything that we could profitably call an initial equilibrium here, it preexists the film either as a golden age or as an ideal of law and order.«[332] Carrolls Gegenvorschlag zur Beschreibung eines Filmanfangs lautet schlicht: »It begins. It begins with some state of affairs or some event which may be (if only symbolically), reversed, or merely forgotten.«[333] Das Ende eines Films muss auch keineswegs Stabilität verheißen. In der letzten Sequenz von LEOPARDEN KÜSST MAN NICHT stehen David und Susan auf einem Gerüst. Bezeichnenderweise verlieren sie das Gleichgewicht und balancieren auf einer meterhohen Leiter. Davids künftiges Leben mit Susan wird eine Aneinanderreihung von peinlichen und bedrohlichen Situationen sein. Er hat sich offenbar in eine höchst instabile Situation begeben.

Drittens kritisiert Carroll, dass auch der Begriff ›Störung‹ nicht immer anwendbar sei. Wenn ein junges Mädchen in eine Wohnung neben der eines Junggesellen zieht oder ein armer Mann eine Million gewinnt, so ist das keine Störung, sondern eine Veränderung seiner Situation. Insgesamt betrachtet, würden die Begriffe ›Anfang‹, ›Veränderung‹ und ›Ende‹ den Ablauf eines Films weitaus besser beschreiben als die Vorstellung eines gestörten Äquilibriums, das wiederherzustellen sei.

Carrolls Kritik lässt sich erhärten durch einen Vergleich zwischen Äquilibrium und Status quo, die ja beide den Anfang eines Films beschreiben sollen. Der Status quo entspricht ausdrücklich nicht dem Äquilibrium. Er ist der anfängliche Zustand der Hauptfigur, der ja gerade als *scheinbares* Gleichgewicht gekennzeichnet wurde. Dies kann auch an Carrolls Beispiel LEOPARDEN KÜSST MAN NICHT, auf das er selber nur kurz eingeht, belegt werden. Die erste Sequenz dieses Films erzählt, dass der weltfremde Paläontologe David Huxley (Cary Grant) plant, seine Assistentin Alice zu heiraten.[334] Dass David mit seiner Verlobten Alice nicht glücklich werden kann, ist offensichtlich. Alice' Aussehen ist streng: Sie trägt ein dunkles, hochgeschlossenes Kostüm, straff zurückgekämmte Haare und einen Kneifer auf der Nase. Eine Umarmung wehrt sie ab, auch wenn die Hochzeit mit David am nächsten Tag stattfinden soll. Flitterwochen lehnt Alice ab. Zu Davids Bestürzung will sie sich ganz auf die Arbeit konzentrieren und hat auch kein Interesse an Kindern: »Ich betrachte unsere Ehe als reine Hingabe an dein Werk.« Offenbar plant sie eine Josephsehe. Davids unbeholfene und vergebliche Überredungsversuche verdeutlichen noch einmal, dass in der Beschreibung seines Status quo bereits ein Defizit angelegt ist: die Unterdrückung von Sexualität. Die Darstellung des Mangels folgt nicht der Einführung des Status quo. Vielmehr ist der Mangel bereits im Status quo angelegt.

Daher kann Jill Nelmes' Erklärung, dass die Phase des Äquilibriums im Laufe der Filmgeschichte immer kürzer geworden sei, nicht greifen: »Our expectation of narrative disruption, together with our capacity to ›read‹ the equilibrium state rapidly, has led to shorter and shorter equilibrium sequences.«[335] Nelmes' Erklärung trifft nicht auf LEOPARDEN KÜSST MAN NICHT zu, der aus dem Jahre 1938 stammt. Auf drei *establishing shots* – zwei Außenansichten des Museums, in dem David und seine Verlobte arbeiten, und eine Innenansicht des Ausstellungsraumes – folgen vier Einstellungen, die David bei der Arbeit zeigen. In der 30. Filmsekunde erhält der Wissenschaftler ein Telegramm, und nur 25 Sekunden später, in der 18. Einstellung des Films, wehrt Alice die Umarmung ihres Verlobten ab und erklärt David anschließend, wie sie sich ihre Ehe vorstellt. Eine Phase des Gleichgewichts könnte bei diesem Film also bestenfalls sieben Einstellungen umfassen. Nelmes kommt selber zu einem ähnlichen Schluss bei ihren Überlegungen zu dem 1958 entstandenen Film VERTIGO und muss einräumen: »If there's a stable equilibrium state, it is implicit and occurs before the movie begins.«[336]

Mit dieser Einschränkung führt Nelmes die Annahme einer Phase des Gleichgewichts ad absurdum. In der ersten Sequenz von LEOPARDEN KÜSST MAN NICHT wird eingeführt, dass David plant, die falsche Frau zu heiraten, und in der ersten Sequenz von VERTIGO verliert Scottie im wahrsten Sinne des Wortes das Gleichgewicht, als er bei einer Verfolgungsjagd über die Dächer rennt. Der Begriff des Äquilibriums ist für den Anfang beider Filme unangemessen, während sie sich mit der Vorstellung vom Status quo, dem ein Mangel innewohnt, adäquat beschreiben lassen.

Darüber hinaus ist die Vorstellung vom Status quo präziser als die von Carroll vorgeschlagene Beschränkung auf den Terminus ›Anfang‹. Die Etablierung des Status quo ist nämlich nur ein Teil des Anfangs, denn die Ausgangssituation muss noch verändert werden, damit eine Geschichte ›anfangen‹ kann. Die Vorstellung, dass zu diesem Zweck eine ›Störung‹ eintreten muss, führt jedoch, wie Carroll richtig bemerkt, in die Irre. Der Status quo der Hauptfigur wird nicht ›gestört‹, sondern durch ein auslösendes Moment verändert. David Huxley trifft auf Susan Vance, Clarice Starling auf Jack Crawford.

Auslöser: Der Ruf zum Abenteuer und seine Folgen

Jack Crawford bemüht sich, die Sache herunterzuspielen: »Es hat sich da ein Job ergeben, und ich dachte dabei an sie.« Es sei noch nicht mal ein richtiger Job, wiegelt er ab. Nur ein Botengang, »ein interessanter Auftrag«. Clarice soll einem Serienmörder einen Fragebogen überbringen.

> CRAWFORD Wir befragen alle in Haft befindlichen Serienmörder zwecks Erstellung eines verhaltenspsychologischen Profils. Das könnte bei ungelösten Fällen eine große Hilfe sein. Die meisten von ihnen sind sogar gerne bereit gewesen, sich mit uns zu unterhalten. (…) Der, an dem wir am meisten interessiert sind, lehnt jede Zusammenarbeit ab. Ich möchte, dass Sie ihn sich in der Anstalt heute noch einmal vornehmen.
> CLARICE Und wer ist der Betreffende?
> CRAWFORD Der Psychiater Hannibal Lecter.

Ein Moment der Stille. Das Drehbuch vermerkt ausdrücklich »a beat«, bevor Clarice antwortet: »Hannibal, the cannibal« – »Hannibal der Kannibale.« Sie kennt den Serienmörder, den sie besuchen soll; ihre Reaktion und der Spitzname lassen vermuten, dass Lecter eine Berühmtheit ist. Also kann der Job, den Crawford ihr überträgt, nicht so unbedeutend sein, wie er ihr suggerieren möchte. Crawford schickt Clarice zu einem Mann, der sogar unter Serienkillern als außergewöhnlich gelten muss. Die anderen Inhaftierten haben den Fragebogen ausgefüllt, nur Lecter – »der, an dem wir am meisten interessiert sind« – hat sich geweigert. Clarice soll ihn zur Kooperation bewegen. Sie erhält detaillierte Anweisungen und einen präzisen Abgabetermin: »Ich habe ihren Bericht am Mittwoch um Punkt acht auf meinem Schreibtisch.«

Clarice Starling hat soeben einen Auftrag erhalten, der ihrem Leben eine neue Richtung geben wird. Nachdem der Ausbilder sie zu Jack Crawford beordert hat, biegt Clarice ja auch tatsächlich von dem Weg ab, den sie ursprünglich entlanglaufen wollte. Crawfords Befehl ist keine Störung ihres Alltags, sondern eine willkommene Herausforderung – ein *initialer Auslöser*. Dieser initiale Auslöser wird in der Produktionspraxis auch als *trigger, kicker,* oder *kick-off* bezeichnet.[337] Linda Seger spricht von einem »catalyst«, Oliver Schütte von einem »Anstoß«, Peter Hant von einem »Plot-Beginn«, Fritz Gesing von einem Angriffspunkt, Lajos Egri von einem »point of attack«.[338] Der initiale Auslöser ist aber auch – unter anderen Bezeichungen – in den Modellen von Gustav Freytag und Joseph Campbell zu finden.

Gustav Freytag erklärt in DIE TECHNIK DES DRAMAS, dass die Einleitung, der erste Akt des Dramas, aus drei Teilen bestehe: Auf einen »scharf begrenzten Accord«[339] folge als Hauptteil eine – wie er es nennt – ausgeführte Szene. In dieser sei bereits die Überleitung zum ersten Moment der Bewegung enthalten.[340] Dieser Dreiteilung entspricht DAS SCHWEIGEN DER LÄMMER. Dem Waldlauf – einem »Accord« im Sinne Freytags – folgt die Sequenz, in der Crawford mit seiner Schülerin spricht. In dieser »ausgeführten Szene« ist das Moment der Bewegung bereits enthalten.

> Der Eintritt der bewegten Handlung findet an der Stelle des Dramas statt, wo in der Seele des Helden ein Gefühl oder Wollen aufsteigt, welches die Veranlassung zu der folgenden Handlung wird, oder wo das

Gegenspiel den Entschluss fasst, durch seine Hebel den Helden in Bewegung zu setzen.[341]

Jack Crawford kann Clarice kraft seines Amtes dazu ›bewegen‹, die Akademie zu verlassen und einen Auftrag auszuführen, der nicht im Ausbildungsprogramm enthalten ist.

Das Moment der Bewegung, das Freytag an anderer Stelle auch das erregende Moment nennt, entspricht der von Joseph Campbell beschriebenen »Berufung«[342], mit der für ihn die ›Reise des Helden‹ beginnt: »Im ersten Stadium der mythischen Fahrt, der Berufung, wie wir sie genannt haben, hat die Bestimmung den Helden erreicht und seinen geistigen Schwerpunkt aus dem Umkreis seiner Gruppe in eine unbekannte Zone verlegt.«[343] Der in der deutschen Übersetzung gewählte Begriff »Berufung« ist allerdings irreführend. Clarice wurde von Crawford ausgewählt, aber sie ist nicht auserwählt. Christopher Vogler spricht daher von einem »call to adventure«. Er definiert: »some event is necessary to get a story rolling, once the work of introducing the main character is done.«[344]

Im Status quo erhält die Geschichte eine Richtung, aber erst durch den initialen Auslöser wird der Weg, der in diese Richtung führt, auch eingeschlagen. Die (instabile) Ausgangssituation verändert sich also durch ein Ereignis, dessen Konsequenzen schließlich zum Abenteuer führen werden, zum Verlassen der vertrauten Welt. Zwar ist der initiale Auslöser eine Anforderung an die Hauptfigur, die sie zum Handeln zwingt. Er allein ist aber kein hinreichender Grund für den Helden, eine Reise zu beginnen, sondern nur eine Art ›Initialzündung‹. In der Regel sind weitere auslösende Momente notwendig, damit das Abenteuer beginnt.

Die Staffelung der Auslöser

Joseph Campbell beginnt seine Erläuterungen zur »Berufung« mit einem Märchen. Er zitiert den FROSCHKÖNIG, der wie alle Sagen, Märchen und Legenden mit einem Ruf (*call*) beginnt. Der Königstochter fällt versehentlich ihr liebstes Spielzeug, eine goldene Kugel, in den Brunnen. Ein hässlicher Frosch, der ihr Weinen hört, bietet an, die Kugel wiederzuschaffen, wenn sie ihm als Gegenleistung verspricht, dass er ihr Spielkamerad werden darf. Ohne zu zögern willigt die Königstochter ein. »Ein Versehen kann sich zum Schicksal entwickeln. So kündigt sich das der Königstochter im Märchen in mehreren Zeichen an: das erste ist das Verschwinden der Kugel, das zweite der Frosch und das dritte die leichtfertige Zusage.«[345] Offenbar folgen auf den initialen Auslöser weitere ›bewegende Momente‹, die zum Beginn der ›Reise‹ führen. Die Staffelung auslösender Momente findet sich in fast allen Filmen des klassischen Hollywoodkinos wieder – zum Beispiel in der Komödie Tootsie oder dem Science-Fiction Krieg der Sterne.

In Tootsie wird der arbeitslose Schauspieler Michael Dorsey mit einer Geburtstagsparty überrascht. Da es ihm bis zum Ende der Feier nicht gelingt, einen der weiblichen Gäste zum Bleiben zu überreden, begleitet er seine alte Freundin Sandy zu deren Wohnung. Auf dem Weg bittet sie ihn, ihr beim Einstudieren einer Rolle zu helfen: In einer Soap Opera soll die Figur einer Verwaltungschefin neu besetzt werden. Diese Bitte entspricht dem initialen Auslöser, da sich bei der nächtlichen Probe herausstellt, dass Sandy die Wut der Figur nur ausdrücken kann, wenn Michael ihr dabei hilft. Aus diesem Grund begleitet er sie am nächsten Tag zum Vorsprechen. Bis zu diesem Zeitpunkt – der 13. Minute des Films – hängt Michaels eigenes Schicksal noch nicht mit der Soap Opera zusammen.

Das ändert sich im Studio, als er erfährt, dass sein Rivale Terry Bishop eine Bühnenrolle erhalten hat, die ihm versprochen war. Diese Information ist ein weiterer Auslöser: Michael rennt sofort los. Er läuft zu seinem Agenten George, der ihm mitteilt, dass für einen so schwierigen Schauspieler wie ihn kein Engagement auszuhandeln sei. Zwar ist der bankrotte Michael bereit, jede Rolle anzunehmen, da er 8000 $ für die Produktion eines Bühnenstücks benötigt. Aber George winkt ab. Wie stark seine Absage herausgestellt wird, verdeutlicht der Dialog mit George, in dessen Verlauf fünfmal wiederholt wird, dass der Schauspieler nicht vermittelbar ist:

George Michael, kein Mensch will dich engagieren.
Michael Das ist nicht wahr. Ich reiß mir den Arsch auf für eine Rolle. Und du weißt das.
George Stimmt. Aber du verschreckst alle Leute. (...) Die Leute hören bloß deinen Namen, und schon ist der Ofen aus. Michael, kein Mensch will dich engagieren.

MICHAEL Heißt das, dass kein Mensch in New York mit mir arbeiten will?

GEORGE Das ist noch untertrieben. Auch in Hollywood will niemand was von dir wissen. Sogar in der Werbung läuft nichts mehr. (…)

MICHAEL O.K. Danke. Ich mach mich auf die Suche nach 8000 Dollar und bringe Jeffs Stück raus.

GEORGE Michael, du findest keine 20 lumpige Cent. Kein Mensch wird dich engagieren.

Michael antwortet nachdenklich: »Ach, ja …«, und in der darauf folgenden Sequenz ist eine Frau zu sehen, die immer näher kommt. Michael hat sich als Dorothy verkleidet. Sandys Vorsprechen, die Information über seinen Konkurrenten und Georges dreifache Ablehnung haben Michael auf diese Idee gebracht. Dass er sich als Frau verkleidet, ist mit dieser Staffelung von Auslösern hinreichend motiviert. Wie dieses Beispiel zeigt, ist der Ruf zum Abenteuer kein singuläres Ereignis, sondern eine Kette immer zwingenderer Momente.

TOOTSIE – Michael wird zu Dorothy

Eine solche Erzählweise, die auf kausaler Verknüpfung beruht, vergleicht David Bordwell mit aufeinander folgenden Treppenstufen: »The film progresses like a staircase. Action triggers reaction: each step has an effect which in turn becomes a new cause.«[346] Dieses

Prinzip findet sich auch in KRIEG DER STERNE. Von fahrenden Händlern kauft der junge Luke Skywalker einen alten Roboter, der aber schon beim Verladen auseinander fällt. Daraufhin entscheidet er sich für ein anderes Modell namens R2D2, das er zuvor nicht beachtet hat. Dieser R2D2 spielt bei einer Reparatur überraschenderweise ein Hologramm ab: Prinzessin Leia bittet einen gewissen Obi Wan Kenobi um Hilfe. Luke, der R2D2 ursprünglich gar nicht kaufen wollte, scheint dieses Hologramm, das nicht für ihn bestimmt ist, nur zufällig abgerufen zu haben.

Damit hätte die Geschichte schon ihr Ende finden können, denn Luke plant, den Hilferuf am nächsten Tag zu löschen. Doch in der Nacht rollt R2D2 davon, sodass Luke ihm folgen muss. Der Roboter sucht seinem Auftrag gemäß Obi Wan Kenobi und führt auf diese Weise auch Luke zu dem alten Mann. Die Begegnung ist nach dem Kauf und dem Hologramm das dritte auslösende Moment. Obi Wan Kenobi weiß, wer Luke in Wahrheit ist, und dass in ihm das Potential zu einem Jedi-Ritter steckt. Daher fordert er Luke auf, ihn auf eine Reise zu begleiten, deren Ziel die Befreiung Leias ist. Das ist der vierte und entscheidende ›call to adventure‹, den Luke erhält.

Dem Muster dieser beiden Fallbeispiele entsprechend, sind auch die auslösenden Momente in DAS SCHWEIGEN DER LÄMMER gestaffelt. Clarice wird zu Crawford bestellt und erhält dann von ihm den Auftrag, Lecter zu befragen. Der Serienmörder gibt ihr den Hinweis auf »Miss Mofet«, der die Entdeckung einer Leiche ermöglicht. Die auslösenden Momente steigern sich von der Initialzündung – dem Auftrag – bis hin zum ersten Wendepunkt – dem Hinweis. Der erste Wendepunkt führt in den zweiten Akt: Michael wird Dorothy, Luke zum Jedi-Ritter und Clarice zur Ermittlerin. Sie nimmt die Suche nach Buffalo Bill auf.

Dieser erste Wendepunkt des Films wurde schon im letzten Kapitel ausführlich behandelt. Bislang besagte die Definition nur, dass es sich um mehrere, den Status quo verändernde Ereignisse handelt, die die Figur in der Regel überraschend treffen. Im Märchen vom FROSCHKÖNIG fällt der Königstochter zunächst ihr Spielzeug in den Brunnen: »So etwa kann ein Abenteuer beginnen. Ein Versehen, dem Anschein nach der läppischste Zufall, offenbart eine ungeahnte Welt und verstrickt den Menschen in ein Kräftespiel, dem sein Verständnis nicht gewachsen ist.«[347] Das Mädchen ist zu ungeschickt, um die Kugel aufzufangen; die Königstochter hat einen Fehler gemacht.

Auch Michael Dorsey in Tootsie hat einen Fehler gemacht, dessen Auswirkungen er aber zunächst nicht überblicken kann. Weil er sich bei einer Theaterproduktion weigerte, während einer Sterbeszene in die Mitte der Bühne zu gehen, findet er jetzt keinen Job mehr. Luke Skywalker fällt in Krieg der Sterne der Roboter R2D2 zufällig in die Hände. Clarice Starling fährt nicht aus eigenem Entschluss zu Lecter. Sie tut, was ihr aufgetragen wird. Mit diesen drei Beispielen sind die drei Typen benannt, denen sich ein Großteil der Auslöser zuordnen lässt.

Fehler, Zufall, Auftrag: Drei Typen von Auslösern

In Pretty Woman hat sich der Millionär Edward mit seinem Auto verfahren – nur wegen dieses **Fehlers** trifft er auf Vivian, die sein Leben verändern wird. Verfahren hat sich auch der Yuppie Sherman McCoy (Tom Hanks): In Fegefeuer der Eitelkeiten landet er in der Bronx und fährt dort in Panik einen Mann an; dass er daraufhin Fahrerflucht begeht, wird sein gesamtes Leben verändern.

Dass der biedere Charlie seine Rechnung nicht bezahlt, ist eine Dummheit, die ihn in Gefährliche Freundin zu einem idealen Opfer für die verrückte Lulu macht. Der Hollywood-Produzent Griffin hat in The Player einen Autor verärgert, der ihm nun bedrohliche Postkarten schickt. Der erste Lapsus – die Missachtung des Kartenschreibers – führt später zu einem kapitalen Fehler. Griffin tötet einen anderen Autor, den er fälschlicherweise für seinen Verfolger hält. Eine ähnliche Kette von Fehlern unterläuft David und Diana in Ein unmoralisches Angebot. Ihre erste Dummheit – ein voreiliger Hausbau – führt sie nach Las Vegas, wo sie den Rest ihres Geldes verspielen. Ihr Ruin macht sie anfällig für das Angebot einen Milliardärs, der eine Million Dollar für eine Nacht mit Diana bietet. Dass sie sich auf dieses Angebot einlassen, ist der entscheidende Fehler, der zu ihrer Trennung führen wird.

Die Sekretärin Tess beschimpft in Die Waffen der Frauen ihre beiden Vorgesetzten öffentlich als Zuhälter – ein Fehler, der sie ihren Job kostet. Der Verlust seines Taschenkalenders bedeutet für einen reichen Mann in FILOFAX einen völligen Identitätsverlust. An dere Hauptfiguren, die einen Fehler machen, müssen mit den Folgen eines missglückten Experiments fertig werden (LIEBLING – ICH HABE DIE KINDER GESCHRUMPFT, DIE FLIEGE). Schließlich büßen Figuren für Lügen oder für heimliche Liebschaften. In EINE VERHÄNGNISVOLLE AFFÄRE begeht Dan Gallagher Ehebruch. Dies ist ein schwerwiegender Fehler, denn seine Geliebte erweist sich als Psychopathin, die sein Leben zerstören will.

Bei den bisher genannten Beispielen verschulden die Hauptfiguren das Geschehen in gewissem Maße selbst – das unterscheidet den Fehler vom **Zufall**. Es ist ein Zufall, dass der Dude in THE BIG LEBOWSKI den gleichen Namen wie ein Multimillionär trägt. Nur deshalb wird er von zwei Schlägern besucht. Zufällig soll Corky in BOUND gerade die Wohnung renovieren, neben der Violet mit einem reichen Gangster lebt.

Die unbeabsichtigte und unvorhersehbare Begegnung mit einer anderen Figur ist einer der am häufigsten zu beobachtenden Auslöser in der Kategorie Zufall. Ein Großteil dieser Begegnungen führt zur Liebe: In DIRTY DANCING trifft Feriengast Baby auf den Eintänzer Johnny, in TITANIC begegnet Rose, eine Passagierin der ersten Klasse, dem armen Jack, und in NOTTING HILL kauft der Filmstar Anna Scott zufällig bei Buchhändler William ein. Andere zufällige Aufeinandertreffen führen zur Freundschaft: Die Mittfünfzigerin Evelyn lernt in GRÜNE TOMATEN eine alte Frau kennen, der zehnjährige Elliott Taylor entdeckt in E. T. einen Außerirdischen.

Ein Variante des Zufalls ist der Schicksalsschlag, wie es zum Beispiel die eigene Krankheit (IN SACHEN HENRY, MY LIFE) oder die von Söhnen und Töchtern sein kann (MAGNOLIEN AUS STAHL, LORENZOS ÖL, ZEIT DER ZÄRTLICHKEIT). Aus der Bahn geworfen werden die Helden und Heldinnen durch den Tod einer Freundin (CLUB DER TEUFELINNEN) oder eines geliebten Tieres (WHEN NIGHT IS FALLING). Ihre Welt wird durch die unerwartete Ankündigung einer Trennung erschüttert oder durch eine ungewollte Scheidung (DIE TEUFELIN, MRS. DOUBTFIRE). Für ein solches Unglück kann niemand verantwortlich gemacht werden; es trifft die Fi-

gur ›aus heiterem Himmel‹. Die Figuren werden Opfer von (Natur)-
Katastrophen und/oder Unfällen (AUF DIE STÜRMISCHE ART). Sie
werden konfrontiert mit plötzlicher Arbeitslosigkeit oder mit einem
unerwarteten Verrat: In der Komödie FRENCH KISS hat sich Kates
Verlobter plötzlich in eine Französin verliebt, in dem Thriller PAY-
BACK wird der Dieb Porter ausgerechnet von seiner Ehefrau niedergeschossen.

Auch Glücksfälle können Figuren überraschend treffen. In EINE
MILLION TRINKGELD kann ein Polizist (Nicolas Cage) einer Bedie-
nung (Bridget Fonda) kein Trinkgeld geben. Daraufhin verspricht er
ihr die Hälfte seiner Siegesprämie, falls sein Los gezogen wird. Tatsächlich ist er ehrlich genug, ihr den Anteil auszuzahlen, als er wirklich gewinnt. Neben Gewinnen gehören auch Erbschaften, Wunder
oder Zaubereien in diese Gruppe von Auslösern: In BIG erwacht ein
Kind eines Morgens im Körper eines erwachsenen Mannes (Tom
Hanks); damit erfüllt sich für den Jungen ein langgehegter Traum.

Durch Verwechslungen – eine andere Spielart des Zufalls – werden Figuren in Fälle verwickelt, die sie zunächst nicht durchschauen
können. Dies ist das Grundmuster von Thrillern, die das Thema des
wrong man behandeln, und von Verwechslungskomödien: Irrtüm-
lich wird die Hausfrau Roberta für die Lebenskünstlerin Susan gehalten; dabei hat sie nur deren Jacke in einem Secondhandladen erworben (SUSAN ... VERZWEIFELT GESUCHT). Sadie und Rose, zwei
Frauen aus der Provinz, werden in New York mit ihren Zwillings-
schwestern verwechselt, von deren Existenz sie nichts wissen (ZWEI
MAL ZWEI). Lucy wird von der Familie des im Koma liegenden Peter
für dessen Verlobte gehalten, obwohl der noch nicht einmal ihren
Namen kennt (WÄHREND DU SCHLIEFST).

Das Gegenteil eines Zufalls ist der **Auftrag** – dritter Typ des Auslösers. Der Android aus dem Science-Fiction TERMINATOR soll in die
Vergangenheit reisen, um eine Frau töten; sein Nachfolger soll in
dem Sequel TERMINATOR 2 deren Sohn beschützen.

Aufträge gehen an Agenten (ERASER, MISSION IMPOSSIBLE), Polizi-
sten (DEMOLITION MAN), Soldaten (DER MIT DEM WOLF TANZT),
Veteranen (RAMBO II – DER AUFTRAG, RAMBO III), Privatdetektive
(V. I. WARSHAWSKI), Leibwächter (BODYGUARD), Abenteurer (AUF

DER JAGD NACH DEM GRÜNEN DIAMANTEN) und Anwälte (SU-
SPECT). Bisweilen werden auch Amateure von Behörden angeheuert
(ARMAGEDDON; JUMPIN' JACK FLASH). Selbst gestellte Aufträge erfüllt Batman in dem gleichnamigen Film, während die Jungesellen
in NOCH DREI MÄNNER, NOCH EIN BABY unfreiwillig zu einem
Säugling kommen, den sie für ein paar Wochen hüten sollen – gewissermaßen im Auftrag.[348]

Eine Variante des Auftrags ist die *Erpressung*. In KOPFGELD wird
ein Millionär (Mel Gibson) durch die Entführung seines Sohnes gezwungen, den Kampf gegen die Verbrecher aufzunehmen. In SPEED
muss ein Polizist (Keanu Reeves) die Passagiere eines von einem Ter-
roristen verminten Busses retten. Eine weitere Spielart ist die *Bitte*:
Marty (Michael J. Fox) soll seinem väterlichen Freund in ZURÜCK
IN DIE ZUKUNFT bei einem Experiment mit einer Zeitmaschine helfen. Häufig ist die Erfüllung einer Bitte an einen Botengang gebunden: Baby überbringt in DIRTY DANCING eine Wassermelone, und
Loretta soll in MONDSÜCHTIG nur die Einladung zu ihrer Hochzeit
abgeben; beide Frauen lernen bei dem Botengang aber den Mann
ihres Lebens kennen.

Auch Clarice Starling wird mit einem Botengang betraut. Ihr Auftrag ist simpel: Sie soll einen Fragebogen überreichen. Ihr Vorgesetzter gibt ihr dazu eine klare Anweisung: »Just do your job«, schärft er
seiner Schülerin ein. Keinesfalls soll die ehrgeizige Clarice ihre Kom-
petenzen überschreiten. Aber mit dem Auftrag geht im gleichen Satz
eine weitere Anweisung einher, die Clarice' professionelle Neugier
weckt:

> CRAWFORD Erledigen Sie Ihre Arbeit, aber vergessen Sie nie,
> was er ist.
> CLARICE Und was ist er?

Die Antwort auf Clarice' Frage erfolgt erst nach dem Schnitt in die
nächste Szene. Anstaltsleiter Dr. Chilton erklärt im Off: »Oh, er ist
ein Monster. Ein Psychopath schlimmster Sorte.« Dass die Handlung eines Films durch ein Wechselspiel von Frage und Antwort vorangetrieben wird, ist eine zentrale These in Noël Carrolls narrati-
vem Modell.

Auslöser und Antwort: Noël Carrolls Fragemodell

Der Philosoph und Filmwissenschaftler Noël Carrol hat in den achtziger Jahren das Schlagwort »narration as explanation« geprägt.[349] Er bezieht sich mit diesem Kürzel auf Wsewolod Pudowkins dramaturgische Schriften.[350] Pudowkin geht davon aus, dass jede Sequenz, die ein Autor schreibt, eine Frage offen lässt, die in einer späteren Sequenz beantwortet wird. Carroll verallgemeinert: »The basic narrative connective – the rhetorical bond between the two scenes – is the question/answer.«[351] Auf dieser Annahme aufbauend, entwickelt Carroll ein Modell zum filmischen Handlungsverlauf, das er als erotetisch bezeichnet.[352] Sein Konzept besteht im Wesentlichen aus zwei Punkten: Zum einen entwickelt Carroll eine Systematik von Frage- und Antwortsequenzen, zum anderen befasst er sich mit der Rolle des Zuschauers als Antwortsuchendem.

Carroll begreift den Zuschauer – ähnlich wie Pudowkin – als aktiv. Er vollzieht Fragen, die eine Sequenz aufwirft, nach und kann die Möglichkeiten des Handlungsverlaufs, die in ihr angeboten werden, erkennen. Wenn zum Beispiel in einem Krimi der Telefonhörer neben die Gabel gelegt wird, ist anzunehmen, dass dies für den weiteren Handlungsablauf von Bedeutung sein wird – sonst würde die Figur den Hörer auf die Gabel legen. Hustet eine weibliche Figur in einem Melodrama, ist davon auszugehen, dass eine schwere Krankheit folgen wird. Zuschauer bilden Hypothesen über den Verlauf der Handlung auf der Grundlage der Möglichkeiten, die eine Inszenierung bietet.[353]

Diese Möglichkeiten versteht Carroll als ein Wechselspiel von Frage und Antwort. Dabei unterscheidet er zwischen *micro* und *macro questions*. Die entscheidende Makrofrage wäre in Das Schweigen der Lämmer: Wird Clarice den Serienmörder Buffalo Bill fassen? Diese Frage wird in der vierten Minute des Films aufgeworfen, als Clarice eingehend die Fotos und Zeitungsartikel mustert, die an Crawfords Wand hängen. Eine Antwort findet sich am Ende des Films, genau 100 Minuten später: Clarice gelingt es, Bill zu erschießen.

Mikrofragen werden nach Carroll in nahezu jeder Sequenz eines Films gestellt oder beantwortet. Er schlägt ein »interrogatory model«[354] vor und unterscheidet in diesem Modell sieben Typen von Sequenzen, die er allerdings *scenes* nennt: *establishing scene, questioning scene, answering scene, sustaining scene, incomplete answering scene, answering/questioning scene, fulfilling scene.*[355] Jeder Film könne nun in seinem Spannungsverlauf mit Hilfe dieser Kategorien beschrieben werden.

Carrolls Modell lässt Rückschlüsse auf den Auslöser zu. Sequenzen, in denen Auslöser vorkommen, gehören zu den *questioning scenes*. Wird Tess ihre Beförderung bekommen (DIE WAFFEN DER FRAUEN)? Kann Michael eine Rolle ergattern (TOOTSIE)? Wird Luke das Hologramm entdecken (KRIEG DER STERNE)? Als Crawford seine Schülerin Clarice mit einem Fragebogen zu Lecter schickt, weist er sie ausführlich darauf hin, dass der Gefangene im Unterschied zu allen anderen Serienmördern bislang jede Zusammenarbeit abgelehnt hat. Die in der Sequenz enthaltene Mikrofrage muss demnach lauten: Wird es Clarice gelingen, Lecter zum Ausfüllen des Formulars zu bewegen?

Tatsächlich wird diese Frage zwei Sequenzen später beantwortet, wenn auch negativ. Lecter verspottet Clarice und schickt sie fort. Dennoch wird Clarice ihren Auftrag erfüllen, denn Crawford hat insgeheim geplant, Lecter in die Ermittlung bezüglich Buffallo Bill einzubeziehen. Der Auftrag – der dem initialen Auslöser entspricht – war nur eine Finte. Die Funktion der in der Sequenz gestellten Frage bestand demzufolge nicht in ihrer Beantwortung, sondern darin, eine neue Möglichkeit zu eröffnen, eine neue Frage zu stellen. Das erste Gespräch mit Lecter, das mit einem weiteren Auslöser endet, ist folglich eine *answering/questioning scene*.

Carrolls Modell ermöglicht somit eine neue Sicht auf Sequenzen, die Auslöser enthalten. Dabei stellt sich jedoch ein Problem: Wenn Filme des klassischen Hollywoodkinos in Gänze ein Wechselspiel von Fragen und Antworten sind, müssen Auslöser als eine spezielle Art von Fragen gekennzeichnet werden. Ansonsten würde die Bezeichnung ›Auslöser‹ ja auf nahezu jede Sequenz zutreffen. Auslöser – so lässt sich präzisieren – enthalten Fragen, mit denen der Held noch in seiner vertrauten Welt konfrontiert wird, die ihn aber dazu bewegen, diese zu verlassen.

Zeit	Sequenz	Funktion
00'00	Waldlauf	*establishing scene*
04'30	Auftragserteilung durch Crawford	*questioning scene*
07'25	Einweisung durch Chilton	*sustaining scene*
11'30	Befragung Lecters	*answering/questioning scene*
18'20	*(Auslassung von 3 Sequenzen)*	
21'20	Fund der Leiche	*answering/questioning scene*

Mikrofragen in Das Schweigen der Lämmer

Dieser Rückbezug auf die Hauptfigur ist in Das Schweigen der Lämmer besonders deutlich. Crawfords Aufgabenstellung wurde zu Beginn dieses Abschnitts nicht vollständig zitiert. Der Auftrag wurde um eine entscheidende Zwischenfrage gekürzt. Vollständig lautet er:

> Crawford Wir befragen in Haft befindlichen Serienmörder zwecks Erstellung eines verhaltenspsychologischen Profils. Das könnte bei ungelösten Fällen eine große Hilfe sein. Die meisten von ihnen sind sogar gerne bereit gewesen, sich mit uns zu unterhalten. (…) Der, an dem wir am meisten interessiert sind, lehnt jede Zusammenarbeit ab. Ich möchte, dass Sie ihn sich in der Anstalt heute noch einmal vornehmen.
> <u>Sind Sie leicht aus der Fassung zu bringen?</u>
> Clarice <u>Noch nicht, Sir.</u>

Bezeichnenderweise antwortet Clarice nicht mit einem klaren Nein, sondern mit einem ›Noch nicht‹. Ahnt sie schon, dass ihre Gelassenheit nur Fassade ist? Neben der Frage, ob sie Lecter zu einem Interview bewegen kann, wird in dieser Sequenz eine zweite Frage gestellt: Wie wird Clarice das Gespräch mit dem Serienmörder verkraften? Offenbar setzt der Auslöser nicht nur die Geschichte in Gang, sondern provoziert auch eine Reaktion der Hauptfigur.

Weigerung oder Warnung: Die Reaktion der Hauptfigur

In der Komödie MONDSÜCHTIG bittet Johnny seine Verlobte Loretta eindringlich um einen Gefallen: Sie soll seinen Bruder Ronny besuchen und ihn zur Hochzeit einladen. Johnny, der zu seiner sterbenden Mutter nach Sizilien fliegt, möchte die Feier zum Anlass für eine Versöhnung mit seinem jüngeren Bruder nehmen. Doch Loretta vergisst den Auftrag. Erst nachdem Johnny sie noch einmal am Telefon daran erinnert hat, ruft sie Ronny an, der aber sofort einhängt. Loretta ist jetzt gezwungen, ihren künftigen Schwager persönlich aufzusuchen. Widerwillig macht sie sich auf den Weg zu Ronnys Bäckerei.

Loretta verhält sich wie viele Hauptfiguren des klassischen Hollywoodkinos. Sie reagieren ausweichend auf den ersten Auslöser, geradezu abwehrend. Im Unterschied zu diesen Figuren werden andere Protagonisten, die sich voller Eifer auf den Weg machen, von ihrer Umgebung an die Gefahren einer ›Reise‹ erinnert. Zu unterscheiden sind demnach zwei Konsequenzen des Auslösers: Ihm folgt entweder die Abwehr der Hauptfigur oder eine Warnung ihrer Umwelt.

Die Weigerung der Hauptfigur

Zu Beginn eines Film, in der Phase der Trennung, scheuen viele Figuren den Kontakt zu einem anderen Menschen. Baby erklärt in DIRTY DANCING, dass sie auf keinen Fall mit Johnny bei einem Tanzwettbewerb auftreten kann. Sie sei völlig ungeschickt und könne noch nicht mal den Merengue.

Annie zögert tagelang, bis sie in SCHLAFLOS IN SEATTLE einen Brief an Sam verfasst; sie wirft alle Entwürfe in den Papierkorb. Mehrfach lehnt Frank in BODYGUARD den Auftrag ab, die exzentrische Sängerin Rachel zu bewachen. Brontë möchte in GREEN CARD um jeden Preis vermeiden, dass der verrückte George, mit dem sie zum Schein verheiratet ist, bei ihr einzieht. Billy will in TWISTER sofort abreisen, nachdem seine Ex-Frau ihm die geforderte Unterschrift gegeben hat. In FRENCH KISS möchte Kate den ihr suspekten Franzosen Luc abhängen, in GEFÄHRLICHE FREUNDIN will Charlie der wilden Lulu entkommen, und in HOUSESITTER flieht Newton regelrecht vor der überspannten Gwen.

Die Abwehr, die einer Begegnung folgt, gilt jedoch nicht nur für mögliche Lebensgefährten. Der hochbegabte Will möchte nicht mit einem Therapeuten sprechen (GOOD WILL HUNTING), und auch der Football-Trainer Tom lehnt die Konsultation einer Psychiaterin ab (HERR DER GEZEITEN). Verzweifelt versuchen die Junggesellen in NOCH DREI MÄNNER, NOCH EIN BABY den bei ihnen abgestellten Säugling wieder abzugeben. Der Nachtclub-Sänger Ralph will auf keinen Fall der König von England werden (KING RALPH), die Sängerin Deloris weigert sich vehement, in einem Kloster unterzutauchen (SISTER ACT). Dorfschönheit Sadie will nicht nach New York (ZWEI MAL ZWEI), Schönheitschirurg Ben nicht in die Provinz (DOC HOLLYWOOD).

Die Hauptfiguren wollen sich der Person, die sie ändern wird, entledigen, möchten die ›Reise‹ nicht antreten. Sie möchten eine Veränderung ihres Status quo vermeiden. Sogar ein Held wie Luke Skywalker findet im ersten Akt von KRIEG DER STERNE eine ganze Reihe von Ausflüchten. Er will Leias Hilferuf ignorieren, möchte nicht nach Obi Wan Kenobi suchen, und er lehnt auch dessen Bitte ab, ihn nach Alderan zu begleiten: Nein, er könne nicht mitfliegen, weil er noch auf der Farm seines Onkels helfen müsse.

Joseph Campbell bezeichnet ein derartiges Verhalten des Helden als Weigerung: »In der Wirklichkeit oft und in Mythen und Märchen nicht selten kommt es vor, dass der Ruf auf taube Ohren stößt und die Antwort ausbleibt. Denn immer, wie mächtig er auch sei, bieten sich noch Möglichkeiten des Ausweichens und der Flucht in Zerstreuungen.«[356] Ursache für diese Flucht seien »verstockte Fixierungen«.[357] In Anlehnung an psychoanalytische Theorien glaubt Campbell, dass das Subjekt zu Beginn einer Erzählung noch in den »Mauern der Kindheit« gefangen sei. Diese Begründung greift sicher zu kurz, da nicht alle Filmfiguren an Verhaltensmustern festhalten, die in ihrer Kindheit wurzeln. Annie will Sam nicht schreiben, weil es ihr lächerlich erscheint, auf eine Stimme aus dem Radio zu reagieren. Außerdem weiß sie, dass Sam schon Post von über zweitausend Frauen erhalten hat. Und sie ist mit Walter verlobt, den sie bald heiraten wird. Keiner dieser drei Gründe hat mit Annies Kindheit zu tun, über die im Film auch keine Auskunft gegeben wird; ihre Weigerung ist ganz in der Gegenwart verhaftet.

Wenn Campbell von ›Mauern der Kindheit‹ spricht, analysiert er Figuren mit einem Instrumentarium, das nur in der Lebenswelt seine Berechtigung hat, in der Biographien vollständig sind. In Filmen ist die Abwehr nur selten motiviert; der gerade erst eingeführte Status quo der Figur ist in der Regel so eindeutig, dass eine zusätzliche Begründung nicht notwendig ist. Falls eine Motivation erforderlich scheint, so wird diese durch die (oftmals nachträglich eingefügte) Backstorywound geleistet: Annie glaubt nicht an die »Magie der Liebe«, da sie laut Drehbuch gerade von ihrem Freund verlassen wurde.[358] Sie wehrt – wie eine Vielzahl von Figuren – den Aufruf zum Abenteuer ab, weil sie in ihrem Status quo verhaftet ist. Dieser Zustand kann in der Tat als ›Verstockung‹ bezeichnet werden.

Eine besonders vehemente Form der ›Verstockung‹ entsteht, wenn der Held keine Möglichkeit hat, sich für oder gegen die ›Reise‹ zu entscheiden, wenn ihm das Abenteuer also aufgezwungen wird. Diese Situation tritt in allen Filmen auf, die sich mit dem Thema des *wrong man* befassen. Geschichten dieser Art gelten als typisch für das Œuvre Alfred Hitchcocks. François Truffaut definiert: »Jemand wird eines Verbrechens angeklagt, das ein anderer begangen hat, mit allen Verdächtigungen, die sich rein zufällig ergeben und gegen ihn sprechen.«[359] Neben dem Film, der diesem Sujet den Namen gab – DER FALSCHE MANN – gehören auch DER MANN, DER ZU VIEL WUSSTE und DER UNSICHTBARE DRITTE zu diesem Typ von Erzählung. Den letztgenannten Film hat Peter Wollen in den Mittelpunkt seiner morphologischen Untersuchung gestellt, die auf Vladimir Propps Modell zur Märchenanalyse beruht. Die Abwehr der Hauptfigur wird in diesem Modell zu einer ›Funktion‹.

Abwehr als Funktion:
Peter Wollens morphologisches Modell

Der britische Filmwissenschaftler Peter Wollen hat in den siebziger Jahren die Narration von Hitchcocks Klassiker DER UNSICHTBARE DRITTE analysiert. In diesem Film wird der unbescholtene Werbefachmann Roger O. Thornhill (Cary Grant) von feindlichen Spionen gekidnappt, die ihn für einen US-Agenten namens Kaplan halten. Thornhills Ziel ist es, den ›wahren‹ Kaplan zu finden, der sich dann allerdings als eine Erfindung des FBI herausstellt. Diesen komplizierten Plot will Peter Wollen in einer Formel darstellen. Dabei beruft er sich auf eine Methode des russischen Literaturwissenschaftlers Vladimir Propp, der sich in den zwanziger Jahren mit russischen Zaubermärchen befasst hat.[360]

Propp hat aufgezeigt, dass allen von ihm untersuchten Märchen die gleiche Erzählstruktur zu Grunde liegt. In einem ersten Schritt identifiziert er »Funktionen der handelnden Personen«[361] und weist ihnen ein Buchstabenkürzel zu. Es gibt – so Propp – nur eine begrenzte Anzahl von Funktionen, die darüber hinaus in nahezu immer gleicher Reihenfolge Verwendung finden. Die Ausgangssituation wird zum Beispiel mit (i) bezeichnet, ein Verbot mit (b), eine Erkundigung mit (d). Diese noch recht groben Funktionen differenziert Propp weiter aus: So beinhaltet die Kategorie ›Erkundigung‹ die Varianten »Ausfragen des Schadensstifters über den Helden« (d^1), »Ausfragen des Helden über den Schadensstifter« (d^2), »Ausfragen durch andere Personen« (d^3).[362]

Sein System, das insgesamt aus rund 200 verschiedenen Funktionen und Unterfunktionen besteht, hat Propp auf verschiedene Märchen angewandt. Die Funktionen, die er erkennt, fasst er in einer Formel zusammen.[363] So lautet die Formel für das Zaubermärchen DIE WILDEN SCHWÄNE:

$$
i \qquad \left\{ \begin{array}{l} Sch^1\, H^1\,_{neg}\, Z^1\,_{neg} \\ Sch^7\, H^7\, Z^9 \end{array} \right\} W^1 \downarrow \quad b \qquad V\, Sch\, H\, Z\, R^3 \qquad ^1
$$

Peter Wollen nimmt sich diese Vorgehensweise für seine Filmanalyse zum Vorbild. Er weist jeder Szene des Drehbuchs von DER UNSICHTBARE DRITTE eine Funktion aus Propps Schema zu. So entspricht zum Beispiel das Kidnapping der Hauptfigur in Szene 12 der Funktion ›Entführung‹ (A^1). Dann fasst er alle Kürzel zu einer acht Zeilen langen Formel zusammen. Wollens Fazit fällt eindeutig aus: »I was surprised how easily Propp's functions as method of analysis in general could be applied.«[364] Seiner Ansicht nach kann Propps morphologisches Modell, das für Märchen entworfen wurde, problemlos auf den Thriller übertragen werden.[365]

Peter Wollens Vorschlag folgend, könnte der Versuch unternommen werden, Stationen der ›Reise‹ in einer Formel auszudrücken.

Die ›Abwehr‹, um die es in diesem Kapitel geht, entspräche zum Beispiel der Abkürzung ($-g^1$). Für sich genommen bedeutet (g^1), dass der Held auf die Vorschläge seiner Gegner eingeht, ($-g^1$) ist das Gegenteil dieser Funktion: Der Held widersetzt sich. Dieses Beispiel verdeutlicht, dass es prinzipiell möglich wäre, die ›Reise‹ einer Heldin in einer Formel auszudrücken. Die Übertragung würde gelingen, da auch dieses Modell von einem musterhaften Handlungsablauf ausgeht.

Dennoch gibt es einen entscheidenden Unterschied: Propp und Wollen isolieren Funktionen mit dem Ziel, die kleinsten Handlungseinheiten zu bestimmen. Propps Katalog soll *jede* in den Märchen auftauchende Funktion festhalten – etwa die Aussetzung einer Figur auf dem Meer (A^{10}), das Stürzen in einen Abgrund bei gleichzeitigem Raub der Braut ($*A^1$) oder den angedrohten Kannibalismus gegen Blutsverwandte (A^{XVII}). Das Modell der ›Reise‹ zielt nicht auf die komplette Erfassung jeder Funktion ab. Aus gutem Grund: Die Konzentration auf die Benennung von Handlungselementen verstellt den Blick auf den Handlungsablauf.[366] So ist die Benennung der ›Abwehr‹ mit ($-g^1$) wenig hilfreich für das Verständnis der narrativen Funktion dieser Erzählstation. Aus der Bezeichnung geht zum Beispiel nicht hervor, worin die Beziehung zwischen Abwehr und Auslöser besteht. Bezeichnenderweise bleibt die Klassifizierungsarbeit auch folgenlos für Peter Wollens Argumentation: Er gewinnt die zentralen Thesen seiner Analyse nicht aus der Identifikation von Funktionen, sondern in der Auseinandersetzung mit größeren Handlungseinheiten.[367]

Wollens zentraler Punkt, den er in anderen Untersuchungen aufgreift, steht sogar in keiner Verbindung zu der umfangreichen Formel. Er übernimmt eine Differenzierung Propps, der zwischen dem suchenden Helden und dem Helden, der Opfer ist, unterscheidet: »The ›victim-hero‹ clearly does not have to be dispatched on a quest, not decide on counteraction except in an obvious and rudimentary sense: immediate resistance, attempts at escape.«[368] Diese Differenzierung kann in Beziehung zur ›Reise des Helden‹ gesetzt werden. In DER UNSICHTBARE DRITTE wird Thornhill zunächst Opfer (*victim*) einer Entführung. Der gewaltsame Eingriff in sein Leben macht ihn dann aber zum Suchenden (*seeker*), da er aufklären muss, wie er in diese Lage geraten ist. Thornhill sucht – so betont Wollen – weder

Schwert noch Schatz. Er sucht die Wahrheit: »the secret is at the very heart of plot mechanism.«[369]

Eingebunden in das Modell von der ›Reise‹ führt die Differenzierung von *victim* und *seeker* zu einer genaueren Vorstellung von der auf den Auslöser folgenden Reaktion, die ja der Ausgangspunkt für die Einbeziehung des morphologischen Modells war. Die Unterscheidung zweier Helden kann in den Ablauf der ›Reise‹ integriert werden. Ein ›Held‹, der zu Beginn als *wrong man* etabliert wird, muss in der Phase der Trennung erkennen, dass er seine Rehabilitation oder Befreiung nur durch die Aufdeckung eines Geheimnisses erzielen kann. Auf den Auslöser – die Verwechslung – folgt die Abwehr. Der Entschluss zur Ermittlung, dem in der Regel eine lebensbedrohliche Situation vorausgeht, ist die Folge des ersten Wendepunkts; von diesem Moment an ist das Opfer ein Suchender.

Für die Station des Auslösers bedeutet das: Nur Protagonisten, die zu Beginn der Erzählung als Opfer beschrieben werden, wehren sich gegen die ›Reise‹. Sie scheuen vor dem Betreten der unbekannten Welt zurück. Die von Beginn an Suchenden machen sich hingegen bereitwillig auf den Weg. So zögert Clarice in Das Schweigen der Lämmer kaum wahrnehmbar, als sie ihren Auftrag erhält. Sie flüchtet sich nicht – um noch einmal Campbells Beschreibung aufzugreifen – in Zerstreuungen. Auch eine Weigerung liegt ihr fern. Sie ist so entschlossen, sich zu profilieren, dass sie gar nicht auf die Idee kommt, Crawfords Befehl in Frage zu stellen. Auch dass es sich um einen gefährlichen Auftrag handeln könnte, kommt Clarice nicht in den Sinn. Schließlich soll sie ja auch nur einen Fragebogen abliefern. Was kann bei einem harmlosen Botengang schon passieren? Statt einer Weigerung folgt daher eine Warnung, die von einer anderen Figur ausgesprochen wird – nämlich von ihrem Chef und Auftraggeber Jack Crawford.

Die Warnungen

Jack Crawford warnt seine Schülerin ausdrücklich: Sie solle sich auf keinen Fall auf ein persönliches Gespräch mit Hannibal Lecter einlassen.

CRAWFORD Geben Sie sich allergrößte Mühe, Starling.

CLARICE Ja, Sir.

CRAWFORD Seien Sie äußerst vorsichtig bei Hannibal Lecter. Dr. Chilton, der Leiter der Anstalt, wird Sie über alle Vorsichtsmaßnahmen, die anzuwenden sind, informieren. Weichen Sie auf gar keinen Fall davon ab, ganz gleichgültig aus welchem Grund. <u>Und erzählen Sie nichts Persönliches von sich, Starling</u>. Glauben Sie mir, Sie wollen doch nicht Hannibal Lecter in Ihrem Hirn haben.

Wird eine solche Warnung in einem Film ausgesprochen, dann ist sicher, dass ihre Übertretung folgen wird. Tatsächlich wird Clarice genau dieses Gebot nicht befolgen.

Wie gefährlich dieser Verstoß ist, wie gefährlich ihre ›Reise‹ sein wird, stellt DAS SCHWEIGEN DER LÄMMER in der folgenden Sequenz durch die Staffelung mehrerer Warnungen heraus, die nicht auf den Dialog beschränkt bleiben. Clarice benötigt einen speziellen Ausweis, um zu dem Verließ, in dem Lecter lebt, Zugang zu erhalten. Sie dringt in eine Welt vor, die durch mehrere Stahl- und Gittertüren von der Außenwelt abgetrennt ist. Diese Welt liegt in einem tiefen Keller, der zum Teil in rotes Licht getaucht ist.

DAS SCHWEIGEN DER LÄMMER – Clarice auf dem Weg zu Lecter

Der Weg zu Lecters Zelle ist lang und unübersichtlich. Dr. Chilton, der Anstaltsleiter, muss sie von seinem Büro durch das gesamte

Haus führen. Eilig läuft er mit ihr das Treppenhaus des Verwaltungs-
gebäudes hinunter. Ein *top shot*, der einzige des gesamten Films, verdeutlicht, wie weit der Weg in die Tiefe führt. Komplizierte Kamera-
bewegungen stellen die Verschlungenheit der Gänge heraus. So fährt
die Kamera vorwärts auf Chilton und Clarice zu, die durch ein Gitter gehen, schwenkt dann um 180 Grad und folgt den beiden in
einer weiteren Fahrt vorwärts zum nächsten Tor. Offenbar hat sich
Clarice in ein dunkles und verschlungenes Labyrinth gewagt. Hier
wird jeder Schritt zur Mutprobe. Insgesamt benötigt Clarice fast vier
Filmminuten, bis sie endlich im Zellentrakt der Massenmörder angekommen ist. »The theory was that this was the sub-sub-basement,
and the guys that were down there were the worst elements of hu-
manity«, erklärt *production designerin* Kristi Zea.[370]

In dem Versorgungskeller gibt es uniformierte Wärter und komplizierte Sicherheitsregeln. Dr. Chilton, der Leiter des Gefängnisses,
schärft Clarice die Richtlinien des Hauses noch einmal ein.

> Chilton Berühren Sie nicht die Glasscheibe. Nähern Sie sich
> nicht der Glasscheibe. Reichen Sie ihm bloß weiches Papier.
> Keine Bleistifte, keine Kugelschreiber, keine Heft- oder Büro-
> klammern in seinen Papieren. Verwenden Sie lediglich die Luke
> für das Essen. Keinerlei Ausnahme. Wenn er Ihnen etwas reichen
> will, dürfen Sie es nicht annehmen. Haben Sie mich verstanden?
> Clarice Ja, ich habe verstanden, Sir.

Gerade die Detailliertheit und die Präzision der Anweisungen macht
sie so bedrohlich. Anscheinend kann Lecter schon mit einer Büro-
klammer großen Schaden anrichten. Zur Untermauerung seiner
Lektion zieht Chilton – der zweite ›Warner‹ – ein abschreckendes
Foto aus seiner Jackentasche. Offenbar hat er es eigens zur Ein-
schüchterung der jungen Frau eingesteckt. Das Bild zeigt ein Opfer
Lecters. Er hat im Gefängnis eine Krankenschwester angegriffen:

> Chilton Am Nachmittag des 8. Juli 1981 klagte er über Brust-
> schmerzen und wurde ins Krankenrevier gebracht. Das Mund-
> stück und die Zwangsjacke wurden ihm abgenommen, um ein
> EKG zu machen. Als die Krankenschwester sich über ihn beugte,
> hat er ihr das hier angetan. Den Ärzten ist es gelungen, ihren

Kiefer mehr oder weniger zu richten und eins ihrer Augen zu retten. Sein Puls stieg keinen Augenblick über 85. Nicht einmal, als er ihr die Zunge abbiß.

Dass Lecter sogar in einem Hochsicherheitstrakt gefährlich sein kann, bestätigt nun noch ein dritter ›Warner‹: der Gefängniswärter Barney, der Clarice einweist. Sein Arbeitsplatz, den er mit zwei Kollegen teilt, ist mit Überwachungsmonitoren ausgerüstet. An den Wänden hängt eine Vielzahl von Waffen, die darauf hindeuten, dass ein Ausbruchsversuch der in Einzelhaft sitzenden Männer für möglich gehalten wird. Barney verspricht, Clarice über die Monitore zu beobachten: »Ich werde aufpassen. Es wird Ihnen nichts passieren.« Offenbar geht auch der fürsorgliche Wärter davon aus, dass Lecter ihr trotz aller Sicherheitsvorkehrungen Schaden zufügen kann. Er schärft ihr ein, nicht zu nahe an die Zellen heranzukommen: »Halten Sie sich möglichst rechts.«

Erst nach Barneys Hinweis öffnet sich die letzte Schleuse, die aus zwei Gittertüren besteht. Das Geräusch erschreckt Clarice, die bezeichnenderweise vor einem Schild steht, von dem nur das erste Wort lesbar ist: »No.« Eingeschüchtert passiert Clarice dieses letzte Tor und geht den langen Gang entlang, der zu Lecters Zelle führt. Die Warnungen haben ihren Zweck erfüllt. Clarice, die diesen Job unbedingt haben wollte, zweifelt nun daran, ob sie ihm gewachsen ist.

Weigerung und Warnung stehen in einem Spannungsverhältnis. Je unbekümmerter oder eifriger die Hauptfigur ihre Reise antritt, umso stärker sind die Vorbehalte, die von ihrer Umwelt geäußert werden. Campbell bezeichnet die Warner, die in der ersten Erzählphase auftreten, als »Torhüter«[371], Christopher Vogler und James Bonnet sprechen von einem »threshold guardian«.[372] Die ›Hüter der Schwelle‹ machen die Hauptfigur auf die Gefahren der Reise aufmerksam, versuchen bisweilen sogar, sie aufzuhalten. Zu diesem Zweck betonen sie die Gefahren der Reise und stellen die Qualitäten der Hauptfigur in Frage. In der Abenteuerkomödie Auf der Jagd nach dem grünen Diamanten akzeptiert die Hauptfigur Joan Wilder trotz aller Warnungen den Ruf zum Abenteuer.

Joan is totally committed to the adventure for the sake of her sister in Colombia. However the moment for fear, the way of refusal, is still elaborately acknowledged in a scene with her agent (…). A tough cynicyal woman, she forcefully underlines the dangers and tries to talk Joan out of going. Like a witch pronouncing a curse, she declares that Joan is not up to the task of being a hero.[373]

Eine Warnerin ist auch Tess' beste Freundin in DIE WAFFEN DER FRAUEN. Cynthia (Joan Cusack) kritisiert, dass Tess heimlich die Kleider ihrer Chefin anzieht: »Da fehlt eine Schleife oder so was …« Sie schneidet Tess nur widerwillig die Haare kurz, beschwört sie regelrecht, den Schwindel zu beenden. Cynthia glaubt, dass der Rollentausch, den Tess riskiert, niemals gelingen kann: »Manchmal singe und tanze ich durchs Haus in meiner Unterwäsche. Deshalb bin ich noch lange nicht Madonna. Und das werde ich auch nie.«

In DAS SCHWEIGEN DER LÄMMER fungiert Jack Crawford als Warner und Auftraggeber zugleich. Dies führt zu einer paradoxen Situation: Crawford schickt Clarice auf eine Reise, vor deren Gefahren er sie gleichzeitig bewahren will. Er warnt sie und weiß zugleich, dass sie nur Erfolg haben kann, wenn sie sich persönlich auf Lecter einlässt. Damit spielt er ein doppeltes Spiel, das ihn als Mentor disqualifiziert. Er ist Clarice' Lehrer, aber nicht ihr »Helfer«[374]. Auf einen Helfer treffen wird Clarice erst am Ende des Gefängnisflures, den sie in Crawfords Auftrag entlang gehen muss.

Berater: Hilfestellung für die Hauptfigur

Auf dem Weg zu Hannibal Lecter passiert Clarice zunächst dessen Mitgefangene. Hinter den Gittern stehen drei Angst erregende Gestalten im Halbdunkel. Lecters direkter Nachbar springt affengleich durch seine Zelle und ruft ihr zu: »I can smell your cunt.« Der nun folgende erste Blick auf Hannibal Lecter offenbart, dass er sich deutlich von diesen Männern unterscheidet. Er steht aufrecht in seiner Zelle und hält sich betont gerade. Seine Bewegungen sind sparsam, und sein Erscheinungsbild ist überkorrekt. Lecters Overall ist gebügelt und eng anliegend, seine Haare hat er glatt nach hinten gekämmt. An ihm wirkt die Nummer, die allen Häftlingen auf den Anzug gedruckt wurde, wie eine präzise Beschriftung. Diesem Erscheinungsbild entsprechend begrüßt Lecter seine Besucherin förmlich mit: »Good morning.«

Schon diese erste Einstellung zeigt, dass Lecter nicht nur höflich ist, sondern auch gebildet. Er hat seine Zelle mit Ansichten von Florenz geschmückt, die er nach dem Gedächtnis gezeichnet hat. Diese Bilder sind gut sichtbar, da Lecters Zelle – im Unterschied zu den übrigen – hell erleuchtet ist. Außerdem steht er nicht hinter Gittern, sondern hinter einer dicken Plexiglasscheibe. Für die Kameraarbeit lieferte diese Scheibe einen entscheidenden Vorteil. Bei den ersten drei Dialogen zwischen Clarice und Lecter sind keine Gitterstäbe zu sehen. Für die Charakterisierung der Figur Lecter ist die Scheibe ebenfalls produktiv: Sie unterscheidet ihn noch einmal von den übrigen Gefangenen.

Eine derart sorgsame Einführung wird im klassischen Hollywoodkino nur Hauptfiguren zuteil. Im Bild erscheint Hannibal Lecter zum ersten Mal in der elften Minute des Films, von ihm gesprochen wird jedoch schon seit der sechsten Minute: Er ist ein Serienmörder, der seine Opfer gegessen hat. Zur Erinnerung: Crawford bezeichnete ihn als »the one we want most«, Clarice führte seinen Spitznamen »Hannibal, the cannibal« ein, und Chilton charakterisierte ihn bereits als »a monster, a pure psychopath«. Dem Aufwand entsprechend, mit dem er etabliert wird, ist Lecter die zweite Hauptfigur von DAS SCHWEIGEN DER LÄMMER, so wie Anthony Hopkins neben Jodie Foster der zweite Star dieses Films ist. Er wird im Vorspann nach Foster, aber noch vor dem Titel genannt. Doch obschon Hopkins eine Hauptfigur spielt, ist seine Rolle nicht die eines Helden. Lecter bricht aus, geht aber dennoch nicht auf eine ›Reise‹. Sein Charakter ist statisch, nur seine Lebensumstände ändern sich im Verlauf des Films. Welche Funktion hat die Figur Lecter in der Erzählung von DAS SCHWEIGEN DER LÄMMER? Was kennzeichnet sein Verhältnis zu Clarice? Inwiefern kann er als ihr ›Helfer‹ bezeichnet werden? Und wie unterscheidet sich Hannibal Lecter von Jack Crawford?

Die Analyse einer Nebenfigur aus einem anderen Film hilft bei der Beantwortung dieser Fragen. Obi Wan Kenobi weiß genau, was Luke Skywalkers Bestimmung ist. Der alte Mann fordert ihn auf, ein Jedi-Ritter zu werden, und nachdem Lukes Bedenken überwunden sind, übernimmt er in KRIEG DER STERNE auch die Ausbildung des Jungen. Er überreicht ihm ein Laserschwert und lehrt ihn, mit verbundenen Augen zu kämpfen. »Lass dich von deinen Gefühlen leiten«, beschwört Obi Wan Kenobi seinen Schüler in der 56. Filmminute. Nur so könne er die Macht – »the Force«[375] – spüren und Darth Vader besiegen.[376]

Joseph Campbell bezeichnet eine Figur wie Obi Wan Kenobi als »übernatürliche Hilfe«: »Wer sich der Berufung nicht verschlossen hat, begegnet auf seiner Fahrt zuerst einer schützenden Figur, oft einem alten Weiblein oder alten Mann, der ihn mit Amuletten gegen die Kräfte des Drachen, die er zu bestehen haben wird, versieht.«[377] Diese Definition lässt sich problemlos auf KRIEG DER STERNE übertragen: Lukes »schützende Figur« ist Obi Wan Kenobi, der ihm ein »Amulett« verleiht, das Lichtschwert. Diese Waffe soll ihn gegen die »Kräfte des Drachen« schützen, gegen Darth Vader, den Vertreter der dunklen Seite der Macht.

In Filmen des klassischen Hollywoodkinos erscheinen die Helfer jedoch nur in seltenen Fällen als »wohlwollende, schützende Macht der Vorsehung«.[378] Auch wenn die ›Reise‹ das Schicksal der Figuren ist, wird sie nicht als göttliche Fügung dargestellt. Daher ist es angemessener, die helfenden Figuren mit dem neutraleren Begriff ›Berater‹ zu bezeichnen. Die Berater – so lässt sich definieren – führen den Protagonisten in und durch das Abenteuer.

Im Unterschied zu den Warnern, die den Helden von der ›Reise‹ abhalten wollen, weisen ihm die Berater den Weg. Sie plädieren für eine Abkehr von seinem bisherigen Leben (*mode*) und fordern ihn heraus, seine wahren Bedürfnisse (*need*) zu erkennen und zu verwirklichen. Darüber hinaus fungieren sie als eine Art ›Gewissen‹ der Hauptfigur und erinnern sie an ihre ursprünglichen Ziele. Droht der Held aufzugeben, obliegt es ihnen, ihn erneut zu motivieren.[379]

Äußeres Zeichen dieser Unterstützung ist oftmals ein Geschenk oder eine Gabe, die sie der Hauptfigur überreichen. Diesen Gegenstand muss sich die Hauptfigur in der Regel erst ›verdienen‹. Die Hexe Glinda – die Beraterin Dorothys in DER ZAUBERER VON OZ – überreicht dem Mädchen ein paar rote Schuhe, mit denen das Kind zunächst noch nichts anzufangen weiß. Erst als sie ihre Lektion gelernt hat, erfährt Dorothy, dass sie durch das Zusammenschlagen der Absätze nach Hause zurückkehren kann. In SUSAN … VERZWEIFELT GESUCHT füllt Roberta die extravagante Lederjacke, die ursprünglich Susan gehört hat, noch nicht aus. Sie lernt den zu dem

Kleidungsstück passenden Lebensstil erst im Laufe des Films. Loretta kann in Mondsüchtig mit der Einladung zum Opernbesuch nichts anfangen; Ronny, der sie einlädt, wird ihr diese Welt erschließen. Auch Luke Skywalker weiß am Anfang von Krieg der Sterne nicht, wie er das Laserschwert führen muss. Sein Lehrer Obi Wan Kenobi muss ihn erst in dieser Kunst unterweisen. Er muss ihn – wie es im Film heißt – mit der Macht vertraut machen. Im Falle von Obi Wan Kenobi handelt es sich – wie von Campbell beschrieben – um einen älteren, erfahrenen Mann, der Luke ausdrücklich als seinen Schüler annimmt. Doch beileibe nicht alle Berater sind grauhaarig und weise.

Geliebte, Schutzbefohlene und Beschützer als Berater

Lulu ist eine 25-jährige Frau, die ausgesprochen extravagant gekleidet ist. Sie trägt eine tiefschwarze Perücke und Dutzende von bunten Armbändern. Ihr Auto ist mit pinkem Plüsch ausgestattet, und sie trinkt beim Fahren Schnaps aus der Flasche. Was soll der biedere Charlie Driggs von dieser Frau lernen? Was könnte sie zu seiner Mentorin machen? Lulu wirft Charlies Beeper aus dem Autofenster, seine Verbindung zum Büro. Sie fährt ihn auch nicht, wie versprochen, zu seinem Arbeitsplatz, sondern entführt ihn kurzerhand nach New Jersey. Nur eine Stunde, nachdem Lulu in sein Leben getreten ist, findet sich Charlie in einem Motelbett wieder, an das sie ihn mit einer Handschelle gekettet hat. Sie zwingt ihn dazu, seinen Chef anzulügen, was ihn schließlich seinen Job kosten wird. Lulu ist, wie es der deutsche Titel des Films auf den Punkt bringt, eine Gefährliche Freundin. Zugleich ist sie aber auch die Beraterin von Charlie Driggs.

Stehen Liebesbeziehungen im Mittelpunkt eines Films, fungiert in der Regel die neue Partnerin oder der neue Partner als Berater. In Pretty Woman ist Vivian Edwards Lehrerin, in Basic Instinct wird Nick durch Catherine verändert. Sie bringt den Polizisten dazu, wieder zu rauchen und Alkohol zu trinken. Verändernd können aber auch Schutzbefohlene auf einen Helden einwirken. Dazu gehören vor allem Kinder (Kindergarten Cop, Baby Boom, Noch drei Männer, noch ein Baby, Terminator 2) und Tiere, insbesondere große Hunde (Ein Hund namens Beethoven, Scott &

Huutsch, Top Dog, Mein Partner mit der kalten Schnauze).
Schutzbefohlene können auch Erwachsene sein, deren Schicksal in
den Händen der Hauptfigur liegt: In König der Fischer wird ein
verhaltensgestörter Obdachloser zum Lehrer für einen zynischen
Radiomoderator, in Rain Man verändert ein Autist seinen groß-
spurigen Bruder.

Natürlich beeinflussen oft überlegene oder zumindest gleichbe-
rechtigte Helfer den Helden. In Der Club der toten Dichter ist
der Berater ein Literaturlehrer, in Good Will Hunting handelt es
sich um einen Psychologen. In Ghost ermöglicht eine kriminelle
Wahrsagerin einem Verstorbenen die Kommunikation mit seiner
Frau. Rendezvous mit einem Engel und Interview mit einem
Vampir tragen jeweils einen Verweis auf die Berater – ein Engel und
ein Vampir – im Titel. Daneben unterstützen auch Trainer (Karate
Kid; Rocky), Vorgesetzte (Ein Offizier und Gentleman, Rambo) oder Experten die Hauptfigur (Zurück in die Zukunft, Der
weisse Hai). Sie orientiert sich an Idolen (Susan ... verzweifelt
gesucht) oder erhält Ratschläge von Freunden (Die Hochzeit
meines besten Freundes). Ihr helfen väterliche oder mütterliche
Figuren: In Highlander lernt der Held von einem anderen Un-
sterblichen, wie er sein Schwert führen muss. Evelyn Couch wird in
Grüne Tomaten von einer Greisin beraten. Die alte Frau verleiht
Evelyn sogar eine Gabe, mit der sie in ihren ganz persönlichen
Kampf ziehen kann – den Schlachtruf: »Towanda!«

Es gibt die drei Typen von Beratern – Geliebte, Schutzbefohlene und
Beschützer – in zwei Spielarten. Zu unterscheiden ist zwischen Beratern, die die Hauptfigur tatsächlich unterstützen, und jenen, die
nur vorgeben, dies zu tun. Im Extremfall entpuppt sich der Mentor
als Verräter: In Mission Impossible ist der junge Geheimagent
Ethan (Tom Cruise) der bevorzugte Musterschüler des väterlichen
Jim, der ihn in eine Falle laufen lässt und am Ende des Films sogar
töten will. In Die Waffen der Frauen hört Tess zunächst auf ihre
neue Chefin Katherine, die sich in der 23. Minute des Films sogar
selbst zu ihrer Lehrerin erklärt: »Tess, wissen Sie, Sie erreichen
nichts in dieser Welt, wenn Sie darauf warten, dass es Ihnen zufällt.
Sie müssen es in die Hand nehmen. Beobachten Sie mich. Lernen
Sie von mir!« Während dieser selbstgefälligen Erklärung hockt Tess

bezeichnenderweise zu Katherines Füßen, um deren Skistiefel zu schließen. Sie vertraut Katherine. Auf dem Heimweg schwärmt sie gegenüber ihrem Lebensgefährten Mick von ihrer Chefin:

> Tess Es ist einfach, es ist so aufregend. Ich meine, sie nimmt mich wirklich ernst. Ich glaube, es ist – ich weiß, dass du es schlimm findest, wenn ich so etwas sage –, aber ich denke, es ist, weil sie eine Frau ist. Es ist eben nicht so eine blöde Büroanmache. Es ist so, als ob sie mein Mentor sein wollte. Und das ist genau das, was ich brauche. Ich meine, ich habe endlich das Gefühl, dass ich weiterkomme.
>
> Mick Tess, das ist toll. Aber lass uns einen Zahn zulegen, sonst gefriert die Pizza.

Tess imitiert Katherine und merkt zu spät, dass ihre Chefin sie nur ausnutzen will; Katherine hat eine Idee ihrer Sekretärin gestohlen. In diesem Moment trifft sie auf ihren wahren Berater. Tess begegnet Jack, dessen Nachname bezeichnenderweise Trainer ist. Diese Differenzierung zwischen aufrichtigen und berechnenden Beratern deutet bereits an, dass sich eine Vielzahl von Filmen nicht auf einen Helfer beschränkt; in vielen Produktionen werden gleich mehrere kombiniert. Zu unterscheiden ist zwischen kooperierenden und konkurrierenden Konstellationen.

In Schlaflos in Seattle wird Annie von Becky unterstützt, ihrer besten Freundin. Becky wirft sogar den entscheidenden Brief an Sam, den Annie gar nicht abschicken wollte, in den Briefkasten. Sams Berater ist sein kleiner Sohn Jonah, dessen Anruf bei einer Radiostation dem initialen Auslöser entspricht. Jonah antwortet auch heimlich auf Annies Brief und zwingt seinen Vater, nach New York zu fliegen. In diesem Film werden die beiden Hauptfiguren, die sich ja erst in der letzten Sequenz treffen, jeweils von einem Berater geführt, der aktiv in das Geschehen eingreift. Beide Berater verfolgen – ohne sich zu kennen – ein gemeinsames Ziel, das jeweils eine der beiden Hauptfiguren betrifft.

Zwei Berater können aber auch bei Filmen mit einer Hauptfigur auftreten. Luke Skywalker muss sich zwischen dem Lebensentwurf seines Vaters – Darth Vader – und dem seines Lehrers – Obi Wan Kenobi – entscheiden. Er kann sich zur »dunklen Seite der Macht«

bekennen oder ein Jedi-Ritter werden. Entsprechend stehen der junge Soldat Chris (Charlie Sheen) in PLATOON und der junge Broker Bud (ebenfalls Charlie Sheen) in WALL STREET zwischen zwei Ratgebern, die jeweils unterschiedliche Wertvorstellungen vertreten.

Dass es ein Prinzip derartiger Paarungen gibt, lässt sich besonders deutlich an vier Produktionen aus den späten 80er Jahren zeigen, in denen Tom Cruise die Hauptrolle übernahm. In TOP GUN (1985) will die von ihm gespielte Figur Pilot werden, in DIE FARBE DES GELDES (1986) professioneller Billardspieler, in COCKTAIL (1988) ein erfolgreicher Barkeeper und in DAYS OF THUNDER (1990) ein unbesiegbarer Rennfahrer. Auf seinem Weg zu diesen unterschiedlichen Zielen wird der ehrgeizige, aber verantwortungslose Draufgänger von einem älteren Mann und einer jüngeren Frau unterstützt. Somit ergibt sich die folgende Figurenkonstellation:

> 1. <u>The Cruise Character</u>, invariably a young and naive but naturally talented kid who could be the best, if ever he could tame his rambunctious spirit. 2. <u>The Mentor</u>, an older man who has done it himself and been there before and knows talent when he sees it, and who has faith in the kid even when the kid screws up because his free spirit has gotten the best of him. 3. <u>The Superior Woman</u>, usually older, taller, and more mature than the Cruise character, who functions as a Mentor for his spirit, while the male Mentor supervises his craft.[380]

In TOP GUN wird die Hauptfigur von einem früheren Weltklasseflieger angeleitet, in DAYS OF THUNDER von einem ausgefuchsten Rennfahrer, in DIE FARBE DES GELDES von einem ehemaligen Topspieler und in COCKTAIL von einem erfahrenen Barkeeper. Neben diesen älteren Männern, in deren Fußstapfen der Protagonist treten will, prägt eine Frau den Charakter des rebellischen Twens, den Cruise in allen vier Produktionen spielt. Die beiden Berater des Helden fungieren arbeitsteilig: Während der Mann – *the Mentor* – seine professionelle Ausbildung übernimmt, beeinflusst die Frau – *the Superior Woman* – seine emotionale Entwicklung. Zwischen diesen beiden Beratern entsteht ein Konflikt, den der Held durch die (zeitweilige) Trennung von seinem väterlichen Freund löst.

Wie stark die Konkurrenz zwischen zwei Beratern sein kann, lässt sich abschließend an BASIC INSTINCT zeigen. Dass dieser Film zahlreiche Parallelen zu DAS SCHWEIGEN DER LÄMMER aufweist, kann auf der Grundlage des von Algirdas J. Greimas entwickelten Aktantenmodells gezeigt werden.

Berater und Widersacher: Algirdas J. Greimas' Aktantenmodell

Zu Beginn des Krimis BASIC INSTINCT erhält der Polizist Nick (Michael Douglas) den Auftrag, einen Serienmörder zu überführen. Zu diesem Zeitpunkt hat er gerade eine Therapie beendet. Er hat das Rauchen aufgegeben, schnupft kein Kokain mehr und ist trocken. Auch glaubt er, seine Aggressionen unter Kontrolle zu haben. »Ich bin stabil«, erklärt er der Polizeipsychologin Beth, die ihm Arbeitsfähigkeit bescheinigen soll. Dem Modell der ›Reise‹ entsprechend, kann diese Stabilität aber nur scheinbar sein. Nick scheint unter großem Druck zu stehen. Beth fordert daher, dass er sich von der mordverdächtigen Catherine (Sharon Stone) fern hält, die einen destabilisierenden Einfluss auf ihn habe.

Catherine hält Nicks Abstinenz von Beginn an für Fassade. Sie bietet ihm Zigaretten an, bis er schließlich zugreift, provoziert ihn zu trinken und zu koksen. Ihrer Meinung nach muss Nick erkennen, dass genau diese Lebensweise seinem Wesen entspricht.[381] Catherine und Beth fordern somit genau entgegengesetzte Entwicklungen von Nick ein. Die Blondine verlangt den Exzess, die Brünette Mäßigung. Catherine will, dass Nick die Kontrolle verliert, Beth hat die Aufgabe, einen Kontrollverlust zu verhindern. Dass beide Frauen ein sexuelles Interesse an ihm haben, verstärkt den Konkurrenzkampf. Nach seiner Suspendierung – dem zentralen Wendepunkt des Films in der 56. Minute – lässt Nick sich auf ein Verhältnis mit Catherine ein. Jetzt steht er auch in dieser Hinsicht zwischen den beiden Frauen. Auch in Bezug auf ihre Sexualität sind die beiden Figuren gegengleich angelegt. Die Symmetrie ist auffällig: In der ersten Hälfte des zweiten Akts vergewaltigt Nick seine Ex-Freundin Beth; in der zweiten Hälfte des zweiten Akts schläft er mit Catherine, wobei sie dominiert. Beth schämt sich ihrer Bisexualität und verschweigt sie, Catherine protzt regelrecht mit ihren vielfältigen Eroberungen.

Interessanterweise sind Catherine und Beth ausgebildete Psychologinnen und haben sogar beide an derselben Universität studiert. Beth ist Nicks offizielle Therapeutin, aber Catherine führt ihn tatsächlich in die Tiefen seines Unterbewusstseins. Beth soll als seine Beraterin fungieren, ist aber eigentlich eine Warnerin und schließlich sogar Gegenspielerin. Catherine ist es, die ihn über die Schwelle geleitet, die ihm hilft.

Dieser Tausch der Funktionen kann mit Hilfe von Algirdas J. Greimas' Aktantenmodell erklärt werden.[382] Greimas unterscheidet zwischen Akteuren und Aktanten.[383] Akteure sind die konkreten Erscheinungsformen von Aktanten, die auf der Ebene der Tiefenstruktur anzusiedeln sind. Das Aktantenraster verteilt »die Akteure einer Erzählung auf sechs formale Klassen von Aktanten, die durch das definiert werden, was sie von ihrem Status her tun, und nicht durch das, was sie psychologisch sind«.[384] Bei den sechs Aktanten handelt es sich um Subjekt, Objekt, Sender, Empfänger, Widersacher und Helfer. Das Subjekt ist der Aktant, der ein Ziel hat, der etwas sucht; das Objekt ist das Gesuchte. Der Sender (Adressant) verursacht die Suche, während der Empfänger (Adressat) von ihr profitiert. Der Widersacher (Opponent) versucht die Suche zu behindern, während der Helfer (Adjuvant) sie unterstützt.[385] Diese Funktionen müssen nicht unbedingt von menschlichen Figuren übernommen werden; es kann sich dabei auch um Tiere, Objekte oder um Konzepte handeln. So kann zum Beispiel ein magischer Ring dem Subjekt bei der Verfolgung eines Ziels helfen, dessen Erreichen von der bestehenden Gesellschaftsordnung verhindert wird.

Steve Cohan und Linda M. Shires haben Greimas' Modell 1988 auf das Melodrama DAS GEHEIMNIS VON MALAMPUR übertragen.[386] In Malampur, einer Stadt in Hinterindien, erschießt die reiche Leslie Crosby (Bette Davis) aus Eifersucht ihren Liebhaber und wird aus Mangel an Beweisen freigesprochen. Auslöser des Mordes – und somit der Sender – ist der Ehemann; vom Freispruch profitiert die Gesellschaftsordnung. Leslies Helfer ist ihr Anwalt, ihre Opponentin ist die Ehefrau des Liebhabers, von der Leslie am Ende des Films erschossen wird.

Eine Übertragung des Modells ist auch bei BASIC INSTINCT möglich. Am Anfang des Films ist die Verteilung der Funktionen eindeutig. Nick (das Subjekt) sucht eine Mörderin (das Objekt). Sein Auftraggeber (der Sender) ist das örtliche *police department*; an der Aufklärung interessiert ist das Rechtssystem (der Empfänger). Unterstützt wird er dabei von Beth (der Helferin), an der Aufklärung gehindert wird er von Catherine (der Opponentin). Cohan und Shires haben gezeigt, dass Figuren in einem Film mehrere Funktionen übernehmen können – entwder gleichzeitig oder hintereinander. In Das Geheimnis von Malampur ist die Rivalin beim Kauf eines verräterischen Briefes nicht länger die Opponentin von Leslie Crosby, sondern die Empfängerin. Auch bei Basic Instinct erweisen sich die zu Anfang angenommenen Zuteilungen als trügerisch. Die beiden Frauen tauschen die Funktionen: Nicht Catherine, sondern Beth ist die Mörderin. Aus der Helferin wird eine Opponentin, die sich schließlich sogar als das gesuchte Objekt herausstellen wird – zumindest in den Augen der Polizei.

Eine vergleichbare Konstellation wie in Basic Instinct ist auch in Das Schweigen der Lämmer angelegt. Nick und Clarice sind beide auf der Suche nach einem Serienmörder. Die Zuordnung scheint daher zunächst einfach: Clarice ist das Subjekt, Bill das Objekt. Ausgesandt wird Clarice von Crawford, Empfängerin wird ein von Bill gekidnapptes Opfer sein, Catherine; als Opponent erweist sich Chilton, der Anstaltsleiter. Nur: wer ist der Helfer, wer der Berater?

Sowohl in Basic Instinct als auch in Das Schweigen der Lämmer wird die Suche, vor der eine Figur warnt, von einer anderen provoziert. In beiden Filmen handelt es sich bei diesen Figuren jeweils um ausgebildete Psychologen. An die Cruise-Filme erinnert, dass Clarice von einem väterlichen Freund angeleitet wird: Jack Crawford ist ein erfahrener Agent, in dessen Abteilung sie unbedingt arbeiten möchte. Er ist Clarice' Vorbild: »son mentor, son gourou, son père«.[387] Doch statt eines oder einer Geliebten, die als Gegenkraft zu ihm wirken könnte, übernimmt es ein Massenmörder, die Selbsterkenntnis der Hauptfigur einzufordern. Somit operiert auch Das Schweigen der Lämmer mit zwei konkurrierenden Beratern. Um Clarice streiten Jack Crawford und Hannibal Lecter.

Die Berater in Das Schweigen der Lämmer

Jack Crawford hat Clarice für einen Sonderauftrag ausgesucht. Er fördert sie beruflich und ist auch formal ihr Vorgesetzter und Lehrer. Crawford versieht sie am Ende des ersten Gesprächs mit einem FBI-Ausweis, dem »Amulett« in Campbells Sinne, das sie »gegen die

Kräfte des Drachen«[388] verwenden soll. Dieser Ausweis ist den roten Schuhen oder dem Lichtschwert vergleichbar. Dass es eine Gabe ist, die Clarice sich erst noch verdienen muss, wird noch drei weitere Male thematisiert. Clarice soll den Pass abgeben, als ihr die Aufgabe entzogen wird. Danach schleicht sie sich mit einem ungültigen Ausweis zu Lecter. In der letzten Sequenz des Films erhält Clarice schließlich ihren Ausweis als vollwertige Agentin, den sie wie eine Trophäe hochhält.

Der erste Ausweis – Crawfords Gabe – öffnet Clarice tatsächlich die Türen zu Lecter. Trotzdem ist es gerade dieses Dokument, das sie schwächt. Hannibal Lecter lässt sich den Pass zeigen: »Darf ich Ihren Ausweis sehen?« Er fragt nach einem Beglaubigungsschreiben, als stünde Clarice unaufgefordert vor seiner Haustür und als könnte es einen Zweifel an ihrer Identität geben. Clarice geht auf seinen Wunsch ein, da sie ihn für sich einnehmen will. Sie ist von Beginn an in der unterlegenen Position, was Lecter sofort erkennt. Er fordert sie zweimal auf, näher zu treten, damit er den Text des Ausweises lesen kann. Clarice folgt auch diesem, schon ungeduldiger vorgebrachten Wunsch, obwohl ihr von Chilton eingeschärft wurde, sich von Lecters Zelle fern zu halten. Tatsächlich kommt sie Lecter zu nahe: Der Gefangene erkennt sofort, dass es sich bei dem Papier nur um einen provisorischen Ausweis handelt.

> LECTER Der läuft ab in einer Woche. Sie gehören nicht wirklich zum FBI, oder?
> CLARICE Ich bin noch in der Ausbildung, an der Akademie.
> LECTER Jack Crawford schickt eine Anfängerin zu mir?

Clarice selbst räumt ein, dass sie nur eine Schülerin ist, und betont ausdrücklich Lecters Überlegenheit: »Ja, ich studiere wieder. Ich bin hier, um von Ihnen etwas zu lernen.« Mit diesem Satz hat sie Lecter zu ihrem Lehrer ernannt, was der Gefangene honoriert: »Sie sind eine ziemlich gerissene Person, Agentin Starling.« Er bietet ihr einen Stuhl an und gibt ihr eine Chance.

Diese Chance weiß Clarice zu nutzen. Sie soll persönlichen Fragen ausweichen, aber die Frage, was Lecters Zellennachbar Miggs ihr zugerufen hat, beantwortet sie wahrheitsgemäß, obwohl ihr dies zuwider ist. Sie will Lecters Gesprächsbereitschaft nutzen und glaubt, die Kontrolle behalten zu können. Das ist zunächst auch der Fall. Clarice bleibt gelassen, als der auf Gerüche fixierte Lecter ihr präzise nennen kann, welche Hautcreme sie nutzt und was ihr bevorzugtes Parfüm ist: »Manchmal tragen sie L'AIR DU TEMPS. Aber nicht heute.« Lecter scheint sie ›gut riechen‹ zu können. Clarice wird mutiger und ergreift die Initiative. Sie bewundert Lecters Zeichnungen und erzählt auf seinen Wunsch von Buffalo Bill: Seinen Spitznamen habe er erhalten, weil er seinen Opfern Teile ihrer Haut entfernt. Clarice' partielles Entgegenkommen scheint Wirkung zu zeigen. Lecter erlaubt ihr, den Fragebogen – Crawfords Fragebogen – durch die Schleuse zu schieben. Aber der vermeintliche Erfolg erweist sich als Pyrrhussieg. Die Entgegennahme der Unterlagen bedeutet das Ende des Gesprächs, denn Lecter verspottet die Ermittlung.

Diese Weigerung geht in eine Beleidigung seiner Gesprächspartnerin über. Lecter hat Clarice' Ehrgeiz auf den ersten Blick erkannt. Offenbar verweist sein Name auf eine seiner außergewöhnlichen Qualitäten. ›Lecter‹ kann übersetzt werden als ›Leser‹. Er kann Clarice' Gedanken lesen: »He picks at poor Clarice's brain, probing her past and daring her to read his sickly psyche so she can predict the grisly attacks of another psychotic brain-chewer who literally enjoys getting under the skins of the plump female victims.«[389] Außerdem ist Lecter in der Lage, von ihrem äußeren Erscheinungsbild auf ihre Lebensgeschichte zu schließen. Er höhnt: »Sie sind erst eine Generation vom schlimmsten weißen Abschaum entfernt, nicht wahr, Agentin Starling?«

Von dieser Verhöhnung – einer Schlüsselstelle des Films – war schon im Kontext der Backstorywound und im Kontext des Mangels die Rede. Lecter versucht durch seine Mutmaßungen, an Clarice' Verletzung zu rühren. Sie zu verwunden scheint ihm zu genügen – er schickt Clarice fort. Erst das Eingreifen seines Zellennachbarn Miggs, der Clarice sein Sperma ins Gesicht schleudert, bewirkt einen Sinneswandel. Lecter gibt der jungen Agentin einen ersten Hinweis auf Buffalo Bill: den Hinweis auf ›Miss Mofet‹. Dieser Tipp, der Clarice zum Lager mit der Leiche führen wird, wurde bereits als erster Wendepunkt der Handlung identifiziert.

Diese beiden Einordnungen können jetzt durch eine weitere ergänzt werden. Am Ende des ersten Gesprächs wird Lecter in zweifacher Hinsicht zu Clarice' Berater. Erstens wird er seine Schülerin zur Lösung des Kriminalfalls führen: »Ich werde Ihnen helfen, ihn zu fangen«, wird er ihr später versprechen. Lecter weiß, wer Buffalo Bill ist, und gibt Clarice die entscheidenden Hinweise. Er hilft ihr sogar noch, als sie ihm nichts bieten kann und er seine Flucht bereits geplant hat. Dass seine Unterstützung erfolgreich ist, unterscheidet ihn von Jack Crawford. Lecter liefert Clarice den Täter, während Crawford in die Irre läuft und das falsche Haus umstellen lässt. Dieser Irrtum wird Clarice in Lebensgefahr bringen; Crawford hat als Beschützer eindeutig versagt.

Auch im Hinblick auf die zweite Beraterfunktion unterscheidet sich Lecter von Crawford. Er begleitet seine Schülerin auf eine Reise, vor der der FBI-Mann sie ausdrücklich gewarnt hat: Sie solle auf keinen Fall ihre Persönlichkeit preisgeben. Im Gegensatz dazu fordert Lecter Clarice zu dieser Offenbarung auf. Anscheinend arbeiten hier zwei Kräfte gegeneinander. Auch in diesem Zweikampf wird Lecter sich als der Stärkere erweisen. Er konfrontiert Clarice mit ihren Erinnerungen, was direkte Folgen zeigt. Als Clarice das Gefängnis verlässt, bricht sie weinend zusammen. Sie erinnert sich an ihren Vater, was mit einem ersten, kurzen Flashback visualisiert wird. Lecter zwingt Clarice offenbar zu einer ›Reise in das eigene Ich‹, deren Höhepunkt die Erzählung vom Schreien der Lämmer ist.

Am Ende des ersten Akts ist die Hauptfigur in der Lage, sich den aufgeworfenen Problemen zu stellen. Sie ist nun bereit, eine, wie Joseph Campbell es nennt, Schwelle zu überschreiten.[390] Mit diesem Schritt willigt sie in das Abenteuer ein – und damit in letzter Konsequenz auch in eine Veränderung ihrer Persönlichkeit. Mit dem Überschreiten dieser Schwelle beginnt die zweite Phase der Erzählung, die Phase der Prüfungen.

5. Prüfungen:
Die zweite Phase der Erzählung

Clarice Starling ist erschüttert. Nach dem Treffen mit Hannibal Lecter kehrt sie zu ihrem Auto zurück und bricht auf dem Parkplatz in Tränen aus. Sie erinnert sich an ihren verstorbenen Vater. Am Ende dieser Sequenz schwenkt die Kamera in den wolkenverhangenen Himmel. Das Bild wird weiß. »In the olden days of film, the transition between Act One and Act Two was often marked by a brief fade-out, a momentary darkening of the screen which indicated passage of time or movement in space.«[391] Den Bruch zwischen den Erzählabschnitten betonen die nächsten beiden Einstellungen: Auf eine Totale mit der weinenden Clarice folgt eine Detailaufnahme – die Mündung einer Waffe, die von Clarice abgefeuert wird. Das leise Schluchzen der Hauptfigur wird abgelöst von einer Reihe lauter Schüsse.

Mit dieser Salve könnte das Abenteuer ›Lecter‹ beendet sein. Eine knapp einminütige Montagesequenz zeigt die junge Agentin am Schießstand, beim Lauftraining mit ihrer Freundin Ardelia und bei einer simulierten Festnahme. Offenbar ist der Alltag wieder in Clarice' Leben eingekehrt. Sie ist an die FBI-Akademie zurückgekehrt und setzt ihre Ausbildung fort, als sei sie dem Serienmörder nie begegnet. Von ihren Mitschülern und Mitschülerinnen unterscheidet sie sich zu diesem Zeitpunkt nur durch eine Tatsache: In ihrer Freizeit versucht Clarice herauszufinden, was Lecter mit dem Hinweis auf Miss Mofet gemeint haben könnte.

Clarice ermittelt, dass Lecter unter dem Namen Miss Mofet eine dem FBI bislang unbekannte Lagerhalle in Baltimore angemietet hat, in der noch immer ein Teil von seinen Besitztümern aufbewahrt wird. Dieses Rechercheergebnis wird Clarice zurück ins Abenteuer führen, denn Crawford beauftragt sie mit der Überprüfung ihres Ergebnisses: »Worauf warten Sie noch?« Clarice' Vorgesetzter fordert sie zu einem nächsten Schritt auf, den ihr Mentor Lecter vorgegeben und vorausgesehen hat. Mit Crawfords Anweisung, die in der 20. Filmminute ausgesprochen wird, beginnt der zweite Akt der Erzählung von DAS SCHWEIGEN DER LÄMMER. Der genaue Ablauf des zweiten Akts, der in drei Stationen unterteilt werden kann, ist Gegenstand dieses Kapitels.[392] Welche Prüfungen muss die Haupfigur auf ihrer ›Reise‹ bestehen? Wie verläuft der Weg zur Selbsterkenntnis?

Die Bewährung der Hauptfigur

Clarice erreicht die Lagerhalle in Baltimore erst am späten Abend; es ist bereits dunkel, und es regnet in Strömen. Ihr einziger Begleiter ist der Verwalter, ein alter Mann, der sie vom Betreten des dunklen Raumes abhalten möchte. Ob sie nicht morgen wiederkommen wolle? Morgen könne er auch seinen Sohn mitbringen. Der Verwalter warnt vor Mäusen und verweigert seine Hilfe, als das Tor klemmt. Doch die zu allem entschlossene Clarice ignoriert seine Einwände. Sie beleuchtet die Szenerie mit dem Licht ihres Autos und stemmt das Tor mit einem Wagenheber hoch. Die Gefahr der Situation ist Clarice durchaus bewusst. Mit einem gezwungenen Lachen bittet sie: »Oh, falls diese Garagentür herunterkommen sollte – ha, ha – oder irgendwas sonst, hier ist die Nummer von unserer Baltimore Außenstelle. Dort weiß man, dass ich jetzt mit Ihnen hier bin. Rufen Sie dort an, wenn irgendwas passiert.« Mit diesen Worten schiebt sich Clarice durch den schmalen Spalt, den sie aufstemmen konnte, in den Lagerraum – nicht ohne sich dabei eine Schnittwunde am Bein zuzufügen. Verletzt und nur mit einer Taschenlampe bewaffnet, kriecht sie in die finstere Halle, die seit über zehn Jahren nicht mehr betreten wurde.

Die Bedeutung von Grenzüberschreitungen hat Jurij M. Lotmann in DIE STRUKTUR LITERARISCHER TEXTE angesprochen: »Hier wird nun zum wichtigsten topologischen Merkmal des Raumes die Grenze. Sie teilt den Raum in zwei disjunkte Teilräume. (…) Die Art, wie ein Text durch eine solche Grenze aufgeteilt wird, ist eines seiner wesentlichen Charakteristika.«[393] Ausgehend von solchen Grenzüberschreitungen unterscheidet Lotman den sujetlosen vom sujethaften Text, den beschreibenden vom erzählenden. In PROBLEME DER KINOÄSTHETIK erklärt er, dass sich der sujetlose Text darauf beschränke, eine bestimmte Ordnung wiederzugeben, während der sujethafte von der Störung der Ordnung erzähle: »Sujettexte stellen immer einen Vorfall, ein Ereignis dar (nicht zufällig leitet sich die

Bezeichnung des Sujettextes ›Novella‹ etymologisch vom Wort ›novum‹ ab) – also etwas, was es bisher nicht gab oder was es nicht geben durfte.«[394] Sujettexte sind daher immer mit Grenzüberschreitungen befasst. »Wird eine Grenze überschritten, so ereignet sich etwas, das erzählt werden kann.«[395] Wie Jurij M. Lotmann spricht auch Joseph Campbell vom Überschreiten einer Grenze, die er als Schwelle bezeichnet.

Das Überschreiten der Schwelle

Am Anfang der zweiten Phase der Erzählung gelangt die Hauptfigur »schließlich zu dem Torhüter, der am Eingang zu der Zone wacht, in der größere Kräfte am Werk sind«.[396] Über diesen Wächter und dessen Warnungen setzt sich die Hauptfigur hinweg und überschreitet die Schwelle zur unbekannten Welt.

> Immer und überall ist das Abenteuer eine Reise ins Unbekannte, jenseits des Schleiers des Bekannten und Vertrauten sind die Kräfte, die an der Grenze wachen, bedrohlich, es mit ihnen aufzunehmen ist riskant. Immer und überall aber vergeht auch die Gefahr vor jedem, der Berufung und Mut mitbringt.[397]

Christopher Vogler, *script consultant* bei den Disney Studios, hat beobachtet, dass der Vorgang der Grenzüberschreitung oftmals regelrecht ins Bild gesetzt wird: »Countless movies illustrate the border between two worlds with the crossing of physical barriers such as doors, gates, arches, bridges, deserts, canyons, walls, cliffs, oceans, or rivers.«[398] Tatsächlich fährt Pretty Woman Vivian zu Beginn der zweiten Erzählphase von Hollywood nach Beverly Hills, Lulu passiert in Gefährliche Freundin ein Hinweisschild, das das Verlassen des Bundesstaates New York anzeigt, George übertritt in Green Card die Schwelle zur Wohnung seiner ihm unbekannten Ehefrau. In Dirty Dancing überquert Feriengast Baby nur eine kleine Holzbrücke, um zu den Hotelangestellten zu gelangen, während Kate in French Kiss den Atlantik überwinden muss, um ihren Verlobten wiederzufinden. Torhüter sind in den beiden Filmen das ausdrückliche Verbot, über das Baby sich hinwegsetzt, und die Flugangst, die Kate mit Alkohol bekämpfen muss.

Als *takeoff* bezeichnet Christopher Vogler die Sequenz, die auf die Überschreitung folgt. In den Disney Studios wird ein Film mit der

Metapher des Fluges beschrieben: »Act One is the process of loading, fueling, taxiing, and rumbling down the runway towards takeoff. The First Threshold is the moment the wheels leave the ground and the plane begins to fly.«[399] Für den Moment des ›Abhebens‹ haben Thomas Schlesinger und Keith Cunningham einen genau entgegengesetzten Begriff gefunden. Sie bezeichnen die der Grenzüberschreitung folgende Station als ›Abstieg‹. Die Figuren würden sich in die Tiefe der von Campbell beschriebenen Nachtwelt begeben.[400] Dies kann in vielen Fällen wörtlich genommen werden: Tatsächlich betreten eine ganze Reihe von Figuren zunächst dunkle Orte. Welcher Art diese dunklen Orte sind, kann am Beispiel eines Science-Fiction und einer Komödie gezeigt werden.

In dem Science-Fiction KRIEG DER STERNE ist es die schon sprichwörtlich gewordene »dunkle Seite der Macht«, auf die Luke sich im zweiten Akt einlässt. Diese Erzählphase beginnt mit einem Besuch in einer finsteren Bar, in der zwielichtige Gestalten verkehren. Das Drehbuch beschreibt die Szene:

> The murky, moldy den is filled with a startling array of weird and exotic alien creatures and monsters at the long metallic bar. At first the sight is horrifying. One-eyed, thousand-eyed, slimy, furry, scaly, tentacled, and clawed creatures huddle over drinks.[401]

Luke ist verunsichert und folgt etwas ängstlich seinem Führer Obi Wan Kenobi, der sich völlig selbstsicher bewegt. Kaum allein gelassen, wird der junge Mann in einen Streit verwickelt. Ein Fremder pöbelt ihn aus einer Laune heraus an. Obwohl Luke sich geradezu demütig zeigt und sich entschuldigt, lässt ihn der schwer bewaffnete Kriminelle nicht in Ruhe. Obi Wan Kenobi muss eingreifen und seinen Schützling retten. Offenbar ist Luke diesem finsteren Ort noch nicht gewachsen. Er wird in der zweiten Erzählphase lernen müssen, mit solchen Gestalten umzugehen.

Überfordert ist auch Loretta, die Steuerberaterin aus der Komödie MONDSÜCHTIG. Sie geht zu Beginn der zweiten Erzählphase eine steile Treppe hinunter in eine fensterlose Backstube, um dem ihr unbekannten Bruder ihres Verlobten eine Einladung zu ihrer Hochzeit zu überbringen. In der Backstube werden Öfen befeuert; der Keller ist nicht nur ein dunkler, sondern auch ein heißer, geradezu ›höllischer‹ Ort. An diesem Ort begegnet Loretta erstmals Ronny, der mit Johnny verfeindet ist. In einem verschmutzten und verschwitzten Unterhemd steht er vor dem Feuer. Im Unterschied zu seinem übergewichtigen Bruder Johnny ist Ronny muskulös, und seinen Oberarm ziert eine Tätowierung. Seine Haare sind wirr, und als er seinen weißen Arbeitshandschuh abstreift, ist eine hölzerne Prothese an der rechten Hand zu erkennen. Stockend spricht Loretta ihre Einladung aus, da erklärt Ronny unvermittelt: »Ich lebe nicht mehr. Mein Bruder Johnny hat mir mein Leben genommen.« Loretta ist verwirrt, aber Ronny fährt unbeirrt fort: »Er hat sein Leben. Er kriegt seinen Teil. Und er will, dass ich hinkomme. Wo ist meine Hochzeit?«

MONDSÜCHTIG – Ronnies hölzerne Hand

Ronnie wurde von seiner Braut verlassen, nachdem er seine Hand bei einem Arbeitsunfall verlor. Den Bäcker interessiert es nicht, dass sein Bruder nicht verantwortlich ist für seine Behinderung. Er ist ein unbeherrschter Mann, der seine Gefühle auslebt. Ronnie tobt: »Es ist mir egal! Ich habe meine Hand verloren! Ich habe meine Braut verloren! Johnny hat seine Hand, Johnny hat seine Braut!« Mit diesen irrationalen Anschuldigungen kann die abgeklärte Loretta nicht umgehen. Sie hat sich gerade zu einer Vernunftehe entschlossen, da Liebe ihrer Meinung nach nur Unglück bringt. Somit ist der Weg hinunter in die Backstube für sie der Abstieg in eine ›Nachtwelt‹.

Als Clarice Starling unter dem Garagentor hindurchkriecht, dringt auch sie in eine ›Nachtwelt‹ ein. Gewarnt von »einem Schattenwesen, das den Übergang bewacht«[402], betritt sie einen dunklen Raum, in dem »größere Kräfte am Werk sind«.[403] Dieses Unterfangen ist ›riskant‹, um noch einmal Campbells Formulierung aufzugreifen, aber Clarice bringt genügend ›Berufung und Mut‹ mit, um den entscheidenden Schritt zu wagen. Damit stellt sich Clarice ihrer ersten Prüfung.

Die erste Prüfung

In PRETTY WOMAN hat Vivian nach ihrer Ankunft im Hotel viel zu lernen. Edward weist sie an, ihre aufreizende Kleidung unter seinem Mantel zu verbergen. Von ihm erfährt sie, dass ein Multimillionär nicht wegen der Aussicht im Penthouse wohnt, sondern aus rein repräsentativen Gründen. Er erklärt ihr, dass ein Hotelangestellter für einen Dienst ein Trinkgeld erwartet und dass Erdbeeren den »feinen Geschmack« von Champagner unterstützen. Diese Sequenz deutet an, was Vivian im zweiten Akt zu leisten haben wird. Sie muss lernen, sich in der Welt der Reichen korrekt zu benehmen: Auf dem Stuhl statt auf dem Tisch zu sitzen, das richtige Besteck auszuwählen oder sich angemessen zu kleiden. »Nachdem der Held einmal die Schwelle überquert hat, bewegt er sich in einem Traumland, erfüllt von seltsam fließenden, mehrdeutigen Formen, wo er eine Reihe von Prüfungen zu durchstehen hat.«[404] Dem Grenzübertritt folgt eine erste Prüfung, die beispielhaft für alle folgenden Prüfungen des zweiten Akts ist. Vivian soll sich ein Abendkleid kaufen; sie scheitert zunächst an dieser Aufgabe, weil eine arrogante Verkäuferin sie nicht bedienen will. Erst mit Hilfe des Hotelmanagers Bernie gelingt es ihr, ihre erste Prüfung zu bestehen. In ihrem neuen Kleid ist sie so elegant, dass Edward sie zunächst nicht erkennt.

Die erste Prüfung ist eine Art Test: »Storytellers use this phase to test the hero, putting her through a series of trials and challenges that are meant to prepare her for greater ordeals ahead (…), to sharpen the hero's skill in specific areas.«[405] In welcher Weise die Hauptfigur getestet wird, hat Ronald B. Tobias zu systematisieren versucht. Er nennt die Suche, die Verfolgung, die Rache, das Rätsel, die Rivalität, die Rettung oder die Liebe. Tobias muss jedoch einräumen, dass seine Liste unvollständig ist. Außerdem kommt es in seiner Aufzählung zu zahlreichen Überschneidungen. So unterscheidet Tobias etwa zwischen Erzählungen der Metamorphose, der Verwandlung und der Reifung, ohne Filmbeispiele nennen zu können.[406] Bei der Filmanalyse erweist es sich als wenig hilfreich, die Prüfungen in *masterplots* zu ordnen, eine solche Systematisierung wird der Verschiedenartigkeit der Prüfungen nicht gerecht. Die ersten Aufgaben, die eine Figur im zweiten Akt zu bewältigen hat, können aus allen Bereichen des Lebens kommen. Sie unterscheiden sich entsprechend erheblich. In Mondsüchtig brät Loretta lediglich ein Steak für Ronny, Baby übt in Dirty Dancing nur einige Tanzschritte mit Johnny ein, Brontë soll in Green Card bloß einige von Georges Gewohnheiten auswendig lernen.

Dass es sich auch bei diesen ersten, einfachen Aufgaben um Mutproben handelt, ist bei Kriminal- oder Abenteuerfilmen deutlicher zu erkennen als in Komödien. Luke Skywalker muss unter dubiosen und gewaltbereiten Gestalten auf seinen Mentor warten; dabei gerät er sogleich in Lebensgefahr. Clarice Starling muss die große Lagerhalle durchsuchen, in der Berge von staubigem Gerümpel stehen – Schaufensterpuppen ohne Kopf, ein ramponiertes Klavier, eine abgedeckte Limousine. Clarice weiß nicht genau, was sie suchen soll, aber sie muss stets erwarten, dass es sich um einen Angst erregenden Fund handeln wird – schließlich inspiziert sie den Besitz eines Serienmörders.

An diesem Beispiel kann verdeutlicht werden, dass die Schwierigkeit einer Prüfung nicht als zwangsläufig missverstanden werden darf. Sie ergibt sich in diesem Fall nicht notwendigerweise aus dem im ersten Akt etablierten Kriminalfall; das Durchsuchen einer Garage erfordert nicht zwingend ›Berufung und Mut‹. Die Ermittlung hätte nämlich in weitaus entspannterer Atmosphäre ablaufen können. Warum hat Clarice die von ihr erwähnten Kollegen des *Baltimore field office* nicht angerufen? Mit der Hilfe der Männer wäre das Tor vollständig zu öffnen gewesen. Das FBI hätte die Halle mit Sicherheit ausgeleuchtet, und Clarice wäre außerdem nicht gezwungen gewesen, sie alleine zu betreten. In dieser Konstellation wäre die Durchsuchung der Lagerhalle zu einer Routinesache geworden – sogar für eine unerfahrene Agentin.

Dass Clarice dennoch den schwierigeren Weg wählt, lässt sich nicht mit den in der Lebenswelt üblichen Verhaltensweisen erklären, sondern nur aus dem für den zweiten Akt typischen Ablauf begründen. Im zweiten Akt wird die Hauptfigur mit Hindernissen konfrontiert, die sie vom Erreichen des Ziels abhalten könnten.

> In Hollywood gibt es einen Slogan für Drehbuchautoren, der lautet: Im ersten Akt jagst du deinen Helden auf einen Baum, im zweiten wirfst du Steine nach ihm, im dritten kannst du ihn herunterkommen lassen. Aber der zweite Akt ist entscheidend. Der Prozess des Steinewerfens.[407]

Die Hauptfigur könnte die Verwicklungen und Komplikationen, mit denen sie zu Beginn des zweiten Akts konfrontiert wird, vermeiden; sie könnte eine Entscheidung für den einfacheren Weg treffen. Aber das Überwinden von Hindernissen ist ja gerade Gegenstand der Station ›Prüfungen‹; sich ihnen auszusetzen ist eine Erzählkonvention. Konvention ist auch, dass Polizisten und Polizistinnen in Filmen keine Verstärkung rufen. Es bedarf daher keiner expliziten Begründung, warum Clarice keine Kollegen anfordert. Diese wäre auch kaum zu bieten gewesen. Clarice könnte das *Baltimore field office* informieren, da sie mit der Öffnung der Lagerhalle keine Dienstvorschrift verletzt. Sie handelt nicht eigenmächtig, sondern im offiziellen Auftrag ihres Vorgesetzten. Zeitdruck – eine andere Standardmotivation für Alleingänge – besteht ebenfalls nicht. Wenn es um Stunden ginge, hätte Clarice ihren Vorgesetzten sicher nicht erst auf dessen Aufforderung hin informiert. Außerdem wären dann vor Ort stationierte Einsatzkräfte zu der Lagerhalle gefahren; Clarice musste ja erst von der Akademie nach Baltimore anreisen. Das bedeutet: Die Konvention, dass Helden und Heldinnen Hindernisse überwinden müssen, ist so stark, dass Clarice' Entscheidung trotz ihrer Fragwürdigkeit keiner zusätzlichen Motivation bedarf.

Dass Clarice' Alleingang notwendig ist, wird nicht nur durch eine Erzählkonvention abgesichert, sondern außerdem durch das Ende der Sequenz – ihren Erfolg – bestätigt. In einer mit einer amerikanischen Flagge abgedeckten Limousine stößt sie auf einen verhüllten Gegenstand. Clarice zieht das Tuch herunter – und findet einen abgetrennten Kopf, der in einem Glas konserviert wurde. Sie hat die Überreste einer Leiche entdeckt. Clarice' Mut wird belohnt: Sie hat Hannibal Lecters Rätselaufgabe gelöst und damit ihre erste Prüfung bestanden.

Das Bestehen der ersten Prüfung zieht weitere Prüfungen nach sich. In Mondsüchtig lässt Loretta sich nach Ronnys Wutausbruch auf ihn ein. Sie streitet mit ihm, schläft mit ihm und geht mit ihm in die Oper. Der Besuch von La Bohème – der Höhepunkt ihrer Beziehung – wird als emotionaler Test verstanden, den Loretta besteht: Sie weint.[408] Auch Vivian bewährt sich in Pretty Woman beim Besuch der Oper, indem sie – wie Loretta – während La Bohème in Tränen ausbricht.[409] Zuvor hat sie schon ein Geschäftsessen mit Edward und eine Einkaufstour auf dem *Rodeo Drive* absolviert.

Der ›Abstieg‹, der nach dem Überschreiten der Schwelle beginnt, ist also mehr als eine Station. Er ist als eine Bewegungsrichtung zu verstehen, die den Anfang des zweiten Akts prägt. Dies stimmt mit den in einem früheren Kapitel angestellten Überlegungen zum zentralen Wendepunkt überein, der den zweiten Akt in zwei Hälften von unterschiedlicher Bewegungsrichtung teilt. Dem Modell entsprechend verhält es sich auch mit dem ›Abstieg‹ in Das Schweigen der Lämmer. Dass Clarice› Einbindung immer stärker wird, ist bestimmend für die erste Hälfte des zweiten Akts.

Nach ihrem ersten Fahndungserfolg, dem Fund der Leiche, fährt sie aus eigenen Stücken zu Hannibal Lecter ins Gefängnis und befragt ihn nach dem Kopf; er gibt ihr tatsächlich Auskunft. Ein zweiter Erfolg, dem ein dritter folgt: Crawford lässt Clarice aus dem Boxtraining holen, damit sie ihm bei einem Lokaltermin helfen kann – in einem Fluss wurde die Leiche einer jungen Frau gefunden. Deren Obduktion ist der zweite Auftrag, den Jack Crawford ihr gibt. Sie ist zugleich die zweite berufliche Prüfung, der Clarice sich im zweiten Akt stellen muss.

Prüfungen für die weibliche Hauptfigur

Von der 33. bis zur 46. Minute von Das Schweigen der Lämmer ist Clarice bei Ermittlungen zu sehen. Ihre Arbeit findet unter den Augen von Jack Crawford statt, was die Prüfungssituation für Clarice verstärkt. Auf dem Weg nach Clay County, West Virginia, lässt ihr Vorgesetzter sie ein Täterprofil von Buffalo Bill formulieren: »Nehmen sie ihn unter die Lupe, sagen sie mir, was sie sehen.« Clarice gibt eine detaillierte Schilderung, die Crawford mit einem Lob quittiert: »Nicht übel, Starling.« Das Drehbuch sah sogar vor, dass Crawford beeindruckt aussprechen solle: »Maybe you've got a knack for this.«[410] Auch im Film ist der Berater sichtlich stolz auf seine Schülerin. Er nickt ihr anerkennend zu.

Kurz darauf darf Clarice bei der Untersuchung der Leiche assistieren und erweist sich auch dieser Situation gewachsen. Die mit ihr arbeitenden Männer reichen ihr die Nasensalbe, die den Geruchssinn betäuben soll, als gehöre sie schon seit vielen Jahren zum Team. Clarice weiß beim ersten Blick auf das Opfer Bescheid: »Bill!« Zwar ringt sie um Fassung, als der entstellte Körper der jungen Frau aufgedeckt wird, aber sie kann ein Weinen unterdrücken. Dass das Opfer Spuren der für Bill typischen Häutungen trägt, nimmt sie dann schon mit nahezu versteinerten Gesichtszügen wahr. Konzentriert und kompetent analysiert sie die Indizien:

> CLARICE Sie ist nicht von hier. Ihre Ohren sind dreimal durchstochen und dann hat sie Glitzernagellack benutzt. Sieht nach Stadt aus.

Beim Fotografieren der Leiche macht Clarice sogar eine aufsehenerregende Entdeckung: »Es ist etwas in ihrem Hals.« Der Experte will ihr zunächst nicht glauben, aber als sein Kollege nachsieht, findet er eine Raupe in der Kehle der Toten. Dieser Fund engt den Kreis möglicher Täter ein, wie ein weiterer Schritt der Untersuchung offenbart, ein Besuch bei zwei Entomologen des *Smithonian Institute*. Der Kokon stammt von der seltenen Totenkopfmotte, die nur unter ganz bestimmten klimatischen Verhältnissen überlebensfähig ist. Buffalo Bill muss folglich ein Insektenspezialist sein.

Die Ermittlungsphase, mit der der zweite Akt beginnt, lässt sich als erfolgreich zusammenfassen: Offenbar macht Clarice große Fortschritte; sie scheint alle Prüfungen mit Bravour zu bestehen. Die erste Hälfte des zweiten Akts erzählt also, dass Clarice ihrem Ziel – der Gefangennahme Bills und der Aufnahme in die Abteilung *Behavioural Science* – immer näher kommt.

DAS SCHWEIGEN DER LÄMMER konzentriert sich in dieser Phase der Erzählung auf die Ermittlungsarbeit. Der Film verzichtet auf eine erotische Parallelhandlung, die ein Erzählstandard des klassischen Hollywoodkinos ist: »The classical film has at least two lines of action, both causally linking the same group of characters. Almost invariably, one of these lines of action involves heterosexual romantic love.«[411] In SPEED befreit Annie (Sandra Bullock) gemeinsam mit dem Spezialagenten Jack (Keanu Reeves) die Insassen eines verminten Autobusses. In Auf der Jagd nach dem grünen Diamanten heuert Joan (Kathleen Turner) zur Rettung ihrer Schwester den Abenteurer Jack (Michael Douglas) an. In Twister fährt die Forscherin Joe (Helen Hunt) von ihrem Ex-Mann begleitet in das Auge eines Hurrikans. In diesen drei Abenteuerfilmen, wie in nahezu allen Filmen dieses Genres, werden die Teams zu Liebespaaren.

Der romantische Handlungsstrang wird auch in Kriminalfilmen bedient. Ein Polizist verliebt sich in die Mutter seines Kronzeugen (Der einzige Zeuge), ein anderer in die Mutter des Kindes, das er beschützen soll (Kindergarten Cop), ein dritter in die Hauptverdächtige (Basic Instinct). Die Parallelität der beiden Handlungsstränge – Ermittlung und Liebe – ist auch bei Krimis mit weiblichen Ermittlern zu beobachten. In Staatsanwälte küsst man nicht deckt die junge Verteidigerin Laura (Debra Winger) einen Kunstraub an der Seite des erfahrenen Anwalts Tom (Robert Redford) auf. In Suspect wird Kathleen Riley (Cher) bei ihren Ermittlungen in einem Mordfall von dem Jurymitglied Eddie (Dennis Quaid) unterstützt. Auch diese Paare verlieben sich ineinander.

Anders in Das Schweigen der Lämmer: Co-Ermittler Lecter macht lediglich einen Scherz über seine Beziehung zu Clarice: »Man wird sagen, wir wären verliebt.« Auf seine ganz besondere Art entwickelt Lecter tatsächlich Gefühle für seine Schülerin. Dass aber Clarice sich in Lecter verlieben könnte, wird im Film noch nicht einmal angedeutet. Ihre Beziehung zu dem wesentlich älteren Crawford ist ebenfalls nicht romantisch, auch wenn ihr Vorgesetzter ihre Hand am Ende des Films etwas zu lange schüttelt und Lecter ihm sexuelle Fantasien unterstellt. Für Clarice ist Crawford der bewunderte Chef, kein potentieller Partner.

Das Fehlen einer Liebesbeziehung führte zu Spekulationen über die sexuelle Orientierung der Hauptfigur. Diese Mutmaßungen sind zum einen im Kontext der Homosexualität der Hauptdarstellerin Foster zu sehen; hier wurde vielfach von der Darstellerin auf die Rolle geschlossen.[412] Es ist aber nicht der einzige Grund für die Spekulationen. In den Filmkritiken und -analysen werden immer dann Überlegungen angestellt, ob die Hauptfigur lesbisch sei, wenn sie eine traditionell Männern vorbehaltene Aufgabe übernimmt, wenn sie einer »contemporary articulation of strong women«[413] entspricht, ohne an einen Mann gebunden zu sein. Ähnlich wie bei DAS SCHWEIGEN DER LÄMMER wurden auch die Hauptfiguren in ALIEN, DIE SCHWARZE WITWE oder THELMA UND LOUISE von einigen Filmwissenschaftlerinnen als zumindest potenziell homosexuell eingestuft.[414]

Über die sexuelle Orientierung von Clarice macht DAS SCHWEIGEN DER LÄMMER keine konkrete Aussage. Clarice ist Single und an Männern nicht interessiert; beim Training bemerkt sie nicht einmal, dass eine Gruppe von Kollegen ihr bewundernd nachschaut. Ihre einzige private Beziehung ist die zu ihrer Mitschülerin Ardelia. Die im Roman angedeutete Romanze zwischen Clarice und dem Insektenforscher Pilcher, den sie wegen der Totenkopfmotte aufsucht, wurde im Drehbuch fast vollständig gestrichen.[415] Pilcher versucht im Film zwar noch, sich mit der Agentin zu verabreden, wird aber abgewiesen: »Was machen Sie eigentlich, wenn Sie nicht Detektiv spielen?« Clarice fragt amüsiert: »Soll das ein Annäherungsversuch sein?« Pilcher wird in der einzigen Sequenz, die ihn zeigt, als komische Figur eingeführt: Der schielende Wissenschaftler spielt mit Käfern. Er ist ein nicht ernst zu nehmender Bewerber, sodass sein plötzliches Auftauchen bei der Abschlussfeier, mit der DAS SCHWEIGEN DER LÄMMER endet, überraschen muss. Ganz anders im Roman: Hier gelingt es ihm sogar, sie nach Abschluss des Falls zu einem gemeinsamen Kurzurlaub zu überreden.

Doch obschon im Film das *love interest* für Clarice entfällt, wird ihr Frausein mehrfach thematisiert. Bereits die Titelsequenz zeigt, dass ihre Kollegen an der FBI-Akademie sie um Haupteslänge überragen. Sie lebt offenbar in einer Männerwelt. Bei ihrem ersten Besuch im Gefängnis macht ihr Chilton Avancen.

CHILTON: Wir haben nicht selten Besuch von Kriminalbeamten, aber ich kann mich nicht erinnern an etwas so Attraktives. Bleiben Sie in Baltimore über Nacht? Weil das eine recht amüsante Stadt sein kann, wenn man den richtigen Führer hat …

Als Clarice diesen plumpen Antrag abweist, muss sie sich von Chilton sagen lassen, dass sie bei den Ermittlungen nur als ›Lustobjekt‹ benutzt wird. Crawford habe sie nur ausgewählt, um Lecter zu erregen: »Sie sind gewiss nach seinem Geschmack, sozusagen.« Lecter wiederum unterstellt Crawford ein sexuelles Interesse an Clarice.

Clarice weist alle Unterstellungen und Zudringlichkeiten zurück. Chilton erklärt sie, dass sie auf der Universität und nicht auf einer – wie sie es nennt – ›Schule des Charmes‹ gewesen sei. Auf Lecters Spekulationen kontert sie, dass solche Überlegungen unter seinem Niveau seien.

Clarice stellt sogar ihren Vorgesetzten wegen einer Diskriminierung zur Rede. Nach der Ankunft in West Virginia setzt Crawford sie vor den örtlichen Polizisten zurück und schwächt damit ihre Position als Agentin. Er bittet den Sheriff um ein Gespräch unter vier Augen, da er den Fall angeblich nicht in Anwesenheit einer Frau besprechen will. Der Sheriff und die Männer des FBI verlassen den Raum. Daraufhin bleibt Clarice mit einer Gruppe von uniformierten Helfern zurück, die sie schweigend anstarren. Eine unbehagliche Situation, der die junge Frau nur entkommt, indem sie das Zimmer verlässt. Crawfords Entschuldigung, seine Bemerkung sei nur Taktik gewesen, lässt Clarice nicht gelten:

> CRAWFORD Starling. Als ich dem Sheriff sagte, wir sollten nicht vor einer Frau darüber reden, wurden Sie ganz schön wütend. Das war bloß Qualm, Starling, weil ich ihn loswerden wollte.
>
> CLARICE Das hat mir etwas ausgemacht. Die Polizisten denken jetzt, so muss man sich verhalten. Das spielt eine Rolle.
>
> CRAWFORD Punkt für Sie.

Die Beispiele für Diskriminierungen zeigen, dass ein Zusammenhang zwischen Clarice' Geschlecht und den im zweiten Akt aufgestellten Hindernissen besteht. Eine Frau zu sein ist in der Welt des FBI ein Handicap, eine zusätzliche Prüfung. Wenn Clarice die örtlichen Polizisten bitten würde, den Raum zu verlassen, wäre nicht sicher, ob die Cops ihrer Aufforderung Folge leisten würden.

Gleichzeitig wird Weiblichkeit aber auch als Vorteil dargestellt. Clarice weiß im Unterschied zu Crawford, was »green glitter nail polish« auf den Fingernägeln des Opfers bedeutet. Sie schließt vom extravaganten Nagellack der Toten auf ihre Herkunft. Weibliche Ermittler verfügen offenbar über ein anderes Wissen als männliche; dieses Wissen erweist sich als nützlich. Dass Frauen einen anderen Blickwinkel als Männer haben, wird in allen Drehbuchfassungen von DAS SCHWEIGEN DER LÄMMER herausgestellt. Clarice besteht darauf, noch einmal das Zimmer von Bills erstem Opfer zu durchsuchen, auch wenn schon Monate seit der Tat vergangen sind. Ihr Argument: Bill jagt Frauen, aber bislang ist Bill noch nicht von einer Frau gejagt worden. »His obsession is women, he lives to hunt women. But no woman is hunting him – except me. I can walk in a woman's room and know three times as much about her as a man would.«[416]

Clarice kann sich – so erzählt es der Film – in die Opfer und in den Täter hineinversetzen. Darum gelingt ihr auch das Täterprofil so überraschend gut. Sie hat eben »a knack for this«. Das gilt auch für die Ermittlerinnen in COPYKILL oder DIE SCHWARZE WITWE. Die Polizistin Alex (Debra Winger) reist einer Serienmörderin (Theresa Russell) nach, die ihre männlichen Kollegen auf Grund der Faktenlage für unschuldig halten. Sie überführt sie, weil sie ihre Denkweise nachvollziehen kann. Diesem Beispiel entsprechend hat Yvonne Tasker in aktuellen Kriminalfilmen eine Identifikation der weiblichen Hauptfiguren mit den Tätern festgestellt: »a lack of distance between hunter and hunted.«[417]

Polizistinnen mögen in aktuellen Filmen des klassischen Hollywoodkinos als kompetent, fleißig und beharrlich dargestellt werden – als ihr Hauptvorzug gilt ihre Einfühlsamkeit. Die ideologischen Implikationen dieser Darstellung wurden bereits mehrfach behandelt.[418] Für das Erzählmodell der ›Reise‹ ist hier nur entscheidend, dass Heldinnen auch noch im Hollywoodkino der achtziger und neunziger Jahre anderen Prüfungsbedingungen als Helden unterliegen. Ihr Geschlecht kann bei der Überwindung von Hindernissen sowohl von Nachteil als auch von Vorteil sein. Clarice kann Lecters Gedanken nachvollziehen – darum findet sie heraus, was er mit »Miss Mofet« gemeint hat. Sie weiß auch, wie Bill denkt; darum wird sie später erkennen, was er mit den Häutungen bezweckt. Diese Fähigkeit unterscheidet sie von den männlichen Detektiven, die an dem Fall gescheitert sind.

Dass Clarice' Mitarbeit nicht nur wertvoll, sondern sogar (über)-lebenswichtig ist, kann zu diesem Zeitpunkt noch kein FBI-Agent absehen. Das FBI weiß noch nicht, dass Buffallo Bill sein nächstes Opfer schon gefunden hat. In den Tagen zwischen Clarice' Einsätzen, zwischen ihrer Fahrt zu der Lagerhalle und ihrem Flug zum Ort der Obduktion, hat Buffalo Bill eine junge Frau entführt. Von diesem Moment an drängt die Zeit.

Die Etablierung der Deadline

In der 30. Minute des Films, nach rund einem Viertel seiner Spielzeit, wird Buffalo Bill erstmals in Szene gesetzt – auf einem Parkplatz bei Nacht. Er beobachtet eine junge Frau, Catherine, mit seiner Nachtsichtbrille und lockt sie dann in eine Falle. Bill gibt vor,
ein altes Sofa auf die Ladefläche seines Kleinlasters zu hieven. Das
misslingt ihm mehrfach, da er einen Gips an seiner rechten Hand
trägt. Die gutmütige Catherine bietet dem scheinbar Verletzten Hilfe an und klettert mit dem Möbelstück in seinen Wagen. Da schlägt
Bill sie nieder. Über seine Identität oder seine Absichten kann von
Beginn an kein Zweifel bestehen. Bill zerreißt das Rückenteil von
Catherines Bluse und mustert die Haut auf ihren Schultern. Er
plant, auch diese junge Frau zu töten und zu häuten.

Diese Entführung ist keine Prüfung der Hauptfigur, auch wenn
sie in der ersten Hälfte des zweiten Akts geschieht. Sie etabliert eine
Deadline, die der Hauptfigur gesetzt wird. Die Deadline verschärft
gewissermaßen ihre Prüfungssituation. Somit steht sie im engen Zusammenhang zur Zielsetzung der Hauptfigur: »That the climax of a
classical film is often a deadline shows the structural power of defining dramatic duration as the time it takes to achieve a goal.«[419]
Clarice muss Bill nicht nur überführen, sie muss ihn in einer ganz
bestimmten Zeit, innerhalb von drei Tagen, finden.

Diese drei Tage wird DAS SCHWEIGEN DER LÄMMER in rund 70
Minuten zusammenfassen. Das kann der Kinozuschauer abschät-
zen. Er weiß, dass ein Film etwa zwei Stunden dauert – sofern er sich
zum klassischen Hollywoodkino zählen lässt. Bei Überlänge sind die
Zuschauer durch einen Aufpreis darüber informiert, dass sie mit einer längeren Verweildauer im Kino rechnen müssen. Die Erzählzeit
ist somit kalkulierbar. Auch für die erzählte Zeit gibt es einen Zeit-
rahmen; er wird durch die Deadline verdeutlicht:

> Indem innerhalb des Sujets eine klare zeitliche Grenze für bestimmte
> Entscheidungen gesetzt wird, kann der Zuschauer sich leichter zeitlich
> innerhalb der Geschichte orientieren. Er kann Sujetzeit und Projek-
> tionszeit in gewohnte Verhältnisse setzen und einschätzen, wie lange der
> Film noch dauern könnte.[420]

Die Deadline erfüllt also eine wichtige Funktion, die der zeitlichen Orientierung des Zuschauers dient: »So lässt sich die Aufmerksamkeitskapazität leichter einteilen.«[421]

David Bordwell hat herausgestellt, dass verschiedene Arten von Deadlines zu unterscheiden sind: Der Kalender ist das Maß bei dem Abenteuerfilm IN ACHTZIG TAGEN UM DIE WELT, die Uhr ist es bei dem Western ZWÖLF UHR MITTAGS.[422] Figuren müssen innerhalb einer bestimmten Frist Auflagen erfüllen, müssen ein Ziel vor einer Abreise oder einer Ankunft erreichen. Tess fürchtet die Rückkehr ihrer Chefin aus einem österreichischen Krankenhaus (DIE WAFFEN DER FRAUEN), Loretta kann ihr Verhältnis mit Ronny nur fortführen, bis ihr Verlobter aus Sizilien zurückkehrt (MONDSÜCHTIG). Vivian ist nur für die Dauer von Edwards Aufenthalt seine Begleiterin; der Handel lautet ausdrücklich: »3000 Dollar für fünf Tage.«

In Komödien ist die Deadline oftmals an eine nahenden Eheschließung gebunden: Faith hat in NUR FÜR DICH noch sechs Tage Zeit, um den mysteriösen Damian zu finden, dann ist ihr Hochzeitstermin mit dem langweiligen Dwayne angesetzt.[423] In Abenteueroder Kriminalfilmen ist die Deadline meist mit tödlicher Bedrohung verbunden. In dem Psychothriller GEGEN DIE ZEIT wird ein Buchhalter (Johnny Depp) zu einem Attentat gezwungen. Wenn er bis 13.30 Uhr nicht die Gouverneurin Grant erschossen hat, töten die Entführer seine Tochter. Häufig muss bis zu einem bestimmten Termin Lösegeld überbracht werden, sonst explodiert eine Bombe, oder eine Geisel wird umgebracht (vgl. etwa SPEED, STIRB LANGSAM, THE ROCK, KOPFGELD). In DAS SCHWEIGEN DER LÄMMER wird das Ultimatum nicht sofort gestellt. Clarice erfährt von der Entführung erst in der 47. Minute des Films. Clarice sieht im Fernsehen, dass Catherines Mutter – eine Senatorin – den Kidnapper zur Freilassung ihrer Tochter aufruft.

Dass Clarice erst nach der Tat von ihr erfährt, ist von Bedeutung für die Erzählung. Die Entführung Catherines etabliert so nicht nur eine Deadline, sie ändert auch die in der Erzählung stattfindende Verteilung von Wissen: »At certain moments (…) the viewer is tossed information which the characters do not possess. Thus we must sometimes qualify or challenge the character's problem-solving processes.«[424] Die Ermittlerin weiß von der 30. Minute des Films an we-

niger über Bill als der Zuschauer, der ihn bei der Entführung beobachtet. Die offene Frage ist nicht länger: Wer ist Bill? Sie lautet jetzt:
Wird Clarice Bill finden? Die 30. Minute ist somit ein Wendepunkt
für die Verteilung des Wissens. Die Prüfungen des zweiten Akts – das
kann an DAS SCHWEIGEN DER LÄMMER exemplarisch gezeigt werden – lassen sich als ein beständiger Wechsel zwischen Wissensvor-
sprüngen und -defiziten beschreiben. Mit diesem Wechsel haben
sich neoformalistische Filmwissenschaftler Mitte der achtziger Jahre auseinander gesetzt.

Die Verteilung von Wissen:
Bordwells und Branigans Verhältnisgleichungen

Bei Filmen des klassischen Hollywoodkinos sind unterschiedliche
Strategien in Bezug auf die Verteilung von Wissen zu beobachten.
David Bordwell hat festgestellt, dass der Zuschauer in DAS FENSTER
ZUM HOF fast immer auf dem Wissensstand von Jeff ist. Bis auf we-
nige Ausnahmen sieht er nur das, was auch der Fotograf, der mit ge-
brochenem Bein im Lehnstuhl sitzt, erblicken kann. Anders sei es in
DIE GEBURT EINER NATION: »the narration presents more information about the overall story action than any character has.«[425] Bordwells Notiz wurde von Edward Branigan in NARRATIVE COMPRE-
HENSION AND FILM aufgegriffen: Er spricht von einer Hierarchie des
Wissens.[426] Branigan regt an, Unterschiede im Wissensstand in Ver-
hältnisgleichungen auszudrücken. Doch auch er belässt es bei einem
Vorschlag. Branigan beschränkt seine Überlegungen auf das Verhältnis zwischen dem Zuschauer und der Hauptfigur; außerdem
bleibt er ein filmisches Beispiel schuldig.

Die von ihm vorgeschlagene Methode kann bei der Analyse von
DAS SCHWEIGEN DER LÄMMER angewandt werden. Wie ist das Wissen in diesem Film verteilt? Unter ›Wissen‹ ist in diesem Zusammenhang jede Information zu verstehen, die der Beantwortung der
zentralen Frage des Films dient: Wer weiß wie viel über Buffalo Bills
Identität? Um diese Frage zu klären, muss der Informationsstand
der Zuschauer in Verhältnis zu dem der Hauptfiguren gesetzt werden.

Zu Beginn von DAS SCHWEIGEN DER LÄMMER, nach der ersten
Auftragserteilung, entspricht das Wissen der Zuschauer über Bill in

etwa dem der jungen Agentin. Diese weiß weniger als Crawford, der wiederum weniger als Lecter über Bills Identität weiß. Im Besitz aller Informationen ist lediglich Buffalo Bill. Diese Verhältnisse bleiben im gesamten ersten Akt stabil. Sie können mit Hilfe einer einfachen Verhältnisgleichung dargestellt werden:

Clarice = **Zuschauer** < Crawford < Lecter < Bill

Die Sequenz ›Entführung‹ ist die erste des Films, in der Clarice nicht anwesend ist. Im Unterschied zu ihr sehen die Zuschauer Bill. Jetzt ist ihnen nur noch Lecter überlegen, der Bills Namen und seinen letzten Wohnort kennt:

Clarice < Crawford < **Zuschauer** < Lecter < Bill

Diese beiden Beispiele demonstrieren bereits das Prinzip eines Notationssystems, das auf den gesamten Film angewandt werden kann. Die folgende Tabelle beschränkt sich auf diejenigen Sequenzen, bei denen sich die Wissensverteilung in signifikanter Form ändert. Die Übersicht zeigt, in welchem Verhältnis das Wissen der Zuschauer zu dem der Hauptfiguren steht. Doch welchen Erkenntnisgewinn bietet diese Darstellung in Bezug auf die Erzählphase der Prüfungen? Ausgehend von der Aktivität des Zuschauers, wie sie die Vertreter des Neoformalismus beschrieben haben, sind drei Arten von Prüfungen zu unterscheiden.

Verfügen die Zuschauer über den gleichen oder einen geringeren Informationsstand als die Hauptfigur, so können sie die weiteren Entwicklungen nicht absehen. Welchen Prüfungen die Hauptfigur ausgesetzt wird und wie diese ausgehen, ist ein *Rätsel* oder eine *Überraschung*.[427] Ein Beispiel für eine Überraschung ist Clarice' Entdeckung des abgetrennten Kopfes in der Lagerhalle: Weder Clarice noch die Zuschauer können ahnen, was sich unter dem Tuch verbirgt. Ein Rätsel ist zum Beispiel die Bedeutung der im Hals der Toten versteckten Motte: Weder Clarice noch die Zuschauer wissen zum Zeitpunkt der Entdeckung, was das Insekt bedeutet.

Verfügen die Zuschauer hingegen über mehr Informationen als die Hauptfigur, so folgen die Prüfungen dem Muster des *suspense*.[428] *Suspense* ist demzufolge ein Informationsvorsprung: Der Zuschauer

Beschreibung des Handlungselements	Notation der Wissensverteilung
Auftragserteilung	**Zuschauer = Clarice** < Crawford < Lecter < Bill
Clarice erhält den Hinweis auf »Miss Mofet« (*Gespräch 1*)	Crawford < **Zuschauer = Clarice** < Lecter < Bill
Clarice erhält den Auftrag, nach Baltimore zu reisen	Crawford = **Zuschauer = Clarice** < Lecter < Bill
Clarice findet einen Kopf und befragt Lecter danach (*Gespräch 2*)	Crawford < **Zuschauer = Clarice** < Lecter < Bill
Bill entführt Catherine	**Clarice** < Crawford < **Zuschauer** < Lecter < Bill
Clarice bei der Obduktion der Leiche	Crawford = **Clarice** < **Zuschauer** < Lecter < Bill
Clarice bei den Insektenspezialisten	Crawford < **Clarice** < **Zuschauer** < Lecter < Bill
Clarice macht Lecter das Angebot einer Aussicht (*Gespräch 3*)	**Zuschauer** < **Clarice** < Crawford < Lecter < Bill
Chilton bietet Lecter einen Handel an	**Clarice** < Crawford < Chilton = **Zuschauer** < Lecter < Bill
Lecter hat Chiltons Stift gestohlen	**Clarice** < Crawford < Chilton = **Zuschauer** < Lecter < Bill
Lecter nennt der Senatorin einen Namen	**Clarice** < Crawford < Chilton = **Zuschauer** < Lecter < Bill
Clarice erhält von Lecter einen Hinweis auf Bills Identität (*Gespräch 4*)	Chilton < Crawford < **Clarice = Zuschauer** < Lecter < Bill
Crawford auf dem Weg zu Gumb	**Clarice = Zuschauer** < Crawford < Bill
Clarice vor Bills Tür	Bill < Crawford = **Clarice** < **Zuschauer**
Bill öffnet die Tür	Crawford = **Clarice** = Bill < **Zuschauer**
Clarice verfolgt Bill im Keller	Crawford < **Clarice** = **Zuschauer** < Bill
Bill setzt seine Nachtbrille auf	Crawford < **Clarice** < **Zuschauer** < Bill
Clarice erschießt Bill	Crawford < **Clarice** = **Zuschauer** < Bill
Crawford trifft am Tatort ein	Crawford = **Clarice** = **Zuschauer**
Abschlussfeier	Crawford = **Clarice** = **Zuschauer**
Telefonat mit Lecter	Crawford < **Clarice** = **Zuschauer**

Wissensverteilung in Das Schweigen der Lämmer

weiß – um das berühmte Beispiel Hitchcocks zu benutzen –, dass eine Bombe unter dem Tisch angebracht wurde, und wartet nun darauf, dass sie explodiert.[429] Er wird nicht von der Detonation überrascht, so erklärt der Regisseur: »Bei der üblichen Form von *suspense* ist es unerlässlich, dass das Publikum über die Einzelheiten die eine Rolle spielen, vollständig informiert ist. Sonst gibt es keinen *suspense*. (...) Rätselhaftes [ist] selten *suspense*. Zum Beispiel handelt es sich in einem *whodunit* nicht um *suspense*, sondern um eine Art intellektuelles Rätsel.«[430]

Das Schweigen der Lämmer ist nur im ersten Akt ein *whodunit*. Nach dem Bestehen der ersten Prüfung – dem Fund des abgetrennten Kopfes – wird eine Deadline eingeführt, von der an mit der Strategie des *suspense* gearbeitet wird. Bei nahezu allen Prüfungen haben die Zuschauer einen Wissensvorsprung, der vollständig erst mit der Erschießung Bills aufgehoben wird.

Doch auch mit dieser Differenzierung zwischen Überraschung, Rätsel und *suspense* sind die Prüfungen noch nicht ausreichend beschrieben. Bisher ist bei der Analyse des zweiten Akts eine Sequenz ausgespart worden, die nicht einfach als weitere Prüfung eingeordnet werden kann: Clarice' zweites Gespräch mit Hannibal Lecter, das auf den Fund der Leiche folgt. Von dieser Sequenz ausgehend, wird die Analyse der Prüfungen nun noch einmal neu angesetzt. An der bislang nicht eingeordneten Sequenz ist zu zeigen, dass neben der Ermittlungsarbeit noch andere Prüfungen abgelegt werden müssen. Zu unterscheiden sind die Prüfungen der inneren und die der äußeren Reise.

Die innere und die äußere Reise der Hauptfigur

Nach dem Fund des abgetrennten Kopfes kehrt Clarice Starling umgehend in die Tiefen des Kerkers zurück – der Bewegungsrichtung des Abstiegs entsprechend. Sie will Hannibal Lecter nach der Identität des Toten befragen. Bei diesem zweiten Besuch, der von der 25. bis zur 30. Minute dauert, scheint sie alle Vorsichtsmaßnahmen des ersten Besuchs vergessen zu haben. Clarice sitzt zu Lecters Füßen, hockt direkt vor der Plexiglasscheibe auf dem Boden. Dabei hatte Gefängniswärter Barney sie ermahnt, sich der Scheibe nicht zu nähern: »Bleiben Sie in der Mitte.« Clarice nimmt sogar ein Handtuch an, das Lecter ihr durch die Luke schiebt, und trocknet damit ihre vom Regen nassen Haare. Dies tut sie gegen den ausdrücklichen Befehl des Anstaltsleiters Chilton: »Wenn er Ihnen etwas reichen will, dürfen Sie es nicht annehmen.« Schließlich antwortet sie auf die persönliche Frage, was sie beim Fund des Kopfes empfunden habe. Dabei hatte FBI-Agent Crawford ihr eingeschärft: »Erzählen Sie ihm nichts Persönliches.« Clarice' Abstieg bezieht sich offenbar nicht nur auf eine körperliche Bewegung. Schon bei ihrem zweiten Gespräch mit Lecter lässt sie sich ›tiefer‹ auf ihr Gegenüber ein. Clarice kommt Lecter in jeder Hinsicht näher.

Im Gegenzug nimmt sich Lecter ihrer an und liefert ihr Informationen. Der Kopf gehöre seinem ehemaligen Patienten Benjamin Raspail. Er scherzt: »Es war für ihn das Beste. Die Therapie brachte ihm nichts.« Lecter deutet einen Zusammenhang zwischen diesem Toten und Buffalo Bill an. Er macht Clarice ein Angebot: Lecter ist bereit, dem FBI ein psychologisches Profil des Serienmörders Buffalo Bill zu liefern. Warum? Es wäre einerseits möglich, dass Lecter seiner Schülerin helfen will. Für diese Antwort spricht, dass er zwischenzeitlich seinen Zellennachbarn Miggs in den Selbstmord getrieben hat. Er hat Miggs dafür bestraft, dass er Clarice bei ihrem ersten Besuch sein Sperma ins Gesicht geschleudert hat. Lecters Rache lässt plausibel erscheinen, dass er sich Clarice in besonderer Weise verpflichtet fühlt und sie daher unterstützt. Es ist aber andererseits auch möglich, dass Lecter Miggs nur aus einer Laune heraus getötet hat, wie Crawford vermutet. Wahrscheinlich bietet er Clarice seine Mithilfe aus egoistischen Motiven an. Lecter erhofft sich eine Verbesserung seiner Situation. Eine Veränderung.

> DR. LECTER Ich bin jetzt acht Jahre hier, Clarice. Ich weiss, dass die mich nie mehr hier herauslassen werden, solange ich noch am Leben bin. Was ich will, ist eine Aussicht. Ich will ein Fenster, damit ich einen Baum sehe. Oder vielleicht Wasser. Ich will in eine Bundesanstalt verlegt werden, weit weg von Dr. Chilton.

Mit dieser Erklärung wird Lecters *dramatic need*, seine Zielsetzung, deutlich. Er sucht nach einer Möglichkeit, seine fensterlose Zelle zu verlassen. Damit sind die Voraussetzungen zu einem Handel gegeben. Was hat dieser Handel mit den Prüfungen zu tun, denen Clarice im zweiten Akt ausgesetzt wird? Eine Antwort auf diese Frage kann mit Hilfe eines Modells gegeben werden, das Thomas G. Pavel 1985 erstmals vorgestellt hat.

Problem und Lösung:
Thomas G. Pavels narrative Transformationsgrammatik

In den fünfziger Jahren hat der Linguist Noam Chomsky die generative Transformationsgrammatik entwickelt, »ein Regelsystem, das auf explizite und wohldefinierte Weise Sätzen Strukturbeschreibungen zuordnet«.[431] Ziel der generativen Transformationsgrammatik ist es, sowohl eine Tiefenstruktur zu spezifizieren als auch eine Oberflächenstruktur, die seine phonetische Interpretation bestimmt und seine Erscheinung wiedergibt.[432] Die Oberflächenerscheinung eines Satzes generiert Chomsky – vereinfacht gesagt –, indem er schrittweise kleinste Elemente zu größeren Komplexen zusammenfasst – bis hin zum vollständigen Satz. Seine Vorgehensweise, die die hierarchischen Beziehungen zwischen den Konstituenten deutlich macht, lässt sich in Baumdiagrammen wie diesem veranschaulichen:

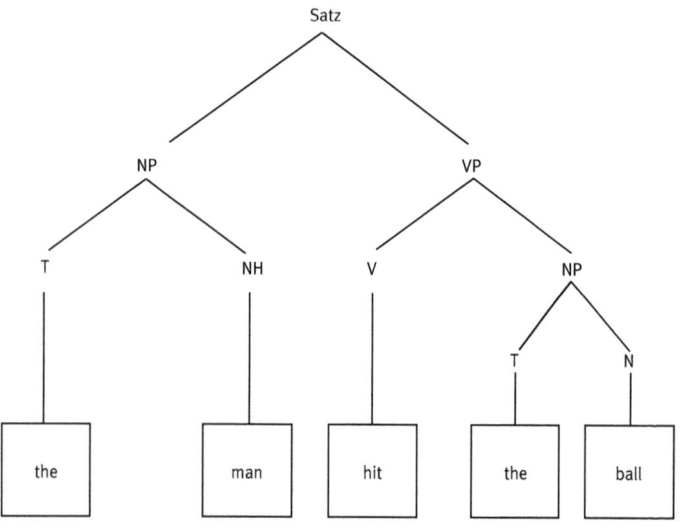

»The man hit the ball.«

Dieses Diagramm visualisiert eines der bekanntesten Beispiele Chomskys: »The man hit the ball.« Der Satz besteht aus der Kette VP (*verb phrase*) und NP (*noun phrase*). Die NP »the man« lässt sich in einen bestimmten Artikel (T) und ein Substantiv (N) unterteilen. Die VP »hit the ball« besteht aus einen Verb (V), sowie einer weiteren *noun phrase* (NP), die sich wiederum aus einem bestimmten Artikel (T) und einem Substantiv (N) zusammensetzt.[433]

Auf Chomskys Konzept aufbauend haben mehrere Forscher seit Mitte der siebziger Jahre versucht, eine generative Grammatik der Erzählung auszuarbeiten.[434] 1985 entwickelte der Literaturwissenschaftler Thomas G. Pavel eine so genannte *plot grammar*, die er bisweilen auch als *move grammar* bezeichnet: »it aims at improving the standards of narratological models in several areas.«[435] Gegenstand von Pavels Untersuchung sind englische Renaissancedramen, insbesondere Marlowes DOCTOR FAUSTUS und Shakespeares KÖNIG LEAR. Sein Modell kann auf Spielfilme des ausgehenden 20. Jahrhunderts übertragen werden, da Pavel, wie der Titel seines Buchs bereits angibt, eine POETICS OF PLOT entwickeln will und die Dramen des 16. Jahrhunderts nur als Ausgangspunkt seiner Überlegungen ansieht.

Die zentrale Einheit, auf die Pavel eine Narration zurückführt, nennt er *move* – was zugleich Bewegung, aber auch Spielzug bedeutet: »a move is the choice of an action among a number of alternatives, in a certain strategic situation and according to certain rules.«[436] Jeder ›Spielzug‹ wird einer handelnden Figur, einem *actor*, zugeordnet und kann in mehrere Bestandteile zerlegt werden. Wie der Satz aus VP und NP, so besteht der *move* aus den Elementen Problem und Lösung (*problem/solution*). Zu diesen Konstituenten kommt bisweilen die der Hilfe (*auxiliary*) hinzu, die sich auf weitere handelnde Figuren oder auf äußere Umstände beziehen kann.

Ein Beispiel: In KÖNIG LEAR wird zu Beginn das Problem verhandelt, dass Edmund der illegitime Sohn des Grafen von Gloucester ist. Edgar hingegen, sein Halbbruder, wurde ehelich geboren. Edmund wird das Problem seiner Zurücksetzung lösen, indem er durch eine Intrige Edgars Verbannung bewirkt. Dabei kann er sich die Leichtgläubigkeit seines Vaters zu Nutze machen. Pavel stellt Ausgangssituation, Hilfestellung und Lösung, die er zu einem Spielzug Edmunds zusammenfasst, in einem Baumdiagramm dar:

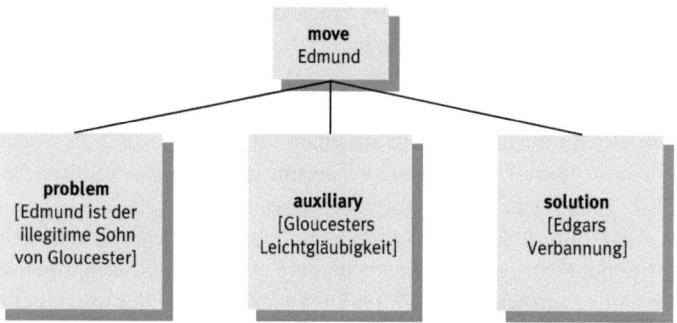

Edmunds Problem in KÖNIG LEAR

Nun bewirkt Edmunds Vorgehensweise, sein *move,* eine Reaktion, einen zweiten *move.* Die Verbannung, die auf Edmunds Intrige folgt, wird zu Edgars Problem. Damit er zurückkehren kann, muss er Edmund besiegen; um dieses Ziel zu erreichen, tötet er Oswald.[437] Auch dieses Problem und seine Lösung lassen sich in einem Baumdiagramm zusammenfassen. Dieses Diagramm kann wiederum in Beziehung zu dem bereits entwickelten gestellt werden, da das Problem Edmunds eine Konsequenz von Edgars Problemlösung ist.

Dieses hierarchisch aufgebaute, nur aus vier Elementen bestehende Notationssystem, das Pavel im Laufe seines Buchs immer weiter ausdifferenziert, lässt sich auf Filme des klassischen Hollywoodkinos übertragen. In TOOTSIE ist Arbeitslosigkeit das Problem der Hauptfigur: Michael benötigt einen Job, den er mit Hilfe seines Alter Egos Dorothy auch bekommt. In THE ROCK ist das Problem eine auf Alcatraz installierte Rakete, die ein Sprengstoffspezialist mit Hilfe eines Ausbrecherkönigs entschärfen muss. Eine Entführung erfordert den *move* einer Schriftstellerin in AUF DER JAGD NACH DEM GRÜNEN DIAMANTEN; sie will ihre Schwester mit Hilfe eines Abenteurers befreien. In PRETTY WOMAN ist Geldnot Vivians Problem, das sie mit der Hilfe Edwards beheben will. Die Lösung ihres Problems scheinen die von ihm gebotenen 3000 $ zu sein. Diese Beispiele zeigen, dass die *plot grammar* das Modell der ›Reise‹ ergänzen kann. Mit der Übertragung von Pavels Notationssystem auf den Film wird insbesondere ein neuer Zugriff auf den zweiten Akt von DAS SCHWEIGEN DER LÄMMER möglich, auf die Kette der Prüfungen.

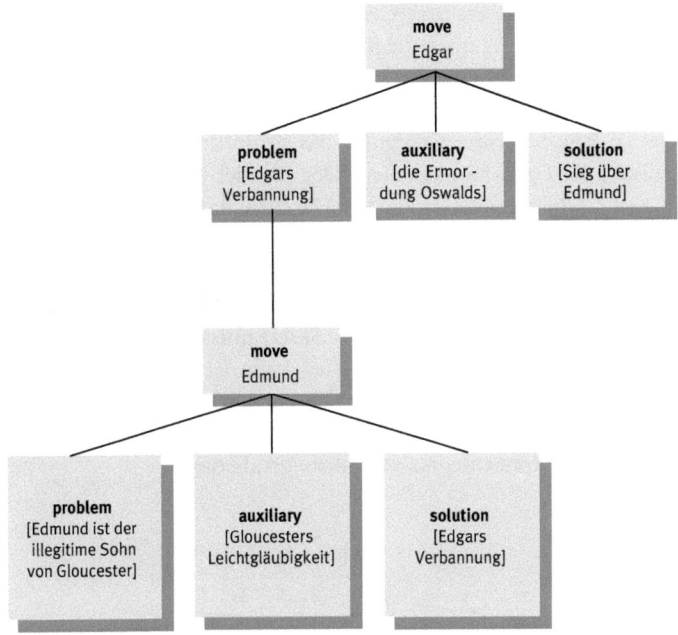

Edgars und Edmunds Probleme in König Lear

Problemstellungen in Das Schweigen der Lämmer

In der ersten Sequenz von Das Schweigen der Lämmer wird eine Aufgabenstellung formuliert, deren Lösung in der letzten Sequenz gefeiert wird. Das an Clarice herangetragene Problem besteht darin, dass der Serienmörder Bill in Freiheit lebt. Die Lösung des Problems ist seine Gefangennahme. Bis sie dieses Ergebnis erreicht, muss Clarice eine Vielzahl von Prüfungen bestehen, wobei ihr Hannibal Lecter Hilfestellung leistet. Offenbar entspricht der Berater, der in der Phase der Trennung etabliert wurde, in der *plot grammar* einem *auxiliary*. Hannibal Lecters Position als Berater kann mit Hilfe der *plot grammar* genauer gefasst werden. Im Unterschied zu anderen Beratern hat er ein Ziel, das von dem seiner Schülerin abweicht. Obi Wan Kenobis Wunsch ist die Überwindung Darth Vaders und die Befreiung Leias; dieses Ziel verfolgt auch sein Schüler Luke. Hannibal hingegen ist an der Ergreifung Bills und der Befreiung Catherines nicht interessiert; er unterstützt Clarice, da er »eine Aussicht« haben möchte. Diesem Wunsch liegt sein zentrales Problem zugrunde: Hannibal ist in Gefangenschaft. Er hofft, sich befreien zu können, indem er Informationen über Buffalo Bill liefert. Nun wird sich aber Clarice' Angebot einer Verlegung, das sie im dritten Gespräch formuliert, als Finte herausstellen. Der Handel ›Information gegen Aussicht‹ scheitert. Stattdessen löst Hannibal das Problem ohne Clarice' Zutun: Er flieht.

Clarice' Problem, Hannibals Zielsetzung (Freiheit) und die beiden Lösungsversuche (Verlegung und Flucht) kann ein Baumdiagramm verdeutlichen. Die folgende Skizze muss von oben nach unten gelesen werden.[438] Im Baumdiagramm ist die übergeordnete Frage, die der äußeren Reise entspricht, in den beiden oberen Zeilen zu finden. Die daraus resultierenden Spielzüge sind der Hierarchie der Konsequenzen entsprechend absteigend notiert.

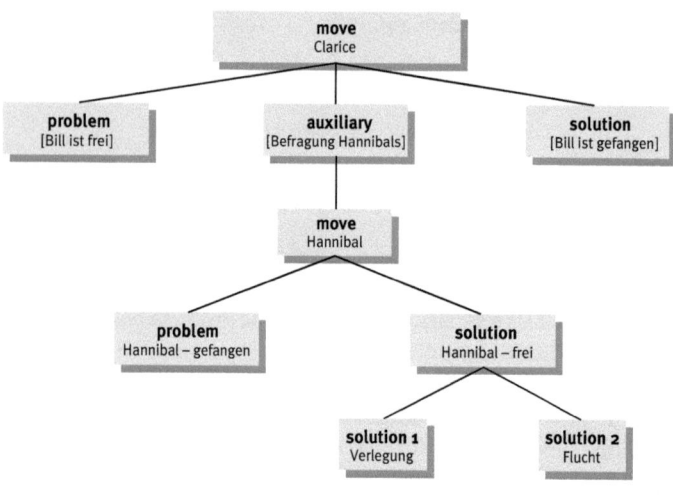

Clarice' und Hannibals Probleme

Das Diagramm verdeutlicht nicht nur, dass die Problemstellungen der beiden Hauptfiguren unterschiedlich sind. Es zeigt auch, dass die Problemstellungen trotz ihrer Unterschiedlichkeit mit nur einem Begriffspaar beschrieben werden können: mit der Opposition frei – gefangen. Mit diesem Begriffspaar lassen sich darüber hinaus auch die Probleme von Catherine und Bill darstellen, wie sie in der Phase der Prüfungen entwickelt werden. Catherine wird von Bill gefangen genommen und wünscht sich die Freiheit; Bill ist frei und wird am Ende des Films gefangen. Für ihn gilt außerdem, dass er Gefangener seiner Wahnvorstellungen ist. Bill hält sich für einen Transsexuellen und glaubt, in einem falschen Körper ›festzustecken‹. Er will sich mit Hilfe einer neuen Hülle, die er sich aus weiblicher Haut schafft, aus einer Art ›Körpergefängnis‹ befreien.

Dieser Befreiungsversuch ist von großer Bedeutung für die Erzählung von DAS SCHWEIGEN DER LÄMMER. Bill will sein Problem durch eine ›Transformation‹ lösen, so formuliert es Hannibal Lecter schon im zweiten Gespräch mit Clarice. Sie hakt nach: »Was meinen Sie mit Transformation?« Clarice kann Hannibals Hinweis noch nicht deuten. Auch der Fund des Kokons hilft ihr nicht weiter. Sie erkennt keinen Zusammenhang zwischen dem Ausschlüpfen einer Motte und der Umwandlung, die Bill anstrebt. Lecter muss ihr im dritten Gespräch ausdrücklich erklären: »Die große Bedeutung des Schmetterlings liegt in der Metamorphose.«

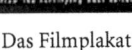

Das Filmplakat   Die Totenkopfmotte

Die Totenkopfmotte, deren Bedeutung Clarice nicht zu entschlüsseln weiß, ist Teil des Filmplakats. Der Rücken des abgebildeten Insekts trägt die Zeichnung des namengebenden Totenkopfs. Dieser Schädel verweist auf Bills Morde, auf seine Strategie der Problemlösung. Doch lässt die präzisere Betrachtung der Abbildung noch eine genauere Formulierung von Bills Problem zu. Der Schädel ist ein Zitat, ein Ausschnitt aus einem Foto von Phillippe Halsman, das wiederum auf Skizzen von Salvadore Dalí beruht. Auf Halsmans Foto ist der Totenkopf besser zu erkennen: Er ist aus sieben nackten Körpern zusammengesetzt. Bills Kopf ist sozusagen voll von Bildern unbekleideter Frauen. Von diesen Bildern glaubt er sich befreien zu können, wenn er selbst in den Körper einer Frau schlüpft. Am Beispiel Bills lässt sich somit zeigen, dass die Alternative frei – gefangen nicht nur auf eine Gefängniszelle bezogen werden kann. Sie lässt sich auch auf innere Gefangenschaften anwenden.

Philippe Halsman: Dalí (1954)

Dass dies nicht nur für Bill, sondern auch für Clarice gilt, kann ebenfalls über das Plakat erschlossen werden.[439] Der Falter verbirgt die Lippen einer jungen Frau, die auf Grund ihrer Ähnlichkeit mit Jodie Foster als Clarice Starling identifiziert werden kann.[440] Auf dem Bild ist Clarice' Mund verschlossen – sie kann nicht sprechen. Ihr erzwungenes Schweigen bezieht sich auf das Schreien der Lämmer. Selbst dieses Kindheitserlebnis kreist um den Gegensatz von frei und gefangen: Die Lämmer waren eingepfercht, und es gelang der kleinen Clarice nicht, sie zu befreien. Auch ihr eigener Fluchtversuch scheiterte. Sie wurde nach wenigen Stunden vom Sheriff aufgegriffen und später in ein Waisenhaus gebracht.

Dass Clarice nicht über ihre Vergangenheit sprechen will, verweist erneut auf das Gegensatzpaar frei – gefangen: Wie Bill sitzt auch Clarice in einer Art innerem Gefängnis. Dieses Gefängnis zu verlassen ist das Ziel ihrer inneren Reise, die von der äußeren zu unterscheiden ist.[441] DAS SCHWEIGEN DER LÄMMER erzählt zum einen, wie Clarice den Serienkiller Bill mit Hilfe Lecters verfolgt. Zum anderen zeigt dieser Film, wie die Hauptfigur sich einer Erinnerung aus ihrer Kindheit stellt. Das Ziel der äußeren Reise ist es, Bill zu fangen; das Ziel der inneren Reise ist, sich selbst zu erkennen. Nur wenn das gelingt, kann Starling, was übersetzt ›Star‹ bedeutet, sich aus ihrem Käfig befreien und davonfliegen. Darauf spielt Lecter an, wenn er spottet: »Kleine Starling. Flieg, flieg, flieg …«

Aufbauend auf Thomas Pavels Konzept kann die Abhängigkeit der inneren von der äußeren Reise graphisch dargestellt werden. (siehe S. 216). Die Beziehung der Spielzüge zueinander sind mit Pfeilen markiert: Das Baumdiagramm verdeutlicht den Zusammenhang zwischen den Spielzügen. Bills Problemlösung – die Entführung Catherines – zwingt Clarice, auf Lecters Erpressung einzugehen. Dass sie sich ihm offenbart, bewirkt die Lösung des den gesamten Film umfassenden Problems, denn auf Grund seiner Hinweise kann Clarice Bill überführen. Das bedeutet: In DAS SCHWEIGEN DER LÄMMER ist die innere Reise notwendige Voraussetzung zur Fortsetzung der äußeren Reise. Clarice kann sowohl ihr berufliches als auch ihr seelisches Problem nur lösen, wenn sie ihre Backstorywound offen legt.

Wie eine Vielzahl von Filmen des klassischen Hollywoodkinos zeigt DAS SCHWEIGEN DER LÄMMER im zweiten Akt zwei Arten von Prüfungen: die der äußeren und die der inneren Reise. Zur ersten Gruppe gehören der Fund des Kopfes, die Obduktion der Leiche oder der Besuch bei den Insektenforschern. Zur zweiten Gruppe gehören die Besuche bei Hannibal Lecter, die allerdings stets Konsequenzen für die Ermittlungsarbeit haben. Dass es zwei Arten von Prüfungen gibt, wird in der Skizze, die das Modell der ›Reise‹ verdeutlichen soll, durch eine doppelte Linienführung ausgedrückt.

Die Doppelung der inneren und äußeren Reise wird besonders deutlich bei Clarice' drittem Besuch im Gefängnis, bei dem das Arrangement *Quid pro quo* getroffen wird. Diese Vereinbarung mit Lecter zu treffen ist die bislang wichtigste Prüfung für die Hauptfigur.

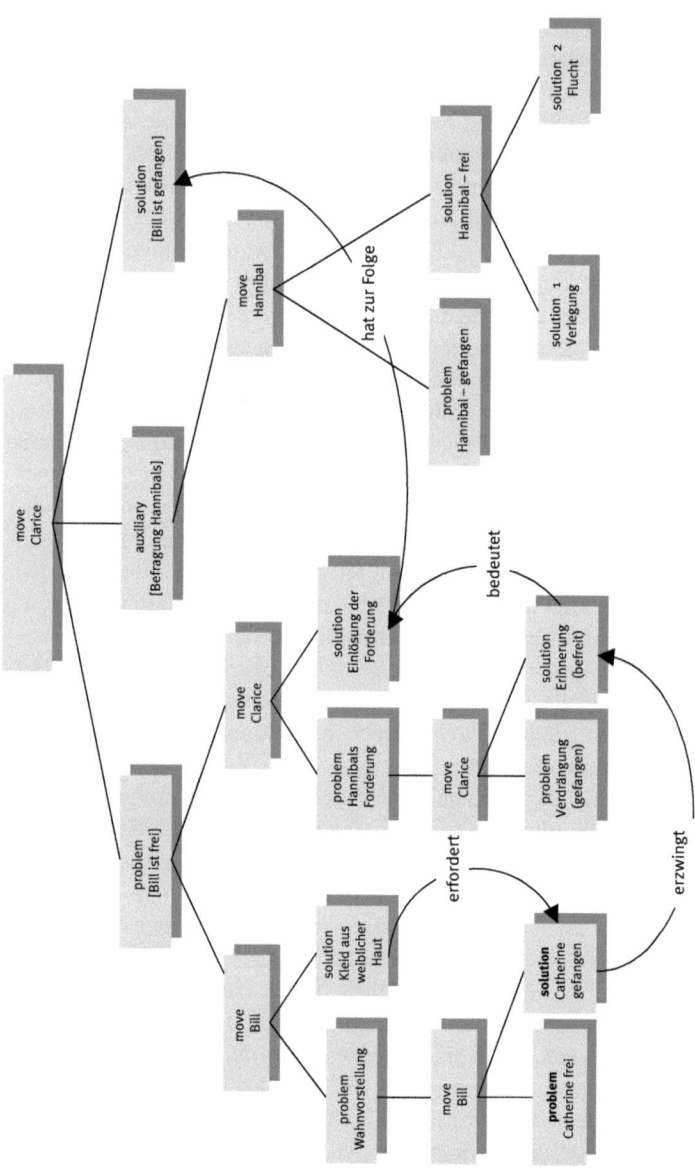

Clarice' Befreiung, Bills Gefangennahme und Hannibals Flucht

Das Eingreifen des Gegenspielers in die Prüfungen

Bei ihrem dritten Gespräch mit Lecter – in der 50. Minute des Films – hat Clarice dem Gefangenen ein attraktives Angebot zu machen: Wenn er die Identität Buffalo Bills preisgibt, wird er in ein Staatsgefängnis verlegt. Die Senatorin Ruth Martin, Catherines Mutter, würde für diesen Umzug garantieren. Lecter soll sogar einmal im Jahr Urlaub machen dürfen. Er darf zu einer Insel reisen, wo er Zugang zum Meer erhält: »Es hat einen wunderbaren Strand. Seeschwalbennester und …« In der originalsprachigen Fassung erklärt die Agentin: »Terns nest there.« Ihre harmlose Bemerkung über Seeschwalben (*terns*) gibt Lecter Gelegenheit, das Gespräch in eine ganz andere Richtung zu führen: »Terns … If I help you, Clarice, it will be ›turns‹ with us, too.« Er erklärt, was für einen ›turn‹ er wünscht:

> DR. LECTER Wenn ich Ihnen helfen soll, bestehe ich auf einer Gegenleistung von Ihnen. Quid pro quo. Ich erzähle Ihnen etwas, Sie erzählen mir etwas. Aber nicht über diesen Fall. Über sich selbst. Quid pro quo. Ja oder nein? Ja oder nein, Clarice? Die arme kleine Catherine, die wartet.

Lecter nutzt die Deadline zu seinem Vorteil aus: »Quid pro quo. Ja oder nein?« Er kann eine Bedingung stellen, und Clarice muss darauf eingehen. Sie stimmt zu.

Lecters Forderung bestätigt die im vorangegangenen Abschnitt festgestellte Beziehung zwischen der äußeren und der inneren Reise. Sein Angebot hilft der Hauptfigur bei der Bewältigung der äußeren Reise; seine Befragung ist eine Prüfung, die ihre innere Reise betrifft. Der Psychiater will wissen: »Was ist ihre schlimmste Kindheitserinnerung?«

Dem Abkommen mit Lecter entsprechend erzählt Clarice vom Tod ihres Vaters. Kindheitserinnerungen dieser Art gehören – so wurde ausführlich dargelegt – zu den am weitesten verbreiteten Backstorywounds des klassischen Hollywoodkinos. Daher könnte mit Clarice' Preisgabe dieser Geschichte die innere Reise der Hauptfigur abgeschlossen und ihre Schuld bei Lecter eingelöst sein. Tatsächlich bemerkt Lecter anerkennend: »Sie sind sehr offen«, und

Die Phase der Prüfungen

gibt ihr eine erste Auskunft. Bill glaube, sein Problem sei Transsexualität. Daher sei es wahrscheinlich, dass er bei einer der drei Kliniken bekannt ist, die Geschlechtsumwandlungen vornehmen. Er sei ganz sicher schon von mehreren Ärzten abgelehnt worden.

Dieser Hinweis wird im dritten Akt des Films zur Aufdeckung von Bills Identität führen. Crawford erfährt von einer der Kliniken, dass Bills Name James Gumb ist. In der 87. Minute glaubt er sogar, Gumbs Adresse zu kennen. Das bedeutet: Lecter hat für Clarice' Erinnerung mit einem wertvollen Hinweis bezahlt; er hat nicht gelogen. Der gelungene Handel ist der bislang größte Erfolg für Clarice; sie hat ihre schwerste Prüfung bestanden und steht kurz vor der Auflösung des Falls.

Einen vergleichbaren Erfolg hat Vivian in Pretty Woman aufzuweisen. Sie begleitet Edward in der 65. Minute des Films zum Polo, einer ihr fremden Sportart. Auf dem Platz kann sie sich souverän gegen die Sticheleien der anderen Zuschauerinnen zur Wehr setzen, die ihr den Erfolg bei Edward nicht gönnen. In den Wortgefechten beweist Vivian, dass sie nicht nur schön, sondern auch schlagfertig ist.

REICHE DAME 1 Sie sind also die Favoritin des Monats.
REICHE DAME 2 Ach, sie ist ein bißchen gereizt. Auf Edward
haben es alle von uns abgesehen. Jede will ihn sich angeln.
VIVIAN Irrtum. Ich will ihn mir nicht angeln. Ich will nur mit
ihm schlafen.

Vivian hat einen Verehrer, und es ist offensichtlich, dass Edward
stolz auf sie ist. Der Millionär scheint sogar verliebt in Vivian zu
sein. Sein Mitarbeiter und Freund Stuckey bemerkt, dass Edward
sich diesmal ganz anders als bei seinen sonstigen Freundinnen ver-
halte. Doch ausgerechnet der kleine Stuckey wird Vivians Erfolg zu-
nichte machen. Er vermutet, dass Vivian eine Industriespionin sein
könnte, und setzt Edward unter Druck, ihm ihre Identität preiszugeben. Edward gibt schließlich zu, dass Vivian eine Prostituierte ist.
Daraufhin macht Stuckey ihr noch auf dem Polofeld ein eindeutiges
Angebot. Stuckey ist Vivians Gegenspieler; in Greimas' Aktantenmodell erfüllt er die Rolle des Opponenten. Mit wenigen Sätzen hat
Stuckey die Situation der Hauptfigur gewendet. Statt des schon
greifbar scheinenden Triumphs, ihrer Integration in Edwards Leben,
erlebt sie ihre bislang größte Niederlage.

Dieses Prinzip lässt sich in zahlreichen Filmen des klassischen
Hollywoodkinos wiederfinden. Der Opponent beendet den Erfolg
des Subjekts durch sein Eingreifen. Tess Harding steht kurz vor dem
Abschluss des entscheidenden Vertrags, da übernimmt Katherine –
ihre Chefin – die Verhandlungen (DIE WAFFEN DER FRAUEN). Daniel scheint von dem attraktiven Stewart aus seiner Familie gedrängt
zu werden (MRS. DOUBTFIRE), Annie droht Sam an ihre Konkurrentin Victoria zu verlieren (SCHLAFLOS IN SEATTLE). Derartige
Niederlagen finden sich auch in beruflichen Zusammenhängen:
Hurrikanforscherin Jo Harding muss sich im Wettkampf mit einem
anderen Wissenschaftler zunächst geschlagen geben (TWISTER),
Weltraumexpertin Ellie Arroway verliert auf Initiative ihres Chefs,
der zugleich ein Mitbewerber ist, den Zugang zu ihren Forschungs-
einrichtungen (CONTACT). Dabei hat sie gerade zum ersten Mal Si-
gnale aus dem All erhalten.

Mit ihrem Gegenspieler wird auch Clarice in DAS SCHWEIGEN DER
LÄMMER konfrontiert. Ihr schon greifbar naher Erfolg wird sabo-

tiert. Bevor Bill gefasst werden kann, greift ihr Opponent Dr. Frederic Chilton in die Ermittlungen ein. Erst kurz vor der Absprache *Quid pro quo* wurde deutlich, dass die Nebenfigur Chilton Clarice feindlich gesinnt ist. Als er sie zu Lecter bringt, beschwert sich der Psychologe, dass er nicht in die Ermittlung einbezogen werde: »Hören Sie! Ich bin hier keineswegs bloß irgend so ein Gefängnisaufseher.« Sein Interesse widerspricht dem von Clarice: Er hofft immer noch, durch den Fall ›Lecter‹ berühmt zu werden, auch wenn er von Lecter in all den Jahren der Gefangenschaft keine Antworten erhalten hat. Chilton ist entsprechend wütend, dass der Serienmörder jetzt mit einer Studentin spricht. Er will Clarice von Hannibal fern halten.

Ein vergleichbares Interesse hat Stuckey in Bezug auf Vivian. Durch sie verliert er seinen geschäftlichen Einfluss auf Edward; Stuckey muss Geldverluste befürchten, wenn sie bei ihm bleibt. Als er erfährt, dass Vivian eine von Edward bezahlte Prostituierte ist, macht er ihr ein eindeutiges Angebot. Das ist der Beginn einer Intrige, die aufzugehen scheint. Vivian ist wütend über Edwards Indiskretion. In der 73. Minute des Films will sie das Arrangement mit ihm aufkündigen.

> Vivian Glaubst du, du bist mein Zuhälter? Willst du mich an deinen besten Freund weiterreichen? Ich bin nicht dein Spielzeug! (…) Ich bin nicht dein Eigentum!

Der Vergleich von Das Schweigen der Lämmer und Pretty Woman zeigt, dass der Gegenspieler die Hauptfigur im zweiten Akt daran hindern will, ihr Problem zu lösen. Im Unterschied zum Warner, der die Gefahren betont, will er der Figur schaden, da sie seinen Interessen im Wege steht. Chilton verkörpert eine besonders häufig vorkommende Spielart des Opponenten: den Rivalen. Der Rivale verfolgt dasselbe Ziel wie die Hauptfigur, versucht es aber mit anderen Mitteln und aus anderen Gründen zu erreichen.

Chilton hat – wie Clarice – den Ehrgeiz, Buffalo Bill zu stellen. Während Clarice' Ehrgeiz aus ihrer Backstorywound begründet ist, scheint Chilton nur seine Eitelkeit befriedigen zu wollen. Er sucht das Gespräch mit der Presse, buchstabiert den Reportern unaufgefordert seinen Namen. Das unterscheidet ihn von Clarice, der es

nicht darum geht, berühmt zu werden. Die beiden Figuren sind ge-
gensätzlich, haben aber auch eine Gemeinsamkeit. Da Chilton die
Eigenschaft Ehrgeiz mit Clarice teilt, kann er auch als eine negative
Version der Hauptfigur gesehen werden. Der Gegenspieler zeigt, was
aus der Hauptfigur werden könnte, wenn sie sich nicht grundlegend
verändert: »Captain Willard, in Coppola's APOCALYPSE NOW, could
become Col. Kurtz.«[442] Luke hat das Potential zu einem Darth Vader,
und Clarice könnte eine Art weiblicher Chilton werden, wenn es ihr
nicht gelingen sollte, die Ursache für ihren Ehrgeiz zu durchschauen.

Neben der Eitelkeit ist Chiltons intrigante Vorgehensweise ein
zweiter Unterschied zu Clarice. Der Anstaltsleiter hat das dritte Gespräch zwischen Clarice und Lecter heimlich aufgezeichnet. Kurz
nachdem die Agentin das Gefängnis verlassen hat, spielt er Lecter
das Tape vor und verkündet, dass der Gefangene vom FBI betrogen
werden sollte:

> DR. CHILTON Denken Sie wirklich, dass Sie am Strand spazieren
> gehen und Vögel sehen werden? Habe ich nie geglaubt. Ich habe
> Senatorin Martin angerufen. Sie weiß nichts von einer Vereinba-
> rung mit Ihnen. Die haben dich auf den Arm genommen, du
> Bestie.

Chilton deckt auf, dass Clarice ihren Mentor belogen hat. Dass er
damit Catherines Leben in Gefahr bringt, interessiert ihn nicht.

Chiltons Enthüllung erklärt darüber hinaus, warum Clarice so
nervös war, als sie Lecter von der Verlegung erzählte. Sie hat die Insel angepriesen, als müsse sie einem Kunden einen Urlaub verkaufen. Sie war unsicher, suchte nach Worten. Besonders auffällig war
aber ihre Mimik: Clarice hat Lecter angelächelt. Es war erst ihr drittes Lächeln im gesamten Film. Wenn sie die Mundwinkel nach oben
zieht, so ist das keine spontane Reaktion. Clarice nutzt das Lächeln
als Maske. Sie will entweder Unsicherheit oder eine Lüge damit verbergen. Mit einem falschen Lächeln hat sie zum Beispiel Chilton be-
dacht, dessen Anwesenheit sie bei Gesprächen mit Lecter ablehnt.
Den Anstaltsleiter ärgert, dass er sie in den Keller begleitet hat:

> DR. CHILTON Wenn Sie mir das im Büro vorgeschlagen hätten,
> würde ich viel Zeit gespart haben.

CLARICE Ja, schon, Sir. Aber dann hätte ich auf das Vergnügen
Ihrer Gesellschaft verzichten müssen.

Lecter wird Clarice' Lächeln nicht entgangen sein, und so reagiert er
nicht auf die Enthüllung, dass sie ihn betrügen wollte. Er starrt nur
unverwandt auf Chiltons goldenen Kugelschreiber, der auf seinem
Bett liegt. Erst als Chilton einen neuen Handel vorschlägt, merkt der
Serienmörder auf. Chilton bietet die Verlegung in ein Staatsgefängnis an, wenn Lecter ihm Buffalo Bills Namen nennt. Eine schriftli-
che Garantie von der Senatorin hat der Anstaltsleiter gleich mitgebracht. Lecter akzeptiert, allerdings unter einer Bedingung: »Sein
Vorname ist Nat. Den Rest will ich der Senatorin selbst erzählen.
Aber erst in Tennessee.« Nach dieser Einigung wird Lecter nach
Memphis gebracht.

Chilton triumphiert, denn der Fall wird dem FBI entzogen. Dies
hat Folgen für die Hauptfigur: Von der 55. Minute, in der sie Lecter
verlässt, bis zur 62. Minute, als sie sich zum letzten Mal zu ihm begibt, ist Clarice nicht zu sehen. Sie hat durch Chiltons Intrige den
Zugang zu Lecter verloren – von einem Moment auf den anderen.
Lecter gibt sein Wissen über Bill, das er ihr versprach, an Chilton
und die Senatorin weiter. Bill sei mit Benjamin Raspail, dessen Kopf
Clarice gefunden hat, befreundet gewesen. Lecter ist ihm nur einmal begegnet.

DR. LECTER Er ist 1,80 Meter groß, kräftig gebaut, 85 Kilo etwa.
Haar blond, Augen hellblau. Er ist cirka 35 jetzt. Er sagte, er
wohne in Philadelphia, aber das könnte gelogen sein.

Jetzt kann das FBI gezielt nach einem Verdächtigen suchen. Clarice›
Hilfe wird nicht mehr benötigt; sie kann ihre Ermittlungen einstel-
len. Der schon greifbare Triumph hat sich in eine Niederlage verwandelt.

Chiltons Eingreifen bewirkt somit eine Veränderung in der Bewegungsrichtung der Hauptfigur. Diese Veränderung wurde bislang
noch nicht thematisiert, denn sie betrifft die äußere Reise. Zu unterscheiden sind demzufolge nicht nur zwei Reisen, sondern auch zwei
zentrale Wendepunkte. Chiltons Aufdeckung ist der zentrale Wendepunkt der äußeren Reise; das Arrangement *Quid pro quo* hinge-

gen entspricht als zentraler Wendepunkt einer Änderung der Bewegungsrichtung, die sich auf die innere Reise bezieht: Clarice willigt ein, sich auf Lecters Fragen einzulassen. Diese Zusage hat sie schon in der 51. Minute des Films gegeben. In der 62. Minute ist sie bereit, sie einzulösen. Warum?

Der Weg der Hauptfigur zur Selbsterkenntnis

Clarice Starling droht die Suspendierung. Im schlimmsten Fall – so erzählt es die letzte Drehbuchfassung von DAS SCHWEIGEN DER LÄMMER – wird sie die FBI-Akademie verlassen müssen.[443]

> CRAWFORD I bent a lot of rules, using you in first place. If I don't pull you off this case, right now, you could face suspension. Your whole career's still in front of you. Your whole life …
> (stops, looks at her) Go back to class, Starling.

Die explizite Drohung eines Verweises spart der Film aus. Doch auch hier ist Clarice' Lage nach dem Gelingen von Chiltons Intrige verzweifelt. Sie ist davon überzeugt, dass Lecter ihrem Gegenspieler einen falschen Namen genannt hat. Im Unterschied zu Chilton erkennt sie das Anagramm: Louis Friend, der Name, den Lecter in der originalsprachigen Fassung genannt hat, lässt sich in *iron sulfide* umstellen – »better known as Fool's Gold«. Der in der Synchronfassung genannte Name ›Nat Fisules‹, ist ein Anagramm für Eisensulfid – »besser bekannt als Katzengold«. Da Clarice diesen Hinweis durchschaut, muss sie, wenn sie Catherine retten will, unbedingt noch einmal mit Lecter sprechen. Sie hat aber keine Zugangsberechtigung mehr, da sich die Konstellation nach dem zentralen Wendepunkt geändert hat. Vor Chiltons Eingreifen war Clarice die erfolgreiche Ermittlerin, die jederzeit mit Lecter sprechen konnte – sogar gegen den Willen des Anstaltsleiters, mit dem Lecter in all den Jahren der Gefangenschaft kein Wort geredet hat. Jetzt kontrolliert Chilton den Zugang zu Lecter, und Clarice ist machtloser, als Chilton es jemals war.

Den Moment der größten Verzweiflung, den die Hauptfigur gegen Ende des zweiten Akts durchlebt, bezeichnet Campbell als »Nadir des mythischen Zirkels«.[444] Der Nadir ist der Fußpunkt, der dem Zenit, dem Scheitelpunkt, genau gegenüberliegt. Schlesinger und Cunningham nennen diesen Moment »night of the soul«.[445] In der 86. Minute von Green Card wirft Brontë ihren Schein-Ehemann George aus der Wohnung. Vivian verlässt Edwards Penthouse in der 99. Minute von Pretty Woman, und der kleine Elliott erlebt in der 84. Minute von E. T., wie sein außerirdischer Freund stirbt. In all diesen Fällen scheint keine Rückkehr zu den bis dato bestehenden Verhältnissen der zweiten Erzählphase möglich. Doch: Brontë und George besinnen sich auf das drohende Ausweisungsverfahren, Vivian lässt sich von Edwards Entschuldigung umstimmen, und E. T. hat seinen Tod nur vorgetäuscht.

Auch Clarice' Suche nach Buffallo Bill ist nicht beendet. In der 62. Minute von Das Schweigen der Lämmer schmuggelt sie sich in die Eingangshalle des Gerichtsgebäudes, in dem Lecter eine improvisierte Gefängniszelle bezogen hat. Ihr Ausweis ist ungültig, und sie muss lügen, um Zugang zu Lecter zu erhalten: Ja, sie gehöre zu Chiltons Leuten, bestätigt sie dem wachhabenden Polizisten. Daraufhin darf sie passieren, soll zuvor aber ihre Pistole und ihre Munition abgeben. Das tut sie umständlich, als wolle sie ihre Waffe nicht aus der Hand geben. Die junge Frau nähert sich nur zögerlich Lecters Käfig, der in einer großen, dunklen Halle steht. Clarice weiß, dass sie in jeder Hinsicht wehrlos vor ihrem Berater stehen wird.

Diese Station einer Erzählung bezeichnet Christopher Vogler als »approach to the inmost cave«.[446] In Voglers Beispielfilm, Der Zauberer von Oz, wird Dorothy an diesem Punkt der Handlung in das Schloss der bösen Hexe entführt. In der 65. Minute von Krieg der Sterne schmuggelt sich Luke Skywalker mit seinen Freunden auf dem Todesstern ein, um Prinzessin Leia aus der Gefangenschaft zu befreien. In der 70. Minute von Mondsüchtig folgt Loretta Ronny wider besseres Wissen in dessen Wohnung, und in der 65. Minute von Basic Instinct wagt sich der Polizist Nick in das Schlafzimmer von Catherine, obwohl er damit nicht nur seine Suspendierung riskiert, sondern auch sein Leben.

Auch Clarice droht mehr als nur ihre Suspendierung; sie weiß, dass sie Lecters ›Therapie‹ womöglich nie wieder vergessen wird. Vogler hat beobachtet, dass die Figuren ein hohes Risiko eingehen, das mit dem Verweis auf die Deadline gerechtfertigt wird: »The audience may need to be reminded of the ›ticking clock‹ or the ›time bomb‹ of the story. The urgency and the life-and-death quality of the issue need to be underscored.«[447] Lecter empfängt Clarice mit Spott für ihren gescheiterten Trick: »Pech aber mit der armen Catherine. Tick, tack, tick, tack, tick, tack …« Dem hat Clarice nichts entgegenzusetzen. Sie ist jetzt auf Lecters Wohlwollen angewiesen, denn sie kann ihm keine Privilegien mehr versprechen. Auch wenn sie ihm seine Zeichnungen bringt, ist doch offensichtlich: Clarice hat außer ihrer Lebensgeschichte nichts mehr zu bieten.

An dieser Geschichte ist Lecter allerdings sehr interessiert. Clarice weiß im Unterschied zu den Zuschauern nicht, dass er seine Flucht längst vorbereitet hat. Lecter hat in der Zwischenzeit Chiltons goldenen Stift gestohlen, was Teil eines Fluchtplanes sein muss. Anders ist das überdeutlich inszenierte Fehlen des Kulis, auf den Lecter zuvor so begehrlich geblickt hat, nicht zu erklären. Es scheint, als habe der Gefangene nur noch Clarice' Besuch abwarten wollen, bevor er seinen Plan in die Tat umsetzt. Seine Neugier bringt ihn dazu, den Handel *Quid pro quo* fortzusetzen, von dem er zu diesem Zeitpunkt nicht mehr profitieren kann. Lecter bleibt in seinem Gefängnis, um die Auflösung von Clarice' Geheimnis zu erfahren.

Dementsprechend interessiert sich der Gefangene auch nicht für Fragen nach Buffalo Bill. Er antwortet auf Clarice' kriminalistische Überlegungen mit einer Mutmaßung über ihren Charakter: »Oh, Clarice. Ihr Problem ist, dass Sie aus Ihrem Leben nicht mehr Spaß herausholen.« Spaß scheint in der Tat keinen Stellenwert im Leben von Clarice zu haben. Der Film zeigt sie niemals außer Dienst; Clarice geht nicht ins Kino oder in eine Kneipe. Sie ermittelt auch in ihrer Freizeit. Seit seiner ersten Begegnung mit Clarice will Lecter den Grund für diese Verbissenheit herausfinden: »Wenn ich Ihnen helfen soll, bestehe ich auf einer Gegenleistung von Ihnen.«

Die dieser Aufforderung folgende Offenbarung – der Ausgangspunkt aller Überlegungen dieses Buches – soll nun ein drittes und letztes Mal thematisiert werden. Im Vordergrund steht dabei nicht die narrative Funktion der Sequenz, die ja bereits im Kontext der Backstorywound beschrieben wurde, sondern ihre bemerkenswerte filmische Umsetzung. Was unterscheidet den Moment der Selbsterkenntnis in DAS SCHWEIGEN DER LÄMMER von den Offenbarungsmomenten anderer Filme? Die filmische Umsetzung der Aufdeckung hat Auswirkungen auf die Narration des Films. Welche Bedeutung hat die Inszenierung der Erinnerung für die Erzählung?

Flashback und Offenbarung

Eine von der Hauptfigur geleistete, seelische Offenbarung bezeichnet Joseph Campbell als Initiation; sie sei »der Sinn der schwierigen und mühsamen Straße der Prüfungen«.[448] Der Held »entdeckt und assimiliert sich seinen Widerpart – das eigene ungekannte Selbst«.[449] Diese Entdeckung sei schmerzlich: »Schritt für Schritt werden die Widerstände gebrochen.«[450] Christopher Vogler nennt diesen Moment der Erkenntnis in Anlehnung an eine Formulierung Campbells ›Feuerprobe‹: »A Supreme Ordeal crisis, however frightening to the hero, is sometimes the only way to recovery or victory.«[451] Campbells und Voglers Darstellung stimmt mit DAS SCHWEIGEN DER LÄMMER überein. Clarice kann sich erst nach einigen Ausflüchten zur Preisgabe ihrer Geschichte durchringen.

Die Beschreibung trifft aber auch auf eine Gruppe von Filmen zu, die als ›Psychologenfilme‹ bezeichnet werden können. Es handelt sich um Produktionen des klassischen Hollywoodkinos, in denen ein Psychologe oder eine Psychologin als Berater/in der Hauptfigur auftritt. Ein berühmtes Beispiel ist die Oscar-gekrönte Produktion EINE GANZ NORMALE FAMILIE, die Robert Redford 1979 drehte: Ein Teenager kann den Unfalltod seines älteren Bruders nicht verkraften und wird von seinen hilflosen Eltern zu einem Psychologen geschickt. Ein jüngeres Beispiel ist HERR DER GEZEITEN von und mit Barbra Streisand, der 1991 in die Kinos kam: Ein Footballspieler muss sich nach einem Selbstmordversuch seiner Schwester mit deren Therapeutin auseinander setzen. Eine aktuelle Variante des Themas ist DER PFERDEFLÜSTERER von 1998, von und mit Robert Redford. Tom Booker kümmert sich als Therapeut nicht nur um ein verletztes Pferd, sondern auch um dessen Reiterin.

In HERR DER GEZEITEN ist die Backstorywound ein Missbrauch. Drei entlaufene Sträflinge haben die Hauptfigur Tom (Nick Nolte), seine Geschwister und seine Mutter brutal vergewaltigt. Die Mutter hat ihren Kindern ein Schweigegelübde abgenommen, das der Protagonist bis heute eingehalten hat. Erst als seine Schwester einen Selbstmordversuch unternimmt, muss Tom sich seinen Erinnerungen stellen. Der Psychologin Dr. Lowenstein (Barbra Streisand) gelingt es, sein Schweigen zu durchbrechen.

Tom Ich muss Ihnen etwas erzählen.
Dr. Lowenstein Ich weiß.
Tom Ich weiß nur nicht, wie.
Dr. Lowenstein Sagen Sie es einfach.

Tom erzählt stockend, und während er spricht, ist zu sehen, wie die Männer in das Haus eindringen und die Familie überwältigen. In Eine ganz normale Familie durchlebt der 16-jährige Conrad im Gespräch mit seinem Therapeuten noch einmal, wie sein Bruder bei einem Segelausflug ertrank. Tom Booker, der ›Heiler‹ aus Der Pferdeflüsterer, entlockt der 13-jährigen Grace die Details ihres Unfalls, die sie ihm unter Tränen offenbart. In allen drei Beispielen erzählen die Protagonisten nicht nur ihr Erlebnis – den Zuschauern wird es auch gezeigt. ›Psychologenfilme‹ inszenieren die Aufdeckung der Backstorywound als Auflösung eines Rätsels, wobei die Erzählung als Flashback inszeniert wird. Was genau ist unter einem Flashback zu verstehen?

> A flashback is simply an image or a filmic segment that is understood as representing temporal occurences anterior to those in the images that preceed it. The flashback concerns a representation of that past that intervenes within the present flow of film narrative.[452]

David Bordwell differenziert zwischen nacherzählten und visualisierten Rückgriffen.[453] In ›Psychologenfilmen‹ zeigt der Flashback eine persönliche Erinnerung der Hauptfigur, »a memory image of a character«.[454] Branigan nennt diese Rückgriffe subjektiv.[455]

Ein visualisierter, subjektiver Rückgriff wird auch in Das Schweigen der Lämmer eingesetzt. Zwei kurze Flashbacks zeigen die etwa zehnjährige Clarice und ihren Vater. Die Agentin erinnert sich zunächst, wie ihr Vater von der Arbeit nach Hause kommt, und später an seine Aufbahrung. Ausgerechnet bei der Offenbarung der Backstorywound wird kein Flashback verwandt; Clarice erzählt lediglich von ihrem Erlebnis. Dabei waren in allen Fassungen des Drehbuchs Flashbacks vorgesehen. Clarice beginnt ihre Erzählung vom Schreien der Lämmer mit dem Satz: »Ich hörte ein seltsames Schreien.« Noch im *final draft* sollte bei diesem Satz das kleine Mädchen in seinem Bett zu sehen sein. Sie geht zum Stall und schaut durch ein Fenster hinein.

> *Shadowy men, ranch hands, are moving in and out of a nearby barn, carrying mysterious bundles.* The men's breath is steaming. A refrigerated truck idles nearby, its engine adding more steam. A strange, almost surrealistic scene.
> CLARICE (contd., V. O.) Screaming. Some kind of screaming like a child's voice.
> *The little girl is terrified; she covers her ears.*

Der Flashback zeigt, was die erwachsene Clarice im Off erzählt. Jedem Satz ist das entsprechende Bild zugeordnet. Erst während der Produktion, nachdem die Muster des letzten Gesprächs zwischen Clarice und Lecter vorlagen, entschied Regisseur Jonathan Demme, auf die Zwischenschnitte zu verzichten.[456] Statt dessen beließ er im fertigen Film nur das Gesicht von Clarice – wie bereits erwähnt 62 Sekunden lang. Welche Konsequenzen hat diese Entscheidung? Was folgt aus dem Verzicht auf den Flashback?

Großaufnahme und Offenbarung

Die Großaufnahme des menschlichen Gesichts gilt schon seit der frühen russischen Filmtheorie als Paradigma filmischen Ausdrucks. Béla Balázs erklärt sie bereits 1924 zum ›eigensten Gebiet des Films‹[457], und 1927 vergleicht Boris Eichenbaum die Großaufnahme mit einer musikalischen Fermate: »Der Zeitfluß kommt gleichsam zum Stehen, der Film hält seinen Atem an, der Zuschauer versenkt sich in die Betrachtung.«[458] Im gleichen Jahr schreibt sein Landsmann Jurij N. Tynjanow, das Objekt sei in der Großaufnahme »aus der räumlichen und gleichzeitig aus der zeitlichen Kontinuität« herausgenommen.[459] Auch Wsewolod Pudowkin sieht in dieser heraushebenden Qualität die Stärke der Großaufnahme:

> Ich verstand, dass ein Mensch, der etwas betrachtet, studiert oder in sich aufnimmt, die tatsächlich gegebenen räumlichen und zeitlichen Dimensionen in seiner Wahrnehmung zu allererst einmal verändert: Er zieht das Entfernte näher an sich heran und verzögert das Schnelle. Auf diese Weise gelangte die Großaufnahme in die Filmkunst, sie ließ alles Überflüssige fort und konzentrierte sich auf das Notwendige.[460]

Die genuin filmische Großaufnahme hat, so Pudowkin, die Sprache und Ausdrucksfähigkeit des Films grundlegend verändert. Durch die Möglichkeit der Großaufnahme erhält das menschliche Gesicht eine neue und besondere Bedeutung, da es zum bevorzugten Objekt dieser Einstellungsgröße wird. Béla Balázs räumt daher dem Mienenspiel eine Vorrangstellung unter den Ausdrucksmitteln ein. Die Mimik sei der Wortsprache überlegen, da das Gesicht mehrere Gefühle gleichzeitig ausdrücken könne. Es stelle Gefühlsregungen synchron zur Empfindung dar und sei, da nicht restlos kontrollierbar, im Grunde der Lüge nicht fähig.[461] Die Großaufnahme des Gesichts wird damit für ihn zum Mittelpunkt filmdarstellerischer Möglichkeiten, insbesondere für den Star.

Die Großaufnahme in DAS SCHWEIGEN DER LÄMMER, die der Ausgangspunkt dieser Untersuchung ist, setzt diese Überlegungen buchstäblich ›ins Bild‹. Die Erzählung der Backstorywound wird hier zu einer idealen Möglichkeit, das Gesicht des Stars zu präsentieren. Sie bedeutet eine Chance, das ›Paradigma filmischen Ausdrucks‹ in außergewöhnlicher Länge zu inszenieren. Ein zweiter Vorteil dieser filmischen Umsetzung ist offensichtlich. Mit einem Flashback wäre die Sequenz viel konkreter ausgefallen. Es wäre eindeutig gewesen, dass tatsächlich von Lämmern die Rede ist. Mit einem Flashback wäre das Rätselhafte der Erzählung aufgelöst worden. Ohne Flashback hingegen bleibt die Geschichte geheimnisvoll. Clarice' Gesicht wird zur Projektionsfläche für nahezu jedes schmerzliche Gefühl – das ist das Potential der langen Großaufnahme.

Dieses Potential wird im Hollywoodkino schon seit über siebzig Jahren genutzt. Das berühmteste Beispiel ist sicher die Großaufnahme von Greta Garbo am Ende von KÖNIGIN CHRISTINE: »The last, magnificent close-up is held as she stands immobile as a figure head, starring inscrutably ahead, remembering until the image slowly fades. (...) She is standing there for 150 feet of film – 90 of them in close-up.«[462] Garbo steht während der gesamten Einstellung vollkommen unbeweglich: »Nothing moves on the screen.«[463] Rouben Mamoulian hat die Darstellerin gebeten, ohne Augenzwinkern auf einen bestimmten Punkt in der Ferne zu blicken. Der Regisseur erläuterte 1970 in einem Gespräch, welche Möglichkeiten diese Starrheit eröffnet:

Der Schluss (…) ist hart; eine Königin entsagt aus Liebe dem Thron, geht aufs Schiff, um mit ihrem Geliebten fortzusegeln, und findet ihn sterbend vor. Was würden Sie da tun? Was für Worte würden Sie gebrauchen? Alles, was Sie sagen, wird albern klingen. Ich dachte, es lässt sich mit einem stummen Bild machen. (…) Also drehte ich die Szene rein visuell und rhythmisch. Die Bewegung der Segel und der Seeleute, alles ist eine Art Vorbereitung. Dann kommt die Garbo hinauf zum Bug. Als wir diese Aufnahme drehen wollten, fragte sie mich: ›Was spiele ich?‹ Ja, was? Was spielt sie? Weint sie? Lächelt sie? Lacht sie? Was würde, was könnte sie tun? Das alles wäre zum Teil falsch. Man würde vielleicht sagen: ›Mein Gott, diese Frau ist ein Unmensch, sie lächelt.‹ Andere würden denken: ›Sie ist ein Schwächling, sie weint.‹ (…) Also dachte ich mir, jeden einzelnen Zuschauer selbst seinen Schluss schreiben zu lassen. Ich werde ihnen sozusagen ein leeres Blatt Papier in die Hand geben. Sollen sie darauf schreiben (…), was auch immer sie vorziehen. (…) Jeder dachte, sie fühle so, wie er erwartete, dass sie fühlen würde. Also waren alle völlig zufrieden. Aber tatsächlich war das, was sie sahen, ein emotionales Nichts, ein sehr schönes Nichts, aber trotzdem ein Nichts.[464]

Bereits in den zwanziger Jahren hatte das Experiment Kuleschows verdeutlicht, dass das Publikum die Emotionen einer Filmfigur nicht nur aus der Mimik erschließt. Kuleschow kombinierte bekanntlich eine relativ ausdruckslose Großaufnahme des Schauspielers Ivan Mozzhuchin mit unterschiedlichen Einstellungen: mit einem Teller Suppe, einem Sarg, einem Kind. Das Publikum gab nach der Vorführung an, Mozzhuchins Gesicht habe Hunger, Trauer und Beglückung gezeigt – dabei war in allen drei Fällen die gleiche Großaufnahme zu sehen gewesen.[465]

Demzufolge ist auch das nahezu regungslose Gesicht von Clarice für den Betrachter nicht ohne Bedeutung. Jeder Zuschauer, jede Zuschauerin, kann sich seiner oder ihrer Phantasie entsprechend vorstellen, was für eine furchtbare Erfahrung die Heldin als Kind gemacht haben muss.[466] Ist wirklich nur von Lämmern die Rede? Die Geschichte wird offen für vielfältige Interpretationen. Geht es um Unschuld? Schließlich ist in der Geschichte von Lämmern die Rede, die in der christlichen Tradition Unschuld symbolisieren. So wird Christus auch als *Agnus Dei* bezeichnet. Weist die Geschichte auf Clarice' Opferrolle hin? Das Schlachten eines Lammes ist ein Ritus, der in mehreren Religionsgemeinschaften bekannt ist. Imaginiert

Clarice in der Geschichte ihren eigenen Tod? Spricht sie gar über »die Ablösung des Werdens im Sein«?[467] Oder deutet Clarice in verschlüsselter Form einen sexuellen Missbrauch an, wie einige Kritiker mutmaßen? Was ist wirklich geschehen?

Die Offenheit der Sequenz hat noch einen dritten Vorteil. Genau genommen ist nämlich nicht nachzuvollziehen, warum gerade die Lämmer-Episode in Clarice' Leben so entscheidend gewesen sein soll. Warum empfand sie den Tod der Lämmer als so grausam, spricht aber nie vom Tod ihrer Mutter? Welche Bedeutung hatte der Tod des Vaters, der ja noch im dritten Gespräch mit Lecter als das schrecklichste Kindheitserlebnis benannt wurde? Angesichts dieser logischen Brüche in der Figurenzeichnung wird die Stärke der Großaufnahme offensichtlich. Die Diffusität der Backstorywound und der Verzicht auf den Flashback erscheinen nun als ausgesprochene Stärke des Films. Beides setzt DAS SCHWEIGEN DER LÄMMER deutlich von den ›Psychologenfilmen‹ ab, die bis Mitte der neunziger Jahre mit einer überdeutlichen Ausspielung der Backstorywound arbeiten und ihr damit zwangsläufig ihren rätselhaften Charakter nehmen.

Dass die Verwendung eines Flashbacks problematisch sein würde, hat Drehbuchautor Ted Tally wahrscheinlich schon während des Schreibens bemerkt; nur so sind seine Experimente mit einem vierten Flashback zu erklären, der nie gedreht wurde. Im *shooting script* erinnert sich Clarice nach Lecters Ausbruch noch einmal an ihren eigenen Ausbruchsversuch. Zu sehen ist laut Buch, wie das kleine Mädchen vom Sheriff aufgegriffen wird und das Lamm zurückgeben muss. Dann nimmt der Flashback eine überraschende Wendung.[468]

The rancher is revealed a shadowy figure, pinning the lamb on his killing table. His knife hand sweeps up high, then holds …
He turns TO CAMERA, his face breaking the light – and it is the face of Dr. Lecter. He smiles his terrible smile at the young Clarice.

Der Flashback wird im Drehbuch zur Vision. Das Enträtselte, die Flucht, wäre mit dieser Phantasievorstellung wieder rätselhaft geworden. Warum imaginiert Clarice ihren Berater Lecter als Schlachter? Was ist seine Verbindung zu den Lämmern? Der Mörder, den Clarice finden muss, ist Buffalo Bill, nicht Hannibal Lecter. Lecter bedroht weder Catherine noch sie. Clarice versichert ihrer Freundin Ardelia: »Mir wird er nichts tun. Ich kann es nicht erklären. Er würde es als Unhöflichkeit betrachten.« Clarice muss Lecter nicht fürchten; ihr Abschied von ihm war geradezu liebevoll. Nach ihrer Offenbarung flüstert er ihr leise zu: »Danke, Clarice, danke.« Sein Dank hätte im Widerspruch zu dem ursprünglich vorgesehenen vierten Flashback gestanden. Der Dank zeigt außerdem, dass die Offenbarung der Backstorywound dem Bestehen einer Prüfung gleicht, das mit einer Belohnung vergolten wird.

Die Konsequenzen der Offenbarung

Clarice hat gerade ihre Erzählung von den Lämmern beendet, da wird sie von ihrem Opponenten Chilton überrascht. Hektisch fordert sie Lecters Gegenleistung ein: »Sagen Sie mir seinen Namen, Dr. Lecter.« Doch der Gefangene schweigt. Hat Clarice ihre Geschichte umsonst preisgegeben? Sie wird von den Wachen weggezerrt, doch in letzter Sekunde ruft Lecter sie noch einmal zurück: »Ihre Akte …« Clarice reißt sich los und rennt zurück zu seiner Zelle. Der Gefangene hält ihr die Akte Buffalo Bills entgegen, die Clarice gerade noch ergreifen kann, bevor sie wieder weggezerrt wird.

Joseph Campbell hat festgestellt, dass die Hauptfigur am Ende der zweiten Erzählphase oftmals eine Gabe erhält, die ihr das Bestehen der letzten Prüfungen erleichtern wird. Er bezeichnet diese Belohnung als »Segnung«.[469] Christopher Vogler spricht von »reward« oder von »seizing the sword«.[470] Er stellt dieses Moment der Erzählung ausführlich dar:

> One of the essential aspects of this step is the hero taking posession of whatever she came seeking. Treasure hunters take the gold, spies snatch the secret, pirates plunder the captured ship, an uncertain hero seizes self-respect, a slave seizes control over his own destiny. A transaction has been made – the hero has risked death or sacrificed life, and now gets something in exchange.[471]

Luke Skywalker hat am Ende des zweiten Akts die Pläne für den Todesstern in seinen Händen, Clarice das Dossier über Bill. Die Gabe ist aber nur ein Potential, das noch nicht realisiert werden kann. Clarice versteht zunächst nicht, was es mit der Akte auf sich hat, inwiefern sie ihr nutzen kann. Doch dann entdeckt ihre Freundin Ardelia in der 82. Minute des Films eine handschriftliche Notiz, die Lecter den Unterlagen hinzugefügt hat. Auf einer Landkarte, die die Fundorte von Bills Opfern zeigt, steht vermerkt: »Clarice, kommt Ihnen nicht die wahllose Verbreitung der Örtlichkeiten auffallend zufällig vor? Wie das Machwerk eines unbeholfenen Lügners. Dank – Hannibal Lecter« Dieser Hinweis ist eine Art Gebrauchsanweisung: Clarice und Ardelia kombinieren, dass Bill nur bei seinem ersten Opfer von seiner später verfolgten Routine abgewichen ist und dass er sie deshalb gekannt haben muss: »Er hat sie gekannt!«

Eine Erkenntnis kann eine Belohnung sein: »A hero may be granted a new insight or understanding of a mystery as her reward. She may see through a deception. (…) Seizing the sword may be a moment of clarity.«[472] Clarice' Gedankenblitz wendet das Geschehen in den dritten Akt. Sie fährt sofort nach Belvedere, wo das erste Opfer lebte. Hannibal Lecter hat Clarice mit seinem Hinweis für ihre Offenheit belohnt; er hat die Abmachung *Quid pro quo* eingehalten. Die Rückgabe des Dossiers verweist darüber hinaus auf eine zweite Belohnung, deren Potential die Hauptfigur nicht sofort realisieren kann. Ein vielfach abgedrucktes Standbild zeigt, dass Lecter bei der Übergabe mit seinem Zeigefinger über Clarice' Hand streicht. Die Berührung, die Lecter sich herausnimmt, ist der Moment der größten Nähe zwischen den beiden. Der größten seelischen Offenbarung folgt der einzige körperliche Kontakt.

Das Standbild bringt die Doppelstruktur des Handels *Quid pro quo* auf den Punkt, sozusagen auf einen Berührungspunkt.[473] Es verweist auf zwei Belohnungen, die Clarice für ihre Offenheit erhalten müsste. Die eine im Bild zu erkennende Gegenleistung – die Akte – bezieht sich auf die äußere Reise. Die zweite Gegenleistung hat mit Clarice' innerer Reise zu tun, deren Auslöser ja ist, dass Lecter ihr nahe kommt. Wird Clarice auch auf ihrer inneren Reise für ihre Offenheit belohnt?

Die Belohnung für die Aufdeckung einer schmerzhaften Erinnerung ist in der Regel, dass die Hauptfigur ihre Backstorywound überwindet. In DER HERR DER GEZEITEN kehrt Tom am Ende zu seiner Ehefrau und seinen Kindern zurück. In EINE GANZ NORMALE

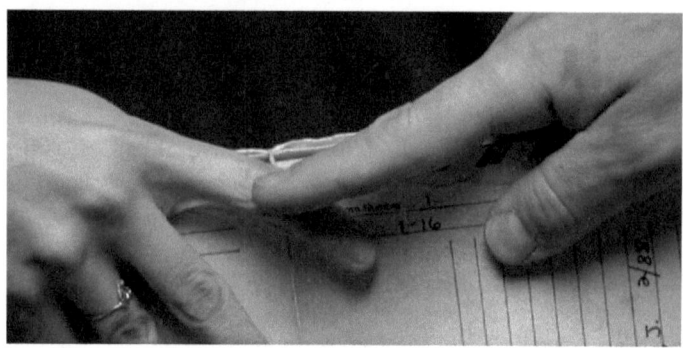

DAS SCHWEIGEN DER LÄMMER – Lecter berührt Clarice

FAMILIE spricht Teenager Conrad offen mit seinem Vater, in DER PFERDEFLÜSTERER redet Grace wieder mit ihrer Mutter. Derartige Heilungsprozesse bezeichnet Theodor W. Adorno als Symptom einer »Schwarz-Weiß-Psychologie«[474], die für die Produkte der Kulturindustrie typisch sei:

> Der psychologische Prozeß, der vor Augen gestellt wird, ist erschwindelt – *phony*, mit einem Wort, für das es schlechterdings kein deutsches Wort gibt. (…) Zentrale Veränderungen in Menschen sehen aus, als brauchte nur jemand seinen ›Problemen‹ gegenüberzutreten und der besseren Einsicht der Helfer zu vertrauen, und alles werde gut.[475]

Adorno empört sich über die Entwicklung der Figuren, weil er sie – seiner Vorstellung von Medien entsprechend – am menschlichen Seelenleben misst. Daher muss sein Urteil zwangsläufig negativ ausfallen: »Verlagerung an die Oberfläche macht alles Psychologische, was da vorgehen soll, zum Kinderspott.«[476] Versteht man die Figuren aber – anders als Adorno – lediglich als Funktion der Narration, so kann man seinen Angriff als durchaus zutreffende Beschreibung der Figuren lesen, ohne seine Kritik übernehmen zu müssen.

Tatsächlich sind die Figuren, »was sie sind, und die Veränderungen, die sie durchmachen, bringen lediglich heraus, was, als ihre ›Natur‹, ohnehin in ihnen steckt«.[477] Vivian habe nie auf den Straßenstrich gehört, erklärt ihr Freundin Kit.[478] Louise stellt fest, dass Thelma schon immer verrückt gewesen sei; sie habe nur erst jetzt die Chance bekommen, ihre Verrücktheit auszuleben. Adornos Beobachtungen entsprechend ist die Erkenntnis eines Problems im klassischen Hollywoodkino schon ausreichend, um einen Heilungsprozess der Figur in Gang zu setzen.

In DAS SCHWEIGEN DER LÄMMER formuliert Hannibal Lecter im vierten Gespräch mit Clarice, was in ihrem Fall unter einem Heilungsprozess zu verstehen wäre. Die schon einmal im Kontext der Backstorywound zitierte Passage lautet:

> DR. LECTER Und Sie glauben, wenn Sie die arme Catherine retten, dann würde all das aufhören. Sie glauben, wenn Catherine lebt, würden Sie nie wieder im Dunkeln aufwachen durch dieses grauenhafte Schreien der Lämmer.

Damit ist das Ziel der inneren Reise noch einmal ausdrücklich formuliert, das sich im Ergebnis mit dem der äußeren Reise deckt. Doch ob es Clarice gelingt, die Backstorywound zu überwinden, ist erst Gegenstand der letzten Phase der Erzählung, in der die Hauptfigur die unbekannte Welt verlässt.

6. Ankunft:
Die dritte Phase der Erzählung

In der 82. Minute von DAS SCHWEIGEN DER LÄMMER ist Clarice
Starling an den Ausgangspunkt ihrer Reise zurückgekehrt. Sie befindet sich wieder in der FBI-Akademie, die ihr Zuhause ist. Es ist
Abend; Clarice trägt einen Pyjama und sitzt mit ihrer besten Freundin Ardelia auf einer Waschmaschine im Keller des Wohnheims –
einem warmen, abgedunkelten und durch die gleichmäßige Rota-
tion der Trommeln beruhigenden Ort. »Once the lessons and Re-
wards of the great Ordeal have been celebrated and absorbed, he-
roes face a choice (…): Most take *The Road Back*, returning to the
starting point or continuing on the journey to a totally new locale
or ultimate destination.«[479] Die Hauptfigur übertritt am Anfang der
dritten Erzählphase eine zweite Schwelle. Sie vollzieht einen Schritt
von der vormals unbekannten Welt in die alte oder – seltener – in
eine völlig neue Welt: »der Held steigt aus dem Reich des Schreckens
wieder empor.«[480]

Symptomatisch für diese Art des Aktbeginns ist, dass sich die
weibliche Hauptfigur in romantischen Komödien von dem Mann
abwendet, den sie liebt. Annie fliegt in SCHLAFLOS IN SEATTLE zu
ihrem Verlobten Walter, den sie wegen ihrer Liebe zu Sam schon nahezu aufgegeben hatte. Sie erklärt ihrer Freundin Becky, dass sie diesem Gefühl nicht mehr nachgeben wird. Schließlich hat sie noch nie
mit Sam gesprochen. Loretta schlendert in der 82. Minute von
MONDSÜCHTIG nach Hause. Der Morgen graut; Loretta trägt das
wunderschöne Abendkleid, dass sie für den Opernbesuch gekauft
hat. Sie hat die Nacht mit Ronny verbracht und wird jetzt von ihrer
Mutter erfahren, dass ihr Bräutigam Johnny ausgerechnet heute zu-
rückkommen wird. In der 89. Minute von PRETTY WOMAN beschließt Vivian, dass sie nach Ablauf der drei Wochen in ihr altes
Appartement zurückkehren wird. Ihre Freundin Kit erkennt, dass
sie Edward verlassen will, weil sie ihn liebt.

Einen vergleichbaren Entschluss hat John Book in der 83. Minute
des Krimis DER EINZIGE ZEUGE gefasst: Er will sich nicht länger bei
den Amish verstecken. Seine Geliebte Rachel erfährt, dass er zurück

nach New York gehen will. Sie fragt ihren Schwiegervater, warum der von ihr so geliebte Mann geht, was er eigentlich in der Stadt wolle. Dieser bringt Johns Situation auf den Punkt: »Er geht zurück in seine Welt, zu der er gehört.« Die Figur erreicht im Verlauf des dritten Akts die Welt, in die sie gehört. John Book wird allerdings nicht sofort und nicht für immer nach Philadelphis zurückkehren – er muss sich erst noch einer letzten Auseinandersetzung stellen.

John kann nicht für immer bei den Amish bleiben, Clarice nicht im Waschkeller der FBI-Akademie und Vivian nicht in ihrem Appartement. Loretta wird von Ronny aufgespürt, Annie wird zu Sam rennen. Nach einer kurzen Ruhephase, in der sich die Hauptfigur oft mit einem oder einer Vertrauten bespricht, übernimmt sie noch einmal die Initiative:

> This is the time when the story's energy, which may have ebbed a little in the quiet moments of seizing the sword, is now revved up again. If we look at the Hero's Journey as a circle with the beginning at the top, we are still down in the basement and it will take some push to get us back up into the light.[481]

Dieser Energieschub ›aus der Tiefe in das Licht‹ ist auch in DAS SCHWEIGEN DER LÄMMER zu beobachten. Nach der Entschlüsselung des Hinweises verlässt Clarice den dunklen Keller und macht sich unverzüglich auf den Weg nach Belvedere. Sie ist wie elektrisiert. Clarice ist bewusst, dass Catherine nur noch wenige Stunden zu leben hat: »The Road Back causes the third act. It can be another moment of crisis that sets the hero on a new and final road of trials.«[482]

Auf diesen Weg begibt sich die Figur aus eigenem Willen oder durch Druck von außen. John wird ohne sein Zutun von seinen Feinden in Lancaster County bei den Amish aufgespürt, Vivian verlässt Edward aus freien Stücken: »Wenn die Mächte den Helden gesegnet haben, macht er sich nun unter ihrem Schutz auf (Sendung); wenn nicht, flieht er und wird verfolgt.«[483] Joseph Campbell unterscheidet in dieser Phase der Erzählung zwischen der Sendung der Hauptfigur und ihrer Flucht:

> Wenn der Held (...) gesegnet wird und dann ausdrücklich den Auftrag erhält, mit irgendeinem Elixier, an dem die Gesellschaft genesen soll, zur Welt zurückzukehren, so unterstützen alle Kräfte (...) ihn bei der Überwindung der letzten Strecke seiner Fahrt. Wenn aber die Trophäe gegen

den Widerstand ihres Wächters gewonnen wurde (…), dann wird die letzte Strecke des Zyklus zu einer bewegten, oft komischen Hatz, voll Überraschungen, magischen Hindernissen und magischem Entkommen.[484]

Clarice' Abreise nach Belvedere ist eine von Hannibal ausgehende ›Sendung‹; sie hat die ›Trophäe‹ nicht geraubt, sondern von ihrem Berater erhalten. Die ›Überwindung der letzten Strecke der Fahrt‹, die Clarice nun bevorsteht, ist Gegenstand dieses Kapitels. Die dritte Phase der ›Reise‹ kann in drei Leseeinheiten, in drei Stationen unterteilt werden. Wie verläuft die Phase der Ankunft? Worin besteht ihr Höhepunkt? Was folgt auf den Sieg oder die Niederlage der Figur?

Höhepunkt: Die finale Auseinandersetzung

Die Spur, die Clarice Starling in Belvedere verfolgt, scheint kalt zu sein. Das FBI hat das Zimmer der Ermordeten schon mehrfach durchsucht, und Fredericas Vater kann seinen bisherigen Aussagen nichts hinzufügen. Clarice durchstöbert dennoch den Nachlass des ersten Opfers. Sie findet tatsächlich ein paar Nacktfotos in einem Versteck, was ihr bei der Lösung des Falls jedoch nicht weiterhilft. Clarice fehlt noch immer jeglicher Hinweis auf Bills Identität. Erst ein Blick in den Kleiderschrank der Toten ändert diese Situation. In der 88. Minute des Films entdeckt Clarice eine Schneiderpuppe und ein Kleid, an dem Frederica kurz vor ihrem Tod gearbeitet haben muss. Sie registriert die Einsätze am Rückenteil und rennt zum Telefon. Bill, so erkennt sie plötzlich, will sich aus der Haut der Frauen ein Kleid schneidern: »Er fertigt sich ein Frauenkleid aus echten Frauen an.« Clarice hat den entscheidenden Einfall: »Er kann nähen, dieser Kerl, er ist unglaublich geschickt. Das ist ein Schneider oder ein Kostümbildner oder so was …«

Clarice hat den Ermittlungen schon wieder einen neuen, wichtigen Punkt hinzugefügt, aber auch diese Information führt zunächst ins Leere. Der Fund von Raspails Kopf, die bei der Obduktion gewonnenen Erkenntnisse oder die Identifizierung der Totenkopfmotte – alle Untersuchungsergebnisse, die Clarice bislang einbringen konnte, waren folgenlos. Das FBI weiß noch immer nicht, wer Buffalo Bill ist. Allein Lecters Hinweis auf Bills Versuche, eine Geschlechtsumwandlung vornehmen zu lassen, wird sich als hilfreich erweisen. Eine Klinik hat ihn unter den abgelehnten Antragstellern identifizieren können: Sein wahrer Name ist James Gumb.

Ausgerechnet dieser Teil der Ermittlungen ist aber nicht von Clarice, sondern von Crawford persönlich übernommen worden. Als Clarice ihrem Vorgesetzten am Telefon die Erkenntnis unterbreitet, dass Bill ein ausgebildeter Schneider sein muss, verkündet dieser im Gegenzug den Abschluss der Suche: Bills Verhaftung stehe unmittelbar bevor. Crawford sitzt schon in dem Flugzeug, das ihn zu dem Serienmörder bringen soll: Gleich werde er in Chicago landen. Clarice bleibt nur noch, vor Ort weitere Indizien zu sammeln, die in einem Gerichtsverfahren verwendet werden können. Resigniert willigt sie ein. Sie wird noch einmal mit Fredericas bester Freundin über deren Näharbeiten sprechen. Statt der Verhaftung eines durchtriebenen Serienmörders steht ihr nun ein Verhör mit einer unbedarften Bankangestellten bevor.

Nachdem die Hauptfigur zu Beginn des dritten Akts die Initiative ergriffen hat, muss sie in der Regel einige kleinere Aufgaben erfüllen. Schlesinger und Cunningham sprechen von »new trials«[485]. Diese Aufgaben muss die Figur ohne den Beistand ihres Beraters lösen. Annie hat sich in SCHLAFLOS IN SEATTLE von ihrer Freundin Becky verabschiedet; Sams Berater, sein Sohn Jonah, ist einfach ausgerissen, sodass sein Vater ihm nach New York folgen muss. Thelma und Louise wollen nicht mehr mit dem Polizisten Hal sprechen, Catherine trennt sich in BASIC INSTINCT von Nick, Obi Wan Kenobi ist im Kampf gegen Darth Vader gefallen. Clarice hat keinen Kontakt mehr zu Hannibal Lecter, der inzwischen geflohen ist.

Die neuen Aufgaben, denen sich die Hauptfigur am Anfang des dritten Akts alleine stellen muss, sind nicht schwieriger als diejenigen, denen die Figur im Verlauf des zweiten Akts ausgesetzt war. Thelma und Louise sprengen mit großem Vergnügen einen Tanklaster in die Luft. Oftmals beschränken sich die neuen Prüfungen auf Situationsberichte oder Lagebesprechungen. Elliott bespricht in der 90. Minute von E. T. mit seinem außerirdischen Freund, wie sie fliehen könnten. In der 92. Minute von KRIEG DER STERNE planen Luke und seine Freunde den Flug zum Todesstern. Michael erklärt seinem Agenten in der 93. Minute von TOOTSIE das Ausmaß der Verwicklungen, aus denen er sich nicht mehr befreien kann. Er will unbedingt sein Doppelleben beenden:

> GEORGE Julie hält dich für schwul?
> MICHAEL Nein, meine Freundin Sandy.
> GEORGE Schlaf mit ihr, und sie liebt dich.
> MICHAEL Ich habe mit ihr geschlafen, und sie hält mich trotzdem für schwul.
> GEORGE Oh, das ist nicht so gut, Michael.
> MICHAEL Hör zu, ich muss wieder normal leben. (…) Wenn ich daran denke, was Julie für ein Gesicht gemacht hat, als sie annehmen musste, ich wäre eine Lesbe.
> GEORGE Lesbe? Du hast doch gerade gesagt schwul.
> MICHAEL Nein, nein. Sandy denkt, ich bin schwul. Julie denkt, ich bin lesbisch.
> GEORGE Aber Dorothy ist doch normal, oder?
> MICHAEL Dorothy. Ja, natürlich. Les, dieser charmante Mann, fragte mich heute, ob ich ihn heiraten will …

Die Beispiele zeigen, dass der Mut oder die Befähigung der Hauptfigur bei diesen Aufgaben nicht mehr unter Beweis gestellt werden muss; sie hat ihre Lektion gelernt und kann mit der Situation umgehen. Die Funktion der Sequenzen, die dem Überschreiten der Schwelle folgen, ist vor allem, auf die bevorstehende letzte und schwierigste Auseinandersetzung vorzubereiten. Dieser entscheidende Kampf ist auch in DAS SCHWEIGEN DER LÄMMER absehbar. Selbst wenn Crawford behauptet, dass er Bill in den nächsten Stunden verhaften wird, ist anzunehmen, dass nicht er, sondern Clarice dem Serienmörder am Ende des Films gegenüberstehen wird.

Die Vorbereitung des Höhepunkts

Jack Crawford und seine Leute umstellen ein Haus. Die Scharfschützen des FBI beziehen Stellung, und ein als Blumenlieferant getarnter Agent klingelt an der Haustür. Eine alte Schelle sprüht Funken, und nach mehrmaligem Läuten reagiert Buffalo Bill auch tatsächlich. Er öffnet – und steht Clarice Starling gegenüber. Die nächste Einstellung offenbart: Crawford und seine Leute standen nicht vor der Tür von Buffalo Bill; sie stürmen jetzt ein leeres Haus. Diese Parallelmontage ist mittlerweile so bekannt, dass sie als Beispiel in filmwissenschaftlichen Einführungen verwendet wird.

> Die Parallelmontage suggerierte, es bestehe ein einheitlicher Handlungsvorgang von Klingeln außen und Klingeln innen, in Wirklichkeit findet jedoch beides zeitgleich an weit voneinander entfernten Orten statt. (...) Es wird also zunächst eine Konvention eingesetzt und im Zuschauer eine entsprechende Gewissheit aufgebaut, um sie danach als falsch vorzuführen.[486]

Welche Funktion hat diese Irreführung für die Erzählung? Auf die Frage, wie ein Filmschluss beschaffen sein soll, antwortete Oscar-Preisträger William Goldman, der Autor solle dem Publikum bieten, »what it wants, *but not the way it expects*«.[487] Robert McKee paraphrasiert: »An ending must be both inevitable and unexpected«.[488] Da Clarice' Ziel die Verhaftung von Bill ist, muss es nach den Konventionen des klassischen Hollywoodkinos am Ende von Das Schweigen der Lämmer zu einer Begegnung zwischen den Kontrahenten kommen. Trotzdem kommt das Aufeinandertreffen der beiden Gegenspieler zu diesem Zeitpunkt unerwartet.

Clarice fragt nach der alten Mrs. Lippmann, in deren Auftrag Frederica Bimmel Näharbeiten erledigt hat. Auf *surprise* folgt *suspense*: Im Unterschied zum Zuschauer weiß Clarice noch nicht, dass sie Bill gegenübersteht. Sie stellt ihre Fragen sogar etwas geistesabwesend und folgt ihm arglos in sein Haus. Zwar wird sie hier angesichts der Unordnung und des Drecks wachsamer, aber erst als ein Falter auf einer Garnrolle landet, erkennt sie die Gefahr. In diesem Moment ist die zentrale Frage nach Bills Identität beantwortet. Die gestellte Aufgabe ist aber noch nicht erfüllt, das Ziel noch nicht erreicht. Bill ist weiterhin in Freiheit. Daher muss Clarice sich jetzt – in der 95. Minute des Films – einer finalen Auseinandersetzung stellen.

Die finale Auseinandersetzung wird in den Handbüchern zum Drehbuchschreiben als Höhepunkt oder als Klimax bezeichnet: »The climax is the end of the story: *It's the big finish.*«[489] Gustav Freytag verwendet in seinem Ratgeber den Begriff Katastrophe: Das ist »die Schlußhandlung, welche auf der Bühne des Alterthums Exodus hieß. In ihr wird die Befangenheit der Hauptcharaktere durch eine kräftige That aufgehoben«[490]. Freytags zentrale Regel für diesen Teil des Dramas lautet: »Man halte das dramatisch Darzustellende kurz, einfach, schmucklos, gebe in Wort und Handlung das Beste und Gedrungenste.«[491] Diese Regel kann in allen Handbüchern zum Drehbuchschreiben wiedergefunden werden.[492] Darüber hinaus sind sich alle Ratgeber darin einig, dass die Vorbereitungen zur finalen Auseinandersetzung schon kurz nach Aktbeginn eingeleitet werden soll und dass nach seinem Abschluss nur wenige Seiten bis zum Ende des Buchs folgen dürfen: »The climax usually happens about one to five pages from the end of the script.«[493]

Es besteht außerdem Konsens darüber, dass es sich bei der finalen Auseinandersetzung um die bislang schwierigste Situation oder Prüfung für die Hauptfigur handeln muss; demzufolge ist der Höhepunkt bei allen Zeichnungen auch als Höhepunkt auf der Verlaufskurve eingezeichnet.[494] Unter ›Schwierigkeit‹ ist aber nicht nur die Größe der Aufgabe zu verstehen. Es war für Luke sicher nicht leicht, die entführte Prinzessin Leia zu befreien. Auch bei diesem Abenteuer hat er mehrfach sein Leben riskiert. Gradmesser sind vor allem die Konsequenzen, die der Ausgang der finalen Auseinandersetzung haben könnte. Ging es bei der Befreiung nur um Leia, so steht am Ende von Krieg der Sterne die Zukunft der gesamten Galaxie auf dem Spiel.

Die wenigen Autoren, die eine darüber hinausgehende Beschreibung der Klimax bieten, stimmen überein, dass die Hauptfigur bei dieser Erzählstation aktiv sein muss.[495] Doch weder in den filmpraktischen noch in den filmwissenschaftlichen Überlegungen zur Klimax wird ausgeführt, wie diese Aktivität aussehen kann.[496] Wie verlaufen die finalen Auseinandersetzungen im klassischen Hollywoodkino?

Spielarten der finalen Auseinandersetzung

Am Ende von Mondsüchtig – in der 83. Minute – schleicht sich Loretta frühmorgens ins Haus, wo sie ihrer Mutter in der Küche begegnet. Rose macht ihrer Tochter Vorwürfe wegen ihrer Affäre mit Ronny und kündigt die Rückkehr von Lorettas Verlobten Johnny an. Zum Frühstück erscheinen hintereinander Vater Cosmo, der Großvater, Tante Rita und Onkel Raymond, Liebhaber Ronny und schließlich sogar Bräutigam Johnny. Die Komödie, die mit Aufnahmen der Metropolitan Opera beginnt und deren Hauptfiguren im

Mittelteil eine Aufführung von LA BOHÈME besuchen, endet mit einem *finale*. Im Verlauf von nur sieben Minuten kommt es zu einer Kette von Aussprachen, in der sich unter anderem Rose mit Cosmo aussöhnt, der Großvater seinen Sohn zur Rede stellt, Rita und Raymond ihr Geld wiederfinden. Johnny trennt sich von Loretta, und Ronny stellt die entscheidende Frage: »Willst du mich heiraten?«

Ähnlich turbulent verläuft die finale Auseinandersetzung in TOOTSIE: In der 97. Minute des Films tritt Dorothy in ihrer Rolle als Krankenhauschefin Emily bei einer Live-Ausstrahlung auf. Vor laufender Kamera erklärt Emily, dass sie in Wahrheit ein Mann ist. Zur Überraschung aller Anwesenden zieht sie ihre Perücke ab, und statt der Darstellerin Dorothy Michaels ist jetzt der Schauspieler Michael Dorsey zu erkennen. Seine Offenbarung leistet Michael vor versammelter Mannschaft. Seine Angebetete Julie, Regisseur Ron und Verehrer John sind im Studio anwesend. Michaels Freunde Jack und Sandy und sein Verehrer Les sitzen vor dem Fernseher. Die Eröffnung ist ein durchschlagender Erfolg: Julie, die er liebt, kommt auf ihn zu und schlägt ihm ihre Faust in den Magen.

MONDSÜCHTIG und TOOTSIE arbeiten mit einer insbesondere in Kömodien verwendeten Spielart der finalen Auseinandersetzung, in der die Hauptfigur sich allen übrigen Figuren stellt oder stellen muss – sei es bei einer Pressekonferenz (NOTTING HILL), einer Party (HOUSESITTER), einem Geschäftsessen (MRS. DOUBTFIRE), einer Schulversammlung (IN & OUT), einem Geschäftsabschluss (VICTOR/VICTORIA), einer Vertragsverhandlung (DIE WAFFEN DER FRAUEN) oder einer Hochzeit (VIER HOCHZEITEN UND EIN TODESFALL, WÄHREND DU SCHLIEFST). Diese besondere Form der finalen Auseinandersetzung hat den Charakter einer Aufdeckung.

Die Aufdeckung kann von der Hauptfigur verursacht werden (VICTOR/VICTORIA); sie kann aber auch von einer Entlarvung überrascht werden (OVERBOARD). Die Aufdeckung geschieht in der Regel öffentlich, kann aber auch in einer intimen Situation erfolgen, etwa bei einer Liebeserklärung oder einer Trennung. Aber auch in diesen Fällen bezieht sie sich auf ein Geheimnis der Hauptfigur, zum Beispiel auf einen Rollentausch oder ein bislang verschwiegenes Gefühl. Die Aufdeckung kann schließlich noch als Waffe gegen einen Opponenten eingesetzt werden; dies ist insbesondere bei Gerichtsfilmen der Fall. Hier wird in der finalen Auseinandersetzung zumeist die Lüge eines Gegenspielers aufgedeckt. In Fegefeuer der Eitelkeiten entlarvt Sherman McCoy (Tom Hanks) seine Geliebte (Melanie Griffith), indem er ein heimlich mitgeschnittenes Tape vorspielt. In Philadelphia deckt der Anwalt Joe Miller (Denzel Washington) die Machenschaften seiner Kontrahenten auf, in Nuts überführt Verteidiger Aaron Levinsky (Richard Dreyfus) den Stiefvater seiner Mandantin als Sexualstraftäter. Bei diesen Beispielen handelt es sich aber, obwohl eine Aufdeckung stattfindet, um eine zweite Spielart der finalen Auseinandersetzung: den Kampf.

Der in der zweiten Hälfte des dritten Akts stattfindende Kampf – die Alternative zur Aufdeckung – findet zwischen der Hauptfigur und ihrem direkten Gegenspieler statt. Der Opponent muss allerdings – ganz im Sinne Greimas' – keine Person sein. Es kann sich auch um den Kampf gegen den eigenen Egoismus oder gegen den eigenen Kleinmut handeln. In Doc Hollywood opfert der junge Arzt seinen Sportwagen, als er hilft, ein Baby auf die Welt zu bringen; in Schlaflos in Seattle riskiert Annie den Bruch mit ihrem Verlobten und eilt zum *Empire State Building*. Christopher Vogler spricht – in Anlehnung an Joseph Campbell – von einer Auferstehung des Helden, die sich in einem Kampf manifestiere: »At the simplest level, the Resurrection may just be a hero facing death one last time in an ordeal (…). It's often the final, decisive confrontation with the villain or Shadow.«[497]

Wenn eine Person der Gegner ist, kann der finale Kampf auch als *showdown* bezeichnet werden. Das ist in der ursprünglichen Bedeutung des Wortes der »Moment beim Pokern, in dem die Karten aufgedeckt werden«.[498] Der *showdown* wird nicht immer mit Waffengewalt ausgetragen: In Die Farbe des Geldes wird Billard gespielt, in Tin Cup Golf und in Eine Klasse für sich Baseball. In Nuts und anderen Gerichtsfilmen ist der Kampf ein Wortgefecht. In Green Card stellen sich Brontë und George den Fragen der Einwanderungsbehörde; sie werden einzeln verhört. Die hier aufgezählten Auseinandersetzungen für die Figuren sind existentiell, aber nicht lebensbedrohlich.

Das unterscheidet diese Beispiele von nahezu allen Science-Fiction, Western, Abenteuerfilmen und Krimis: Hier steht der Held, die Heldin, einem in der Regel besser ausgerüsteten Feind gegenüber, der ihm oder ihr zumeist nach dem Leben trachtet. Elliot und seine Freunde fliehen in E. T. auf Mountainbikes vor den motorisierten Wissenschaftlern, die das Leben des Außerirdischen bedrohen. Luke macht sich in Krieg der Sterne mit einem kleinen Raumgleiter auf, um den gigantischen Todesstern zu zerstören. John Book kämpft in Der einzige Zeuge mit bloßen Händen gegen seine drei bewaffneten Widersacher, Thelma und Louise stehen einer ganzen Schwadron von Polizisten gegenüber: »Mein Gott, da steht ja eine ganze Armee.«

Eine Sonderform des *showdown* ist der *shootout,* die bewaffnete Auseinandersetzung. Bei diesem Duell, das seine Tradition im Western hat, stehen sich die Hauptfigur und ihr Widersacher frontal gegenüber. Sie verharren zunächst regungslos, sind aber bereit, jeden Moment nach ihrer Waffe zu greifen. Dabei sehen sie sich in der Regel direkt in die Augen. Alle Elemente des *shootouts* werden auch in Das Schweigen der Lämmer in Szene gesetzt: Clarice hat in der 96. Minute des Films die Wohnung Buffalo Bills betreten; damit ist die ›Arena‹ des Kampfes bestimmt.[499] Bill durchquert zunächst den Flur, dann Mrs. Lippmanns früheres Nähzimmer, Clarice folgt ihm. Er bleibt am anderen Ende des Raumes stehen, dreht sich herum und steht Clarice jetzt frontal gegenüber. Bill sieht sie an; er sucht angeblich nach der Visitenkarte von Mrs. Lippmans Sohn. Die Einstellungsgröße, in der er während der gesamten Konfrontation gezeigt wird, ist die amerikanische, die vom Kopf bis zur Mitte des Oberschenkels reicht. Dieser Bildausschnitt, der beim Western genutzt wird, um die Colts der verfeindeten Parteien zu zeigen, verdeutlicht hier, dass Bill keine Waffe bei sich trägt.

Die beiden Figuren haben jetzt Aufstellung bezogen. Clarice schaut sich um, während sie Bills Fragen nach dem Stand der Ermittlungen ausweichend beantwortet. Da entdeckt sie den Falter, der auf einer Garnrolle landet. Von nun an ist ihr klar, dass sie James Gumb gefunden hat. Es folgen noch zwölf Einstellungen, bis eine Waffe gezogen wird. Blickwechsel wie der folgende sind typisch für den *shootout*: Clarice fixiert Gumb (1), der schaut zurück (2). Sie schaut ihn noch einmal an (3), er erwidert den Blick (4). In der nächsten Einstellung schwenkt die Kamera von ihrem Gesicht hinunter auf den Holster; Clarice löst heimlich die Lasche an ihrem Halfter (5). Gumb hat das scheinbar nicht bemerkt (6).

Das Prinzip des »Schuss/Gegenschuss«, wie diese Montageform bezeichnenderweise heißt, wird jetzt durchbrochen. In einem Zwischenschnitt ist Gumbs Waffe zu sehen, die in greifbarer Nähe auf dem verdreckten Herd liegt, sodass es tatsächlich zu einem Schusswechsel kommen könnte (7). Für die Zuschauer ist somit die Situation eines *shootout* gegeben. Aber Gumb scheint weiterhin nur nach der Visitenkarte zu suchen (8). Erst als Clarice ihn fragt, ob sie sein Telefon benutzen dürfe (9), lächelt Gumb wissend, als ahne er, was kommen wird (10). Wer wird als Erstes zur Pistole greifen?

Clarice zieht ihre Waffe und schreit: »Freeze!« So hat sie es in der Akademie gelernt (11). Gumb hebt folgsam die Hände und lässt die Karten fallen. »Turn around and spread your legs!«, kommandiert Clarice, und auch diesem Befehl scheint Gumb zu gehorchen (12). Doch bevor die Agentin schießen kann, rennt der Verdächtige durch die Küchentür davon. Clarice hat den *showdown* gewonnen, aber den Kampf verloren. Die Agentin muss Gumb hinterherlaufen. Damit ist das Duell zu einer Verfolgungsjagd geworden.

Finale und Verfolgung:
Lorenz Engells Überlegungen zum Kontinuitätsprinzip

Verfolgungsjagden sind schon in der Frühgeschichte des Kinos inszeniert worden. So genannte *chase films*, die nur aus einer oder mehreren Verfolgungen bestanden, wurden bereits zwischen 1900 und 1906 produziert: Ein Hut fliegt davon, und sein Besitzer rennt hinterdrein.[500] Diese Tradition war in den 10er Jahren anschlussfähig. Die *keystone cops* liefen gleich im Dutzend einem Ladendieb hinterher, ohne ihn je stellen zu können; Charlie Chaplin floh als der Tramp vor riesigen Rabauken, die ihn zu verprügeln drohten, und der unerschrockene Cowboy Tom Mix hetzte seine Feinde.

Die frühen Verfolgungsjagden hat Lorenz Engell in seiner Theorie der Filmgeschichte in die Entwicklung des Kontinuitätsprinzips eingeordnet.[501] Eine Verfolgungsjagd zu montieren setzt ein bestimmtes Verständnis von Montage voraus. David W. Griffith habe die Montage nicht als einen Prozess des Zusammenfügens verstanden. Ihm ging es gerade nicht um die »möglichst fließende, kohärente Gesamtheit«.[502] Stattdessen wollte er ein geschlossenes Ganzes »mit Hilfe des Gegensatzes, des Kontrastes, des Widerspruchs und des Konflikts«[503] gliedern. Gegensatz, Kontrast, Widerspruch und Konflikt zeigen sich besonders in der Verfolgungsjagd:

> Die Konzeption der Verfolgungsjagd fasst Bewegung grundsätzlich im Plural, und diese nunmehr plurale, nämlich zweigeteilte Bewegung hat ihre Ursache in sich selbst, eben in ihrer Zweigeteiltheit und Pluralität. Verfolger und Verfolgte sind Antagonisten, treten in einen Gegensatz ein, den sie vertreten, und stehen dennoch für ein und dieselbe Bewegung, die einerseits durch das Zusammenwirken der beiden gegeneinander orientierten (Teil-)Bewegungen dargestellt wird, die aber andererseits diese (Teil-)Bewegungen erst produziert.[504]

Versteht man die Verfolgungsjagd wie Engell als ›zweigeteilte Bewegung‹, so wird der Zusammenhang zum *shootout* offensichtlich. *Chase* und *shootout* sind die beiden Extreme, die sich logisch gesehen aus einer direkten Konfrontation ergeben können.

Chase und *shootout* beginnen mit dem Aufeinandertreffen der beiden Gegner. Die Besonderheit des *shootouts* ist die Bewegungslosigkeit der Kontrahenten; der Kampf bleibt auf den kurzen Moment des Schusses beschränkt. Sie stellen sich dem Kampf; sie ›stehen‹ – zumeist sogar regungslos. Die Verfolgungsjagd ist die Alternative zu dieser Konfliktlösung: Die Hauptfigur oder ihr Gegner sind in Bewegung. Wie beim *shootout* treffen sie zunächst aufeinander, doch dann entzieht sich einer der beiden Beteiligten dem Kampf und läuft davon. Da die finale Auseinandersetzung in der Erzählung als unausweichlich angelegt wird, muss der Zurückbleibende ihm folgen. Obwohl der Verfolger und der Verfolgte als Gegensatz angelegt sind, stehen sie damit ›für ein und dieselbe Bewegung‹. Sie arbeiten zusammen. Würde der Verfolger einfach stehen bleiben, dann gäbe es keinen Verfolgten mehr. Dies ist jedoch nach den Regeln des klassischen Kinos nicht möglich. Die Verfolgerin hat keine Wahl. Sie muss ›mitspielen‹, auch wenn es sie das Leben kosten könnte.

Der Konvention entsprechend folgt auch Clarice ihrem Gegner in den Keller; sie begibt sich auf unbekanntes Terrain. Das Stürmen eines Raumes ist nicht ihre Stärke, wie bereits in der 19. Minute des Films deutlich wurde. Bei einer Übung an der Akademie hat sie versagt; im Ernstfall wäre sie erschossen worden. Die Verfolgerin scheint dem Verfolgten unterlegen. Clarice atmet schwer, ihre Hand zittert. Schritt für Schritt tastet sie sich die Treppe in den dunklen, dreckigen Keller hinunter. Ihr Weg durch diesen Keller, der insgesamt knapp sechs Minuten dauert, lässt sich in zwei Teile gliedern, deren Höhepunkt jeweils eine Begegnung ist. Im ersten etwa 160 Sekunden langen Teil trifft Clarice auf Catherine, im zweiten Teil, der rund 200 Sekunden umfasst, auf James Gumb. Am Beispiel dieser beiden Teile können zwei weitere Spielarten der finalen Auseinandersetzung aufgezeigt werden.

Clarice' Weg führt zunächst von einem Flur in das Nähzimmer Bills, dann in das Verließ, in dem Catherine gefangen gehalten wird.

CLARICE Catherine Martin?
CATHERINE Ja.
CLARICE FBI. Sie sind in Sicherheit.
CATHERINE Sicherheit? Scheiße! Holt mich hier raus!

Überraschenderweise unternimmt Clarice keinen Versuch, die Gefangene aus dem Schacht zu befreien und mit ihr zu fliehen. Müsste das Leben der Gefangenen nicht Vorrang haben? Warum fordert sie keine Verstärkung an? Ein Wohnhaus ist sogar in Rufweite von Bills Domizil. Die Konvention der Verfolgungsjagd ist offenbar so stark, dass Alltagslogik hier erneut außer Kraft gesetzt wird. Wie schon beim *shootout* lässt sich auch bei der Verfolgung eine Parallele zum Erzählmuster des Western ziehen: Im klassischen Western kämpft der Held und besiegt den Bösen. »What is interesting, however, and needs a little documentation is the fact that the hero always fights alone, without help from society. Shane rides to town alone to face three men, leaving the farmers at home.«[505] Auch Clarice lässt das Opfer zurück. Catherine schreit: »Lassen Sie mich nicht hier allein, Sie verdammtes Miststück!« Doch Clarice sucht weiter nach Bill: »Wo ist er?« Diese Frage verdeutlicht, dass Clarice Gumb nicht länger verfolgt, sondern sucht. Was unterscheidet die Suche von der Verfolgung?

Bei einer Verfolgung weiß der Verfolger, in welche Richtung sich sein Zielobjekt bewegt. Bei einer Suche hingegen ist ihm dessen Weg unbekannt. Wie die Verfolgung, so fasst auch die Suche »Bewegung grundsätzlich im Plural«.[506] Auch Suchender und Gesuchter »sind Antagonisten, treten in einen Gegensatz ein«.[507] Allerdings kann es auch Suchen geben, die auf eine Parallelmontage verzichten. In diesen Fällen muss der Gesuchte vom Zuschauer mitgedacht werden, damit die Handlung des Suchenden verständlich bleibt. Bei dieser einseitigen Darstellung wird nicht auf *suspense* gesetzt; stattdessen entspricht das Finden einer Überraschung. Dieses Prinzip der Suche wird auch in DAS SCHWEIGEN DER LÄMMER eingesetzt: Weder Clarice, noch die Zuschauer wissen, wo Bill sich versteckt hält.

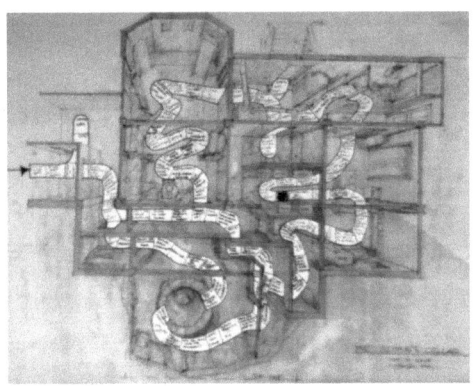

DAS SCHWEIGEN DER LÄMMER – Skizze von James Gumbs Keller

Kennzeichnend für Clarice' Suche ist weiterhin, dass sie durch die Gänge des Kellers irrt. Gumbs Behausung ähnelt einem Irrgarten, wie eine Skizze der *production designerin* Kristi Zea verdeutlicht: Nicht ohne Grund haben die an der Produktion Beteiligten dieser Skizze den Spitznamen »Gumb the Game« gegeben.[508] Zum einen erinnert der Plan durch die eingezeichneten Felder an ein Brettspiel. Zum anderen setzen sich auch interaktive PC-Spiele wie TOMB RAIDER aus den Elementen Suche und bewaffneter Kampf zusammen. Wie Lara Croft muss auch Clarice sich in einem Labyrinth zurechtfinden. Im Gegensatz zu ihr sucht sie jedoch keinen Schatz, sondern einen bewaffneten Serienmörder. Damit beinhaltet ihre Suche zugleich die Angst vor der Entdeckung: Clarice muss Bill finden, bevor er sie überrascht.

Die Waffe im Anschlag verlässt Clarice den Raum, in dem sich Catherine befindet. Ihr Weg führt zunächst in einen weiteren Flur, dann in einen Raum mit einer Badewanne, in der eine nahezu verweste Leiche liegt. Kaum hat Clarice die Tote gesehen, fällt das Licht aus. Die Situation erinnert an eine lebensbedrohliche Variante des Kinderspiels »Blinde Kuh«, denn James Gumb kann Clarice durch sein Nachtsichtgerät beobachten. Aus Gumbs Perspektive sehen die Zuschauer, wie die junge Frau hilflos nach einer Wand tastet, wie sie hinfällt. Das Abschalten des Lichts führt ein letztes Element der finalen Auseinandersetzung ein: »Die Identität von Blickwinkel und (vom Blickpunkt abhängiger) Bewegungsrichtung (...) schafft die Möglichkeit der Negation – d. h. im Verfolgungsfilm: der Umkehr. Die Bewegung kann gegenläufig werden.«[509]

Clarice, die Suchende, wird offenbar auch gesucht. Clarice, die Verfolgerin, ist zur Verfolgten geworden. Diese Tatsache hat sie erkannt, denn sie reagiert panisch auf die Dunkelheit. Dabei weiß Clarice zu diesem Zeitpunkt noch nicht einmal, dass ihre Suche beendet ist. Sie kann nicht sehen, dass James Gumb im Raum ist. Gumb streckt seine Hand nach der jungen Frau aus, berührt sie nahezu. Dann nimmt er sie mit seiner Waffe ins Visier. Aus der Verfolgung mit umgekehrter Bewegungsrichtung ist in diesem Moment wieder ein *shootout* geworden.

Das Schweigen der Lämmer kombiniert nahezu alle Spielarten der finalen Auseinandersetzung. Die Hauptfigur wird entweder mit einer Aufdeckung konfrontiert oder muss sich einem Kampf stellen. Der Kampf kann gesucht oder vermieden werden. Im ersten Fall kommt es zu einer Konfrontation, einem *showdown*, mit oder ohne Waffen. Im zweiten Fall kommt zu einer Flucht, bei der der Weg des Fliehenden bekannt oder unbekannt ist, also zu einer Verfolgungsjagd oder einer Suche. Bei einer Verfolgung ist die Hauptfigur entweder Gejagte oder Jäger, bei einer Suche ist sie entweder Suchende oder Gesuchte.

Clarice Starling hat nach einer Aufdeckung einen bewaffneten Kampf geführt, in dessen Verlauf sie nacheinander Verfolgerin, Suchende, Gesuchte und Verfolgte war. In der finalen Auseinandersetzung von Der einzige Zeuge, die zwölf Minuten dauert, ist John Book zunächst der Gesuchte, der Verfolgte und der Verfolger, bis er sich einem *shootout* mit seinem Vorgesetzten Paul stellt. Bevor es zum Schusswechsel kommt, überreden Book und die Amish den Verbrecher zur Aufgabe. In Das Schweigen der Lämmer ist Aufgabe keine Option; mit Argumenten wäre der geistesgestörte Bill

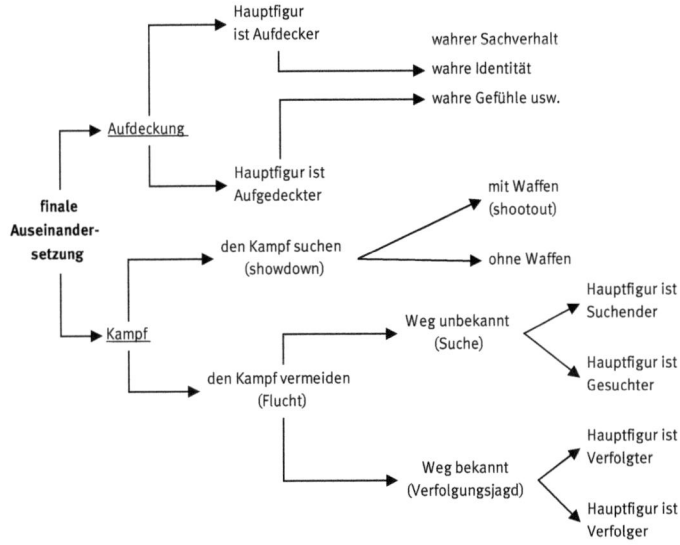

Finale Auseinandersetzungen

ohnehin nicht zu erreichen gewesen. Der Kampf zwischen der Hauptfigur und ihrem Gegner wird in der 104. Minute zu einem Ende gebracht. James Gumb spannt den Hahn seiner Waffe.

Auflösung: Das Resultat der finalen Auseinandersetzung

Im Western beginnt der *shootout*, wenn einer der beiden Kontrahenten zu seinem Colt greift. In DAS SCHWEIGEN DER LÄMMER hingegen haben die beiden Gegenspieler ihre Waffen schon in der Hand. Hier ist das Spannen des Hahns das Signal zum *shootout*; es wird durch einen Halleffekt betont. Der nun folgende Schusswechsel wird erst durch das Geräusch ermöglicht, da es Clarice zeigt, dass Gumb im Raum ist und in welche Richtung sie zielen muss. Hätte sie es überhört, so wäre es zu einer Erschießung und nicht zu einem *shootout* gekommen.

In nur vier Einstellungen, in sieben Sekunden, wird der Kampf zwischen ihr und Gumb entschieden.[510] In Zeitlupe ist Clarice' Reaktion auf das Klicken zu sehen: Sie dreht sich um 180° und schießt sofort (1). Gumb ist getroffen, richtet aber noch immer seine Waffe auf Clarice (2). Sie feuert jetzt eine ganze Salve ab (3), bis ihr Gegner zu Boden sinkt (4). Da beim Schusswechsel eine Verdunklung zerstört worden ist, kann sie erkennen, dass Gumb am Boden liegt. Er röchelt, scheint im Sterben zu liegen. Clarice hat den *shootout* gewonnen.

Happy Endings

Das Ergebnis der finalen Auseinandersetzung ist im klassischen Hollywoodkino zumeist der Triumph der Helden über ihre Widersacher. Nach einer Aufdeckung erlebt die Hauptfigur Verständnis und Zustimmung, bei einem Kampf überwindet sie ihren Gegner. Luke Skywalker hat den Todesstern zerstört, John Book hat seinen Gegner verhaftet, Clarice Starling hat Bill getötet und ist selbst nahezu unverletzt geblieben. Ihren Erfolg bestätigt die nächste Sequenz, die in einer langen Einstellung zeigt, dass Crawford und seine Leute angekommen sind. Crawford nimmt Clarice in den Arm, die versichert: »I'm o.k.« Zwei Notärzte führen Catherine Martin aus dem Haus, die Bills weißen Pudel umklammert hält – eine Anspielung an das Lamm, das Clarice nicht retten konnte. Auch die *last minute's rescue* ist gelungen; die Deadline wurde nicht überschritten.[511] DAS SCHWEIGEN DER LÄMMER endet mit einem Happy End.

Das Happy End ist ein typischer Abschluss der finalen Auseinandersetzung. Die Rettung in letzter Sekunde wird so häufig in Szene gesetzt, dass sie inzwischen zum Gegenstand zahlreicher Parodien geworden ist. In THE PLAYER besteht der Drehbuchautor zu Beginn der Verhandlungen darauf, dass sein Film nicht mit Stars besetzt werden dürfe. Das unterscheidet ihn von allen anderen im Film auftretenden Autoren, die dem Produzenten stets Julia Roberts und Bruce Willis als Darsteller vorschlagen. Er fordert zweitens, dass es am Ende des Dramas keine Rettung für die zum Tode verurteilte Frau geben darf. Bei der Vorführung des fertigen Films ist dann zu sehen, dass der von Bruce Willis gespielte Held die von Julia Roberts verkörperte Heldin in letzter Sekunde aus der Gaskammer befreit. Auf seinen Armen trägt er sie über die Schwelle des Raumes. Als ihn eine aufgebrachte Mitarbeiterin des Studios wegen seiner Verlogenheit zur Rede stellt, erklärt der Autor lakonisch, dass sein negativer

Schluss beim Testpublikum durchgefallen sei. Die Zuschauer würden eine Rettung, ein Happy End, erwarten.

Mit dieser Einschätzung stimmen alle Ratgeber zum Drehbuchschreiben überein: »what the audience wants is emotional satisfaction – a Climax that fulfills anticipation.«[512] Syd Field rät ganz pragmatisch, ein »gutes, positives, glückliches Ende« sei stets dem negativen vorzuziehen: »Falls Sie im Zweifel sind, ob Sie Ihren Film gut oder schlecht ausgehen lassen sollen, haben Sie die Wahl. Denken Sie positiv! Denken Sie an FLASHDANCE und WAR GAMES. Das ist der Markt.«[513] Auf das Modell der ›Reise‹ übertragen bedeutet dieser Ratschlag, dass das Ende einem von der Hauptfigur erhofften Ausgang entsprechen soll. Unter ›erhofft‹ ist nicht unbedingt ein ausdrücklich formulierter Wunsch zu verstehen. Es geht um *need*, nicht um *mode*: Am Ende der finalen Auseinandersetzung muss die Erfüllung der ›wahren Bedürfnisse‹ greifbar nahe sein.

Die Ratgeber sind sich darüber hinaus einig, dass die Hauptfigur sich am Ende des Films aus eigener Kraft durchsetzen muss, nicht durch das Eingreifen anderer oder durch einen Zufall.[514] Wenn diese beiden Möglichkeiten ausgeschlossen werden, muss die Hauptfigur eine Schwäche des Gegners aufspüren – anders ist ihr Erfolg nicht zu motivieren, da sie ja zu Beginn des Kampfes als unterlegen gezeigt wurde. Dieser Vorgabe entsprechend gilt in KRIEG DER STERNE der Todesstern des Imperiums, dessen Bau Darth Vader überwacht, als unbesiegbar. Doch die Rebellen haben auf den von Luke Skywalker beschafften Plänen entdeckt, dass er noch nicht ganz fertig gestellt ist. Die Rebellen können den Todesstern zerstören, wenn einer der Kampfjet-Piloten einen ganz bestimmten, nur wenige Meter großen Punkt trifft. Dass es nur ein kleiner, eigentlich nicht zu treffender Punkt ist, gehört zur Handlungslogik des klassischen Kinos. Die Chance des Helden muss als winzig charakterisiert werden. Zur Konvention gehört auch, dass nur der Held und kein anderer die Schwachstelle ausnutzen kann: Luke wird den Todesstern zerstören.

Auch James Gumb hat eine solche punktuelle Schwäche. Bei der finalen Auseinandersetzung sieht er Clarice im Dunkeln zu, statt sie direkt zu töten. Er streckt seine Hand aus, kommt ihrem Haar mit den Fingerspitzen nahe. Gumb liebt das Spiel mit seinem Opfer; diese Leidenschaft wird ihm letztlich zum Verhängnis werden. Er zieht den Hahn seiner Waffe genussvoll, statt unmittelbar zu schießen. Seine Freude am Leiden anderer und seine Freude am Töten machen ihn besiegbar. In der Tat werden James Gumb und Darth Vader besiegt – wie Tausende von anderen Kinoschurken auch. Dennoch sind die Kategorien Sieg und Niederlage nur bedingt tauglich, um den Ausgang aller finalen Auseinandersetzungen des *classical cinema* zu kennzeichnen. Dass der Begriff ›Happy End‹ problematisiert werden muss, kann am Beispiel von THELMA UND LOUISE gezeigt werden.

Sieg oder Niederlage

Thelma und Louise sind dem Großaufgebot der Polizei nicht entkommen. Louise bremst nur wenige Meter vor einem Abgrund.

> THELMA Was ist das?
> LOUISE Keine Ahnung. Sieht aus wie der gottverdammte Grand Canyon.
> THELMA Ist das nicht wunderschön?
> LOUISE Ja. Das ist wirklich mal was ganz anderes.

Thelma und Louise sind ergriffen von der Schönheit der Landschaft. Und in genau diesem Moment erkennen sie, dass sie keine Chance mehr haben: Genau vor dem Wagen der beiden Frauen taucht ein Polizeihubschrauber aus der Schlucht auf. Louise wendet das Auto, doch hinter ihrem Rücken hat bereits eine Hundertschaft der Polizei Aufstellung genommen. Nun bleiben auf den ersten Blick zwei Möglichkeiten: Die beiden Frauen könnten der Polizei durch einen Trick entkommen oder verhaftet werden.[515] Die Flucht wäre ein Sieg, die Verhaftung eine Niederlage. Drehbuchautorin Callie Khouri hat aber einen dritten Weg gefunden:

> THELMA O.K., also gut. Die sollen uns nicht erwischen.
> LOUISE Was willst du damit sagen?
> THELMA Los, fahr weiter.
> LOUISE Wie meinst du das?
> THELMA Fahr.
> LOUISE Ganz sicher?
> THELMA Ja. Tu es.

Dieser Entschluss ist kein Sieg. Die beiden Frauen haben ihre Opponenten nicht austricksen oder abhängen können. Die Entscheidung ist aber auch keine Niederlage, denn sie werden nicht ins Gefängnis kommen. Die Fahrt in den Tod geschieht – wie es im Drehbuch heißt – »very upbeat«.[516] Thelma und Louise küssen sich und nehmen einander an die Hand, bevor Louise Gas gibt. Die Frauen fahren auf den Abgrund zu – Musik setzt ein. Schließlich rast der Wagen über die Klippe, und das Bild friert ein, bevor der Wagen in die Schlucht stürzt.

Dieser Freeze ist eine Referenz an Zwei Banditen: In der letzten Einstellung des Films rennen Butch Cassidy (Paul Newman) und Sundance Kid (Robert Redford) in den Kugelhagel, den der Zuschauer nur hört, aber nicht sieht. Die Körper der beiden Männer bleiben unversehrt. Auch der Tod von Thelma und Louise wird dem Zuschauer erspart. Zu sehen ist nicht der Absturz, sondern ein Flug in den Himmel. Thelma und Louise wirken in den letzten Sekunden ihres Lebens nicht verzweifelt, sondern glücklich. Ihre ›Reise‹ – so suggeriert das Schlussbild – hat nicht zum Selbstmord, sondern in die Freiheit geführt.

Wenn es sich also bei der finalen Auseinandersetzung in Thelma und Louise weder um einen eindeutigen Sieg noch um eine Niederlage handelt, so bleibt die Frage, wie sich das Ende dieses Films einordnen lässt. Nur sehr wenige Filmwissenschaftler haben den Versuch unternommen, den Ausgang von Filmen zu systematisieren. Noëll Carroll unterscheidet einen moralisch vertretbaren von einem nicht vertretbaren Ausgang sowie die wahrscheinliche von der unwahrscheinlichen Lösung. In der Regel wird – so Carroll – ein Film des Hollywoodkinos das moralisch vertretbare, aber unwahrscheinliche Ende präsentieren.[517]

Diese Unterscheidung ist für Das Schweigen der Lämmer und eine Vielzahl anderer Filme zutreffend, kann aber auf Thelma und Louise nur sehr bedingt angewandt werden, da Begriffe wie ›gut‹ und ›böse‹ hier kaum greifen. Ist es moralisch vertretbar, dass Thelma ein Geschäft überfällt oder dass die beiden Frauen einen Tanklaster in die Luft sprengen? Der Ausgang der finalen Auseinandersetzung muss unabhängig von Kategorien wie gut und böse, Sieg oder Niederlage systematisiert werden, damit eine möglichst große Anzahl von Filmen des klassischen Hollywoodkinos erfasst werden kann. Das Ergebnis der Auseinandersetzung entspricht zunächst einmal der Beantwortung der zu Beginn eines Films gestellten, für seinen Verlauf zentralen Frage. Die Frage »Wird Clarice den Serienmörder fassen?« kann am Ende des Films beantwortet werden. Darum ist es sinnvoll, diese Erzählstation als ›Auflösung‹ zu bezeichnen. Fields bekannter Merksatz lautet: »Resolution means solution.«[518]

Die Auflösung darf aber nicht als logische, einzig folgerichtige und vollständige Beantwortung aller in einem Film aufgeworfenen Fragen missverstanden werden, auch wenn nahezu alle Ratgeber sie so definieren:

> Rule book tirelessly bemoan the pressures for a happy ending and emphazise the need for a logical wrap-up. Still, there are enough instances of unmotivated or inadequate plot resolutions to suggest a second hypothesis: that the classical ending is not at all that structurally decisive, being a more or less arbitrary readjustment of that world knocked awry in the previous eighty minutes.[519]

David Bordwell spricht daher nicht von *closure*, sondern von einem *closure effect*. Das heißt: Am Ende eines Films des klassischen Hollywoodkinos muss nicht jeder Handlungsstrang abgeschlossen sein, aber es muss der Eindruck entstehen, dass dies geschehen sei.

Daher ist es hilfreich, durch narrative Verfahren zu betonen, dass es sich bei der letzten Sequenz tatsächlich um das Ende des Films handelt: »People want to know the story's definitively over so they can quickly get up and leave the theater.«[520] Truffaut erklärt: »One should feel the ending.«[521] Ein typisches Verfahren, auf das Ende hinzuweisen, ist der Schlusskuss, der sogenannte *kiss off*.[522] Bordwell hat bei der Analyse von hundert zufällig ausgewählten Beispielfilmen festgestellt, dass über 60% mit einem Kuss der männlichen und weiblichen Hauptfigur enden.[523]

Bei diesem konventionellsten aller Schlussbilder ist jedoch weniger das *happy*, als das *end* entscheidend: »Das Kriterium für die Auflösung des zentralen Problems ist, dass die Hauptfigur ihr Ziel endgültig erreicht oder verfehlt.«[524] Richtungweisend ist in dieser Definition nicht die Opposition ›erreichen/verfehlen‹, sondern das Wort ›endgültig‹. Entscheidend für das klassische Hollywoodkino ist nicht, *welche* Auflösung ein Film anbietet, sondern *dass* er eine Auflösung anbietet. Von der Bedeutung der Auflösung ausgehend, hat der amerikanische Wissenschaftler Richard Neupert eine Typologie der Film-Enden entwickelt.

Offen und abgeschlossen: Richard Neuperts Typologie der Film-Enden

In seiner 1995 publizierten Studie THE END unterscheidet Richard Neupert nicht zwischen *happy* und *unhappy end*, zwischen erfolgreichen und erfolglosen Hauptfiguren. Stattdessen legt er eine Systematisierung vor, die auf einer Differenzierung von *story* und *discourse* basiert. Ausgehend von den beiden Gegensatzpaaren *resolved/unresolved* und *closed/open* entwickelt Neupert ein vier Möglichkeiten umfassendes Schema: Fall 1 ist zum Beispiel ein Film mit einem geschlossenen Diskurs, dessen Story aufgelöst wird. Fall 2 entspricht einem Film mit geschlossenem Diskurs, dessen Story nicht aufgelöst wird.[525] Die vier möglichen Variationen und die von Neupert gewählten Beispielfilme können in einer Tabelle dargestellt werden. Fall 3 ist eine nicht weiter zu beachtende Kategorie, da Neupert einräumen muss, dass es sich nur um eine theoretische Möglichkeit handelt, da es kein einziges Filmbeispiel gibt.

	Closed Narrative Discourse	Open Narrative Discourse
Resolved story	(1) Closed text film DER SIEGER	(3) Open discourse film (kein Beispiel)
Unresolved story	(2) Open story film SIE KÜSSTEN UND SIE SCHLUGEN IHN	(4) Open text film WEEKEND

Richard Neuperts Typologie der Film-Enden

Am Ende von SIE KÜSSTEN UND SIE SCHLUGEN IHN erfährt Antoine, dass sein Vater sich von ihm lossagt. Er rennt zum Strand, läuft auf das Meer zu. Als er es erreicht, dreht er sich um – da friert das Bild ein. Die *story* bleibt offen, so erklärt Neupert: Der Junge habe von Beginn des Films an kein klar ausgesprochenes Ziel und kann es demzufolge auch nicht erreichen. »[The movie] with its twists, gaps, and asymmetry, does not prepare the audience for a specific happy or unhappy resolution, it simply stops when the telling concludes.«[526] Dieser offene Typ des Film-Endes ist – wie auch die Variation vier – in keinem der hier behandelten Beispielfilme des klassischen Hollywoodkinos auszumachen. In ihnen sind *story* und *discourse* abgeschlossen. Sie gehören ausnahmslos in die Kategorie ›*closed text film*‹. Was genau ist unter einem *closed text film* zu verstehen? Und inwieweit decken sich Neuperts Beobachtungen mit dem Modell der ›Reise‹?

Neuperts Beispiel für diesen Typ des Film-Endes ist der 1952 von John Ford gedrehte Film Der Sieger. Der Boxer Sean Thornton (John Wayne) kehrt aus den USA in sein irisches Heimatdorf zurück; er hat seinen Beruf aufgegeben und möchte Landwirtschaft betreiben. Die figurenzentrierte Erzählweise mit zielorientiertem Anfang ist, so Neupert, ein erstes Charakteristikum des *closed texts*.[527] Am Ende eines *closed texts* sei das eingangs formulierte Problem der Hauptfigur gelöst. Diese Definition deckt sich mit dem Modell der ›Reise‹, das allerdings wesentlich genauere Beschreibungsmöglichkeiten für die Station ›Auflösung‹ bietet. In Der Sieger verlässt der Held – dem Modell entsprechend – seine gewohnte Umgebung, um sich in einer ihm mittlerweile unbekannt gewordenen Welt zu behaupten. Sean fährt zurück nach Irland, um dort seine Backstorywound zu überwinden: Er hat in den USA einen Konkurrenten im Ring erschlagen. Seitdem will er nicht mehr boxen. Sein *mode* ist die Aufgabe des Berufes und der Erwerb von Land; sein *need* ist aber, so erzählt es der Film, den bezahlten Boxsport aufzugeben und sich auf den Kampf als eine Frage der Ehre zu besinnen. Diese Rückbesinnung entspricht der Auflösung.

Als zweites Charakteristikum von Filmen des Typs *closed text* nennt Neupert eine Anfang und Ende verbindende Klammer.[528] Dieses Prinzip, das Neupert *bracketing* nennt, hat Raymond Bellour schon 1976 in seinem vielfach zitierten Aufsatz Segmenting/Analyzing beschrieben. Sein Beispiel ist das Musical Gigi, an dessen Anfang der ergraute Lebemann Honoré (Maurice Chevalier) im *Bois de Bologne* zu sehen ist. Er singt Thank Heaven for Little Girls, woraufhin der ungestüme Teenager Gigi (Leslie Caron) erscheint. Am Ende des Films singt Honoré erneut dieses Lied; diesmal flaniert die erwachsen gewordene Gigi am Arm ihres Ehemannes vorbei.

Bellour verallgemeinert, dass das klassische Hollywoodkino als ein

System von Symmetrien und Assymmetrien beschrieben werden kann. Es sei in hohem Masse abhängig von solchen »rhyming effects«.

> They carry narrative difference through the ordered network of resemblances; by unfolding symmetries (...) they bring out dissymmetry without which there would be no narrative. The classical film from beginning to end is constantly repeating itself because it is resolving itself. This is why its beginning often reflects its end in a final emphasis.[529]

Auch dieses Prinzip, das Bellour und ihm folgend Neupert als typisch für die Film-Enden des klassischen Hollywoodkinos erkannt haben, ist im Modell der ›Reise‹ wiederzufinden. Die spiralförmig verlaufende Skizze visualisiert gewissermaßen die von Bellour konstatierte Symmetrie. Der Trennung steht die Ankunft gegenüber. Die erste Klammer wird während der Etablierung des Status quo gesetzt, die zweite nach der Auflösung. Dies gilt auch für Das Schweigen der Lämmer: Am Ende des Films ist die Figur Clarice wieder dort, wo sie zu Beginn gezeigt wurde – in der FBI-Akademie. Die dort stattfindende Feier ist der Epilog des Films.

Epilog: Die Bestätigung der Auflösung

Bildfüllend zu sehen ist das Wappen des FBI, das auf einem Rednerpult befestigt ist. Die Kamera schwenkt hoch: Ein älterer Agent ruft Clarice M. Starling nach vorne; ihr wird der FBI-Ausweis überreicht. Stolz posiert Clarice für ein offizielles Foto. Mit einem glücklichen Lächeln, das der im Publikum sitzenden Ardelia gilt, geht Clarice von der Bühne ab. Die nächste Sequenz beginnt: Bildfüllend zu sehen ist erneut das Wappen des FBI, das diesmal eine Torte verziert. Die Kamera schwenkt hoch: Eine junge Agentin schneidet den Kuchen an. Die Abschlussfeier kann beginnen. Doch da richtet Ardelia ihrer Freundin Clarice aus, dass sie am Telefon verlangt wird. Auf dem Weg dorthin wird sie von Crawford aufgehalten: »Ich wollte ihnen nur gratulieren.« Clarice streckt ihre Hand aus, die er lange, vielleicht zu lange, drückt. Möglicherweise ist sein Interesse an ihr doch nicht nur beruflicher Natur. In der 105. und 106. Minute von Das Schweigen der Lämmer erhält Clarice Starling jeweils eine Belohnung – den FBI-Ausweis und das Lob ihres Förderers, an dessen Urteil ihr so viel liegt.

Am Ende des dritten Akts wird das Erreichen des Ziels, der Endpunkt der Reise, noch einmal in einem Epilog bestätigt. »A classical film often includes an epilogue, a coda reaffirming the stability of the state arrived at through the preceeding causal chain. The unity sought by classical narration encourages this epilogue to reiterate connotative motifs highlighted at previous points in the film.«[530] Auf die besondere Bedeutung des *coda* für die Erzählung hat William Labov hingewiesen.[531] Er versteht darunter eine auf die Auflösung folgende Bekräftigung: »And that was that.« Im Film erfüllen neben zusammenfassenden Gesprächen insbesondere Belohnungen diese affirmative Funktion; sie sind ein typisches Element des Epilogs. Im Unterschied zu den am Beginn des dritten Akts erhaltenen Gaben kann die Hauptfigur die Bedeutung dieser finalen Belohnung sofort realisieren. Clarice versteht zunächst nicht, was sie mit Bills Akte anfangen soll; ihren FBI-Ausweis hingegen hält sie sofort triumphierend in die Kamera. Campbell bezeichnet die Belohnungen, die der Held am Ende seiner Reise erhält, daher auch als ›Segen‹ oder als ein ›Elixier‹, das ihm in seiner vertrauten Welt von Nutzen ist.[532]

Die den Akt abschließende Belohnung ist in unterschiedlichsten Erscheinungsformen zu finden. Nachdem Luke Skywalker den Todesstern zerstört hat, schreitet er gemeinsam mit seinen Freunden die Reihen der Soldaten ab. Prinzessin Leia verleiht ihm in einer langen und feierlichen Zeremonie einen Orden. Loretta erhält am Ende von Mondsüchtig einen Verlobungsring, Tess hat am Ende von Die Waffen der Frauen einen Mann und einen Managerposten: Ihr Liebster schenkt ihr eine kleine Lunchbox, die sie mit ins Büro nehmen soll. Marty darf, nachdem er die Vergangenheit in Ordnung gebracht hat, in Zurück in die Zukunft einen schwarzen Jeep fahren, Corky kauft sich in Bound einen roten Pick-up-Truck. Michael Dorsey – alias Tootsie – kann zu guter Letzt die Hauptrolle im Stück seines Freundes spielen, Daniel – alias Mrs. Doubtfire – bekommt nach längerer Arbeitslosigkeit endlich seine eigene TV-Show. Der Polizist Charlie hat am Ende von Eine Million Trinkgeld nicht nur die Frau seines Lebens gefunden; er wird außerdem mit Spenden überschüttet, nachdem er seinen Millionengewinn in einem Scheidungsprozess verloren hat. Joe gewinnt in Twister nach dem Sieg über einen konkurrierenden Tornadoforscher auch noch ihren Ex-Mann zurück. Elliot hat E. T. gerettet; der Außerirdische verabschiedet sich vor seinem Abflug mit dem Satz: »Ich bin immer bei dir.«

Treueschwüre oder Auszeichnungen, Liebe oder Geld – so unterschiedlich die am Ende des dritten Akts vergebenen Belohnungen auch ausfallen mögen, stehen sie doch alle in engem Zusammenhang zum Ziel der Hauptfigur, das zu Beginn des Films genannt oder in seinem Verlauf herausgearbeitet wurde. Dieser Zusammenhang, den Bellour mit dem Begriff Symmetrie zu fassen versucht, kann durch Rückgriff auf ein narratives Modell verdeutlicht werden, das Edward Branigan 1992 vorgestellt hat. Das von ihm entwickelte Modell, das er als Hexagon zeichnet, weist Gemeinsamkeiten mit dem als Spirale skizzierten Modell der ›Reise‹ auf.

Hexagon und Spirale: Edward Branigans narratives Schema

In seinem Buch Narrative and Comprehension of Film stellt Edward Branigan den Ablauf eines filmischen Plots in Form eines Sechsecks dar. Er beruft sich auf eine lange Traditionslinie: Anfang der siebziger Jahre hat der bereits erwähnte Soziolinguist William Labov eine Untersuchung über den Verlauf von Gesprächen herausgegeben.[533] Er studierte narrative Muster in Unterhaltungen von Minderheiten, die im Zentrum von Großstädten leben. Auf Labovs Arbeit aufbauend, entwickelte Mary Louise Pratt knapp zehn Jahre später ein narratives Schema für literarische Texte. Anfang der

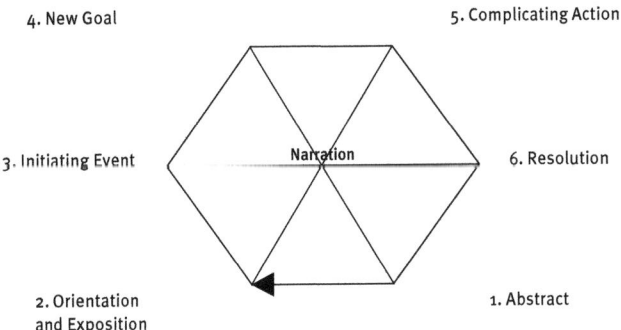

Edward Branigans narratives Schema

neunziger Jahre übertrug Branigan dieses Schema dann auf das klassische Hollywoodkino.

Wie das Modell der ›Reise‹ stellt auch Branigans Hexagon den Ablauf eines Plots im Uhrzeigersinn dar. Diese ›Leserichtung‹ wurde in der Skizze durch einen hinzugefügten Pfeil verdeutlicht, der sich so nicht bei Branigan, dafür aber auf Labovs Zeichnung finden lässt. Eine zweite Gemeinsamkeit ist die Gliederung der Erzählung in einzelne Erzählabschnitte. Branigan unterscheidet die sechs Stationen *abstract, orientation/exposition, initiating event, goal, complicating action, resolution.* Unter *abstract* versteht er den Titel, eine vorangestellte Zusammenfassung dessen, was folgt, oder einen Prolog. Die *orientation* ist eine Beschreibung des Ausgangszustands; die *exposition* entspricht – in die Terminologie des Modells der ›Reise‹ übersetzt – einer Beschreibung der Backstory. Unter *initiating event* versteht Branigan eine Veränderung der Ausgangssituation, also den Auslöser, unter *goal* die Reaktion des Protagonisten auf den *initiating event. Complicating actions* sind die Hindernisse auf dem Weg zum Ziel, die *resolution* entspricht dem Erreichen des Ziels.

Branigans Abschnitte können in das Modell der Reise integriert werden. Die Stationen 1–4 beziehen sich auf den Beginn des ersten Akts. Station 5 entspricht dem zweiten Akt, Station 6 dem dritten. Grundsätzlich könnte sein Hexagon um die übrigen Stationen der ›Reise‹ erweitert werden. Somit kann es durchaus als eine sehr stark vereinfachte Variante dieses Modells verstanden werden. Abweichend vom Modell der ›Reise‹ hat Branigan in seiner Skizze alle Stationen durch Linien verbunden. Die Verbindungslinie verläuft jeweils über den Mittelpunkt des Hexagons: »one can move through the hexagon in a myriad of ways.«[534] Grundsätzlich hängt jede Station mit jeder anderen zusammen. Branigan wendet sich damit ausdrücklich gegen hierarchisch aufgebaute Skizzen, da diese die komplexen Beziehungen zwischen den Elementen nicht adäquat wiedergeben können: »Using a hexagon, then, is a way of leaving open the interrelationships among the elements of a narrative.«[535]

Branigans Vorschlag leuchtet ein, da in der Tat Verbindungen zwischen den einzelnen Stationen bestehen. So gibt es eine Beziehung zwischen den beiden Schwellen, die die Figur auf ihrer Reise überschreitet, zwischen den Prüfungen vor und nach dem zentralen

Wendepunkt. Die Etablierung einer Deadline hat oftmals eine *last minute rescue* zur Folge, das im ersten Akt erfolgende Zusammentreffen mit einem Berater führt häufig zu einem Abschied am Ende des zweiten Akts. Diese und weitere Verbindungslinien einzuzeichnen ist möglich, würde die hier vorgestellte Graphik jedoch völlig unübersichtlich machen. Nur aus diesem Grund wird darauf verzichtet, der Spirale die von Branigan vorgeschlagenen Linien hinzuzufügen.

Auch wenn Branigans Beobachtung sich nicht in der endgültigen Fassung der Spirale niederschlagen wird, so ist sie für das Verständnis der ›Reise‹ relevant. Auflösung und Epilog – die beiden in diesem Kapitel behandelten Stationen – sind zum Beispiel die Antwort auf den im Status quo etablierten Mangel. In der ersten Station der Erzählung ist die letzte Station bereits angelegt: »the ending is indicated in the first three pages of most tightly structured scripts.«[536]

Hannibal Lecter hat schon beim ersten Gespräch erkannt, dass es das wichtigste Ziel im Leben von Clarice ist, zum FBI zu gelangen: »Während Sie nur davon geträumt haben, alldem zu entkommen, irgendwohin abzuhauen. Den ganzen Weg bis zum FBI …« Am Ende des Films hat Clarice dieses Ziel erreicht: Sie hat einen FBI-Ausweis, der nicht länger provisorisch ist. Kate lebt am Ende von FRENCH KISS endlich in dem Steinhaus, das sie sich immer gewünscht hat. Tess aus DIE WAFFEN DER FRAUEN sitzt als Chefin in einem Büro; ihr wurde sogar eine eigene Sekretärin zugeteilt. Jubelnd ruft sie ihre Freundin an: »Cyn! Rate mal, wo ich bin …« Vivian, die Hauptfigur aus PRETTY WOMAN, träumte als Kind von einem Ritter auf einem weißen Ross:

VIVIAN Meine Mutter hat mich als Kind immer auf dem Dachboden eingesperrt, wenn ich frech war – und das kam ziemlich oft vor. Und wenn ich da oben war, habe ich gedacht, dass ich eine Prinzessin bin, die von einer bösen Königin gefangen gehalten wird. Und plötzlich kommt ein Ritter angaloppiert auf einem weißen Pferd mit wehenden Fahnen. Er reitet auf den Turm zu und zieht dann sein Schwert. Ich winke ihm zu, er springt vom Pferd. Mein Ritter klettert den Turm nach oben und rettet mich.

Auch dieser Wunsch geht in Erfüllung. In der vorletzten Sequenz des Films fährt Edward mit seiner weißen Limousine vor und klettert über die Feuerleiter zu Vivians Appartement; statt eines Schwerts hat er einen Regenschirm mitgebracht. Überdeutlich wird inszeniert, dass er seine Höhenangst überwinden muss, um zu Vivian zu gelangen. Dass Edward sich dazu entschlossen hat, ist der Nachweis seiner inneren Entwicklung. Der Epilog bestätigt demzufolge nicht nur den Abschluss der äußeren Reise, sondern auch den der inneren.

Der Abschluss der inneren Reise

Dass Edward mit Vivian zusammenleben will, steht im Widerspruch zu seinen bisherigen Gepflogenheiten, die zu Beginn von PRETTY WOMAN eingeführt wurden: Mit unbewegtem Gesicht hat er sich in den ersten Minuten des Films von seiner Geliebten getrennt – telefonisch. Noch in der 85. Filmminute hat er versucht, Vivian zu seiner Mätresse zu machen; ein von ihm finanziertes Appartement sei doch immer noch besser als der Straßenstrich. Am Ende des Films scheint seine Beziehungsunfähigkeit überwunden. Edward beweist darüber hinaus, dass er seine bisherigen Geschäftspraktiken aufgeben wird. Er wird den Konzern, wegen dessen Übernahme er nach L. A. kam, nicht zerstören, sondern sich am Bau von Schiffen beteiligen. Auch seine durch die Backstorywound begründete Destruktivität scheint Edward bezwungen zu haben. Der Unternehmer versöhnt sich – gewissermaßen stellvertretend – mit dem Werftbesitzer, dem väterlichen James Cross. Der Abschluss von Edwards innerer Reise, der Vollzug seiner Wandlung und die Überwindung seiner Backstorywound, wird durch den *Kiss-off* mit Vivian, den Epilog des Films, bestätigt. Dass sie sein Angebot annimmt, ist seine Belohnung, denn im letzten Satz dieser Sequenz verspricht sie, dass auf die Rettung der Prinzessin die des Ritters folgen wird.

Dieses Prinzip, neben dem Abschluss der äußeren Reise auch den der inneren noch einmal zu bestätigen, findet sich in zahlreichen Ausklängen wieder. So hat Michael Dorsey am Ende von TOOTSIE sein berufliches Ziel erreicht, aber sein privates Glück noch nicht gefunden. Julie will ihn nach der Aufdeckung des Betruges nicht mehr sehen. Michael lauert ihr vor dem Studio auf und spricht sie an.

Nach ein paar Floskeln entschuldigt er sich aufrichtig, woraufhin Julie einlenkt: »Mir fehlt Dorothy.« Er antwortet:

> MICHAEL Das muss sie nicht. Sie ist hier. Und du fehlst ihr. Du kennst mich nicht als Mann, aber ich war als Frau bei dir ein besserer Mann, als ich es jemals in meinem Leben bei anderen Frauen als Mann war. Du weißt, was ich meine. Ich muss nur lernen, es ohne Kleid zu schaffen.

Mit dem Erreichen eines neuen Bewusstseins und dessen Bestätigung im Epilog ist die ›Reise der Helden‹ in der Regel abgeschlossen. Die Hauptfiguren stehen jetzt an einem neuen Punkt ihrer Entwicklung – sie haben sich verändert. Loretta, die ihre Ehe auf Vernunft aufbauen wollte, glaubt wieder an die Liebe. Sam – der Untote aus GHOST – ist vor seiner endgültigen Himmelfahrt endlich in der Lage, »Ich liebe dich« zu sagen. Michael, der vor seinem Leben als Frau jede Frau vergraulte, kann eine Liebesbeziehung aufbauen. Die Hauptfiguren sind jetzt – um es mit einer Formulierung von Joseph Campbell auszudrücken – »Herr der zwei Welten«[537], der vertrauten und der einstmals unbekannten. Ihr *need* und ihr *mode* sind jetzt deckungsgleich. Sie haben jetzt die »Freiheit zum Leben«.[538]

Auch im Epilog von DAS SCHWEIGEN DER LÄMMER wird auf die innere Reise der Hauptfigur Bezug genommen. Crawford – der die äußere Reise auslöste – beendet seinen Glückwunsch mit dem Satz: »Ihr Vater wäre stolz auf sie.« Diese Bemerkung verweist auf Clarice' Backstorywound und ihre innere Entwicklung, die seit Hannibal Lecters Flucht nicht mehr thematisiert wurde. Sie wäre ein idealer Abschluss von Clarice' innerer Reise, wenn der Tod des Vaters als Backstorywound in den Vordergrund gestellt worden wäre.

Doch folgt auf diese erste Erwähnung der inneren Reise noch eine zweite. Nach Crawfords Gratulation nimmt Clarice den angekündigten Telefonanruf entgegen. Zu ihrer Überraschung meldet sich Hannibal Lecter: »Nun, Clarice, haben die Lämmer aufgehört zu schreien?« Clarice beantwortet Lecters Frage nicht. Aus gutem Grund: Es ist nicht erkennbar, ob sie ihre Backstorywound für immer überwunden hat. Es steht vielmehr zu vermuten, dass ihr dies noch nicht endgültig gelungen ist. Damit bewahrt die Geschichte eine Offenheit, die im vorangegangenen Abschnitt als untypisch für das klassische Hollywoodkino gekennzeichnet worden ist. Wie ist

diese Offenheit zu erklären? Steht sie nicht im Widerspruch zu Neuperts Kategorie des *closed text*? Ein Vergleich mit Basic Instinct
zeigt, dass auch andere Filme des klassischen Hollywoodkinos mit
einer offenen Frage enden.

Die Offenheit des Epilogs

Im *showdown* des Thrillers Basic Instinct, der in der 115. Minute
beginnt, hat Nick die Psychologin Beth, seine ehemalige Geliebte, als
Mörderin entlarvt und erschossen. Die zu Beginn des Films etablierte Frage, wer den Rockstar mit einem Eispickel tötete, ist somit beantwortet. Nicks Problem, die Überführung der Täterin, ist ebenfalls gelöst. Der auf die Auflösung folgende Epilog ist zweigeteilt:
Zunächst wird bei einer Durchsuchung von Beths Wohnung bestätigt, dass sie die Mörderin gewesen sein muss. Den Konventionen
des Epilogs entsprechend, wird Nick in der 120. Minute des Films
für seine gute Arbeit belobigt. Dieser Teil des Epilogs schließt seine
äußere Reise ab: Der suspendierte Polizist hat sich rehabilitiert.

Der zweite Teil des Epilogs beginnt in Nicks Wohnung, wo Catherine auf ihn wartet und ihm unter Tränen eine verschlüsselte Liebeserklärung macht. Dazu erklingen Geigen. Dieses Bekenntnis ist
als zweite Belohnung für Nick zu verstehen. In der letzten Sequenz
ist schließlich ein Paar beim Geschlechtsakt zu sehen – wie schon in
der ersten Sequenz des Films. Basic Instinct arbeitet also mit der
von Neupert und Bellour beschriebenen Klammerung, die die Ge-
schlossenheit der Erzählung bestärkt. Die letzten Einstellungen des
Films zeigen, wie Nick und Catherine nebeneinander im Bett liegen.
Er raucht, sie wendet sich ab und lässt ihre Hand aus dem Bett hängen:

> Catherine Und was machen wir jetzt, Nick?
> Nick Wir rammeln wie die Steinesel, setzen Quälgeister in die
> Welt und leben glücklich bis ans Ende unserer Tage.
> Catherine Ich hasse Quälgeister.
> Nick Wir rammeln wie die Steinesel, setzen keine Quälgeister
> in die Welt und leben glücklich bis ans Ende unserer Tage.

Auch diese Antwort ist eine Klammer, da Nick einen solchen
Vorschlag schon in einem früheren Gespräch gemacht hat. Basic

INSTINCT zeigt demzufolge einen konventionellen Epilog, in dem zunächst die Lösung des beruflichen Problems bestätigt und dann das Glück des Paares in Szene gesetzt wird. Doch die letzte Einstellung des Films stellt die Abgeschlossenheit der Erzählung in Frage: Unter dem Bett, in greifbarer Nähe der Frau, liegt ein Eispickel. Die Platzierung dieser Mordwaffe lässt an der Auflösung zweifeln. Ist Catherine die wahre Mörderin? War Beth nur das Opfer einer ihrer raffinierten Pläne? Es ist auch fraglich, ob Catherine tatsächlich mit Nick zusammenleben will: War ihre Liebeserklärung eine Lüge? Wird sie Nick womöglich töten?

Die letzte Einstellung des Films weicht von dem Muster ab, alle Fragen am Ende eines Films zu beantworten. Aber auch dieses Film-Ende entspricht einer Konvention. BASIC INSTINCT arbeitet mit einem Verfahren, das für den Horrorfilm typisch ist. In diesem Genre suggeriert die letzte Sequenz eines Films zumeist, dass eine Fortsetzung der Mordserien wahrscheinlich ist, obschon der oder die Täter gefasst wurden. Schon in einer der ersten Untersuchungen zum Genre stellt der Filmwissenschaftler Stanley J. Solomon fest: »When we awaken from the nightmare world, we have only a temporary reprieve; another dream may follow on the next thing.«[539]

Teenager Carrie, die mordende Hauptfigur des gleichnamigen Films, kommt in der Auflösung bei einem Feuer ums Leben. In einer der letzten Einstellungen des Films ist ihr Grab zu sehen – aus dessen Erde plötzlich eine Hand herausbricht. Schluss-Sequenzen wie diese eröffnen die Möglichkeit zum Sequel; zahlreiche Fortsetzungen sind in der Tat ein weiteres Charakteristikum des Horrorfilms. Nach dem Erfolg von FREITAG, DER 13. wurden sieben weitere Teile gedreht. Die Geschichten um den Zombie Freddy Krueger umfassen sechs Episoden, die HALLOWEEN-Serie fünf. DER WEISSE HAI griff nach dem Erfolg des ersten Teils noch dreimal an.

Der Eispickel unter dem Bett und der Anruf Lecters stimmen also mit den Gepflogenheiten des Genres Horrorfilm überein. Diese Affinität lässt sich bei beiden Filmen auch inhaltlich begründen. In ihnen geht es, wie in vielen Produktionen des Genres, um einen Serienmörder, respektive eine Serienmörderin. Beth und Bill werden als geisteskranke und unkontrollierbare Psychopathen dargestellt; mit ihnen lässt sich nicht verhandeln, und es ist abzusehen, dass sie ihre Morde fortsetzen werden – gerade das macht sie so bedrohlich.

Da BASIC INSTINCT aber als *whodunit* aufgebaut ist, überwiegt in diesem Film der kriminalistische Anteil. Auch wenn es um eine Serienmörderin geht, ist BASIC INSTINCT kein Horrorfilm.

Im Unterschied dazu setzt DAS SCHWEIGEN DER LÄMMER auf *suspense* und zeigt den Mörder bei seinem täglichen Tun: Der ›Horror‹ ist zu sehen. Aus diesen Gründen bezeichnet die amerikanische Fachzeitschrift für Horrorfilme *Cinefantastique* DAS SCHWEIGEN DER LÄMMER auch als »horror masterpiece« und behandelt ihn in einem Sonderheft. Der Konvention des Genres ›Horror‹ entsprechend, ist Clarice' Kampf nicht beendet, auch wenn James Gumb tot ist. Dies wurde in den Drehbuchfassungen sogar explizit ausgesprochen:

> DR. LECTER   Your lambs are still for now, Clarice, but not forever … You'll have to earn it again and again, this blessed silence. Because it's the plight that drives you, and the plight will never end.[540]

Lecters Anruf erinnert daran, dass Clarice noch weitere Mörder fangen muss, bevor sie zur Ruhe kommen wird. Da dies aber ein typischer Bestandteil des Horrorfilms ist, hat seine Frage einen den Film abschließenden Charakter. Der kinoerfahrene Zuschauer wird bei einer Produktion dieses Genres die Infragestellung der im Epilog geleisteten Bestätigung geradezu erwarten.

Darüber hinaus erfüllt das Telefonat noch eine weitere Funktion, die dem Abschluss des Films zuträglich ist: Es beendet einen *subplot*. Lecters Geschichte – einem Gefangenen gelingt die Flucht – kommt in der letzten Sequenz des Films zu einem positiven Ende. Bei seinem Telefonat steht er auf einer Terrasse in einem südamerikanischen Dorf. Lecter hat sein Ziel erreicht; er ist frei. Darüber hinaus wird er sich an Chilton, dem er auf einem Flughafen auflauert, rächen können. Er schaut seinem gerade eintreffenden Widersacher nach und beendet das Gespräch mit dem Satz: »I'm having an old friend for dinner.«

Da Hannibals Kannibalismus bekannt ist, ist offensichtlich, dass es sich nicht um ein Essen *mit* einem alten Freund handelt. Der Scherz mindert die Brutalität seines Vorhabens. Die Rache an dem unsympathischen Chilton erscheint zudem gerechtfertigt, da der

Anstaltsleiter sich Lecter gegenüber sadistisch verhalten hat und Clarice belästigte. Außerdem ist die Flucht Lecters erst durch sein unvorsichtiges Verhalten möglich geworden. Chilton hat seinen Kugelschreiber in der Zelle verloren; dabei hatte gerade er zu Beginn des Films doziert: »Keine Kugelschreiber!« Schließlich war Chilton noch so unvorsichtig, Lecters Verlegung zu befürworten. Er hat die Gerissenheit des Gefangenen unterschätzt. Der eitle Chilton, der Clarice und Crawford hintergangen hat, scheint seine ›gerechte‹ Strafe zu bekommen. Insofern ist Lecters Ankündigung auch ein Ende des Chilton betreffenden *subplots*.

Insgesamt gesehen hat der Epilog somit einen abschließenden Charakter, auch wenn er auf eine zukünftige Handlung verweist. Diesen Eindruck vermittelt auch das Schlussbild: Die letzte Einstellung des Films erinnert an den klassischen Western. Dort reitet der siegreiche Cowboy in den Sonnenuntergang. In Das Schweigen der Lämmer folgt Hannibal Lecter dem forteilenden Chilton auf einer langen Straße, deren Ende nicht abzusehen ist. Über diese 42 Sekunden dauernde Einstellung läuft der Abspann des Films. Es folgt die Abblende.

Mit der Beschreibung der letzten Einstellung ist auch die Analyse des gesamten Plots von Das Schweigen der Lämmer beendet, die mit der ersten Einstellung begann. Der Film beginnt mit dem Blick auf einen Waldpfad, den Clarice Starling entlangläuft; sie bewegt sich frontal auf die Kamera zu. Der Film endet mit dem Blick auf eine staubige Straße, die Hannibal Lecter entlangschlendert; er wendet der Kamera den Rücken zu. In der Zeit, die zwischen diesen beiden Bildern liegt, zwischen dem Auftritt und dem Abgang, hat Clarice mit Lecters Hilfe ihr ›Reise‹ bewältigt. Sie hat die Phase der Trennung absolviert, eine Reihe von Prüfungen bestanden und ist nun am Ende ihres Weges angekommen. Die am Ende des Kapitels stehende Graphik stellt noch einmal alle Stationen der ›Reise‹ im Überblick dar.

Auf ein Problem, das alle narrativen Modelle betrifft, hat Wallace Martin in Recent Theories of Narrative hingewiesen:

> This is of course the besetting flaw of most attempts to use scientific methods in the humanities and social sciences. The analyst sets out in search of a single form that will explain varied phenomena; having

found that, with a bit of stretching, will account for many examples, he either discusses that don't fit or says that there is some fault in the examples, not in the explanation he has created; and thus instead of theories that explain what exists, we get theories – imposed by critics – in the form of ›norms‹ from which the evidence deviates.[541]

Ein solches Vorgehen hätte bei dieser Analyse zur Folge, dass Sequenzen ausgespart werden, die nicht in das Modell zu integrieren sind, die nicht als Station auf der ›Reise des Helden‹ verstanden werden können. Dieser Gefahr kann nur entgegengewirkt werden, wenn gerade solchen Filmteilen besondere Aufmerksamkeit geschenkt wird. Auch in Das Schweigen der Lämmer, dem zentralen Beispielfilm dieser Analyse, kann eine längere Sequenz ausgemacht werden, die keine Funktion auf der ›Reise‹ erfüllt: Hannibals Flucht. Diese bislang nicht berücksichtigte Sequenz verweist auf die Grenzen des Modells der ›Reise‹. Sie ist ein erster Hinweis darauf, dass es für Erzählungen des klassischen Hollywoodkinos nicht nur ein Modell, sondern mehrere geben muss.

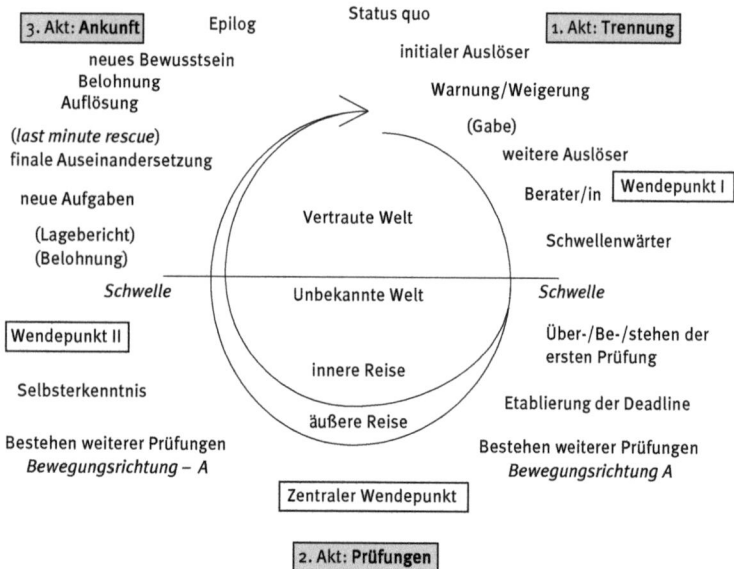

Die Reise des Helden im Überblick

**Teil III
Die Grenzen des Modells:
Attraktion und Serialität**

7. Erzählung und Exzess:
Das Kino der Attraktionen

Clarice Starling hat das provisorische Gefängnis verlassen, in dem Hannibal Lecter inhaftiert ist. In der 70. Minute von DAS SCHWEIGEN DER LÄMMER sitzt der Gefangene alleine in seiner Zelle und hört Bachs »Goldberg-Variationen«. Zwei uniformierte Wachmänner – Pembry und Boyle – servieren ihm das Abendessen: eine zweite Portion Lammkoteletts, »extra rare«. Doch bevor sie ihm das Tablett in die Zelle bringen können, bittet Lecter sich noch einen kurzen Moment der Besinnung aus. Heimlich nimmt er ein Stück goldenes Metall, den Bauteil eines Kugelschreibers, aus dem Mund.

Die uniformierten Wachleute bewaffnen sich derweil mit Schlagstöcken und Reizgas; sie scheinen gut gerüstet gegen einen älteren Mann, dessen einzige Waffe ein kleiner Metallstift ist. Bevor sie die Zelle betreten, wird Lecter zudem noch mit Handschellen an das Gitter gekettet. Erst dann öffnet Sgt. Boyle die Tür. Er muss das Tablett auf dem Boden abstellen, denn der Tisch ist mit Zeitungen und Zeichnungen bedeckt. Diese Unordnung ist Teil von Lecters Plan. Während der Wachmann Platz schafft, öffnet der Gefangene seine Handschellen mit dem winzigen Metallstift. Als Boyle sich zu ihm beugt, fesselt er mit einer raschen Bewegung dessen Handgelenk an das Gitter. In diesem Moment beginnt Hannibal Lecters Flucht, die knapp zwölf Minuten dauert und in drei Abschnitte von je vier Minuten gegliedert werden kann.

Der erste Abschnitt beinhaltet die Überwältigung der beiden Wachmänner: Lecter richtet zunächst mit Bissen und Schlägen ein Blutbad an, lauscht dann ganz entspannt der Musik. Ein Moment der Ruhe beendet diese Phase der Flucht. Noch ist völlig unklar, wie Lecter es schaffen will, das streng bewachte Gebäude zu verlassen. Der zweite Abschnitt zeigt, dass die übrigen Polizisten im Haus den Fluchtversuch bemerken. Sie stürmen in das Obergeschoss und finden dort ihre Kollegen vor: Boyle hängt gekreuzigt und ausgeweidet an der Decke der Zelle, Pembry liegt schwer verletzt am Boden. Der Gefangene ist verschwunden. Der dritte Abschnitt zeigt, wie der verletzte Pembry im Aufzug hinuntergefahren wird. Dabei entdecken die Polizisten, dass eine blutende Person auf dem Dach des Lifts liegt. Das Einsatzkommando glaubt, dass es sich dabei um Lecter handeln muss. Als die Polizisten den Mann schließlich bergen, stellt sich heraus, dass es in Wahrheit ihr Kollege Pembry ist. Lecter hat sich als Pembry getarnt. Dieser Tausch mit dem Wachmann war das Kernstück von Lecters Fluchtplan. Er hat Pembry nicht nur die Uniform ausgezogen, sondern auch seine Gesichtshaut abgezogen. Diese hat er dann auf sein eigenes Gesicht gelegt. Als scheinbar schwer verletzter Polizist ließ er sich aus dem Gefängnis tragen. Die letzte Einstellung der Fluchtsequenzen zeigt, wie er im Krankenwagen die Haut des toten Polizisten abstreift. Lecters Ausbruch ist geglückt.

Lecters Ausbruch ist von großer Bedeutung für den Film Das Schweigen der Lämmer. Er ist aber bedeutungslos für Clarice Starlings äußere und innere Reise, für ihre persönliche Entwicklung und für den Gang der Ermittlungen. Hannibals Flucht könnte sogar aus dem Film herausgeschnitten werden: Sie steht in keinem Zusammenhang mit Bills Ergreifung. An Clarice' Rückflug nach Quantico könnte der Anruf nahtlos angeschlossen werden, in dem ihr Lecters Flucht mitgeteilt wird. An Minute 70 ließe sich Minute 81 direkt montieren, ohne dass es zu Verständnisproblemen für den Zuschauer käme.

Derartige Segmente, die nicht in Verbindung mit dem *mainplot* stehen, bezeichnet Kristin Thompson als »free motifs«.[542] Der Unterschied zwischen einem Hindernis auf der ›Reise‹ und einem solchen freien Motiv bestehe darin, dass das Hindernis die Hauptfigur auf dem Weg zu ihrem Ziel aufhält. Es ist für das Zustandekommen des *mainplots* unabdingbar. Hannibals Flucht steht aber in keinem Zusammenhang mit Bills Ergreifung. Sie ist daher kein Hindernis, sondern ein freies Motiv. Wie lässt sich die Funktion von freien Motiven beschreiben? Handelt es sich bei derartigen Sequenzen nicht nur um überflüssige Verzögerungen der Haupthandlung? Und raten nicht alle Handbücher gerade von solchen Verzögerungen ab?

Nun widersetzen sich nicht nur die ›freien Motive‹ dem Modell der ›Reise‹; es gibt eine Reihe von Filmen, die im zweiten Akt einem anderen Muster folgen. Tom Gunning hat Mitte der achtziger Jahre den Begriff ›Kino der Attraktionen‹ geprägt. Die Erzählweise dieses Kinos, die nicht mit dem Modell der ›Reise‹ übereinstimmt, lässt sich am Beispiel von Krieg der Sterne und den Fortsetzungen Das Imperium schlägt zurück und Die Rückkehr der Jedi-Ritter darstellen. Den drei Science-Fiction vergleichbar nutzen aber auch Abenteuerfilme, Musicals, Komödien, Horror- und Sexfilme freie Motive als Attraktionen. Welchen Stellenwert diese Motive im klassischen Hollywoodkino haben, wird in diesem Kapitel mit Rückgriff auf Jane Feuers Überlegungen zum Musical und unter Einbeziehung von Kristin Thompsons Konzept des Exzesses erläutert.

Konkurrierende Erzählmuster in Krieg der Sterne

Im Mai 1974, wenige Tage nach seinem 30. Geburtstag, beendete George Lucas die Arbeit an der ersten Drehbuchfassung eines neuen Projekts. Zu diesem Zeitpunkt hatte der Amerikaner bereits Regie bei zwei Spielfilmen geführt, an deren Büchern er maßgeblich beteiligt war. Sein erster Film, der düstere Science-Fiction THX 1138 aus dem Jahre 1971, war allerdings weitgehend unbeachtet geblieben. American Graffiti hingegen, der zwei Jahre später in die Kinos kam, wurde

> ein Riesenerfolg, eine lohnendere Investition hatte es in Hollywood bis dahin noch nicht gegeben. Die Herstellungskosten lagen bei 775 000 Dollar, die Einspielergebnisse beliefen sich auf 117 Millionen. Das war das beste Kosten-Nutzen-Verhältnis, das das Studio je erzielt hatte. Der Erfolg nahm einfach kein Ende.[543]

Es war daher kein Größenwahn, dass der Jungfilmer nun einen auf mehrere Teile angelegten, ausgesprochen aufwendigen Science-Fiction plante. Er begann die Arbeit an einer Episode, die er The Adventures of the Starkiller nannte. Aus diesem Buch entstand in dreijähriger Entwicklungsarbeit die Vorlage zu dem erfolgreichsten Film der Kinogeschichte: Krieg der Sterne. Auf der inflationsbereinigten Liste (s. S. 276) der Einspielergebnisse steht dieser Science-Fiction auf dem ersten Platz.[544]

Von Lucas' Büchern zu Krieg der Sterne sind drei erhalten geblieben.[546] Diese *drafts* sind völlig unterschiedlich und haben auch mit dem schließlich produzierten Film wenig gemeinsam.[547] Der hier erstmals durchgeführte Vergleich dieser Texte führt zu einer neuen Sichtweise auf Krieg der Sterne. Zentrale Fragestellung des

Vergleichs wird sein, wie sich das Verhältnis von Narration und Attraktion im Lauf des Entstehungsprozesses entwickelte. Welche Struktur weist das erste Buch auf? Wie unterscheidet sich THE ADVENTURES OF THE STARKILLER von den späteren *drafts* und dem fertig gestellten Film? Welcher Erzählweise sind die übrigen Teile der Filmreihe verpflichtet?

1. KRIEG DER STERNE	1977
2. TITANIC	1997
3. VOM WINDE VERWEHT	1939
4. DER WEISSE HAI	1975
5. E. T.	1982
6. DER EXORZIST	1973
7. DAS IMPERIUM SCHLÄGT ZURÜCK	1980
8. BAMBI	1942
9. JURASSIC PARK	1993
10. GREASE	1978
11. DIE RÜCKKEHR DER JEDI-RITTER	1983
12. STAR WARS: DIE DUNKLE BEDROHUNG	1999
13. HARRY POTTER UND DER STEIN DER WEISEN	2001
14. INDEPENDANCE DAY	1996
15. MEINE LIEDER – MEINE TRÄUME	1965
16. SCHNEEWITTCHEN UND DIE SIEBEN ZWERGE	1937
17. UNHEIMLICHE BEGEGNUNG DER DRITTEN ART	1977
18. NUR SAMSTAG NACHT	1977
18. DER HERR DER RINGE	2001
20. SUPERMAN	1978

Die zwanzig erfolgreichsten Filme der Filmgeschichte
(Stand 2002)[545]

The Adventures of the Starkiller

Der erste Entwurf – *rough draft* – beginnt mit dem Auftritt einer Familie Starkiller. Vater Kane, ein Jedi-Ritter, und seine Söhne Annikin und Deak kämpfen gegen die schwarzen Krieger des so genannten Imperiums. Der kleine Deak wird getötet, und der Vater beschließt, mit dem 18-jährigen Annikin zu seinem Heimatplaneten Alderaan zu reisen (*scenes 1–5*). Doch Alderaan wurde inzwischen vom Imperium besetzt. Cos Dashit, der ›Herrscher‹, und sein Helfer Crispin Hoedack bereiten sich nun auf die Eroberung von Aquilae vor, einem Planeten, der der letzte Zufluchtsort der Jedi-Ritter sein soll (*scene 6–11*).

Nach dem Modell der ›Reise‹ wäre nach dieser Exposition zu vermuten, dass im Zentrum des Drehbuchs Annikin Starkillers Ausbildung zum Jedi und sein Kampf gegen das Imperium stehen müsste, zumal das Buch den Titel THE ADVENTURES OF THE STARKILLER trägt. Der anfänglich leichtsinnige junge Mann würde – Campbells Konzept entsprechend – zu einem unbeirrbaren Krieger werden und Aquilae vor dem Imperium retten. Auch die zu Beginn eingeführte Figurenkonstellation erinnert an die der bislang untersuchten Filme. Adressat ist das Königshaus von Aquilae, Adressant ist die Bevölkerung dieses Planeten. Annikins Opponenten sind der Herrscher Dashit und dessen Helfer. Zu seinem Berater, seinem Adjuvant, müsste sich der in einem Dialog bereits erwähnte General Luke Skywalker entwickeln, ein sagenumwobener Jedi-Ritter.

Tatsächlich wird Annikin Starkiller von seinem Vater zu Skywalker gebracht, und tatsächlich beweist er sich als mutiger Kämpfer. Doch steht diese Entwicklung nicht im Mittelpunkt des Buchs; die Ausbildung des jungen Mannes wird angekündigt, findet aber im Grunde nicht statt. Kaum ist Starkiller bei seinem Lehrer Skywalker angekommen, wird er nämlich mit einem Auftrag fortgeschickt: Er soll Prinzessin Leia von der Schule abholen, da ein Krieg droht (*scene 22*). Annikin wird zum Chauffeur des Mädchens. Im ersten Kampf gegen das Imperium taucht der junge Mann daher noch nicht einmal auf (*scene 24–46*). Wider Erwarten ist Annikin nicht das Subjekt der Erzählung.

Das Geschehen wird stattdessen von anderen Figuren bestimmt.

Lucas hat bis zu Szene 12 gleich Dutzende von Handlungsträgern etabliert. So erscheinen allein in Szene 14 sechs weitere namentlich genannte Männer, die gegen das Imperium kämpfen. Insgesamt werden über 30 Figuren eingeführt, die auf Seiten der Rebellen stehen. Lucas selber scheint beim Schreiben die Übersicht über sein Personal verloren zu haben, denn er verstößt gegen eine zentrale formale Regel des Drehbuchschreibens, die Beibehaltung der Figurennamen. Seine Helden tauchen unter verschiedenen Bezeichnungen auf.[548] Auch führt er Nebenfiguren zunächst nur mit Funktionsangaben ein, um ihnen dann später doch noch einen Namen und eine Beschreibung zuzuweisen. Die Masse der Figuren und ihre unübersichtliche Präsentation hat zur Folge, dass das Schicksal der Titelfigur aus dem Blick gerät. The Adventures of the Starkiller erzählt nur in zweiter Linie von den Abenteuern des Starkillers und weicht in diesem Punkt eindeutig vom Modell der ›Reise‹ ab.

Die Figurenkonstellation ist aber nur die erste Abweichung. Auch die Handlungsführung von The Adventures of the Starkiller ist nicht mit dem Modell der ›Reise‹ zu vereinbaren. Zwar geht es insgesamt um einen Kampf der Rebellen gegen das Imperium, doch lässt sich dieser Krieg kaum als eine Gegenüberstellung zweier Welten bezeichnen. Die vom Imperium vertretenen Werte bleiben unklar. Kein Rebell tritt eine Reise in diese ihm unbekannte Welt an. Außerdem folgen die einzelnen Schritte des Krieges nicht dem Muster der doppelten Prüfung, die sich auf die beiden Hälften des zweiten Akts verteilen. Ein zentraler Wendepunkt ist nicht auszumachen. Stattdessen lässt sich die Abfolge der Kämpfe als Reihung verstehen, wobei sich die einzelnen Stationen der Reihung nur auf die direkt vorangehende beziehen. Es handelt sich um eine Art Kettenreaktion.

Eine Kettenreaktion betrifft zum Beispiel die beiden jüngeren Brüder Leias, die während einer Reise in einen künstlichen Schlaf versetzt werden. Diese Maßnahme wird ausführlich erläutert, aber nicht begründet. Sie führt aber zum nächsten Handlungsschritt, da – laut Drehbuch – für dieses künstliche Koma Energie notwendig ist, über die die Rebellen nicht verfügen. Offenbar wird das Element des Schlafs nur eingeführt, um eine Suche nach Energie zu motivieren, die zu neuen Abenteuern führt. Eine vergleichbare Funktion hat ein Auftrag, den Königin Breha erteilt: Dreißig wertvolle Gehirne sollen nach Ophuchi gebracht werden. Nach ausführlicher Einführung dieses Handlungsstrangs werden die Gehirne jedoch nie wieder erwähnt *(scene 61)*. Auch werden die Rebellen Opuchi nicht erreichen. Der Handlungsstrang löst ein neues Abenteuer aus, führt aber dann ins Leere.

Diese beiden Beispiele zeigen die grundsätzliche Anlage des Buchs. Lucas reiht abenteuerliche Sequenzen aneinander, die durch Zufälle oder unerwartete äußere Eingriffe motiviert werden sollen. Die Handlungsbögen, die Verbindung von Aufgabenstellung und -lösung, sind kurz. Seine Figuren sind statisch. Eine Entwicklung ist bei Annikin Starkiller nicht auszumachen, auch wenn er am Ende des Buchs überraschend zum Lord Protector von Aquilae ernannt wird. George Lucas hat im erstem Entwurf seines Buches weder einen Helden, noch eine Reise angelegt. Statt dessen folgt der *rough draft* einer Erzählweise, die Tom Gunning als typisch für das frühe Kino herausgearbeitet hat. THE ADVENTURES OF THE STARKILLER kann als Film des *cinema of attraction* verstanden werden, auch wenn dessen Blütezeit vor 1906 zu verorten ist.

Tom Gunnings Konzept der ›Attraktion‹

Die Filmgeschichtsschreibung konzentriere sich zu stark auf die Narration, stellt der Filmhistoriker Tom Gunning Mitte der achtziger Jahre in einem Aufsatz zum frühen Kino fest.[549] Dabei seien im ersten Jahrzehnt des neuen Mediums eine Vielzahl nicht-narrativer Formen dominant gewesen. Die in den Historiographien übliche Dichotomie zwischen den Gebrüdern Lumière und Georges Méliès, die als Vertreter der nicht-narrativen und der narrativen Schulen gesehen werden, hält Gunning für zu einfach.[550] Diese Unterscheidung sei vom Standpunkt des aktuellen Erzählkinos gedacht. Gunning verwirft die Gegensatzpaare nicht-narrativ/narrativ und dokumentarisch/fiktional da sich das Kino vor 1906 nicht angemessen mit ihnen beschreiben lasse. Stattdessen muss das frühe Kino, so Gunnings These, in seiner Gesamtheit als *cinema of attractions* verstanden werden.

Das ›Kino der Attraktionen‹ ist – so Gunning – ein exhibitionistisches Kino, das ein herausragendes Ereignis, ein Spektakel, und nicht die Geschichte in den Vordergrund stellt.[551] Die Filme vor

1906 wollen etwas ausstellen, zur Schau stellen – sei es die Ankunft eines Zuges oder einen Kartentrick. Gunnings Mitarbeiter André Gaudreault bezeichnet das frühe Kino entsprechend auch als *cinema of monstration*, das er vom später zu datierenden *cinema of narration* unterscheidet.[552] Ein Symptom dieses darbietenden Gestus ist der damals noch übliche Blick der Darsteller in die Kamera. Wird der Film projiziert, scheinen die Schauspieler die Zuschauer im Saal direkt zu adressieren: »To summarize, the cinema of attractions directly solicits spectator attention, inciting visual curiosity, and supplying pleasure through an exiting spectacle – a unique event, whether fictional or documentary, that is of interest in itself.«[553]

Bei der Definition des Begriffs Attraktion beruft sich Gunning auf Sergej Eisensteins Schriften zum Theater. Der Regisseur differenzierte 1923 zwischen dem abbildenden, erzählenden Theater und dem »Agitationstheater der Attraktionen«.[554] Unter einer Attraktion versteht er ein

> aggressives Moment des Theaters, d. h. jedes seiner Elemente, das den Zuschauer einer Einwirkung auf die Sinne oder Psyche aussetzt, die experimentell überprüft und mathematisch berechnet ist auf bestimmte emotionelle Erschütterungen des Aufnehmenden.[555]

Eisenstein bestimmt die Attraktion demnach ausgehend von ihrer Wirkung auf den Zuschauer, wie er in seiner Definition noch einmal ausdrücklich betont: Sie ist eine »molekulare (d. h. konstitutive) Einheit der *Wirksamkeit* des Theaters«.[556] Die Kombination von Attraktionen bezeichnet Eisenstein als Montage. Dennoch ist der Text MONTAGE DER ATTRAKTIONEN, »dem Titel ›Montage‹ zum Trotz, eigentlich gar keine Montagekonzeption, sondern im Grunde eine Dramaturgie, eine Wirkungsdramaturgie«.[557] Der Zuschauer soll durch die Konfrontation mit bestürzenden Szenen zu einer ganz bestimmten Reaktion gebracht werden.

Bei seiner Übernahme des Begriffs ›Attraktion‹ stellt Tom Gunning nun aber nicht die Frage nach deren Wirkung, sondern nach ihrer Beschaffenheit. Ihm geht es nicht um das revolutionäre Potenzial, sondern um die Manifestationen der Attraktionen. Damit löst er Eisensteins Konzept aus dessen methodischer und politischer Verankerung. Die Attraktionen des frühen Kinos sind nicht als politische Agitation, sondern als Kaufanreiz zu verstehen; sie sollen Zuschauer anziehen. Der Begriff der Attraktion, wie ihn Gunning verwendet, ist daher mit Eisensteins Konzept nicht zu vereinbaren. Er muss aus einem anderen Kontext hergeleitet werden: dem begriffsgeschichtlichen.

Das lateinische *adtrahere* heißt »anziehen, an sich ziehen«. Das spätlateinische *attractio* lässt sich mit »das Ansichziehen« übersetzen, das englische *attraction* mit »Anziehung, Anziehungskraft«. Im Deutschen wird der Begriff ›Attraktion‹ seit dem 19. Jahrhundert verwandt. Schausteller bezeichnen damit eine »zugkräftige Darbietung«.[558] Gunning selbst weist darauf hin, dass auch Eisenstein den Terminus aus der Welt der Kirmes und des Zirkus übernommen hat: »The attraction was a term of the fairground, and for Eisenstein and his friend Yutkevich it primarily represented their favourite fairground attraction, the roller coaster, or as it was known then in Russia, the American mountain.«[559] Tatsächlich besteht eine Achterbahnfahrt aus einer Reihe von Attraktionen: Einem lange dauernden Anstieg folgt eine besonders rasante Fahrt. Ähnlich verlaufen auch Zirkus- oder Varietévorstellungen. Die einzelnen ›Zugnummern‹ werden hier nicht durch eine Narration verbunden, sondern in einer bestimmten Weise arrangiert: Dem Salto auf dem Drahtseil gehen einfachere Übungen voraus, nach den Clowns erscheinen die Raubtiere.

Dieses Aufbauprinzip findet sich im frühen Kino wieder. Die Filme vor 1906 zeigen Attraktionen. Dies gilt sowohl für die Zaubertricks von Georges Méliès, als auch für die Dokumentationen der Gebrüder Lumière. Die frühen Filme ließen sich daher problemlos in attraktionsorientierte Varietédarbietungen integrieren, fanden ihren Platz zwischen den Auftritten von Sängern und Akrobaten. Es ist also sinnvoller, den Begriff der ›Attraktion‹ an seinen sprachlichen Ursprung zu binden als an Eisensteins Programm.

Doch inwieweit ist die Kategorie der Attraktion auf das aktuelle Hollywoodkino zu übertragen? Was verbindet die Filme vor 1906 mit denen der Gegenwart? In den Jahren von 1907 bis 1913 fand eine Neuausrichtung der Filmproduktion statt. Dieser Prozess lässt sich mit Gunning als *narrativization* bezeichnen. Das Kino orientierte sich nicht länger an Unterhaltungsformen, die auf Attraktionen abzielen – am Varieté, am *vaudeville skit* und am *playlet*. Kristin Thompson hat aufgezeigt, dass das Kino stattdessen auf das *well made play* des Theaters zurückgriff. Die amerikanischen Filmproduzenten des zwanzigsten Jahrhunderts kannten die Erzählformen der französischen Dramatiker des 19. Jahrhunderts: »The major french plays by Scribe, Sardou, Dumas fils and others had been translated and were frequently performed in the United States around the turn of the century.«[560] Auch Gustav Freytags Modell habe nach seiner Übersetzung großen Einfluss auf das Kino gehabt. Nach 1907 wurde der Film sukzessive zu einem Medium, das Geschichten erzählt.[561]

Dass sich Geschichten im Kino durchsetzen, belegt ein Zeitungsartikel aus dem Jahr 1907. Ein *studio manager* erklärte einem Journalisten der *Saturday Evening Post*:

> The people want a story. We run to comics generally; then seem to take best. So-and-so, however, lean more to melodrama. When we started we used to give just flashes – an engine chasing to a fire, a base runner sliding home, a charge of cavalary. Now, for instance, if we want to work in a horse race it has to be a scene in the life of the jockey, who is the hero of the piece – we've got to give them a story; they won't take anything else – a story with plenty of action. You can't show long conversations, you know, on the screen. More story, larger story, better story with plenty of action – that is our tendency.[562]

Die Zuschauer bevorzugen seit rund 90 Jahren Filme, die eine Erzählung bieten. Die Darbietung von Attraktionen reicht seitdem nicht mehr aus, um ein Massenpublikum anzuziehen. Dennoch ist die Traditionslinie des ›Kinos der Attraktionen‹ nicht völlig abgebrochen, wie Tom Gunning in einem Nebensatz notiert: »the system of attraction remains an essential part of popular filmmaking.«[563] Auch Thomas Morsch und Frank Kessler haben darauf hingewiesen, dass das Kino der Attraktionen parallel zum Erzählkino und in ihm weiterbesteht: »In der Tat dürfen Spektakel und Narration, Attraktionskino und Erzählkino weder als Oppositionspaar noch als teleologisch einander ablösende Paradigmen verstanden werden.«[564]

In reiner Form tritt das Kino der Attraktionen heute nur in Ausnahmefällen in Erscheinung. Als eine moderne Variante können zum Beispiel die Vorführungen in den IMAX-Kinos verstanden werden, in denen es um das Erlebnis der Dreidimensionalität geht. IMAX-Kinos werben mit Slogans wie »So echt wie echt« oder »Kino XXL« und zeigen Kurzfilme wie NEW YORK 3D, WUNDERWELT DER MEERE oder T-REX 3D. In den IMAX-Häusern ist nicht die Geschichte, die ein Film erzählt, sondern die Vorführung selbst die Attraktion – wie in der frühesten Zeit des Films: »Das Kino selbst als Spezialeffekt«.[565]

Aber auch außerhalb der IMAX-Kinos hat das ›Kino der Attraktionen‹ überdauert; Gunning erwähnt beiläufig »the Spielberg-Lucas-Coppola cinema of effects« als moderne Fortführung.[566] Tatsächlich lässt sich THE ADVENTURES OF THE STARKILLER in diesen Kontext stellen. Zwei Besonderheiten dieses Drehbuchs stimmen mit dem ›Kino der Attraktionen‹ überein. Erstens verzichtet Lucas auf eine genaue Figurenzeichnung und -entwicklung. Dies entspricht dem Kino vor 1906: »the cinema of attraction expends little energy creating characters with psychological motivations or individual personality.«[567] Annikin Starkillers Persönlichkeit bleibt genauso unklar wie die Motivation für sein Handeln. Zweitens hat Lucas die einzelnen spektakulären Abenteuer – etwa die Flucht von Aquilae oder einen Kampf im All – nur durch aufeinander folgende Aufträge verknüpft. Er setzt auf die Reihung von Attraktionen.

Die auf eine Abfolge von Attraktionen setzende Struktur von THE ADVENTURES OF THE STARKILLER stellte Lucas allerdings nicht zufrieden. Im Verlauf von sechs Monaten schrieb er eine zweite Fassung des Buches, die bereits den Titel KRIEG DER STERNE trägt und sich radikal von der ersten Version unterscheidet.

KRIEG DER STERNE

Wenige Gemeinsamkeiten verbinden den *rough draft* mit den noch erhaltenen Fassungen zwei und vier des Drehbuches: Lucas hat nur einige Nebenfiguren (insbesondere die Roboter R2D2 und C3PO) und einige Settings (wie zum Beispiel das der Müllpresse) übernommen. Außerdem hat er stets an dem Satz »May the force be with You« festgehalten, auch wenn dieser ursprünglich »May the force *of others* be with You« hieß und keine klare Funktion in der Geschichte hatte. Schließlich findet sich in allen Büchern die Idee einer Geiselnahme. Doch selbst bei der Entführung ändert sich von Version zu Version, wer als Geisel fungiert und wer als Befreier.

Den wenigen Übereinstimmungen steht eine Vielzahl von Unterschieden gegenüber, die sich letztlich auf zwei für die Analyse der Narration wesentliche Kernpunkte reduzieren lassen. Lucas hat sich auf eine Hauptfigur konzentriert und seine auf Attraktionen abzielende Erzählweise schließlich aufgegeben. In einem ersten Schritt soll nun die zweite Fassung des Buchs mit dem *rough draft* verglichen werden. In einem zweiten Schritt wird die vierte und letzte Version des *scripts* hinzugezogen.

In der zweiten Fassung des Buches hat Lucas viele Namen aus dem ersten Buch verwendet, die dazugehörigen Figuren aber neu angelegt. Aus der Prinzessin Leia des *rough drafts* ist eine Farmerstochter geworden, Lukes Cousine. Der Außerirdische Han Solo – »a huge green shined monster with no nose and large gills« (*scene 79*) – erscheint jetzt als humanoider Schiffsjunge, der ursprünglich 10-jährige Deak Starkiller als ein erwachsener, heldenhafter Krieger. Der Titelheld des *rough drafts,* Annikin Starkiller, wurde in der zweiten Fassung des Buchs nicht etwa überarbeitet, sondern komplett gestrichen. Hauptfigur ist nun ein Junge namens Luke Starkiller, der bei seinem Onkel und dessen Familie lebt.

Luke steht im Unterschied zu Annikin im Mittelpunkt des *drafts,* der eine völlig neue Handlungslinie aufweist. Zwei Roboter überbringen Luke einen magischen Kristall, den ihm sein Bruder Deak schickt (*scene 32*). Diese Begegnung, die auch im schließlich gedrehten Film stattfindet, ist der Auslöser für eine Reise der Hauptfigur: Luke soll den Kristall zu seinem Vater bringen.

Lukes Reise entspricht bereits in einigen Stationen der ›Reise des Helden‹. So wird zum Beispiel seine ursprüngliche Weigerung deutlich herausgearbeitet. Er geht im Unterschied zu Annikin eindeutig über eine Schwelle, als er seinen sicheren Heimatplaneten verlässt. Auch kann seine Abenteuerfahrt in einzelne Prüfungen unterteilt werden: Auf dem Planeten Mos Eisley muss Luke einen Piloten anwerben, der ihn dann zu seinem Vater nach Ogana Major bringt. Genau in der Mitte des Buchs zeigt sich, dass dieser Planet zerstört wurde, sodass Luke einen neuen Plan fassen muss.

Dieser Moment der Besinnung kann jedoch nicht als Selbsterkenntnis verstanden werden. Luke beschließt mehr oder weniger unvermittelt, seinen Bruder zu suchen, über dessen Gefangenschaft er ja schon länger informiert war (*scene 60*). Einer Eingebung folgend schleicht Luke sich in der zweiten Hälfte des zweiten Akts auf dem von imperialen Truppen besetzten Planeten Alderaan ein und befreit Deak (*scene 61–95*). Im dritten Akt gelingt die Übergabe des

Kristalls, bevor im abschließenden *showdown* die imperialen Truppen geschlagen werden können. Diese Handlungselemente – Befreiung, Übergabe, Kampf – folgen dann nicht mehr den Stationen der ›Reise des Helden‹. Das in der ersten Hälfte angelegte Erzählprinzip wird in der zweiten Hälfte des Entwurfs nicht weiterverfolgt. Lucas arrangiert die Abenteuer Lukes nach dem zentralen Wendepunkt reihend, was seiner Vorgehensweise im ersten *rough draft* entspricht.

Nimmt man den vierten *draft* und die Verfilmung hinzu, wird eine Entwicklung deutlich. Erstens hat Lucas sich hier noch stärker auf die Hauptfigur konzentriert: Bezeichnenderweise ist aus Luke Starkiller in der letzten Fassung Luke Skywalker geworden, ein Wanderer, ein Reisender. Luke macht im Verlauf des Texts eine klar definierte Wandlung durch und wird vom zögerlichen Farmerjungen zum todesmutigen Jedi-Ritter. Seine Personenbeschreibung im vierten *draft* lautet kurz: »a farm boy with heroic aspirations«.[568] Zweitens hat Lucas die für die ›Reise des Helden‹ notwendige Trennung von zwei Welten ausgearbeitet: Seit dem *fourth draft* ist erkennbar, was unter der ›Macht‹ zu verstehen ist und dass es eine ›dunkle Seite der Macht‹ gibt. Diese wird von Darth Vader verkörpert, der in frühen Versionen nur eine Nebenfigur ist. Lukes Reise führt ihn, Campbells Modell entsprechend, in eine Nachtwelt.

Drittens verläuft die Erzählung in vielen Stationen nach dem Muster der ›Reise‹. Im *fourth draft* wird zum Beispiel der Status quo differenzierter dargestellt und nach dessen Etablierung eine Kette von Auslösern gestaffelt. Lucas hat einen Berater eingefügt – Obi Wan Kenobi – und Lukes innere Entwicklung ausgearbeitet. Auch hat er seinen Zugewinn an Fähigkeiten deutlich gemacht: Während sich Luke in frühen Fassungen des Buchs bei der zu Beginn seiner Reise stattfindenden Auseinandersetzung in einer Bar selber hilft, muss ihm im Film sein Berater beistehen. Luke lernt jetzt erst schrittweise, was es bedeutet, ein Jedi zu sein.

Die Annäherung der Erzählweise an die ›Reise des Helden‹ lässt sich auch an Details festmachen. Das Laserschwert, das in frühen Fassungen eine allgemein verbreitete Waffe ist, wird zu einer Gabe, die dem Jedi zusteht, zu einem Amulett. Luke erhält es von seinem Lehrer, der ihm erklärt, dass das Schwert ursprünglich seinem Vater gehörte. Den Umgang mit diesem Schwert zu lernen bedeutet eine erste Erfahrung mit der ›Macht‹, die Lukes Selbsterkenntnis entspricht. Die Drehbücher zu KRIEG DER STERNE weisen eine eindeutige Entwicklungslinie auf: von einer Reihung von Abenteuern, die dem ›Kino der Attraktionen‹ entspricht, hin zur ›Reise des Helden‹. Lucas hat seine Erzählweise innerhalb weniger Monate umgestellt. Was ist im Winter 1975 geschehen?

George Lucas hatte als junger Mann für eine kurze Zeit Anthropologie an der UCLA studiert und beschäftigte sich noch nach dem Verlassen der Universität mit Mythologie. Auch in den frühen Drehbuchfassungen sind Rückgriffe auf mythologische Versatzstücke unübersehbar. Sein besonderes Interesse galt C. G. Jungs Vorstellung von Archetypen. Nun ist Joseph Campbell nicht nur ein in den USA bekannter Anthropologe, sondern auch der Herausgeber der amerikanischen Ausgabe von Jungs Schriften. Lucas muss sich 1975 auf Campbells Abfolgemodell besonnen haben.[569] Dafür spricht neben der Entwicklung seiner Bücher, dass er in den achtziger Jahren ein Video – eine Art Lehrfilm – gedreht hat, das den Titel TRANSFORMATIONS OF MYTH THROUGH TIME: THE HERO'S JOURNEY trägt.[570] Auch ist eine persönliche Beziehung zu Campbell nachweisbar. Der Forscher hat eine Interviewserie in Lucas' Privathaus, der *Skywalker Ranch*, gegeben.

Es ist daher anzunehmen, dass Lucas sein viel zu langes und reihendes Drehbuch nach Campbells Vorgaben umgearbeitet hat.[571] Er wird erleichtert gewesen sein, einen Leitfaden zu finden, denn er hatte große Probleme mit dem Stoff:

> Lucas hasste das Drehbuchschreiben. Jeder Satz bereitete ihm Qualen. ›Fünf Stunden Nachdenken, drei Stunden schreiben‹, beschrieb er seine Arbeitsmethode. Auf seinem Tisch lag immer eine Schere bereit. Wenn ihn die Verzweiflung packte, begann er an seinen Haaren und seinem Bart herumzuschnippeln.[572]

Da der Rückgriff auf Campbell sein konzeptionelles Problem gelöst zu haben scheint, wäre zu vermuten, dass Lucas auch die anderen Teile der Saga nach dessen Modell strukturiert hat. Zu untersuchen ist also, ob die nach 1977 gedrehten Teile dem in KRIEG DER STERNE zu erkennenden Muster entsprechen. Inwieweit stimmen DAS IMPERIUM SCHLÄGT ZURÜCK und DIE RÜCKKEHR DER JEDI-RITTER mit der ›Reise des Helden‹ überein? Oder reihen sie – den frühen

Fassungen der Drehbücher zu KRIEG DER STERNE entsprechend – Abenteuer an Abenteuer?

Die Fortsetzungen von KRIEG DER STERNE

DAS IMPERIUM SCHLÄGT ZURÜCK lässt sich in drei rund 35 Minuten lange Teile gliedern, die allerdings weder dem Aktschema Syd Fields noch den Phasen Trennung, Initiation und Ankunft entsprechen. Der erste Teil des Films zeigt die Rebellen – darunter Luke, Han und Leia – auf dem Eisplaneten Hoth. In einer Art Prolog rettet Han Solo seinen Freund Luke vor dem Erfrieren. Kaum sind die beiden zu dem geheimen Militärstützpunkt der Rebellen zurückgekehrt, greift das Imperium an. Dieser Kampf wird in der 34. Minute des Films mit einer Evakuierung beendet. Diese beiden Erzählschritte – Rettung und Kampf – gliedern den ersten Erzählabschnitt noch einmal in zwei gleich lange Teile.

Die Zweiteilung findet sich wieder im dritten Teil des Films, der in der 75. Minute beginnt. Er spielt auf dem Gasplaneten Bespin. Darth Vader hat Leia und Han in seiner Gewalt und kann dadurch Luke in eine Falle locken. Wie von Vader vorausgesehen, eilt Luke zur Rettung seiner Freunde herbei. Es kommt zum Entscheidungskampf zwischen ihm und Vader, den jedoch beide überleben. Diese beiden Erzählschritte – Gefangennahme und Kampf – gliedern den dritten Abschnitt.

Für die Bestimmung der narrativen Struktur ist entscheidend, dass der Handlungsverlauf im dazwischenliegenden zweiten Abschnitt nicht aus zwei aufeinander folgenden Teilen besteht. Die mittlere Passage kann stattdessen in zwei parallel verlaufende Erzählstränge gegliedert werden. Diese beiden Plotlines folgen unterschiedlichen narrativen Mustern. Eine Geschichte verfolgt Strategien des ›Kinos der Attraktionen‹, die andere entspricht der ›Reise des Helden‹. Eine *plotline* erzählt, dass Luke Skywalker seine Freunde verlässt und auf den Sumpfplaneten Daghobar fliegt, um dort seine Ausbildung bei dem weisen Yoda fortzusetzen. Die zweite *plotline* zeigt, dass Han und Leia vor Darth Vader fliehen, bis sie auf Bespin in Gefangenschaft geraten. Die beiden Handlungsstränge kommen erst wieder zusammen, als Luke zur Befreiung seiner Freunde auf Bespin eintrifft. Somit ergibt sich folgende Erzählstruktur:

Han und Leia	Luke	Minute
Eisplanet Hoth		**1. Teil**
a) Rettung Lukes durch Han		(bis 34")
b) Kampf der Rebellen gegen das Imperium und Evakuierung		
Flucht vor dem Imperium	*Erfüllung des Auftrags*	**2. Teil**
a) Flucht auf den Asteroiden	a) Suche nach Yoda	(35"–75")
b) Flucht nach Bespin	b) Ausbildung durch Yoda	
Verrat	*Eingebung*	
Gasplanet Bespin		**3. Teil**
a) Gefangennahme	a) Konfrontation mit dem Imperator	(ab 76")
b) Befreiung Leias	b) Kampf gegen Darth Vader	
Rettung Lukes		

Handlungsführung in DAS IMPERIUM SCHLÄGT ZURÜCK

Die Flucht von Han und Leia führt zunächst in einen Luftschacht, dann in einen Asteroidennebel, den Schlund eines Tieres, erneut in den Asteroidennebel, den Windschatten eines imperialen Zerstörers und schließlich nach Bespin. Ein erstes Charakteristikum dieses Erzählstrangs ist, dass all diese Stationen in sich abgeschlossen sind und nur die jeweils folgende Aktion bedingen. Sie zielen auf kein übergeordnetes Ziel ab. Ein zweites Charakteristikum dieser Geschichte ist, dass Han und Leia von ihren Abenteuern völlig unbeeindruckt bleiben. Ihre Charaktere sind statisch.

Ganz anders gestaltet sich der mittlere Teil der filmischen Erzählung für Luke; er flieht nicht, sondern er hat ein Ziel, einen Auftrag. Auf Daghobar findet er nach Obi Wan Kenobi einen zweiten Berater, Yoda. Von ihm muss er erfahren, dass er zu ungeduldig und zu leichtfertig für einen Jedi ist. Der Lehrmeister weist ihn in die Besonderheiten der Macht ein und hält ihm Vorträge: »Hüte dich vor der dunklen Seite der Macht.« Luke muss im Gegensatz zu Han eine innere Wandlung durchmachen; äußere Feinde hat er – anders als Han – in dieser Zeit nicht zu fürchten.

Betrachtet man nun beide Handlungsstränge im Mittelteil von DAS IMPERIUM SCHLÄGT ZURÜCK im Zusammenhang, wird deutlich, dass die von den beiden männlichen Hauptfiguren ausgehenden *plotlines* als Ergänzung verstanden werden können. Während

Han eine äußere Reise unternimmt, bewältigt Luke eine innere. Han Solos Erlebnisse werden dem ›Kino der Attraktionen‹ entsprechend angeordnet, Luke Skywalker absolviert die ›Reise‹. Die beiden Freunde verkörpern somit zwei unterschiedliche Typen von Helden und bewähren sich in unterschiedlichen Arten des Erzählens. Diese Kombination von zwei narrativen Mustern setzt sich im nächsten Teil der Saga fort.

Auch DIE RÜCKKEHR DER JEDI-RITTER lässt sich in drei Erzählabschnitte unterteilen. Der erste Abschnitt, der rund 35 Minuten lang ist, spielt auf dem Wüstenplanet Tatooine und handelt von der Befreiung Han Solos aus der Gewalt von Jabba the Hut. Der zweite Abschnitt schildert parallel die Erlebnisse von Luke, der noch einmal zu seinem Meister Yoda eilt, und die Geschehnisse um Han und Leia, die auf den Rebellenstützpunkt zurückkehren. Bereits in der 54. Minute beginnt der dritte und längste Abschnitt: Luke kehrt zu seinen Freunden zurück, um mit ihnen auf dem Waldmond Endor ein Kraftwerk des Imperiums zu zerstören. Han und Leia sprengen das Kraftwerk, während Luke sich einem Schwertkampf mit Darth Vader stellt. Somit ergibt sich für DIE RÜCKKEHR DER JEDI-RITTER folgende Erzählstruktur:

Han und Leia	Luke	Minute
Wüstenplanet Tatooine a) gescheiterter Befreiungsversuch b) Sieg über Jabba		1. Teil (bis 35")
Rebellenstützpunkt Erteilung eines Auftrags a/1) Aufgabenstellung	Daghobar Erfüllung des Auftrags a/2) Tod Yodas	2. Teil (35"–53")
b) bilden einen gemeinsamen Stoßtrupp		
Waldmond Endor a) Flucht vor imperialen Kämpfern(ab 54") b) Gefangennahme durch Ewoks		3. Teil (ab 54")
c/1)Zerstörung des Schutzschilds	c/2) Kampf gegen Darth Vader	
d) Feier bei den Ewoks		

Handlungsführung in DIE RÜCKKEHR DER JEDI-RITTER

Wie die Tabelle deutlich macht, wird das in der vorangegangenen Episode etablierte Prinzip der Trennung von Han und Luke hier fortgesetzt. Die beiden Helden gehen in DIE RÜCKKEHR DER JEDI-RITTER sogar zweifach getrennte Wege, im zweiten und im dritten Abschnitt. Dennoch sind Lukes Alleingänge insgesamt gesehen kürzer als in DAS IMPERIUM SCHLÄGT ZURÜCK. Seine ›Reise‹ umfasst im Grunde nur zwei Stationen aus der Phase der Ankunft: den Tod seines Beraters und den siegreichen Kampf gegen seinen Opponenten. Deshalb lässt sich Lukes Entwicklung in dieser Episode mit dem Modell von der ›Reise des Helden‹ nur unzulänglich beschreiben.

Stattdessen dominieren die reihenden Momente in diesem Film. So steht zum Beispiel Han Solos Befreiung, die über eine halbe Stunde Filmzeit einnimmt, in keinem Zusammenhang mit dem übrigen Geschehen. Am Beispiel dieser Befreiung lässt sich zeigen, dass die einzelnen abenteuerlichen Erlebnisse in DIE RÜCKKEHR DER JEDI-RITTER fast unverbunden aufeinander folgen. Zunächst bitten die beiden Roboter R2D2 und C3PO um Han Solos Leben, was von vornherein zum Scheitern verurteilt sein muss. Wieso sollte Jabba seinen Gefangenen freilassen? Dann dringt Leia verkleidet als Kopfgeldjäger in Jabbas Palast ein, wird aber enttarnt. Schließlich tritt Luke vor Jabba und droht ihm mit der ›Macht‹, was aber nur zu seiner Gefangennahme führt. Im Kerker muss er gegen ein riesiges Tier kämpfen, das er schließlich besiegt. Doch auch dieser Sieg bleibt folgenlos, da Jabba die Rebellen jetzt in ein Sandloch werfen will.

Die von den Rebellen verfolgte Strategie bleibt unklar. Welche Funktion hatte die Bitte der Roboter? Warum musste Leia der Gefahr ausgesetzt werden, wenn Luke ohnehin in Jabbas Lager gehen wollte? Ein Trick oder eine List sind nicht zu erkennen. Die Stationen der Befreiung bieten vielmehr eine Möglichkeit, unterschiedliche Situationen von hohem Schauwert zu zeigen, wie zum Beispiel den Kampf mit dem Monster oder das Gefecht am Sandloch. Mit dem letzten Film der mittleren Trilogie ist Lucas somit zu einem Erzählprinzip zurückgekehrt, das er im *rough draft* des ersten Teils verfolgt hat. Die Filmreihe KRIEG DER STERNE lässt sich in ihrer Gesamtheit als eine Narration begreifen, die zunächst auf die ›Reise des Helden‹ zurückgreift, sie aber zu Gunsten der Reihung von Attraktionen wieder verwirft.

Die Absage an das figurenzentrierte Erzählen und die Konzentration auf Attraktionen ist aber nicht auf die Filmreihe KRIEG DER STERNE beschränkt. Eine Reihe von Kritikern und Drehbuchvermarktern behauptet, dass das klassische Hollywoodkino von einem postklassischen abgelöst worden sei.[573] Dieses sei selbstreflexiv, zeichne sich durch permanente Zitate aus der Filmgeschichte aus. Außerdem sei zu beobachten, dass bisherige Erzählformen aufgegeben würden; es bestünde eine Tendenz zum so genannten ›Ereignisfilm‹. TITANIC handle vor allem von einem sinkenden Schiff, TWISTER von einem Hurrikan. TOMB RAIDER lebe von der Sensation, eine Spielfigur auf der Leinwand zu erleben, DREI ENGEL FÜR CHARLIE sei lediglich das Revival eines TV-Erfolges. Diese Entwicklung bedeute eine Absage an das Erzählkino. Der Amerikaner David Bordwell fasst diese Positionen zusammen:

> In meinem Land bekommt man immer wieder den Standpunkt zu hören, dass sich (...) im populären Kino herkömmliche erzählerische Formen zersetzt hätten. Wir würden uns in einer Art post-klassischer Periode befinden, heißt es, in der nur noch das Spektakuläre zähle: eine überwältigende Bildsensation nach der anderen, (...), eine Flut schöner, phantastischer, gewalttätiger Bilder.[574]

Bordwell stellt diese Thesen in Frage: Das Hollywoodkino erzähle auch heute noch Geschichten. Diese würden den Prinzipien folgen, die vor rund 80 Jahren etabliert wurden. Bordwells Einwand stimmt mit den bisherigen Ergebnissen dieser Untersuchung überein. Tatsächlich gibt es eine Fülle von Filmen, die der klassischen Erzählform folgen. Darüber hinaus kann gezeigt werden, dass die Konzentration auf Attraktionen kein postklassisches Charakteristikum ist. Auch im klassischen Hollywoodkino hat es stets Filme gegeben, die auf eine Abfolge von Attraktionen gesetzt haben: Musicals und Abenteuerfilme.

Attraktionen in Genrefilmen

Das Erlebnis, das den Zuschauer bei dem Abenteuerfilm JÄGER DES VERLORENEN SCHATZES erwartet, vergleicht der Filmwissenschaftler Thomas M. Leitch mit einer Fahrt auf der Achterbahn:

> Action movies like these offer the pleasure of spectacle, adventure, and kinesthetic excitement. Instead of a catharsis which defines the action's

unitary impact on the audience, such films present a series of dangers and triumphs which arouse a vicarious but nonetheless genuine sense of apprehension and relief, bewilderment and satisfaction. Watching them has thus been aptly compared to riding a roller coaster.[575]

Der Prolog des Films zeigt, wie Indiana Jones (Harrison Ford) eine goldene Figur aus einem Tempel an sich bringt. Im Dschungel muss er sich nicht nur gegen seinen Führer durchsetzen, sondern auch einer Lichtfalle entkommen, einen Graben überwinden, Giftpfeilen ausweichen und sich gegen die von den Konstrukteuren des Tempels eingebauten Sicherheitsmaßnahmen behaupten. Indiana Jones rettet sich mit der Statue aus dem zusammenstürzenden Tempel, duelliert sich mit seinem Begleiter und rennt vor einer rund zwei Meter großen Steinkugel davon, die hinter ihm herrollt. Nach dieser wohl berühmtesten Einstellungsfolge des Films verliert Indiana die Figur an einen Konkurrenten, flieht durch den Regenwald und rettet sich auf ein Wasserflugzeug, in dem ihn eine Giftschlage erwartet. All diese Abenteuer durchlebt die Hauptfigur des Films noch vor dem Vorspann – in kaum mehr als zehn Minuten Erzählzeit.

Dieses Prinzip setzt sich in den folgenden 90 Minuten fort: Kaum hat Jones sich aus einer ausweglosen Situation befreit, stolpert er regelrecht in die nächste. Der *plot* von Jäger des verlorenen Schatzes kann in seiner Gesamtheit als eine Reihung von in sich abgeschlossenen Abenteuern beschrieben werden, die jeweils auf einen Höhepunkt hinauslaufen. Auf die Eskalation folgt eine kurze Ruhephase für den Protagonisten, in der er sein weiteres Vorgehen plant. Die Abenteuer haben dadurch den Charakter von Bravourstücken, von »Glanznummern«.[576] Mit der Bedeutung solcher ›Glanznummern‹ hat sich die Filmwissenschaftlerin Jane Feuer in den achtziger Jahren beschäftigt. In ihrer Genreanalyse The Hollywood Musical untersucht sie das Verhältnis von Musiknummern und Narration. Feuers Konzept lässt sich auf andere Genres übertragen.

Jane Feuers Konzept zur Integration von ›Nummern‹

Ein Großteil aller Musicals spielt in der Welt des Theaters, der Revue oder des Films. Gesangs- und Tanzeinlagen werden in *backstage musicals* zum Beispiel als Probe, Aufführung oder Mustervorführung eingebaut: So spielt Du sollst mein Glücksstern sein im Hollywood der ausgehenden zwanziger Jahre. Thema des Films ist die Einführung des Tonfilms im Jahre 1927. Hauptfigur Don Lockwood (Gene Kelly) – ein Stummfilmstar – scheitert bei seinem ersten Sprechversuch: Sein Mantel- und Degenfilm König der Duelle wird vom Publikum ausgelacht. Daraufhin inszeniert Don in Eigenregie das Musical Der tanzende Kavalier. Die Dreharbeiten zu Dons Musical – dem Film im Film – motivieren die Gesangs- und Tanznummern des Musicals Du sollst mein Glücksstern sein.

Neben der Konstruktion von *backstage* Situationen ist noch eine zweite Strategie der Motivation zu beobachten. Wird ein Lied in privater Umgebung inszeniert, so scheinen die Akteure die Gegenstände und Gegebenheiten, die sie vorfinden, spontan für den Ausdruck ihrer Gefühle zu nutzen. Im bekanntesten Lied des Films – Singing in the Rain – bezieht Don Lockwood den Bordstein, seinen Regenschirm, eine Lampe und sogar die Pfützen in seinen Tanz ein. Bei diesen so genannten *prop dances* soll die Produkthaftigkeit des Films verborgen werden: »We loose all sense of the calculation lying behind the numbers and we gain, as a bonus, the aura of spontaneity.«[577]

Das sorgsam Geprobte wird als natürliche Äußerung in Szene gesetzt – auch wenn kein Zuschauer so naiv sein dürfte, die Tanznummern eines Gene Kelly für einen spontanen Gefühlsausbruch zu halten: »the musicals seems to naturalize all effort.«[578] Diese Naturalisierung hängt – so Feuer – mit der grundsätzlichen Tendenz des klassischen Hollywoodkinos zusammen, die Produktionsbedingungen zu verschleiern, unter denen ein Film entsteht. Dies führt zu einer paradoxen Situation: »At first glance the Hollywood musical seems to be an exception to descriptions of the ›classical‹ film which always tries to conceal its own working. The musical appears to be constantly breaking through its own glossy surface, more like a modernist film is supposed to do.«[579] Gesang- und Tanzeinlagen stellen die Produkthaftigkeit des Films aus, die ja gerade verborgen werden soll. Dies ist – so Feuer – eine Besonderheit des Genres Musical, die das klassische Hollywoodkino als solches in Frage stellen kann. Sie schreibt dem Musical daher eine subversive Kraft zu.

Was bedeuten Jane Feuers Überlegungen für die Erzählung von Filmen? Was hat Du sollst mein Glücksstern sein mit Jäger des

VERLORENEN SCHATZES zu tun? Zunächst einmal lässt sich festhalten, dass selbst diejenigen Filme des Hollywoodkinos, die Auftritt an Auftritt reihen, nicht auf eine Erzählung verzichten. Diese Erzählungen folgen ganz offensichtlich nicht dem Muster der ›Reise des Helden‹, verwenden allerdings einige Elemente der ›Reise‹. Übernahmen sind vor allem im ersten und dritten Akt zu beobachten, am Anfang und am Ende eines Films. Diese Übernahmen werden als eine Art Rahmen eingesetzt, um artistische, musikalische oder sonstige Auftritte, die den zweiten Akt und somit den gesamten Film dominieren, zusätzlich zu motivieren. Die Reise nimmt ihren nahezu gewohnten Anfang, doch ist der im Status quo angelegte Mangel zumeist nur eine äußere Notlage: DU SOLLST MEIN GLÜCKSSTERN SEIN erzählt von einem beruflichen Misserfolg. Don Lockwoods Wandel bleibt äußerer Natur. Er besinnt sich auf seine Bühnenqualitäten und entwickelt persönlich die Konzeption seines Tonfilms. Dies gilt auch für Indiana Jones, der im Unterschied zu Don Lockwood noch nicht einmal einen beruflichen Lernprozess durchmachen muss. Er verfügt schon zu Beginn des Films über alle Fähigkeiten, die ihn am Ende zum Besitzer der Bundeslade machen werden. Nur das Glück hat sich inzwischen zu seinen Gunsten gewendet.

Auf Feuers Ausführungen aufbauend, lässt sich zweitens folgern, dass es mehrere Genres gibt, bei denen Nummern im Vordergrund stehen. Diese Auftritte können auch als Attraktionen im Sinne Tom Gunnings bezeichnet werden. Genres der Attraktion sind neben Musicals vor allem Abenteuer- und Actionfilme, wie das Beispiel - JÄGER DES VERLORENEN SCHATZES bereits vermuten lässt. In den Kritiken zu RAMBO wurde mehrfach darauf hingewiesen, dass der Film einem Musical ähnle – nur seien an die Stelle der Musiknummern die Kämpfe getreten.[580]

Eine weitere Übereinstimmung zwischen Abenteuerfilm und Musical ist der Einsatz von *props* und lokalen Gegebenheiten. SPEED besteht aus einer Abfolge von Stunts, bei denen nahezu alle Möglichkeiten der Spielorte Aufzug, Bus und U-Bahn ausgenutzt werden. Auch im Musical werden die einzelnen Nummern an unterschiedlichen Orten inszeniert, deren Angebote die Figuren auszuschöpfen scheinen. STIRB LANGSAM kann als eine Kette von *prop dances* verstanden werden. John McLane (Bruce Willis) bastelt sich seine Waffen aus den Dingen, die er in dem Hochhaus vorfindet. Im Unterschied zu den von Gene Kelly gespielten Figuren zeigt der von Bruce Willis dargestellte John McLane in Stirb langsam allerdings keine Tanzschritte, sondern akrobatische Einlagen. Er fährt auf dem Dach eines Aufzugs, hängt sich an einen Gurt in den Aufzugschacht. Statt Musik sind im Actionkino die Salven zu hören, die die Maschinengewehre verursachen.[581] Die Einbindung von Nummern ist nicht auf das Musical und den Abenteuerfilm beschränkt. Auch andere Genres setzen auf Attraktionen ganz unterschiedlichen Typs.

Genre und Attraktion

Die *Komödie* zielt auf die Herstellung komischer Situationen, die zum Teil von der Erzählung isoliert werden können – als sprichwörtliche ›Lachnummern‹. Berühmt ist zum Beispiel der Auftritt, mit dem Sally (Meg Ryan) ihren besten Freund Harry im Restaurant überrascht. Harry erklärt, dass er sofort erkennen würde, wenn eine Frau einen Orgasmus vortäuscht. Daraufhin beginnt Sally, leise zu stöhnen. Harry ist irritiert, erstarrt dann plötzlich, denn sie wird immer lauter: »Ja, ja, ja …« Schließlich bestaunen alle Gäste des Restaurants Sallys Auftritt, den sie mit einem lauten Schrei beendet. Eine ältere Kundin am Nebentisch wendet sich daraufhin an den Kellner: »Bringen sie mir genau das, was die junge Frau da hatte.« In Sallys Show wird ganz sicher das Grundthema des Films Harry und Sally verhandelt: Männer und Frauen können sich nicht verstehen. Zugleich ist ihr Auftritt aber auch eine in sich abgeschlossene ›Nummer‹, die einen eindeutigen Anfang und ein klares Ende hat, und bei der es sogar eine Form von Applaus gibt – den Kommentar der älteren Dame. Der Abschluss der ›Nummer‹ ist bei der Komödie das Lachen des Publikums im Kinosaal, für das Genre stets ein paar Sekunden Zeit lässt.

Ein Genre, das eine besondere Affinität zur Attraktion aufweist, ist der *Horrorfilm*. Als ›Nummer‹ können die einzelnen Konfrontationen mit dem Mörder, zum Beispiel mit einem Zombie oder einem Psychopathen, angesehen werden. In Ich weiss, was du letzten Sommer getan hast überfahren vier Teenager versehentlich einen Mann, geraten in Panik und versenken daraufhin dessen Leiche. Im zweiten Akt des Films, der im Jahr darauf spielt, müssen sie sich gegen den Rächer des Toten zur Wehr setzen. Der Kampf gegen diese Figur besteht aus einer Kette von immer brutaler werdenden Anschlägen, Mordversuchen und Morden.

Andere Attraktionen bietet der *erotische Film*. In Striptease entsprechen die Strips der Hauptfigur Erin Grant (Demi Moore) den Auftritten einer Tänzerin im Musical oder den Kämpfen eines Rächers im Actionfilm. Das lässt sich zum einen an der gleichmäßigen Verteilung von Nacktszenen im Film, zum anderen an der Werbekampagne zu Striptease festmachen, die neben Demi Moores Gage vor allem die Vergrößerung ihrer Brüste thematisierte.[582] Deren Zurschaustellung wird von den Kritikern als die eigentliche Attraktion beschrieben.[583]

Die fünf bislang genannten Genres – Musical, Abenteuerfilm, Komödie, Horrorfilm und erotischer Film – bieten optimale Möglichkeiten für die Präsentation jeweils einer ganz bestimmten Attraktion. Diese Attraktionen sind körperorientiert.[584] Im Musical geht es um den tanzenden, den kontrollierten Körper, in der Komödie um den Kontrollverlust – und sei es auch nur um den simulierten. Der erotische Film zeigt entblößte oder sich entblößende Körper. Im Action- und Abenteuerfilm wird der malträtierte Körper des männlichen Helden ausgestellt, insbesondere dessen von Narben gezeichnete Brust.[585] Im Horrorfilm schließlich wird die Misshandlung der Opfer gezeigt, vor allem die Abtrennung von Körperteilen. Deutlicher zeigt sich die Verbindung zwischen Genre, Körper und Attraktion noch in den Subgenres, die Musical, Abenteuerfilm, Komödie, Horrorfilm und erotischer Film ausgebildet haben.

Unter allen Sonderformen der Komödie hat das Subgenre *Slapstick* die deutlichste Affinität zur ›Nummer‹: »Prügeleien, Verfolgungsjagden, Tortenschlachten und Explosionen sind sein Kennzeichen.«[586] Was der klassische Slapstick schon in den zehner Jahren einführt, setzt der moderne Slapstick fort. Bei der Krimiparodie Die nackte Kanone bietet die Aufklärung eines Kriminalfalls nur den Rahmen für in sich abgeschlossene Sketche und kurze Filmparodien. Ein Großteil des Films zeigt, wie der tollpatschige Ermittler (Leslie Nielson) an unterschiedlichen Orten zerstörerisch wirkt, ohne es selbst zu bemerken. Er verwandelt einen Tatort oder ein Festbankett in kürzester Zeit in ein Schlachtfeld. Auch bei diesen Auftritten ist eine Nähe zum Tanz zu beobachten: Die Destruktion folgt einer Choreographie.

Eine Sonderform des Musicals ist der *Revuefilm*, in dem die Nummern den größten Teil der Erzählzeit ausmachen. Die Auftritte sind nicht als Gesangs- und Tanz*einlagen* zu verstehen. Busby Berkeleys Choreographien umfassen in der Regel »drei hintereinander gekoppelte Nummern, jede etwa zehn Minuten lang. Ein Song formuliert eingangs ihr Thema, wird dann vom Orchester und vom Chorus schier endlos variiert, bis ein Refrain die Szene schließt.«[587] Die Ausstellung des Körpers ist im Revuefilm weniger mit der Kunst des Tanzes verbunden; Kontrolliertheit wird hier über die Zusammenstellung von Menschen-Ornamenten ausgedrückt. In GOLDGRÄBER VON 1933 werden die *girls* arrangiert: Berkeley zeigt die von ihnen gebildeten Kreise, »wobei ihre einheitlich auf- und abschwingenden Oberkörper den ornamentalen Effekt einer sich öffnenden und wieder schließenden Blume hervorrufen, die angewinkelten Beine als feinste Blütenhaare präsentierend«.[588]

In *Splattermovies* ist die Herausstellung der Gewalttaten als ›Nummer‹ noch eindeutiger zu erkennen als in Horrorfilmen. Kenner goutieren nicht die Erzählung, sondern die Mordmethode, die Ausgefallenheit der Mordwerkzeuge und das Make-up. Im Lexikon des Splatter-Films heißt es zu FREITAG, DER 13. – THE FINAL CHAPTER: »Though killed in his previous outing, Jason rises from his slab in the morgue like some supernatural creature to go to yet another spree. In this episode, the screen's most profilic mass murder is vengefully chopped up to little pieces by a monster make-up enthusiast.«[589] Zur Debatte steht nicht die Glaubwürdigkeit einer Bluttat, sondern deren Kunstfertigkeit, die ausgestellt wird.

Der Abenteuerfilm kennt gleich zwei Subgenre, die ausdrücklich auf Attraktionen setzen. Das *Actionkino* zeigt eine Vielzahl von Gefechten zwischen der Hauptfigur und ihren Gegnern. Häufig ist die Hauptfigur ein muskelbepackter Mann: Arnold Schwarzenegger kämpft in ERASER, Jean Claude van Damme prügelt sich in HARTE ZIELE. Doch seit den 90er Jahren werden derartige Parts auch von weiblichen Hauptfiguren übernommen. Neben Lara Croft, die in TOMB RAIDER eine Fülle von Gegnern niederkämpft, ist vor allem das Trio aus DREI ENGEL FÜR CHARLIE erfolgreich. Im zweiten Teil dieses Actionspektakels (DREI ENGEL FÜR CHARLIE – VOLLE POWER) ist die Motivation der Kämpfe völlig in den Hintergrund getreten: Es existiert »keine logische Szenenfolge. Gäbe es beim

DVD-Player eine Shuffle-Funktion wie beim CD-Player, könnte man sich die Szenen-Kapitel auch in der Reihenfolge 12 – 3 – 22 usw. ansehen, was genauso viel Sinn macht.«[590]

Dies gilt auch für ein zweites Subgenre des Abenteuerfilms, für den *Martial-Arts-Film.* Hier werden Kämpfe mit ähnlicher Kennerschaft beurteilt, wie die Morde im Splattermovie. Die Hauptfigur muss sich in diversen Situationen durchsetzen, gegen unterschiedliche Gegner antreten und mit verschiedenen Waffen operieren.[591] Thomas Morsch spricht von einer »sorgsamen Choreographie körperlicher Gewalt«.[592] Diese Choreographie umfasst bestimmte Grundformen wie MAM (*many against many*), OHM (*one hits many*) oder *tripple O (one on one).*[593] Beide Subgenres – Splattermovies und Martial-Arts-Filme – sind darüber hinaus episodisch aufgebaut.

Ein episodischer Aufbau ist auch bei einer Sonderform des erotischen Films festzustellen, beim Pornofilm:

> Die Standardcharaktere des Pornos sind in irgendeiner Form unterwegs, auf der Suche: der Klempner, die Tramperin, der zufällige Passant. Sie motivieren die typische episodische Struktur, vergleichbar mit den Nummern eines Musicals, wobei in dem Bestreben, in eine gegebene Situation möglichst viele Gelegenheiten zu sexueller Aktivität einzubauen, auf narrative Logik kaum Rücksicht genommen wird.[594]

Im Pornofilm werden – wie im Martial-Arts-Film – bestimmte Grundkonfigurationen variiert. In nahezu allen Filmen findet sich der ›Dreier‹ oder die ›Lesbennummer‹. Wie im Martial-Arts-Film werden diese Sequenzen im Skript nicht ausgeführt, sondern nur mit einer Abkürzung angegeben. Drehbücher geben in diesen Genres lediglich an, wann welche ›Nummer‹ wo und mit welchen Figuren umgesetzt werden soll.

Für die Einordnung der Attraktion in ein Erzählmodell ist nun von Interesse, dass auch im Porno-, Splatter- und Martial-Arts-Film an der Narration festgehalten wird. Dabei wäre es selbstverständlich möglich, Geschlechtsakt an Geschlechtsakt zu reihen, Kampf an Kampf, Mord an Mord. Doch sogar die drei hier angesprochenen Subgenres betten die ›Nummern‹ in rudimentäre Geschichten ein; die Attraktionen scheinen selbst in diesen Filmen einer Motivation zu bedürfen. Dies gilt umso mehr für den Abenteuerfilm, die Komödie oder das Musical. Mit dem daraus resultierenden Problem, dem Spannungsverhältnis zwischen der Attraktion und der Erzählung, beschäftigt sich Kristin Thompson seit den achtziger Jahren. Sie spricht von einem Kino des Exzesses.

Kristin Thompsons Überlegungen zum Exzess

Kristin Thompson beschreibt Filme als einen Streit oppositioneller Kräfte.[595] Einige dieser Kräfte tragen zur Homogenität eines Films bei, andere greifen diese Einheit an. Die gegen die Einheit der Erzählung arbeitenden Kräfte bezeichnet Thompson als ›exzessiv‹. »Excess implies a gap or a lag in motivation.«[596] Anders formuliert: Wo es keine in der Handlung begründete Motivation gibt, da beginnt der Exzess.[597] Im klassischen Hollywoodkino werden exzessive Momente zwar zugelassen, aber reguliert. Sie sind nicht erzählökonomisch, sondern lenken sogar von der Erzählung ab. Sie treiben die Handlung nicht voran, haben keine oder doch nur eine sehr geringe narrative Funktion.[598] Insofern ist Hannibals Flucht exzessiv, auch wenn mit ihr ein *subplot* des Films beendet wird. Der Begriff trifft insbesondere auf das ›ausschweifende‹ Arrangement der Leiche zu, die Lecter an den Gittern seiner Zelle aufgehängt hat. Der Zuschauer sieht ein Blutbad, eine Kreuzigung. Dieses Bild ist so schockierend, dass die Frage, ob es tatsächlich möglich ist, die Gesichtshaut eines anderen als Maske zu tragen, gar nicht erst gestellt wird. Bei Hannibals Flucht ist Glaubwürdigkeit von geringerer Bedeutung als der Schauwert.

Exzessive Einstellungsfolgen macht David Bordwell in seiner Analyse von DAS FENSTER ZUM HOF aus: »In the first shot of Rear Window, we can choose not to construct a story world and instead savor random colors, gestures, and sound.«[599] Diese Beobachtung führt ihn zu der grundsätzlichen Frage: »Is there anything in a narrative film that is not narrational?«[600] Bordwell bejaht dies und kommt dann zu dem Schluss, dass diese Elemente in einer Untersuchung über filmische Erzählformen auch nicht berücksichtigt werden müssen: »Excess lies outside of my concern.«[601] Mit dieser kategorischen Ausgrenzung wird jedoch eine Chance vertan. Der Exzess darf nicht als Störung abgetan werden. Bei der Analyse eines Films müssen auch Lücken und Sackgassen in der Erzählung berücksichtigt werden.[602]

DAS SCHWEIGEN DER LÄMMER – Boyles Leiche

Um die besondere Qualität dieser Lücken und Sackgassen in der Erzählung geht es Kristin Thompson. Im Unterschied zu Bordwell bezieht sie diese Elemente in ihre Überlegungen ein. Thompson will
die Aufmerksamkeit auf den Exzess lenken, um vor einer Überbe-
wertung des Narrativen zu warnen:

> An awareness of excess may help change the status of narrative in gene-
> ral for the viewer. One of the great limitations for the viewer in our cul-
> ture has been the attitude that film equals narrative (…). Such a belief
> limits the spectator's participation to understanding only the chain of
> cause and effect.[603]

Das Narrative und das Exzessive müssen in einem Zusammenhang
gesehen werden. Auf der einen Seite setzt das ›Kino der Attraktionen‹ freie Motive; es vertraut auf die Kraft der Nummer. In allen
Genres und Subgenres nutzt es aber Elemente der ›Reise‹ zur Motivation dieser Attraktionen. Auf der anderen Seite weisen Filme, denen das Erzählmuster der ›Reise‹ zu Grunde liegt, oftmals Attraktionen auf, die nicht in direkter Verbindung zur ›Reise‹ stehen.
Thompsons Überlegungen zum Exzess verdeutlichen, dass das Modell der ›Reise‹ nur eine Teilmenge des klassischen (Hollywood-)Ki-
nos darstellen kann und selbst bei Produktionen, die zu dieser Teilmenge gehören, nicht jede Sequenz erfasst.

Neben dieser Grenze des Modells kann noch eine weitere ausgemacht werden. Fast alle in diesem Kapitel behandelten Beispielfilme

sind fortgesetzt worden. Verschiedene Arten von Fortsetzungen sind Gegenstand der nun folgenden Grenzziehung; Ausgangspunkt werden erneut DAS SCHWEIGEN DER LÄMMER und die Backstorywound sein. Welche Konsequenzen hat Serialität für die ›Reise des Helden‹?

8. Erzählung und Fortsetzung: Serienhelden

Clarice Starling zeigt kein Gefühl. Die FBI-Agentin sitzt in einem Einsatzwagen; sie hat den Auftrag, die Gang der Drogendealerin Evalda zu verhaften, von der massive Gegenwehr zu erwarten ist. Clarice hat sich einen Namen als beste Schützin der Behörde gemacht; darum wurde sie eigens für diesen Auftrag angefordert. Ihr Talent wird auch gebraucht: Die Drogenhändler beginnen ein Gefecht, in dessen Verlauf Clarice fünf Kriminelle töten muss – darunter Evalda, die ihren Säugling auf dem Arm hält. Evalda hat das Feuer selbst eröffnet; trotzdem löst ihr Tod eine Pressekampagne aus. Die Schlagzeilen der Boulevardzeitungen bezeichnen Clarice als Todesengel, als *killing machine.*

Mit dieser Szene beginnt der Roman HANNIBAL, der im Sommer 1999 in den USA erschien. Es handelt sich um eine Fortsetzung des 1981 veröffentlichten Thrillers ROTER DRACHE und des Folgebandes DAS SCHWEIGEN DER LÄMMER von 1988.[604] HANNIBAL ist der letzte Band der Trilogie. Sieben Jahre sind seit dem Tod von James Gumb, der Flucht von Hannibal Lecter und der Abschlussfeier von Clarice Starling vergangen. Starling ist 32 Jahre alt; sie arbeitet inzwischen als *special agent* für das FBI. Karriere hat sie aber nicht gemacht. Der Roman HANNIBAL schildert gleich zu Beginn den Tiefpunkt ihrer Laufbahn: »Starling sitzt mit nach oben gewandtem Gesicht auf dem Boden. Ein paar trockene Schluchzer erschüttern ihren Körper, bevor die ersten Tränen kommen. Heiße Tränen rollen über ihre Wangen«.[605]

Autor Thomas Harris hatte sein Manuskript im März 1999 völlig unerwartet, nach nahezu zehn Jahren des Schweigens, bei seiner Lektorin Carole Baron abgegeben.[606] Der Verlag entwickelte hektische Aktivität: Innerhalb von nur drei Monaten gelang es *Delacorte Press,* das Buch auf den Markt zu bringen. Schon in der ersten Woche nach seinem Erscheinen stand der Roman auf der amerikanischen Bestsellerliste; acht Wochen lang blieb HANNIBAL auf dem ersten Platz.[607]

Die Vorbereitungen zur Verfilmung begannen noch vor der Drucklegung des Romans, aber die Ausarbeitung eines Drehbuchs war schwieriger als erwartet. Zunächst lehnte Ted Tally, Oscar-prämierter Autor von Das Schweigen der Lämmer, den Auftrag ab, da ihm der Stoff zu gewalttätig erschien. Daraufhin wurde Pulitzer-Preisträger David Mamet – erfolgreicher Dramatiker, Drehbuchautor und Regisseur – mit der Aufgabe betraut.[608] Im September 1999 legte Mamet einen 129-seitigen *draft* vor, der von der Produktionsfirma umgehend abgelehnt wurde.[609] Daraufhin begann ein weiterer Oscar-Preisträger, Steven Zaillian, Autor von Mission Impossible und Schindlers Liste, mit seiner Arbeit. Er legte eine völlig neue Fassung von Hannibal vor, die das Studio im Februar 2000 akzeptierte.

Die Dreharbeiten begannen schon vier Monate später.[610] Zum zweiten Mal spielt Anthony Hopkins den Serienmörder; zum zweiten Mal interagiert er als Hannibal Lecter mit der Agentin Starling. In diesem Film trägt Clarice allerdings rotes Haar: Auch Jodie Foster hatte eine Mitwirkung wegen der Brutalität des Stoffes abgelehnt.[611] Daraufhin übernahm Julianne Moore die Rolle. Sie gab Clarice Starling ein neues Gesicht. Geändert hat sich aber nicht nur die Gestalt der Agentin, sondern auch ihre Gestaltung. In Hannibal hat sich die Lebenssituation von Clarice Starling radikal verändert – auch wenn sie immer noch hört, wie die Lämmer schreien. Dass eine solche Veränderung der Figurenanlage in einem Sequel zwangsläufig passieren muss, kann mit Hilfe des Modells der ›Reise‹ verdeutlicht werden. Was passiert, wenn eine Hauptfigur in einer Fortsetzung eingesetzt wird? Warum kann Clarice nicht zum zweiten Mal oder gar zum dritten Mal auf eine ›Reise‹ gehen? Wie sind die Hauptfiguren von Filmreihen und Fernsehserien beschaffen?

Die Figurenzeichnung in Filmreihen

In den zehner Jahren des letzten Jahrhunderts wurden die ersten Filmserien produziert.[612] Nick Carter war ein akrobatisch versierter Detektiv: »Seit September 1908 wurde pro Monat eine von sechs in sich abgeschlossenen Episoden, die nur den Helden gemeinsam hatten, aufgeführt. (…) Die Filme wurden zu großen Kassenerfolgen

und führten zu neuen *sérials*.«[613] In Frankreich entstand vier Jahre
später die Reihe um den Verbrecherkönig Fantômas, zeitgleich wurde die Darstellerin Pearl White in Amerika zur Serienheldin. Als
Pauline oder später als Elaine wurde sie »von Zigeunern entführt,
auf Schienen gefesselt oder von Reptilien angegriffen«[614] und jedes
Mal in letzter Sekunde gerettet.

Diese Serien waren keine Randerscheinung.[615] Ben Singer hat ermittelt, dass in den USA rund 530 Serien mit insgesamt über 7200
Episoden gedreht wurden.[616] Hauptgrund für diesen Boom waren
wirtschaftliche Erwägungen. Die einzelnen Episoden der Serien
waren kürzer als die einteiligen Filme und somit kostengünstiger zu
produzieren. Ein zweiter Vorteil lag für die Studios auf der Hand:
Der Erfolg einer Fortsetzung war nach der zweiten oder dritten
Episode absehbar; somit konnte das Risiko minimiert werden.
Trotz dieser ökonomischen Vorteile schwand die Bedeutung der
Serien in den dreißiger Jahren; sie wurden zu typischen B-Movies
und verschwanden in den fünfziger Jahren völlig von der Leinwand.[617]

Dennoch ist das Serielle aus dem modernen Kino nicht fortzu-
denken. In den achtziger und neunziger Jahren wurden rund 700
Fortsetzungsfilme produziert: Von den Abenteuerfilmen ZURÜCK IN
DIE ZUKUNFT und JÄGER DES VERLORENEN SCHATZES gibt es je zwei
Fortsetzungen. Auf BATMAN aus dem Jahre 1989 folgte 1992 BAT-
MANS RÜCKKEHR, 1995 BATMAN FOREVER sowie 1997 BATMAN UND
ROBIN. Nach ALIEN wurden ALIENS, ALIEN 3 und ALIEN – DIE
WIEDERGEBURT gedreht. Auf TERMINATOR folgte TERMINATOR 2,
auf STIRB LANGSAM folgten STIRB LANGSAM II und STIRB LANG-
SAM – JETZT ERST RECHT. Dieser Trend zum Fortsetzungsfilm blieb
auch im neuen Jahrtausend ungebrochen: 2003 spielte Arnold
Schwarzenegger den Terminator zum dritten Mal, 2004 wird Bruce
Willis den vierten Teil von STIRB LANGSAM bestreiten.

Die Produktion solcher Fortsetzungen ist für die Produzenten so
attraktiv, weil das Risiko kalkulierbar scheint. In die Sequels strömt
das so genannte *inbuilt audience*. Das sind Fans des ersten Teils, die
nicht erst durch aufwendige Kampagnen ins Kino gelockt werden
müssen. Die Zuschauer wissen, was sie erwartet, und müssen nicht
erst von der Werbung darüber informiert werden; sie möchten ihnen noch unbekannte Abenteuer eines bekannten Helden erleben.

Mit diesem *inbuilt audience* kann die Produktionsfirma im wahrsten Sinne des Wortes rechnen.

Die Folgen für das Kinoangebot sind eindeutig. Sieht man die Liste der 100 erfolgreichsten Produktionen aus den Jahren 1980 bis 2003 durch, stellt sich heraus, dass über die Hälfte der hier aufgeführten Titel fortgesetzt wurden oder Fortsetzungen sind. Und selbst diese Zahl ist eher zu niedrig angesetzt, denn bei einigen jüngeren Produktionen ist noch nicht absehbar, ob weitere Teile gedreht werden. Im Frühjahr 2003 stellt die *epd film* fest: »So viel comeback war noch nie.«[618]

Sind die modernen Fortsetzungsfilme, die den Markt dominieren, womöglich ein Revival der frühen Filmserien? Zwar gibt es von Rocky insgesamt fünf Teile, aber diese kamen mit bis zu fünfjährigen Abständen in die Kinos. Ähnliche Abstände liegen auch zwischen den drei Teilen von Beverly Hills Cop oder den vier Episoden von Zwei stahlharte Profis. Bei allen hier aufgeführten Filmen handelt es sich um Großproduktionen, deren Vorbereitung heutzutage über zwei Jahre dauert. Das war in der Frühzeit des Kinos anders: Zwischen der Vorführung der einzelnen Folgen lagen nur Wochen oder Monate. Es ist daher sinnvoll, bei den aktuellen Fortsetzungsfilmen von einer ›Reihe‹ und nicht von einer ›Serie‹ zu sprechen. Das Erleben von Serialität ist an kürzere Abstände zwischen den Vorführungen und an Regelmäßigkeit gebunden.

Es gibt einen zweiten Unterschied zu den frühen Serien. Alle Folgen von Rocky erzählen eine in sich abgeschlossene Geschichte. Das war bei vielen frühen Filmserien nicht so; daher werden diese oft auch als *serials* bezeichnet.[619] Edisons What happened to Mary (1912) und Seligs The Adventures of Kathlyn (1914) sind in einzelne Kapitel aufgeteilte Gesamtgeschichten, wobei die einzelnen Episoden mit einem *cliffhanger* enden.[620] Der *cliffhanger*, der damals aus den Printmedien übernommen wurde, wird im heutigen Kino nur in raren Einzelfällen eingesetzt, etwa bei Zurück in die Zukunft II und III: Am Ende des zweiten Teils erhält Marty einen Brief von seinem Freund Doc, der ihn in den wilden Westen beordert, wo der dritte Teil spielt. Alle übrigen Folgen der hier genannten Fortsetzungsfilme sind in sich abgeschlossen.

1. TITANIC (97)
2. **HARRY POTTER UND DER STEIN DER WEISEN (01)**
3. **STAR WARS: EPISODE I (99)**
4. **JURASSIC PARK (93)**
5. **HERR DER RINGE, DER I (02)**
6. **HARRY POTTER UND DIE KAMMER DES SCHRECKENS (02)**
7. **HERR DER RINGE, DER II (01)**
8. INDEPENDENCE DAY (96)
9. **SPIDER-MAN (02)**
10. **KÖNIG DER LÖWEN, DER (94)**
11. E. T. (82)
12. **MATRIX RELOADED (03)**
13. FORREST GUMP (94)
14. SECHSTE SINN, DER (99)
15. **STAR WARS: EPISODE II (02)**
16. **VERGESSENE WELT, DIE (97)**
17. **MEN IN BLACK (97)**
18. **STAR WARS: EPISODE VI (83)**
19. ARMAGEDDON (98)
20. **MISSION: IMPOSSIBLE II (00)**
21. **STAR WARS: EPISODE V (80)**
22. **KEVIN ALLEIN ZU HAUSE (90)**
23. MONSTER AG, DIE (01)
24. GHOST (90)
25. **TERMINATOR 2: JUDGMENT DAY (91)**
26. ALADDIN (92)
27. **INDIANA JONES UND DER LETZTE KREUZZUG (89)**
28. TWISTER (96)
29. **TOY STORY 2 (99)**
30. SOLDAT JAMES RYAN, DER (98)
31. **MATRIX, DIE (99)**
32. GLADIATOR (00)
33. **SHREK (01)**
34. **MISSION IMPOSSIBLE (96)**
35. PEARL HARBOUR (01)
36. **OCEAN'S ELEVEN (01)**
37. PRETTY WOMAN (90)
38. **TARZAN (99)**
39. **MEN IN BLACK II (02)**
40. **JAMES BOND 007 – STIRB AN EINEM ANDEREN TAG (02)**
41. DER MIT DEM WOLF TANZT (90)
42. CAST AWAY – VERSCHOLLEN (00)
43. MRS. DOUBTFIRE (93)
44. **MUMIE KEHRT ZURÜCK, DIE (01)**
45. **MUMIE, DIE (99)**
46. **BATMAN (89)**
47. RAIN MAN (88)
48. BODYGUARD (92)
49. SIGNS – ZEICHEN (02)
50. **X-MEN 2 (03)**
51. BRUCE ALMIGHTY (03)
52. ROBIN HOOD (91)
53. **JÄGER DES VERLORENEN SCHATZES (81)**
54. FINDET NEMO (03)
55. ICE AGE (02)
56. SCHÖNE UND DAS BIEST, DIE (91)
57. GODZILLA (98)
58. WAS FRAUEN WOLLEN (00)
59. AUF DER FLUCHT (93)
60. TRUE LIES – WAHRE LÜGEN (94)
61. **STIRB LANGSAM: JETZT ERST RECHT (95)**
62. NOTTING HILL (99)
63. **JURASSIC PARK III (01)**
64. VERRÜCKT NACH MARY (98)
65. **PLANET DER AFFEN (01)**
66. **FLINTSTONES, DIE (94)**
67. **TOY STORY (95)**
68. GROSSE KRABBELN, DAS (98)
69. MY BIG FAT GREEK WEDDING (02)
70. BASIC INSTINCT (92)
71. **JAMES BOND 007: DIE WELT IST NICHT GENUG (99)**
72. **JAMES BOND 007: GOLDENEYE (95)**
73. **ZURÜCK IN DIE ZUKUNFT (85)**
74. SEVEN (95)
75. **HANNIBAL (01)**
76. FALSCHES SPIEL MIT ROGER RABBIT (88)
77. DEEP IMPACT (98)
78. DISNEYS DINOSAURIER (00)
79. POCAHONTAS (95)
80. **JAMES BOND 007: DER MORGEN STIRBT NIE (97)**
81. TOP GUN (86)

82. MINORITY REPORT (02)
83. GRINCH, DER (00)
84. CATCH ME IF YOU CAN (02)
85. AMERICAN BEAUTY (99)
86. **BATMAN FOREVER** (95)
87. APOLLO 13 (95)
88. **INDIANA JONES UND DER TEMPEL DES TODES** (84)
89. **TERMINATOR 3** (03)
90. **ZURÜCK IN DIE ZUKUNFT II** (89)
91. FELS, DER (96)
92. **RUSH HOUR 2** (01)
93. **CROCODILE DUNDEE** (86)
94. STURM, DER (00)
95. GLÖCKNER VON NOTRE DAME, DER (96)
96. SCHINDLERS LISTE (93)
97. **MASKE, DIE** (94)
98. VERHÄNGNISVOLLE AFFÄRE, EINE (87)
99. **LETHAL WEAPON 3** (92)
100. **BEVERLY HILLS COP** (84)
101. AIR FORCE ONE (97)
102. BESSER GEHT'S NICHT (97)
103. BEAUTIFUL MIND, A – GENIE UND WAHNSINN (01)
104. **AUSTIN POWERS** (99)
105. KOPFGELD (96)
106. BRAUT, DIE SICH NICHT TRAUT, DIE (99)
107. DUMMSCHWÄTZER, DER (97)
108. CHICAGO (02)
109. **101 DALMATINER** (96)
110. MULAN (98)
111. HOOK (91)
112. **ROCKY IV** (85)
113. **RAMBO II** (85)
114. UNHEIMLICHE BEGEGNUNG DER DRITTEN ART (77)
115. **BEVERLY HILLS COP II** (87)
116. **STUART LITTLE** (99)
117. **GUCK MAL, WER DA SPRICHT** (89)
118. MEINE BRAUT, MEIN VATER UND ICH (00)
119. **X-MEN** (00)
120. **GHOST BUSTERS** (84)
121. **DOKTOR DOLITTLE** (98)
122. **SUPERMAN** (78)
123. SHAKESPEARE IN LOVE (98)
124. **AUSTIN POWERS IN GOLDSTÄNDER** (02)
125. **PRINZ AUS ZAMUNDA, DER** (88)
126. HOCHZEIT MEINES BESTEN FREUNDES, DIE (97)
127. **LETHAL WEAPON 4** (98)
128. **SPEED** (94)
129. **BATMAN RETURNS** (92)
130. **CASPER** (95)
131. **KEVIN ALLEIN IN NEW YORK** (92)
132. **AMERICAN PIE 2** (01)
133. SCHATTEN DER WAHRHEIT (00)
134. JERRY MAGUIRE (96)
135. **SCHWEIGEN DER LÄMMER, DAS** (91)
136. **VERRÜCKTE PROFESSOR, DER** (96)
137. GREEN MILE, THE (99)
138. **SCOOBY-DOO** (02)
139. **XXX** (02)
140. UNMORALISCHES ANGEBOT, EIN (93)
141. JUMANJI (95)
142. FÜNFTE ELEMENT, DAS (97)
143. FLUCH DER KARIBIK (03)
144. **LILO & STITCH** (02)
145. FIRMA, DIE (93)
146. TOTAL RECALL (90)
147. **SCARY MOVIE** (00)
148. TIGER AND DRAGON (01)
149. **DREI ENGEL FÜR CHARLIE** (00)
150. FULL MONTY, THE (97)

Fortsetzungen und fortgesetzte Filme unter den 150 erfolgreichsten Spielfilmen der Jahre 1980–2003
(Die Filme, die Fortsetzungen sind oder zu denen es Fortsetzungen gibt, sind fett markiert.)

Daraus ergibt sich ein dritter Unterschied zu den frühen Filmserien. Rocky II wurde erst nach dem unerwarteten Erfolg des ersten Teils geschrieben. Das unterscheidet diese und fast alle anderen Filmreihen des Hollywoodkinos. Eine Ausnahmeproduktion ist allerdings Der Herr der Ringe; als Literaturverfilmung ist diese Saga von vornherein auf mehrere Teile angelegt. Der Herr der Ringe ist ein Mehrteiler. Ein Sequel hingegen ist ein Film, »der einen früher entstandenen Film fortsetzt, aber nicht schon bei der Konzeption des ersten Filmes geplant war. (…) Im Sequel treten die Hauptpersonen und teilweise weitere Figuren auf, die bereits im Vorläufer agierten.«[621]

Die Definition des Sequel kann nicht nur an den Plänen der Produzenten festgemacht werden, sondern auch an der Narration. Der erste Teil der Boxergeschichte Rocky erzählt vom Geldeintreiber Rocky Balboa, der ein guter Sportler wäre, wenn er regelmäßig zum Training ginge und das Rauchen und Trinken aufgeben würde. Weil er das nicht tut, muss er sich für 40 Dollar pro Abend in schäbigen Gasthäusern prügeln. Erst als Rocky zufällig die Chance erhält, um einen Weltmeistertitel zu kämpfen, ändert er sich: »It's about heroism and realising your potential«, fasst Richard Ebert den *plot* des Films zusammen.[622]

Rocky Balboa tritt eine ›Reise‹ an, in deren Verlauf er sein Leben verändert und seine Backstorywound überwindet. Gleiches gilt für Conner MacLeod: Im ersten Teil von Highlander macht er einen Wandel durch und ist belastet durch eine eindeutig zu identifizierende Backstorywound – den Tod seiner Frau im schottischen Hochland. In Highlander II fehlt diese Backstorywound. Eine Erklärung dafür lässt sich mit Hilfe des Modells der ›Reise‹ finden. Ein Held kann nicht zum zweiten Mal dieselbe innere Reise antreten. Fast alle Fortsetzungsfilme lösen dieses erzählerische Problem ähnlich. Auf eine innere Reise der Hauptfigur und die Überwindung ihrer Backstorywound wird im Sequel verzichtet. Die Figuren handeln, ohne dass eine zusätzliche Motivation für ihr Tun angelegt ist. Ihre Charaktere und Handlungsmotivationen werden flacher. Um das Fehlen einer psychologischen Motivation zu überspielen, ist der Fortsetzungsfilm zumeist stärker dem ›Kino der Attraktionen‹ zugewandt. Die Handlung ist nicht mehr *character-*, sondern *story-driven.*

Im Actionkino ist diese Veränderung unproblematisch, dieses Genre hat ohnehin eine Affinität zum ›Kino der Attraktionen‹. Fortsetzungen von Filmen, die im ersten Teil eine starke Figurenentwicklung aufweisen, suchen nach narrativen Strategien, um die Verschiebung zur ›Attraktion‹ zu vermeiden. Das Schweigen der Lämmer eignet sich in besonderer Weise zur Verdeutlichung dieser erzählerischen Orientierungssuche, da sowohl das Sequel Hannibal als auch das Prequel Roter Drache gedreht wurde; letzteres gleich zweifach. Sequel und Prequel verfolgen unterschiedliche Strategien im Umgang mit dem Vorgängerfilm.

Sequel und Prequel zu Das Schweigen der Lämmer

Der Kannibale Hannibal Lecter ist eine Figur, die in drei Büchern und in vier Filmen auftaucht. Schon 1986 ließ der Produzent Dino De Laurentiis den Roman Roter Drache verfilmen, der fünf Jahre zuvor erschienen war.[623] Michael Mann, der sich bis dahin lediglich als Regisseur der TV-Serie Miami Vice einen Namen gemacht hatte, setzte damals den nahezu unbekannten TV-Darsteller Brian Cox als Hannibal Lecter in Szene. Der Gefangene ist in dieser Adaption allerdings nur knapp zehn Minuten zu sehen; wir erleben ihn ausschließlich in seiner vergitterten Zelle. Der preiswert produzierte Film, der damals den Titel Manhunter erhielt, war wenig erfolgreich und blieb weitgehend unbemerkt.[624]

Beachtung fand erst die Verfilmung der Fortsetzung. Das Schweigen der Lämmer gelangte 1988 auf den Buchmarkt, schon 1990 folgte der Kinostart. Der Film, dessen Realisation 22 Millionen Dollar kostete, wurde nicht von De Laurentiis produziert. Er hatte die bei ihm liegenden Rechte nach dem Misserfolg von Manhunter verkauft. Zu seiner Überraschung spielte Das Schweigen der Lämmer allein in den USA 142 Millionen Dollar ein.

Nach diesem außergewöhnlichen Erfolg wurde die Umsetzung von Hannibal rasch vorangetrieben. Nur 18 Monate nach der Veröffentlichung des Romans fand die Premiere des Kinofilms statt; Regisseur war der Oscar-Preisträger Ridley Scott. Produziert wurde der Thriller diesmal von Rechteinhaber De Laurentiis, der 85 Millionen Dollar investierte. Trotz dieses vergleichsweise hohen Budgets machte der Produzent Gewinn. Allein in den USA spielte -

Hannibal rund 184 Millionen Dollar ein; das Sequel war kommerziell gesehen sogar erfolgreicher als Das Schweigen der Lämmer.

De Laurentiis sah daher trotz schlechter Kritiken und ausbleibender Oscars die Chance, mit einem Remake von Roter Drache noch einmal Geld zu verdienen. Er drängte auf rasche Realisation, verpflichtete den jungen Komödien- und Actionspezialist Brett Ratner als Regisseur und investierte diesmal sogar 90 Millionen Dollar. De Laurentiis vertraute auf das *inbuilt audience* und die Zugkraft des Kannibalen. Anthony Hopkins mimte zum dritten Mal den genialen Lecter, auch wenn dabei in Kauf genommen werden musste, dass er rund zwanzig Jahre jünger hätte sein oder zumindest hätte aussehen müssen. Roter Drache spielt nämlich rund acht Jahre vor Das Schweigen der Lämmer, und seit der Premiere dieses Films waren schon zwölf Jahre vergangen. Das Prequel kam im September 2002 in die Kinos und spielte in den USA immerhin 116 Millionen Dollar ein.

Prequel und Sequel gehen von einer ähnlichen Grundsituation aus wie Das Schweigen der Lämmer. Es gibt in allen drei Filmen zwei Hauptfiguren: den Psychopathen Hannibal Lecter und einen Ermittler, der im Dienst des FBI steht. Darüber hinaus wird als Nebenfigur ein zweiter Geisteskranker vorgestellt, der mehrere Morde begangen hat und einen weiteren plant. Die Filme erzählen jedoch in unterschiedlicher Weise von diesen drei Figuren. Welchem Erzählmodell folgen Prequel und Sequel? Wie charakterisieren sie ihre Hauptfiguren?

Das Prequel Roter Drache

Roter Drache beginnt mit einem Mord. Weil ihn die falschen Töne eines unbegabten Konzertflötisten quälen, richtet Hannibal Lecter den Musiker kurzerhand hin. Die Innereien des Ermordeten setzt der Psychiater ein paar Tage später den Förderern des Orchesters als Festmahl vor; die vornehme Gesellschaft ist begeistert: »Köstlich!« Das Opfer dieses kannibalistischen Akts ist den Zuschauern aus Das Schweigen der Lämmer bekannt. Denn bei dem toten Flötisten handelt es sich um Benjamin Raspail. Dessen konservierten Kopf wird Clarice Starling acht Jahre später in einem Lager finden.

Schon dieser Querverweis gleich zu Beginn des Films verdeutlicht, dass ROTER DRACHE nicht nur den von Thomas Harris geschriebenen Bestseller in Szene setzt. Das Drehbuch berücksichtigt zugleich, was in DAS SCHWEIGEN DER LÄMMER erzählt wurde. Autor Ted Tally, der bei diesem dritten Teil wieder zur Verfügung stand, hatte sich ausdrücklich vorgenommen, an seinen größten Erfolg anknüpfen. Diese Bezugnahme bot sich auch an, da die Problemstellung von ROTER DRACHE und DAS SCHWEIGEN DER LÄMMER übereinstimmt. Der FBI-Agent Will Graham soll einen Serienmörder fangen, der unter dem Namen ›Roter Drache‹ sein Unwesen treibt. Der ›Rote Drache‹ überfällt Familien im Schlaf und tötet sie; an ›Buffalo Bill‹ erinnert, dass auch dieser Geisteskranke allein in einem großen, unheimlichen Haus lebt. Wie Bill verfolgt auch der Drache einen nur seinem Denken verständlichen Plan, dessen Logik das FBI nicht durchschaut. Die Agenten suchen verzweifelt nach einem Muster. Sogar die Deadline ist in beiden Filmen ähnlich angelegt: Will Graham muss den nächsten, bereits geplanten Mord verhindern. Der ›Rote Drache‹ wird beim nächsten Vollmond wieder töten.

Weitere Parallelen zu DAS SCHWEIGEN DER LÄMMER sind klar zu erkennen. Wie Clarice Starling, so wird auch Will Graham von seinem Vorgesetzten Jack Crawford mit der Aufgabe betraut, den Geisteskranken zu fassen. Wie Starling, so hat auch Graham zunächst überdurchschnittlich gute Ermittlungserfolge aufzuweisen: Er findet einen Fingerabdruck, nach dem alle Experten des FBI vergeblich gesucht haben. Und wie Starling, so muss auch Graham Hilfe in Anspruch nehmen: Crawford bittet ihn, mit Dr. Hannibal Lecter Kontakt aufzunehmen; er soll ihm eine Akte zukommen lassen und seinen Rat einholen. Graham stimmt zu. Die nächste Einstellung zeigt das Gefängnis von außen und tatsächlich wurde hier eine Einstellung aus DAS SCHWEIGEN DER LÄMMER recycelt.[625]

Diese Wiederverwertung ist symptomatisch. In der folgenden Sequenz wird Graham von Anstaltsleiter Chilton begrüßt und von Wärter Barney in den Zellentrakt gelassen. Beide Figuren wurden mit den Darstellern aus DAS SCHWEIGEN DER LÄMMER besetzt; das *inbuilt audience* wird sie wiedererkennen. Wie Clarice, so passiert auch Graham Lecters Mitgefangene und muss bis zum Ende eines langen Ganges gehen. Dieser Gang ist ein nur leicht veränderter

ROTER DRACHE – Will Graham

Nachbau der Vorlage von 1990: Production Designerin Kristi Zea
hatte ihre Originalentwürfe nicht mehr. »Sie musste zum AMERICAN
MUSEUM OF THE MOVING IMAGE gehen um ihre Pläne zu kriegen.
Denn ihr Entwurf von Lecters Zelle gehört bereits zur Filmgeschichte.«[626] Die Zelle ist mit einer Plexiglasscheibe gesichert; das Wasch-
becken und das Bett sind an ihrem vertrauten Platz. Selbst der
Klappstuhl, auf dem Graham sitzt, ist der, auf dem Clarice Platz
nehmen wird. Spätestens jetzt, bei Grahams Gefängnisbesuch, wird
deutlich, wie das bei Fortsetzungen zwangsläufig entstehende Problem der Figurenführung in ROTER DRACHE gelöst werden soll.
Statt Clarice Starling wird einfach eine andere Figur auf die ›Reise‹
geschickt.

Dennoch unterscheiden sich die Besuche des FBI-Agenten von
denen der FBI-Anwärterin. So sehen sich Hannibal und der Ermittler nicht zum ersten Mal; sie kennen sich seit langem. Bereits in der
zweiten Sequenz des Films wurde ihre Vorgeschichte gezeigt: Graham arbeitete früher mit Lecter zusammen. Der Psychiater wurde
vom FBI in besonders schwierigen Fällen als Berater eingesetzt. Bei
einer nächtlichen Konferenz mit Lecter erkannte Graham plötzlich,
dass sein Helfer selber der gesuchte Serienmörder ist. Lecter stach
ihn daraufhin nieder. Trotz seiner Verletzung konnte Graham seinen Widersacher in einem Zweikampf besiegen. Dieser Sieg hat
Konsequenzen für das Verhältnis der beiden Männer. Da Graham
die Schuld an seiner Inhaftierung trägt, will Lecter sich an dem
Agenten rächen. Er lässt dem ›Roten Drachen‹ die Botschaft zukommen, er solle Grahams Familie töten, seine Frau und seinen kleinen

Sohn. Clarice hat niemals fürchten müssen, dass Hannibal ihr persönlich etwas antut. Lecter versteht sich als ihr Mentor, während er in Will einen Gegner sieht, vielleicht auch nur ein Spielzeug. Tatsächlich bekommt Graham keine einzigen verwertbaren Hinweis von Lecter, und es bleibt unklar, welchen Vorteil die direkte Kontaktaufnahme überhaupt erbracht haben soll.

Dass Lecter kein Mentor ist, gilt nicht nur für die äußere Reise. Auch wenn der Gefangene seine Spielchen mit Graham treibt, versucht er doch nicht, sein Inneres zu erforschen. Er muss die psychische Verfassung seines Gegenübers nicht erkunden, da er um Grahams Verfassung weiß. Schließlich hat Lecter ihm bei seiner Verhaftung die tiefen Wunden beigebracht, die dazu führten, dass der im wortwörtlichen Sinne verletzte Agent vorübergehend in eine geschlossene Anstalt eingeliefert wurde und seinen Beruf für viele Jahre aufgab. Grahams Backstorywound wird ihm in der vierten Filmminute für jeden Zuschauer sichtbar beigebracht. Mehrfach erinnert ihn auch seine Ehefrau Molly an dieses Erlebnis; sie hat die Funktion einer Warnerin. Da Wills Backstory von Beginn an bekannt ist, gibt es keine Backstorywound, die im zweiten Akt aufzudecken wäre.

Da Lecter sich nicht mit Wills viel zu offensichtlichen Problemen befasst, können die Gespräche mit ihm auch keine Entwicklung der Hauptfigur in Gang setzen. Diese Statik manifestiert sich in Grahams äußerer Erscheinung. Von Beginn des Films bis zu seinem Ende hat Will Ringe unter den Augen; er ist unrasiert, und seine Haut wirkt grau. Graham bleibt der rastlose, von seiner Intuition getriebene Ermittler. Er erweitert zwar im Laufe der Ermittlungen seine Fachkenntnisse über Serienmörder, auch muss er seine vertraute Welt vorübergehend verlassen, um nach Baltimore zu fahren. Aber er geht auf keine innere ›Reise‹. Ihm wird bei der Bewältigung seines Auftrags keine Selbsterkenntnis abgerungen. Und so ist Will am Ende des Films wieder dort, wo Crawford ihn zu Beginn abgeholt hat: am Meer, auf einem Schiff mit seiner Familie.

Da dem Helden eine innere Entwicklung verwehrt bleibt, kann er Starling auch nur unvollständig ersetzen. Dieses Defizit scheint der Film ausgleichen zu wollen. Bezeichnenderweise endet ROTER DRACHE nicht mit dem fast schon klassisch zu nennenden Bild, das die Hauptfigur auf dem Richtung Sonne dahingleitenden Segelboot zeigt. Nach langen Diskussionen mit dem Produzenten wurde ein zweiter Schluss angehängt. Dieses Schluss verweist auf die Figur, die der neue Held ersetzen sollte. Anstaltsleiter Chilton kündigt seinem prominentesten Gefangenen einen Besuch an: »Hannibal, da möchte jemand zu Ihnen. Eine junge Frau. Sie sagt, sie sei vom FBI. Obwohl sie viel zu hübsch dafür ist, wenn Sie mich fragen.« Der Film endet mit Lecters Frage: »Wie heißt sie denn?« Es scheint, als würde Lecter auf eine Figur warten, mit der er tatsächlich eine produktive Beziehung eingehen könnte.

Dass am Schluss noch einmal ausdrücklich auf Starling verwiesen wird, macht deutlich, dass die Konzeption von Roter Drache selbst dann heikel geblieben wäre, wenn Graham sich durch Lecters Eingreifen verändert hätte, wenn er auf eine ›Reise‹ gegangen wäre. Jeder Austausch einer Hauptfigur schwächt eine Fortsetzung, da das zentrale Verkaufsargument eines Sequels oder eines Prequels ja gerade auf der Beibehaltung der wichtigsten Figuren basiert. Clarice auszutauschen heißt, ihre Bedeutung für Das Schweigen der Lämmer zu unterschätzen. Der Wechsel ist ein höchst problematischer Lösungsversuch für das zentrale Problem des Fortsetzungsfilmes: die Anlage der Figuren. Er wird daher auch nur höchst selten versucht. Anders als Roter Drache setzt Hannibal, das zuvor gedrehte Sequel, auf eine Beibehaltung des Paares Lecter und Starling.

Das Sequel Hannibal

Hannibal beginnt mit einer Befragung. Der Multimillionär Mason Verger, ein nicht verurteilter, hochgradig gefährlicher Sexualstraftäter, interviewt den Gefängniswärter Barney. Verger ist ein Opfer Hannibals. Ein Flashback zeigt, dass der Psychologe den damals schon Geistesgestörten unter Drogen setzte. Er brachte Verger dazu, sich selber die Gesichtshaut mit einer Spiegelscherbe abzutrennen und diese dann seinen Hunden zum Fraß vorzuwerfen. Der seitdem völlig entstellte und kaum noch lebensfähige Mann sucht Lecter seit dessen Ausbruch aus dem Gefängnis. Sein Motiv ist Rache; er will seinen Peiniger bei lebendigem Leib von speziell abgerichteten Schweinen auffressen lassen. Drei Millionen Dollar Kopfgeld hat der Multimillionär für Lecters Ergreifung ausgesetzt. Jede Information über den Verbleib des Kannibalen ist ihm wichtig; jede Aussage über seinen Charakter wird sorgsam archiviert. Jetzt möchte Verger von Barney wissen, ob Hannibal Lecter sich für Clarice interessiert habe. Ob man gar von einer Freundschaft sprechen könnte. Der Wärter bejaht: Clarice sei für Lecter etwas ganz Besonderes gewesen. Ihr würde er niemals etwas antun. Verger ist zufrieden. Ohne zu handeln, zahlt er Barney 250 000 Dollar für ein Souvenir – Lecters Hokkeymaske.

Hannibal – Clarice Starling

Nach diesem Ankauf, der die Dreieckskonstellation der Figuren etabliert, entwickeln sich zwei Erzählstränge weitgehend parallel. In den USA fahndet die glücklose Agentin Clarice Starling nach Lecter. Ihn zu finden ist eine Chance, sich beim FBI zu rehabilitieren. Clarice hat nämlich, wie im Roman angelegt, bei einem Einsatz mehrere Menschen erschießen müssen. Verglichen mit Das Schweigen der Lämmer ist die hier behauptete berufliche Zwangslage allerdings eine schwache Motivation für die Suche. Diesmal kann Starlings Einsatz kein unschuldiges Leben, sondern nur ihre Reputation retten. Außerdem scheint die Einzelgängerin mit dem FBI und ihrer Karriere ohnehin schon abgeschlossen zu haben. Warum Clarice diesen Auftrag annimmt, bleibt weitgehend unklar. Auch wenn es ihr gelänge, Lecter zu stellen, würde ihr korrupter Vorgesetzter Krendler zu verhindern wissen, dass sie befördert wird. Seit sie ihn abgewiesen hat, intrigiert er gegen sie.

HANNIBAL – Hannibal Lecter

Parallel zu Starlings Suche wird erzählt, dass Lecter als Kunstexperte Dr. Fell in Florenz lebt; warum er eine so exponierte Stellung angenommen hat und auf jede Tarnung verzichtet, wird nicht erklärt. Hätte er sich nicht einen weniger sprechenden Namen zulegen können? Sogar seine Frisur hat der weltweit Gesuchte beibehalten. Wie nicht anders zu erwarten, erkennt ihn ein Kriminalkommissar. Der Italiener Pazzi liefert den gesuchten Ausbrecher aber nicht dem FBI aus; er verschweigt der in den USA ermittelnden Clarice Starling, was er weiß. Pazzi will Lecter stattdessen an den gut zahlenden Verger verkaufen. Doch der Kannibale durchschaut sein Treiben und tötet den geldgierigen Kommissar auf grausame Art: Er schlitzt ihm den Bauch auf und hängt den Verblutenden aus dem Fenster.

Nach diesem Mord, der in der 75. Filmminute stattfindet, kehrt Lecter in die USA zurück. Eingeleitet wird diese Heimkehr mit einem Telefonat. Lecter spricht kurz mit Clarice, die eigentlich Pazzi erreichen wollte, um ihn vor dem Kannibalen zu warnen. Lecter beendet das Gespräch mit: »Man sieht sich!« Dieser Abschiedsgruß verdeutlicht, dass Lecter und Clarice sich bislang noch nicht gesehen haben. Die intensiven Gespräche zwischen den beiden, die DAS SCHWEIGEN DER LÄMMER zum Psychothriller machten, finden in HANNIBAL nicht statt. Lecter liest in der Zeitung, was Clarice erlebt hat, schreibt ihr einen langen Brief. Clarice sucht nach Spuren des Flüchtigen, wertet den parfümierten Brief aus wie ein Beweisstück. Dieser Kontakt bleibt aber oberflächlich. Die Beziehung zwischen dem Serienmörder und der Agentin wird immer wieder beschworen, aber nicht ausgelebt. Daher kann sie sich auch nicht entwickeln.

Zu einem tatsächlichen Treffen kommt es erst gegen Ende des Films, in der letzten halben Stunde. Zunächst betritt Lecter Clarice' Haus, als sie schläft. Dann beobachtet er sie in einem Einkaufszentrum. Dort erwischen ihn Vergers Häscher. Kurz darauf rettet Clarice ihren ehemaligen Mentor vor Vergers Rache, er rettet im Anschluss daran ihr Leben. Für ein Gespräch gibt es auch hier, im Angesicht des Todes, keine Gelegenheit. Auch in der darauf folgenden Sequenz dominiert die körperliche Auseinandersetzung: Lecter hat die ohnmächtige Clarice in das Ferienhaus ihres Gegenspielers Krendler entführt. Während er ihn foltert, setzt er sie unter Drogen. Die mit Morphium betäubte Clarice ist nicht fähig, sich zusammenhängend zu äußern; so kommt es auch in dieser Sequenz zu keinem tiefer gehenden Dialog. Verletzungen seelischer Natur werden nicht thematisiert.

Dieses fast durchgängige Schweigen führt dazu, dass Hannibal Lecter auch in HANNIBAL keine Wandlung durchmacht; dementsprechend offenbart er auch keine Backstorywound. Das verbindet den Film mit dem Prequel DAS SCHWEIGEN DER LÄMMER, unterscheidet ihn aber von der Romanvorlage. Thomas Harris hat sich in seinem dritten Teil der Trilogie mit der Kindheit des Kannibalen befasst. Hannibal habe als kleiner Junge erlebt, dass seine Schwester Mischa von hungernden Deserteuren getötet und aufgegessen wurde.[627] Dem Prinzip der Backstorywound folgend, ist hier eine einfache Kausalität zu erkennen: Hannibal hat den Tod seiner jüngeren Schwester nie verwinden können. Mischa wurde aufgegessen, ihr Bruder isst seine Opfer. Seine Liebe zu Clarice – so der Roman – basiert auf einer Gleichsetzung der Agentin mit Mischa. Diese Begründung, auf die Adornos Verdikt der »Schwarz-Weiß-Psychologie«[628] sicher zutrifft, soll sowohl Hannibals Mordlust als auch seine gewaltfreie Beziehung zu Clarice motivieren. Diese Motivation wurde in der Verfilmung nicht eingesetzt; Hannibal bleibt aus unerklärlichen Gründen böse, wie in DAS SCHWEIGEN DER LÄMMER.

Diese Setzung ist Stärke und Schwäche zugleich. Auf der einen Seite ist die unbegründete Mordlust unkalkulierbarer und damit bedrohlicher. In der Romanvorlage zu DAS SCHWEIGEN DER LÄMMER heißt es ausdrücklich:

Mir ist nichts zugestoßen, Officer Starling. Ich bin geschehen. Sie können mich nicht auf eine Reihe von Einflüssen reduzieren. Sie haben Gut und Böse für den Behaviorismus aufgegeben, Officer Starling. Sie haben jeden in moralische Gummihosen gesteckt, die behindern, nichts ist je irgendjemandes Schuld.[629]

»Er ist ein Monster«, lautete Chiltons pauschale Beurteilung. Das Besondere eines Monsters ist, dass seine Beweggründe nicht nachvollziehbar sind. Dass der Film Hannibal die in der Romanvorlage angelegte Backstorywound verweigert, ist aus diesem Grund verständlich. Auf der anderen Seite kann sich die Filmfigur – anders als die Romanfigur – deshalb aber nicht entwickeln. Selbst wenn Lecter Clarice' Leben mit heldenhaftem Einsatz rettet, kann der Menschenfresser nicht zum Helden im Sinne des Modells der ›Reise‹ werden: Der Filmkannibale bleibt eine statische Figur, wie schon in Das Schweigen der Lämmer. Er wird nicht zum geläuterten Ehemann der Ermittlerin, wie im Roman vorgesehen, sondern flieht vor ihr – ein Mörder ohne Reue.

Nun zeigt aber auch Clarice in der Fortsetzung ihres ersten Abenteuers keine Entwicklung. Sie ist eine verbitterte, wahrscheinlich sogar unglückliche Frau, die völlig isoliert zu leben scheint. Sogar in der Stunde tiefster Verzweiflung hat sie keinen Freund, keine Freundin, die sie anrufen könnte. Ihr Feind Krendler bemerkt zu Recht: »Offenbar sind sie unfähig, glücklich und zufrieden zu sein.« Dieser ganz offensichtliche Mangel, der im Status quo etabliert wird, bleibt aber folgenlos für den Fortgang der Handlung. Clarice wird sich nicht offenbaren; sie hat kein Gegenüber. Außerdem ist ihre Einsamkeit und ihre Erstarrung ohne Rätsel: In einer 60-sekündigen Großaufnahme hätte diese Clarice nichts Neues zu berichten.

Hannibal setzt nicht auf Starlings Seelenleben, sondern konzentriert sich auf die Brutalität der Geistesgestörten, auf Vergers und Lecters Morde. Der Film gerät zu einer Abfolge von gewalttätigen Szenarien: Schweine fressen Menschen, Gedärme hängen aus Körpern. Was in Das Schweigen der Lämmer ausdrücklich nicht gezeigt wurde, Lecters Angriff auf die Krankenschwester, ist hier im Bild zu sehen. Chilton hat Clarice in Das Schweigen der Lämmer nur ein Foto der Schwester gezeigt; die Zuschauer konnten nur am erschrockenen Gesichtsausdruck der Agentin erkennen, wie schrecklich die Verletzungen gewesen sein müssen. In Hannibal wird der gleiche Vorgang ins Bild gesetzt: Clarice erhält ein Tape, das damals von einer Überwachungskamera aufgenommen wurde. Diese Aufzeichnung wird nicht nur ihr, sondern auch den Zuschauern vorgeführt.

Diese Vorgehensweise ist symptomatisch für den gesamten Film. So wird zum Beispiel Starlings Gegenspieler Krendler bei lebendigem Leib die Schädeldecke abgetrennt. Zu sehen ist, wie Lecter eine dünne Schicht des Gehirns brät und dem schon im Delirium befindlichen Krendler als Delikatesse vorsetzt. Im Unterschied dazu hatte DAS SCHWEIGEN DER LÄMMER es im Falle Chiltons bei der Andeutung belassen, dass Lecter mit ihm eine Verabredung zum Essen habe. Chiltons Tod blieb ausgespart, Krendlers Leiden wird ausgestellt. Derartige Exzesse machen HANNIBAL zum Horrorfilm; als solcher ist er dem ›Kino der Attraktionen‹ zuzuordnen.

HANNIBAL ist ein Film, der nicht mehr dem Muster der ›Reise‹ folgt. Der Film bestätigt somit die Beobachtung, dass die Hauptfigur in einer Fortsetzung nicht erneut an der Überwindung ihrer bereits ausführlich ›behandelten‹ Backstorywound arbeiten kann. Hannibal unterstützt Clarice zwar auch im Sequel und bewahrt sie vor dem endgültigen Aus ihrer Karriere, aber er hilft ihr keineswegs, ihre psychischen Probleme in den Griff zu bekommen. Deren Ursache wird nicht mehr thematisiert; vom ›Schreien der Lämmer‹ kann die Agentin schließlich nicht ein zweites Mal erzählen. Täte sie es, so wäre sie kaum noch als Hauptfigur in einem Film des klassischen Hollywoodkinos einzusetzen, da sie sozusagen als ›unheilbar‹ gilt: »It is as if Clarice remains locked in a perpetual adolescent struggle with her own identity and worst fears.«[630]

Die Statik der Hauptfigur in HANNIBAL hängt also mit dem Status des Films als Sequel zusammen. Oft scheint der erste Akt eines Sequels noch dem narrativen Muster der ›Reise‹ zu folgen: Es gibt einen initialen Auslöser, die Weigerung des Helden, die bevorstehende Herausforderung anzunehmen, Warnungen, weitere Auslöser und das Überschreiten der Schwelle ins Abenteuer. Im Sequel ist es jedoch sehr unwahrscheinlich, dass die Hauptfigur im zweiten Akt neben dem Abenteuer der äußeren Reise auch eine innere Entwicklung durchmacht. Deutlicher noch als bei Fortsetzungsfilmen wird dies bei langlebigen Filmreihen. James Bond hat keine inneren Konflikte zu überwinden; er bleibt immer gleich, selbst wenn sein Darsteller wechselt – ein lässiger Frauenheld mit der Lizenz zum Töten. Bond ist ein Serienheld. Je serieller eine Figur wird, umso schwieriger wird die Konstruktion einer inneren Entwicklung der Figur. Entsprechend ist die Anlage einer Backstorywound bei den Hauptfiguren von TV-Serien nahezu unmöglich. Was ändert sich, wenn Clarice zur Fernsehfigur wird? Wie würde eine TV-Serie mit dem Titel STARLING aussehen?

Die Figurenzeichnung in Fernsehserien

Ein Planspiel. Jede Folge der Fernsehserie STARLING hätte nach heutigen Standards eine Nettosendezeit von 48 Minuten.[631] Abzüglich von Vorspann und Abspann verblieben etwas mehr als 45 Minuten zur Entwicklung einer Geschichte. Was in dieser kurzen Zeitspanne geschehen würde, ist absehbar: Eine Spezialeinheit des FBI würde in jeder Episode nach einem Serienmörder fahnden. Dieses Sonderkommando bestünde aus einer Reihe von immer wiederkehrenden Figuren: Clarice Starling, ihr Vorgesetzter Jack Crawford und ihr Team.

Auch der Verlauf der Folgen von STARLING kann beschrieben werden. Der Fall würde im ersten Akt des TV-Krimis eingeführt, üblicherweise in der vierten Minute.[632] Clarice und ihr Team kämen an den Tatort und nähmen die Ermittlungen auf. Im zweiten Akt würde sich die Situation durch eine neue Tat verschärfen, was mit der Etablierung einer Deadline einherginge. Parallel zu den Ermittlungen wären die Vorbereitungen für ein weiteres Kapitalverbrechen zu sehen, wobei der Täter allerdings noch unentdeckt bliebe. Nur die Zuschauer wüssten, wie der Psychopath aussieht. Nach Verfolgung einer falschen Spur würde der Schuldige schließlich im dritten Akt gestellt; dem *showdown* würde die *last minute rescue* folgen. Diese Rettung gelänge etwa in der 42. Minute der Serie. In einem knapp dreiminütigen Epilog würden Starling und ihre Kollegen dann die Hintergründe des Falls noch einmal aufrollen, insbesondere die Motivation des Täters. Während des dann folgenden Abspanns wären schon Hinweise auf die folgenden Sendungen des Abendprogramms zu hören.[633]

Dass die Handlung von STARLING so ablaufen würde, ist nicht nur eine auf Seherfahrungen beruhende Mutmaßung. Eine Variation der im Planspiel entwickelten Serie ist von 1996 bis zum Jahr 2000 tatsächlich im Abendprogramm der NBC ausgestrahlt worden: PROFILER.[634] Die Hauptfigur dieser Serie – Dr. Samantha Waters – ist auf die Ergreifung von Serientätern spezialisiert. Sie arbeitet in einer Spezialeinheit des FBI, die von ihrem väterlichen Freund Bailey geleitet wird. Die Episoden folgen einem Schema: In der Folge BURNT OFFERINGS fahndet Waters zum Beispiel nach einem Brandstifter.[635] Ihre Kollegen, die der Intuition der Psychologin nicht trauen, nehmen zunächst einen Unschuldigen fest. Doch der wahre Täter entführt ein Mädchen, das er in einem Feuer opfern will. Die Zeit drängt: Waters gelingt es schließlich, die Identität des Serientäters aufzudecken. Sie rettet die junge Frau in letzter Minute aus den Flammen. Die Parallelen sind eindeutig: PROFILER ist sozusagen die Überführung von DAS SCHWEIGEN DER LÄMMER in eine TV-Serie.

Für die Figurenzeichnung dieser Serie ist entscheidend, dass die Hauptfigur Mutter einer etwa 12-Jährigen Tochter ist, von der sie immer wieder auf ihre persönlichen Gefühle angesprochen wird. Das Mädchen möchte zum Beispiel wissen, wie die Mutter den Tod des Vaters verkraftet hat. Dabei stellt sich heraus, dass die Psychologin noch immer unter dem Verlust ihres Ehemannes leidet, der von einem Serienmörder namens Jack getötet wurde. Dr. Waters verfügt also – wie Clarice Starling – über eine klassische Backstorywound, zumal sie sich für den Mord verantwortlich fühlt. Der Serienkiller Jack wollte sich nämlich an ihr und nicht an ihrem Ehemann rächen. Trotz dieser Backstorywound, deren Bedeutung in den Presseankündigungen und auf der Homepage der Serie herausgestellt wird, verläuft auch PROFILER nicht nach dem Muster der ›Reise der Heldin‹.[636] Denn die Backstorywound wird immer wieder thematisiert, doch nie aufgelöst. Walker spricht mehrfach von ihrer Verletzung, macht aber keine innere Entwicklung durch.

Dass die Psychologin trotz ihrer Backstorywound keinen Prozess der Veränderung durchläuft, ist typisch für eine ganz bestimmte Serienform des Mediums Fernsehen. Samantha Walker unterscheidet sich von einer Figur wie J. R. aus der Serie DALLAS oder von dem Agenten Jack Bauer aus der Serie 24. Zu unterscheiden sind drei Grundformen seriellen Erzählens: Serien mit abgeschlossener Folgenhandlung (*series*), Mehrteiler (*mini-series*) und Fortsetzungsserien (*serials*).

Grundformen seriellen Erzählens

PROFILER ist eine Serie mit abgeschlossener Folgenhandlung. Serien dieses Typs können aus ganz unterschiedlichen Genres stammen. DAS A-TEAM ist eine Action-Serie, SEINFELD eine Sitcom. MAGNUM ist ein Krimi und RAUMSCHIFF ENTERPRISE ein Science-Fiction. DIE WALTONS sind eine Fortentwicklung des Westerns. In diesen völlig unterschiedlichen Serien wird zu Beginn ein Problem etabliert – ein Fall wird übernommen, eine peinliche Verwechslung geschieht, feindlich gesinnte Außerirdische greifen an. In einer Folge von DIE WALTONS landet zum Beispiel ein Pilot auf der Farm, der Luftpost ausliefert. Es stellt sich heraus, dass er seine Frau im Ort zurückgelassen hat und nicht sesshaft werden will.[637] Dem Serientyp entsprechend werden alle Probleme bis zum Ende der Folge gelöst: Die Waltons bewegen den Mann dazu, bei seiner schwangeren Frau zu bleiben.[638]

Im Unterschied zu diesem Typ seriellen Erzählens enden Fortsetzungsserien wie DALLAS, DER DENVER CLAN oder LINDEN-STRASSE in der Regel mit einer offenen Frage, einem *cliffhanger*. Aus diesem Grund können Fortsetzungsserien auch nur in der ursprünglich geplanten Reihenfolge ausgestrahlt werden; die Zuschauer und Zuschauerinnen könnten der Handlung bei Austausch der Episoden nicht folgen. Bei Serien mit abgeschlossener Folgenhandlung hingegen müssen die Sendeanstalten diese Reihenfolge nicht beachten, denn jede Episode steht für sich. Die entscheidende Differenz zwischen diesen beiden seriellen Erzählformen ist somit die zwischen Offenheit und Abgeschlossenheit der einzelnen Folgen. Am Ende von DALLAS grinst J. R. in die Kamera und freut sich über eine gerade von ihm gestartete Intrige, deren Fortgang in der nächsten Woche zu sehen sein wird. Am Ende von DIE WALTONS ist das Haus der Familie in einer Totalen zu sehen; die Kinderschar geht zu Bett: »Gute Nacht, John Boy.« Dieser Satz hat die Funktion, zu bestätigen, dass die in der Folge behandelte Geschichte zu einem Abschluss gebracht wurde: »Gute Nacht, Elizabeth.«

Serien mit abgeschlossener Folgenhandlung und Fortsetzungsserien haben auch eine Gemeinsamkeit: Sie sind in ihrer Gesamtheit offen; es gibt keinen zwingenden Abschluss. Zuschauererfolg vorausgesetzt, können Hunderte, ja sogar Tausende Folgen produziert werden. Anders ist das beim Mehrteiler. Bei HOLOCAUST, DAS GE-HEIMNIS VON TWIN PEAKS, HEIMAT oder 24 handelt es sich um in ihrer Gesamtheit abgeschlossene Geschichten, die in mehrere Teile gesplittet worden sind. Die einzelnen Episoden dieser Mehrteiler enden offen, sind in der Regel gleich lang und werden an aufeinander folgenden Tagen oder im Wochenrhythmus gesendet. In der letzten Folge eines Mehrteilers sind alle Fragen beantwortet, alle Handlungsstränge zu einem Ende gebracht. Es wird aufgedeckt, wer Laura Palmer getötet hat oder wer Jack Bauer in eine lebensbedrohliche Intrige verwickeln wollte.

	Einzelne Folge	Gesamtheit
Fortsetzungsserie (*serial*)	Offen	Offen
Serie mit abgeschlossenen Folgenhandlungen (*series*)	Abgeschlossen	Offen
Mehrteiler (*mini-series*)	Offen	Abgeschlossen

Grundformen seriellen Erzählens

Der Mehrteiler ist die zahlenmäßig kleinste Grundform. Auf dem amerikanischen und deutschen Markt sind *mini-series* meist risikoreiche Ausnahmeproduktionen mit hohem Budget. Über die Figurenzeichnung des Mehrteilers kann trotz der vergleichsweise geringen Zahl von Produktionen keine alle Beispiele umfassende Aussage getroffen werden, da diese Serienform ganz unterschiedlich mit ihrem Personal verfährt. HEIMAT erzählt in 13 Folgen von einer Dorfgemeinschaft im Hunsrück; die erzählte Zeit umfasst mehrere Jahrzehnte. 24 zeigt in 24 Folgen 24 Stunden aus dem Leben des Agenten Jack Bauer.

Weit homogener ist die Figurenzeichnung in den beiden erstgenannten Serientypen, in *serials* und *series*. Sie unterscheidet sich grundlegend. Bei den Serien mit abgeschlossener Folgenhandlung ändert sich das Verhältnis der Figuren zueinander kaum oder gar nicht. Die Crew der Enterprise, Magnums Freundeskreis oder die

Familie Walton bilden jeweils eine solide Einheit mit klarer Rollen-
verteilung. Die Beziehung zwischen Kirk und Spock, Magnum und
Higgins, John Boy und Elizabeth bleiben unverändert. Es handelt
sich um stabile Beziehungen zwischen statischen Figuren.

In Fortsetzungsserien hingegen sind die Verhältnisse der Figuren
zueinander ständigen Veränderungen unterworfen. Aus Freunden
werden Feinde, wenn auch nur vorübergehend, aus Liebenden er-
bitterte Gegner. Da die einzelnen Folgen dieser Serien offen enden,
wäre es prinzipiell möglich, den Figuren Einsichten oder Erkennt-
nisgewinne zuzuschreiben. Dennoch fehlt ihnen die Perspektive
einer inneren Entwicklung. J. R. Ewing bleibt der Bösewicht in DAL-
LAS, und Alexis Colby ist in DER DENVER CLAN trotz etlicher
Schicksalsschläge nicht der Läuterung fähig. Das gilt auch für die Figurenzeichnung in den modernen Mischformen des Serienmarktes.

Mischformen seriellen Erzählens

Seit Ende der achtziger Jahre verwischt die Differenz zwischen *series*
und *serials.* EMERGENCY ROOM zeigt in jeder Episode mehrere abgeschlossene Krankengeschichten. In nur einer Folge behandelt das
Team einen verletzten Kidnapper, das Opfer einer Vergewaltigung,
einen herzkranken Gospelsänger und einen drogenabhängigen
Teenager.[639] Die Serie erzählt darüber hinaus aber auch vom Privatleben der Ärzte und des Pflegepersonals. So geht es in dieser Episode zum Beispiel um die Schwangerschaft von Schwester Hathaway,
deren schwieriger Verlauf auch noch in den nächsten Folgen eine
Rolle spielen wird. Auch in der Sitcom FRIENDS wird durchgängig
von den Beziehungen zwischen den sechs Freunden berichtet. Daneben gibt es in jeder Folge einen zu komischen Verwicklungen füh-
renden Störfall, der abgeschlossen wird: Phoebe findet einen Dau-
men in einer Limonadendose, Joey arbeitet als Körperdouble.[640]

Zwei Erzählprinzipien werden auch in der Anwaltsserie ALLY
MCBEAL kombiniert. Hauptfigur Ally (Callista Flockhart) ist eine
junge Rechtsanwältin, die in einer außergewöhnlichen Kanzlei arbeitet. Diese Kanzlei nimmt sich zu Beginn jeder Folge eines exzen-
trischen oder besonders verzweifelten Klienten an, dessen Fall zumeist am Ende der Episode gewonnen wird. Die Anwälte verteidigen
eine Nachrichtensprecherin, die wegen ihres Alters entlassen wurde,

einen Fußfetischisten oder einen Finanzexperten, dem gekündigt wurde, weil er ein Einhorn gesehen hat.[641]

Ally McBeal kann zwar einen Fall vor Gericht zu einem Ende bringen, ist aber auch in der fünften Staffel unfähig, eine stabile Liebesbeziehung aufzubauen. Der Kampf um einen passenden Mann wird von Folge zu Folge fortgesetzt. Da nicht nur von Allys Beziehungen, sondern auch vom Liebesleben ihrer Kollegen fortlaufend berichtet wird, nehmen Gespräche über private Beziehungen einen Großteil aller Episoden ein; das ist eine Besonderheit von ALLY McBEAL. Die Basis dieser Auseinandersetzungen ist eine komplexe Beziehungsstruktur. Kanzleigründer Richard ist mit Richterin Whipper und Klientin Ling liiert, Seniorpartner John verliebt sich erst in seine Kollegin Ally, dann in die neue Mitarbeiterin Nell. Hauptfigur Ally hat zwar eine Reihe von Affären, ist aber noch immer in ihren Jugendfreund Billy verliebt. Billy, dessen Kollegin Ally nur durch Zufall wird, ist wiederum mit Georgia verheiratet, die ebenfalls in der Kanzlei arbeitet.

Die letztgenannte Gruppierung – Ally, Billy, Georgia – scheint der Personenkonstellation einer *romantic comedy* zu entsprechen, einer Erzählform des Kinos. Doch gibt es einen entscheidenden Unterschied: Billy hat sich nie zwischen Ally und seiner Ehefrau entscheiden können; Georgia ist nicht die ›falsche Frau‹ für ihn. Mal ist der Anwalt überzeugt, dass er mit Georgia alt werden will, mal lässt er sich zu einem Kuss mit Ally hinreißen. Und auch Ally ist nicht völlig sicher, ob sie wirklich eine Beziehung mit Billy anstreben soll; sie freundet sich sogar mit ihrer Konkurrentin Georgia an. Zwischen den drei Beteiligten kommt es zu einer Kette von Streitgesprächen und Aussprachen, Trennungen und Versöhnungen. Die Figuren machen demzufolge keine ›Reise‹ durch, die eine grundsätzliche und damit eben auch einmalige Veränderung ihres Charakters und ihrer Beziehungen beinhalten würde.

Das hat zur Konsequenz, dass es in einer Serie wie ALLY McBEAL gerade nicht darum geht, die Backstorywound zu überwinden: Ally schmerzt es noch immer, dass Billy sie vor vielen Jahren verlassen hat. In mehreren Folgen sind ihre damaligen Gespräche sogar in Flashbacks zu sehen.[642] Die Beibehaltung der Verletzung ist produktiv: Sie wird mehrfach für die Etablierung neuer Konflikte genutzt. So erfährt Ally in der dritten Folge der zweiten Staffel, dass Billy

Georgia schon kannte, als er noch mit ihr zusammen war. Daraufhin beschließt sie, ihren privaten Kontakt zu Billy komplett einzustellen, um diesen Schwur schon in der darauf folgenden Woche zu brechen. In seiner Unauflösbarkeit ähnelt der mit dem Privatleben befasste, fortlaufende Handlungsstrang dieser Serie dem Erzählprinzip einer täglich ausgestrahlten Fortsetzungsserie, einer Soap Opera.

Die Figurenzeichnung in Soap Operas

Soap Operas haben eine erste Folge, aber keinen Anfang; sie werden bei einem Misserfolg abgebrochen, nicht abgeschlossen. So nahm Pro7 die Soap MALLORCA nach nur neun Monaten aus dem Programm, obschon noch weitere Folgen gedreht worden waren. Mit einem plötzlichen Abbruch reagierte auch SAT.1 bei GELIEBTE SCHWESTERN oder RTL2 bei ALLE ZUSAMMEN – JEDER FÜR SICH auf das Scheitern ihrer werktäglich ausgestrahlten Formate. Bei keinem dieser Beispiele wurden die *plotlines* zu einem Abschluss gebracht; offene Fragen blieben einfach unbeantwortet.

Auch bei der einzelnen Folge einer Soap Opera gibt es keine Exposition und keine Auflösung. Sie schließen nahtlos an den *cliffhanger* des Vortages an und enden mit einer neuen Fragestellung. Da es keinen Anfang und kein Ende der Erzählung gibt, beschreibt Dennis Porter das Format als ›unendlich expandierende Mitte‹.[643] Drei oder vier parallel verlaufende Handlungsstränge zeigen Beziehungen in unterschiedlichen Stadien – eine unerwiderte Zuneigung, eine gerade beginnende Affäre, eine drohende Krise, eine bevorstehende Trennung. In jeder Folge muss ein Konflikt zugespitzt, ein anderer zum Teil aufgelöst werden. Script-Editoren kontrollieren, ob *penalty* (Zuspitzung) und *washup* (Auflösung) korrekt verteilt sind.

Entscheidend für die Konstruktion der Geschichten ist die Vorläufigkeit jeder Entscheidung. Keine Figur hat ein konkretes, langfristiges Ziel. Bezeichnenderweise heißt es im Titelsong von GUTE ZEITEN, SCHLECHTE ZEITEN: »Immer auf der Suche, bis du deine Sehnsucht stillst.« Diese Suche bleibt in der Soap Opera zwangsläufig ohne Ergebnis.[644] Es gibt einen permanenten Wandel bei der Berufswahl und im Liebesleben: Andrea aus dem MARIENHOF verlässt

ihren Verlobten am Tag der Hochzeit, wird Babettes Lebensgefährtin, zieht nach langem Zögern mit Billi zusammen, von der sie
schließlich wegen einer anderen Frau verlassen wird. Sie erwägt eine
Ehe mit dem Arzt Roman, dem sie schließlich eine Dreiecksbezie-
hung mit Billi vorschlägt. Andreas Schicksal ist typisch für diese
Sendeform: Keine Beziehung ist stabil; auf jede Eheschließung folgt
die Scheidung. Endgültig ist in der Soap Opera nicht einmal der
Tod.[645]

Der Psychologe Günter Mahlke spricht bei der Charakterisierung
dieser Erzählweise von einer ›abenteuerlichen Konsequenzlosigkeit‹:
»Nie kommt es zu endgültigen Abschlüssen, unausweichlichen Konsequenzen und Endgültigkeit.«[646] Die Figuren gehen nicht auf eine
›Reise‹, sondern auf eine Karussellfahrt:

> Das Karussell ist in seinem Funktionieren gekennzeichnet durch einen
> festen Kern, eine stabile innere Struktur, die trägt und auf die man sich
> verlassen kann. Die Bewegung erfolgt durch eine Drehung, langsam
> oder schnell, um diesen Kern herum.[647]

Soap Opera und Spielfilm bilden zwei Pole audiovisuellen Erzählens. Im klassischen Hollywoodkino bewegt sich die Hauptfigur auf
ein Ziel zu, dessen Erreichen bereits in den ersten Minuten des Films
als existentiell gekennzeichnet wird. Ihr Weg verläuft in einer sich
spiralförmig erweiternden Bahn, die nur ein einziges Mal beschrit-
ten werden kann; dass der Weg nicht wiederholt werden kann, ist
das Grundproblem aller Sequels. In der Soap Opera hingegen ändern die zahlreichen Figuren ihre Ziele von Folge zu Folge. Sie bewegen sich nicht vorwärts, in die Richtung einer den Konflikt von
need und *mode* auflösenden Ankunft.[648] Kinohelden, die auf eine
›Reise‹ gehen, erkennen ihre wahren Bedürfnisse. Sie lernen dazu,
bringen ihre Entwicklung zu einem Abschluss. Im Unterschied dazu
sind Serienhelden nicht lernfähig; sie haben kein Gedächtnis. Sie
fahren im Kreis – immer wieder und wieder. Serienfiguren begeben
sich auf eine endlose Fahrt, die zwar Unterbrechungen kennt, aber
keinen Anfang und kein *Ende*.

Anhang

Vereinfachtes Sequenzprotokoll zu
Das Schweigen der Lämmer

	Ort	Handlung
FBI-Akademie	Wald	Vorpann: Starling beim Waldlauf
	FBI-Gelände	Vorspann: Starlings Weg durch das FBI-Gelände zu Crawfords Büro; sie sieht Bilder von Buffalo Bills Opfern
	Crawfords Büro	Crawford erteilt Starling den Auftrag, sie soll Lecter befragen
Gefängnis	Chiltons Büro/ Zellengang	Starling bei Chilton; Chilton bringt Starling zu Lecter
	Zellentrakt	**Starling bei Lecter – Gespräch 1 –** Ablehnung, Angriff von Miggs, erster Hinweis (»Miss Mofet«)
	Parkplatz	Clarice geht zu ihrem Wagen *Flashback 1:* Vater kommt von der Arbeit
	FBI-Gelände	Montage: Schießstand, Joggen, Recherche
	Telefonat	Telefonat Crawford/ Starling: Lecter hat Miggs in den Tod getrieben
	Lagerraum	Starling findet einen abgetrennten Kopf
	Zellentrakt	**Starling bei Lecter – Gespräch 2 –** Angebot Lecters an Starling (Aussicht)
	Straße	Bill entführt Catherine
	Sporthalle	Starling wird von Crawford abberufen
Clay County	Flugzeug/ Auto	Starling und Crawford auf dem Weg zu Bills Opfer
	Kirche	Crawford beginnt mit der Ermittlung *Flashback 2:* Leiche des Vaters
	Pathologie	Untersuchung der Frauenleiche
	Auto	Starling beschwert sich bei Crawford über die Zurücksetzung
	Museum	Starling informiert sich über die Larve
	Bills Haus	Bill näht, Catherine schreit

	Ort	Handlung
	FBI-Aufent-haltsraum	Starling sieht im TV: die Gefangene ist die Tochter einer Senatorin
	Gefängnis	Chilton streitet sich mit Starling
	Zellentrakt	**Starling bei Lecter – Gespräch 3** Angebot Lecters an Starling (»quid pro quo«)
	Büro Chilton	Chilton hört das Gespräch ab
	Bills Keller	Catherine im Erdloch
	Zellentrakt	Chilton offenbart Lecter, dass er betrogen werden soll; Lecter stiehlt den Kuli
	Flughafen	Gespräch Lecter – Senatorin
Shelby County House	Gericht: außen	Chilton gibt ein Interview
	Gericht: Halle	Starling verschafft sich Zugang zu Lecter
	Gericht: Zelle	**Starling bei Lecter – Gespräch 4** Clarice löst Handel ein (»Schweigen der Lämmer«)
	Flugzeug	Starling reist ab
	Gericht	Ausbruch Lecter
	Krankenwagen	Lecter überwältigt Arzt
	FBI-Schule	Ardelia berichtet Starling, dass Lecter ausgebrochen ist
	Bills Haus	Bill näht
	FBI-Schule	Ardelia und Starling suchen in der Akte
Chicago/ Belvedere	Straße	Starling fährt nach Ohio zur Familie des ersten Opfers
	Haus der Bimmels	Starling untersucht Frederikas Besitz
	Bills Haus	Katherine lockt den Hund in ihren Schacht
	Flughafen	FBI trifft ein
	Café	Starling befragt Frederikas Freundin

	Ort	Handlung
	Bills Haus	Bill bei den Schmetterlingen, Catherine hat den Hund gefangen – Starling kommt – *parallel montiert:*
	»Bills Haus«	FBI umstellt das Haus und dringt ein
	Bills Haus innen	Starling befragt Bill, Kampf im Haus – Tod Bills
	Bills Haus außen	FBI ist eingetroffen
	FBI	Ernennung zur Agentin, Gratulation von Crawford, Telefonat mit Lecter
	Flughafen	Lecter hat Chilton gefunden und folgt ihm

Verzeichnis der erwähnten Spielfilme

Spielfilme werden in diesem Verzeichnis unter ihrem deutschen Verleihtitel geführt, der nur in Ausnahmefällen mit dem Originaltitel übereinstimmt. Wurde der englischsprachige Titel im deutschen Verleih verwendet, so ist auch in diesem Fall der Artikel nachgestellt (PLAYER, THE). Alternative Titel werden in der Regel wie folgt angegeben: ROCKY III (*aka* DAS AUGE DES TIGERS). Die Abkürzung *aka* steht dabei für das international übliche *also known as*.

28 TAGE (28 DAYS)/ USA 1999/ Regie: Betty Thomas
ABSOLUTE POWER (ABSOLUTE POWER)/ USA 1997/ Regie: Clint Eastwood
ALIEN – DIE WIEDERGEBURT (ALIEN – RESURRECTION)/ USA 1997/ Regie: Jean-Pierre Jeunet
ALIEN (ALIEN)/ USA 1979/ Regie: Ridley Scott
ALIEN 3 (ALIEN)/ USA 1991/ Regie: David Fincher
ALIENS – DIE RÜCKKEHR (ALIENS)/ USA 1986/ Regie: James Cameron
ALWAYS (ALWAYS)/ USA 1989/ Regie: Steven Spielberg
AMERICAN GRAFFITI (AMERICAN GRAFFITI)/ USA 1973/ Regie: George Lucas
ANNA UND DER KÖNIG (ANNA AND THE KING)/ USA 1999/ Regie: Andy Tennant
APOCALYPSE NOW (APOCALYPSE NOW)/ USA 1979/ Regie: Francis Ford Coppola
ARMAGEDDON (ARMAGEDDON)/ USA 1998/ Regie: Michael Bay
ASPHALT COWBOY (MIDNIGHT COWBOY)/ USA 1968/ Regie: John Schlesinger
AUF DER JAGD NACH DEM GRÜNEN DIAMANTEN (ROMANCING THE STONE)/ USA 1984
AUF DIE STÜRMISCHE ART (FORCES OF NATURE)/ USA 1999/ Regie: Bronwen Hughes
AUS NÄCHSTER NÄHE (UP CLOSE AND PERSONAL)/ USA 1996/ Regie: Jon Avnet

BABY BOOM – EINE SCHÖNE BESCHERUNG (BABY BOOM)/ USA 1986/ Regie: Charles Shyer
BACKDRAFT (BACKDRAFT)/ USA 1991/ Regie: Ron Howard
BASIC INSTINCT (BASIC INSTINCT)/ USA 1992/ Regie: Paul Verhoeven
BATMAN (BATMAN)/ USA 1988/ Regie: Tim Burton
BATMAN FOREVER (BATMAN FOREVER)/ USA 1995/ Regie: Joel Schuhmacher
BATMAN UND ROBIN (BATMAN & ROBIN)/ USA 1998/ Regie: Joel Schumacher

BATMANS RÜCKKEHR (BATMAN RETURNS)/ USA 1992/ Regie: Tim Burton

BEINAHE EIN ENGEL (ALMOST AN ANGEL)/ USA 1990/ Regie: John Cornell

BEST SELLER (BEST SELLER)/ USA 1987/ Regie: John Flynn

BEVERLY HILLS COP – ICH LÖS DEN FALL AUF JEDEN FALL (BEVERLY HILLS COP)/ USA 1984/ Regie: Martin Brest

BIG LEBOWSKI, THE (THE BIG LEBOWSKI)/ USA 1997/ Regie: Joel Coen

BIRDCAGE, THE – EIN PARADIES FÜR SCHRILLE VÖGEL (THE BIRDCAGE)/ USA 1996/ Regie: Mike Nichols

BLAUE ENGEL, DER/ D 1930/ Regie: Joseph von Sternberg

BODYGUARD (THE BODYGUARD)/ USA 1992/ Regie: Mick Jackson

BOUND (BOUND)/ USA 1996/ Regie: Larry Wachowski, Andy Wachowski

BRAUT, DIE SICH NICHT TRAUT, DIE (THE RUNAWAY BRIDE)/ USA 1999/ Regie: Garry Marshall

BRAUTPRINZESSIN, DIE (THE PRINCESS BRIDE)/ USA 1987/ Regie: Rob Reiner

CARRIE – DES SATANS JÜNGSTE TOCHTER (CARRIE)/ USA 1976/ Regie: Brian De Palma

CASABLANCA (CASABLANCA)/ USA 1942/ Regie: Michael Curtiz

CHINATOWN (CHINATOWN)/ USA 1974/ Regie: Roman Polanski

CITIZEN KANE (CITIZEN KANE)/ USA 1941/ Regie: Orson Welles

CITY SLICKERS (CITY SLICKERS)/ USA 1991/ Regie: Ron Underwood

CLUB DER TEUFELINNEN (THE FIRST WIVES CLUB)/ USA 1996/ Regie: Hugh Wilson

CLUB DER TOTEN DICHTER, DER (DEAD POETS SOCIETY)/ USA 1989/ Regie: Peter Weir

COBB (COBB)/ USA 1994/ Regie: Ron Shelton

COCKTAIL (COCKTAIL)/ USA 1988/ Regie: Roger Donaldson

COLOR OF NIGHT (COLOR OF NIGHT)/ USA 1994/ Regie: Richard Rush

COMING HOME (COMING HOME)/ USA 1978/ Regie: Hal Ashby

CONAN – DER BARBAR (CONAN THE BARBARIAN)/ USA 1981/ Regie: John Milius

CONTACT (CONTACT)/ USA 1997/ Regie: Robert Zemeckis

COPYKILL (COPYCAT)/ USA 1995/ Regie: Jon Amiel

CROCODILE DUNDEE – EIN KROKODIL ZUM KÜSSEN (CROCODILE DUNDEE)/ AUS 1986/ Regie: Peter Faiman

CROSSING GUARD (CROSSING GUARD, THE)/ USA 1995/ Regie: Sean Penn

DAVE (DAVE)/ USA 1993/ Regie: Ivan Reitman

DAYS OF THUNDER (DAYS OF THUNDER)/ USA 1990/ Regie: Tony Scott

DEAD MAN (DEAD MAN)/ USA 1996/ Regie: Jim Jarmusch

DEMOLITION MAN (DEMOLITION MAN)/ USA 1993/ Regie: Marco Brambilla

DENN ZUM KÜSSEN SIND SIE DA (KISS THE GIRLS)/ USA 1997/ Regie: Gary Fleder

DER MIT DEM WOLF TANZT (DANCES WITH WOLVES)/ USA 1990/ Regie: Kevin Costner

DESERT HEARTS (DESERT HEARTS)/ USA 1985/ Regie: Donna Deitch

DIRTY DANCING (DIRTY DANCING)/ USA 1987/ Regie: Emile Ardolino

DOC HOLLYWOOD (DOC HOLLYWOOD)/ USA 1991/ Regie: Michael Caton-Jones

DON JUAN DE MARCO (DON JUAN DEMARCO)/ USA 1995/ Regie: Jeremy Leven

DREI ENGEL FÜR CHARLIE (CHARLIE'S ANGELS)/ USA 2000/ Regie: McG

DREI ENGEL FÜR CHARLIE – VOLLE POWER (CHARLIE'S ANGELS – FULL THROTTLE)/ USA 2003/ Regie: McG

DROP ZONE (DROP ZONE)/ USA 1994/ Regie: John Badham

DU SOLLST MEIN GLÜCKSSTERN SEIN (SINGIN' IN THE RAIN)/ USA 1952/ Regie: Gene Kelly, Stanley Donen

E. T. – DER AUSSERIRDISCHE (E. T. – THE EXTRATERRESTRIAL)/ USA 1982/ Regie: Steven Spielberg

EHRENWERTER GENTLEMAN, EIN (THE DISTINGUISHED GENTLEMAN)/ USA 1992/ Regie: Jonathan Lynn

EINZIGE ZEUGE, DER (WITNESS)/ USA 1985/ Regie: Peter Weir

E-MAIL FÜR DICH (YOU'VE GOT MAIL)/ USA 1998/ Regie: Nora Ephron

ENDLICH WIEDER ACHTZEHN (18 AGAIN!)/ USA 1988/ Regie: Paul Flaherty

ENGLISCHE PATIENT, DER (THE ENGLISH PATIENT)/ USA 1996/ Regie: Anthony Minghella

ERASER (ERASER)/ USA 1996/ Regie: Charles Russell

ERIN BROCKOVICH (ERIN BROCKOVICH)/ USA 1999/ Regie: Steven Soderbergh

EVITA (EVITA)/ USA 1996/ Regie: Alan Parker

EXPLOSIV – BLOWN AWAY (BLOWN AWAY)/ USA 1994/ Regie: Stephen Hopkins

FALSCHE MANN, DER (THE WRONG MAN)/ USA 1957/ Regie: Alfred Hitchcock

FAMILY MAN (FAMILY MAN)/ USA 2000/ Regie: Brett Ratner

FAMILY THING – BRÜDER WIDER WILLEN (A FAMILY THING)/ USA 1996/ Regie: Richard Pearce

FARBE DES GELDES, DIE (THE COLOR OF MONEY)/ USA 1986/ Regie: Martin Scorsese

FEARLESS – JENSEITS DER ANGST (FEARLESS)/ USA 1993/ Regie: Peter Weir

FEGEFEUER DER EITELKEITEN (BONFIRE OF THE VANITIES, THE)/ USA 1990/ Regie: Brian De Palma

FENSTER ZUM HOF, DAS (REAR WINDOW)/ USA 1954/ Regie: Alfred Hitchcock

FILOFAX – ICH BIN DU UND DU BIST NICHTS (FILOFAX *aka* TAKING CARE OF THE BUSINESS)/ USA 1990/ Regie: Arthur Hiller

FLASHDANCE (FLASHDANCE)/ USA 1982/ Regie: Adrian Lyne

FLETCHERS VISIONEN (CONSPIRACY THEORY)/ USA 1997/ Regie: Richard Donner

FLIEGE, DIE (THE FLY)/ USA 1986/ Regie: David Cronenberg

FOOTLOOSE (FOOTLOOSE)/ USA 1984/ Regie: Herbert Ross

FOR THE BOYS (FOR THE BOYS)/USA 1991/ Regie: Mark Rydell

FOREVER YOUNG (FOREVER YOUNG)/ USA 1992/ Regie: Steve Miner

FORREST GUMP (FORREST GUMP)/ USA 1994/ Regie: Robert Zemeckis

FREITAG, DER 13. (FRIDAY THE 13TH)/ USA 1979/ Regie: Sean S. Cunningham

FRENCH KISS (FRENCH KISS)/ USA 1995/ Regie: Lawrence Kasdan

FREUNDINNEN (BEACHES)/ USA 1988/ Regie: Garry Marshall

FÜNFTE ELEMENT, DAS (THE FIFTH ELEMENT)/ F 1997/ Regie: Luc Besson

GANZ NORMALE FAMILIE, EINE (ORDINARY PEOPLE)/ USA 1980/ Regie: Robert Redford

GEBOREN AM 4. JULI (BORN ON THE FOURTH OF JULY)/ USA 1989/ Regie: Oliver Stone

GEBURT EINER NATION, DIE (THE BIRTH OF A NATION)/ USA 1915/ Regie: David W. Griffith

GEFÄHRLICHE FREUNDIN (SOMETHING WILD)/ USA 1986/ Regie: Jonathan Demme

GEGEN DIE ZEIT (NICK OF TIME)/ USA 1995/ Regie: John Badham

GEHEIMNIS VON MALAMPUR, DAS (THE LETTER)/ USA 1940/ Regie: William Wyler

GELIEBTE APHRODITE (MIGHTY APHRODITE)/ USA 1995/ Regie: Woody Allen

GHOST – NACHRICHT VON SAM (GHOST)/ USA 1990/ Regie: Jerry Zucker

GIGI (GIGI)/ USA 1958/ Regie: Vincente Minnelli

GLÜCKSRITTER, DIE (TRADING PLACES)/ USA 1982/ Regie: John Landis

GOLDGRÄBER VON 1933 (GOLD DIGGERS OF 1933)/ USA 1933/ Regie: Mervyn LeRoy

GOOD MORNING VIETNAM (GOOD MORNING, VIETNAM)/ USA 1987/ Regie: Barry Levingon

GOOD WILL HUNTING [aka DER GUTE WILL HUNTING] (GOOD WILL HUNTING)/ USA 1997/ Regie: Gus Van Sant

GREEN CARD – SCHEINEHE MIT HINDERNISSEN (GREEN CARD)/ Australien; Frankreich; USA 1990/ Regie: Peter Weir

GREYSTOKE (GREYSTOKE: THE LEGEND OF TARZAN, LORD OF THE APES)/ USA 1984/ Regie: Hugh Hudson

GRÜNE TOMATEN (FRIED GREEN TOMATOES AT THE WHISTLE STOP CAFÉ)/ USA 1991/ Regie: Jon Avnet

HALBBLUT (THUNDERHEART)/ USA 1992/ Regie: Michael Apted

HALLOWEEN – DIE NACHT DES GRAUENS (HALLOWEEN)/ USA 1978/ Regie: John Carpenter

Jäger des verlorenen Schatzes (Raiders of the Lost Ark)/ USA 1981/ Regie: Steven Spielberg

Jenseits von Afrika (Out of Africa) USA 1985/ Regie: Sydney Pollack

Jumpin' Jack Flash (Jumpin' Jack Flash)/ USA 1986/ Regie: Penny Marshall

Junior (Junior)/ USA 1994/ Regie: Ivan Reitman

Karate Kid (The Karate Kid)/ USA 1984/ Regie: John G. Avildsen

Kindergarten Cop (Kindergarten Cop)/ USA 1990/ Regie: Ivan Reitman

King Ralph (King Ralph)/ USA 1991/ Regie: David S. Ward

Klasse für sich, Eine (A League of Their Own)/ USA 1992/ Regie: Penny Marshall

König der Fischer (The Fisher King)/ USA 1991/ Regie: Terry Gilliam

Königin Christine (Queen Christina)/ USA 1933/ Regie: Rouben Mamoullian

Kopfgeld – Einer wird bezahlen (Ransom)/ USA 1996/ Regie: Ron Howard

Kopfüber in die Nacht (Into the Night)/ USA 1985/ Regie: John Landis

Krieg der Sterne (Star Wars)/ USA 1977/ Regie: George Lucas

L.A. Confidential (L.A. Confidential)/ USA 1997/ Regie: Curtis Hanson

Lass mich mal ran (Just One of the Guys)/ USA 1985/ Regie: Lisa Gottlieb

Leaving Las Vegas (Leaving Las Vegas)/ USA 1995/ Regie: Mike Figgis

Leben stinkt, Das (Life Stinks)/ USA 1991/ Regie: Mel Brooks

Leoparden küsst man nicht (Bringing up Baby)/ USA 1938/ Regie: Howard Hawks

Liebling – Ich habe die Kinder geschrumpft (Honey, I Shrunk the Kids)/ USA 1989/ Regie: Joe Johnston

Lorenzos Öl (Lorenzo's Oil)/ USA 1992/ Regie: George Miller

Made in Heaven (Made in Heaven)/ USA 1987/ Regie: Alan Rudolph

Magnolien aus Stahl (Steel Magnolias)/ USA 1989/ Regie: Herbert Ross

Manhunter (*aka* Roter Drache) (Manhunter *aka* Red Dragon)/ USA 1986/ Regie: Michael Mann

Mann, der zu viel wusste, Der (The Man Who Knew Too Much)/ USA 1956/ Regie: Alfred Hitchcock

Marvins Töchter (Marvin's Room)/ USA 1996/ Regie: Jerry Zaks

Matrix (The Matrix)/ USA 1999/ Regie: Andy Wachowski, Larry Wachowski

Mein Partner mit der kalten Schnauze (K-9)/ USA 1989/ Regie: Rod Daniel

Meine Stiefmutter ist ein Alien (My Stepmother is an Alien)/ USA 1988/ Regie: Richard Benjamin

Memento (Memento)/ USA 2000/ Regie: Christopher Nolan
Menschenkind (Beloved)/ USA 1998/ Regie: Jonathan Demme
Million Trinkgeld, Eine (It Could Happen to You)/ USA 1994/ Regie:
    Andrew Bergman
Minority Report (Minority Report)/ USA 2001/ Regie: Steven Spielberg
Mission Impossible (Mission Impossible)/ USA 1996/ Regie: Brian De Palma
Mission to Mars (Mission to Mars)/ USA 2000/ Regie: Brian De Palma
Mona Lisa (Mona Lisa)/ GB 1986/ Regie: Neil Jordan
Mondsüchtig (Moonstruck)/ USA 1987/ Regie: Norman Jewison
Mosquito Coast (Mosquito Coast)/ USA 1986/ Regie: Peter Weir
Moulin Rouge (Moulin Rouge)/ USA 2001/ Regie: Baz Luhrman
Mr. Baseball (Mr. Baseball)/ USA 1992/ Regie: Fred Schepisi
Mrs. Doubtfire (Mrs. Doubtfire)/ USA 1993/ Regie: Chris Columbus
Mulholland Drive (Mulholland Drive)/ USA 2001/ Regie: David Lynch
My Big Fat Greek Wedding (My Big Fat Greek Wedding)/ USA 2003/
    Regie: Joel Zwick
My Life (My Life)/ USA 1993/ Regie: Bruce Joel Rubin

nackte Kanone, Die (The Naked Gun)/ USA 1988/ Regie: David Zucker
Nell (Nell)/ USA 1996/ Regie: Michael Apted
Noch drei Männer, noch ein Baby (3 Men and a Baby)/ USA 1987/ Regie:
    Leonard Nimoy
Notting Hill (Notting Hill)/ GB 1999/ Regie: Roger Michael
Nur für Dich – Only You (Only You)/ USA 1994/ Regie: Norman Jewison
Nuts … durchgedreht (Nuts)/ USA 1987/ Regie: Martin Ritt

Offizier und Gentleman, Ein (An Officer and a Gentleman)/ USA
    1982/ Regie: Taylor Hackford
Overboard – Ein Goldfisch fällt ins Wasser (Overboard)/ USA 1987/
    Regie: Garry Marshall

Passion Fish (Passion Fish)/ USA 1992/ Regie: John Sayles
Payback – Zahltag (Payback)/ USA 1999/ Regie: Brian Helgeland
Peggy Sue hat geheiratet (Peggy Sue Got married)/ USA 1986/ Regie:
    Francis Ford Coppola
Pferdeflüsterer, der (The Horsewhisperer)/ USA 1998/ Regie. Robert
    Redford
Philadelphia (Philadelphia)/ USA 1993/ Regie: Jonathan Demme
Philadelphia Experiment, Das (Philadelphia Experiment, The)/ USA
    1984/ Regie: Stewart Raffill
Piano, Das (The Piano)/ Neuseeland 1993/ Regie: Jane Campion
Platoon (Platoon)/ USA 1986/ Regie: Oliver Stone
Player, The (The Player)/ USA 1992/ Regie: Robert Altman

PLEASANTVILLE (PLEASANTVILLE)/ USA 1998/ Regie: Gary Ross
PRETTY WOMAN (PRETTY WOMAN)/ USA 1989/ Regie: Garry Marshall
PRINZ AUS ZAMUNDA, DER (COMING TO AMERICA)/ USA 1988/ Regie: John
  Landis

RAIN MAN (RAIN MAN)/ USA 1988/ Regie: Barry Levinson
RAMBO (FIRST BLOOD)/ USA 1982/ Regie: Ted Kotchef
RAMBO II – DER AUFTRAG (RAMBO: FIRST BLOOD II)/ USA 1985/ Regie:
  George Pan Cosmatos
RAMBO III (RAMBO III)/ USA 1987/ Regie: Peter MacDonald
RED HEAT (RED HEAT)/ USA 1988/ Regie: Walter Hill
RENDEZVOUS MIT EINEM ENGEL (THE PREACHER'S WIFE)/ USA 1996/ Regie:
  Penny Marshall
ROCK – FELS DER ENTSCHEIDUNG, THE (THE ROCK)/ USA 1996/ Regie: Mi-
  chael Bay
ROCKY (ROCKY)/ USA 1976/ Regie: John G. Avildsen
ROCKY II (ROCKY II)/ USA 1978/ Regie: Sylvester Stallone
ROCKY HORROR PICTURE SHOW, DIE (THE ROCKY HORROR PICTURE SHOW)/
  GB 1975/ Regie: Jim Sharman
ROTER DRACHE (RED DRAGON)/ USA 2002/ Regie: Brett Ratner
ROYAL TENNENBAUMS, DIE/ USA 2001/ Regie: Wes Anderson

SABRINA (SABRINA)/ USA 1954/ Regie: Billy Wilder
SABRINA (SABRINA)/ USA 1995/ Regie: Sydney Pollack
SANFTE AUGEN LÜGEN NICHT (A STRANGER AMONG US)/ USA 1992/ Regie:
  Sidney Lumet
SCHINDLERS LISTE (SCHINDLER'S LIST)/ USA 1993/ Regie: Steven Spielberg
SCHLAFLOS IN SEATTLE (SLEEPLESS IN SEATTLE)/ USA 1993/ Regie: Nora
  Ephron
SCHNAPPT SHORTY (GET SHORTY)/ USA 1995/ Regie: Barry Sonnenfeld
SCHWARZE WITWE, DIE (BLACK WIDOW) / USA 1986/ Regie: Bob Rafelson
SCHWEIGEN DER LÄMMER, DAS (THE SILENCE OF THE LAMBS)/ USA 1990/ Re-
  gie: Jonathan Demme
SCOTT & HUUTSCH (TURNER & HOOCH)/ USA 1989/ Regie: Roger Spottiswoode
SIE KÜSSTEN UND SIE SCHLUGEN IHN (LES QUATRES CENTS COUPS)/ F 1959/
  Regie: François Truffaut
SIEGER, DER (THE QUIET MAN)/ USA 1952/ Regie: John Ford
SISTER ACT (SISTER ACT)/ USA 1992/ Regie: Emile Ardolino
SLEEPERS (SLEEPERS)/ USA 1996/ Regie: Barry Levinson
SLEEPY HOLLOW (SLEEPY HOLLOW)/ USA 1999/ Regie: Tim Burton
SOLO FÜR ZWEI (ALL OF ME)/ USA 1984/ Regie: Carl Reiner
SOPHIES ENTSCHEIDUNG (SOPHIE'S CHOICE)/ USA 1982/ Regie: Alan J. Pakula
SOUL MAN (SOUL MAN)/ USA 1986/ Regie: Steve Miner
SPEED (SPEED)/ USA 1994/ Regie: Jan de Bont

Sphere – Die Macht aus dem All (Sphere)/ USA 1998/ Regie: Barry Levinson

Staatsanwälte küsst man nicht (Legal Eagles)/ USA 1986/ Regie: Ivan Reitman

Stadt der Engel (City of Angels)/ USA 1998/ Regie: Brad Silberling

Stadtneurotiker, Der (Annie Hall)/ USA 1977/ Regie: Woody Allen

Stanley & Iris (Stanley & Iris)/ USA 1990/ Regie: Martin Ritt

Stirb langsam (Die Hard)/ USA 1988/ Regie: John McTiernan

Stirb langsam II (Die Hard II *aka* Die Harder)/ USA 1990/ Regie: Renny Harlin

Stirb langsam – Jetzt erst recht (Die Hard: With a Vengeance)/ USA 1995/ Regie: John McTiernan

Striptease (Striptease)/ USA 1996/ Regie: Andrew Bergman

Susan … verzweifelt gesucht (Desperately Seeking Susan)/ USA 1985/ Regie: Susan Seidelman

Suspect (Suspect)/ USA 1987/ Regie: Peter Yates

Sweet Home Alabama/ USA 2002/ Regie: Andy Tennant

Switch (Switch)/ USA 1991/ Regie: Blake Edwards

Taxi Driver (Taxi Driver)/ USA 1976/ Regie: Martin Scorsese

Terminator (Terminator, The)/ USA 1984/ Regie: James Cameron

Terminator 2: Tag der Abrechnung (Terminator 2: Judgment Day)/ USA 1991/ Regie: James Cameron

Teufelin, Die (She-Devil)/ USA 1989/ Regie: Susan Seidelman

Thelma und Louise (Thelma and Louise)/ USA 1991 / Regie: Ridley Scott

THX 1138 (THX-1138)/ USA 1971/ Regie: George Lucas

Tin Cup (Tin Cup)/ USA 1996/ Regie: Ron Shelton

Titanic/ USA 1998/ Regie: James Cameron

To Wong Foo, Thanks for Everything, Julie Newmar (To Wong Foo, Thanks for Everything, Julie Newmar)/ USA 1995/ Regie: Beeban Kidron

Tod und das Mädchen, Der (Death and the Maiden)/ USA 1994/ Regie: Roman Polanski

Tödliche Weihnachten (The Long Kiss Goodnight)/ USA 1996/ Regie: Renny Harlin

Tomb Raider (Tomb Raider: The Adventures of Lara Croft)/ USA 2001/ Regie: Simon West

Tootsie (Tootsie)/ USA 1982/ Regie: Sydney Pollack

Top Dog (Top Dog)/ USA 1995/ Regie: Aaron Norris

Top Gun – Sie fürchten weder Tod noch Teufel (Top Gun)/ USA 1986/ Regie: Tony Scott

True Lies (True Lies)/ USA 1994/ Regie: James Cameron

Truman Show (Truman Show)/ USA 1998/ Regie: Peter Weir

Twelve Monkeys (Twelve Monkeys)/ USA 1995/ Regie: Terry Gilliam

Twister (Twister)/ USA 1996/ Regie: Jan de Bont

ÜBLICHEN VERDÄCHTIGEN, DIE (THE USUAL SUSPECTS)/ USA 1995/ Regie: Bryan Singer

UND TÄGLICH GRÜSST DAS MURMELTIER (GROUNDDOG DAY)/ USA 1993/ Regie: Harold Ramis

UNMORALISCHES ANGEBOT, EIN (INDECENT PROPOSAL)/ USA 1993/ Regie: Adrian Lyne

UNSICHTBARE DRITTE, DER (NORTH BY NORTHWEST)/ USA 1959/ Regie: Alfred Hitchcock

V. I. WARSHAWSKI – DETEKTIV IN SEIDENSTRÜMPFEN (V. I. WARSHAWSKI)/ USA 1991/ Regie: Jeff Kanew

VERDICT, THE – DIE WAHRHEIT UND NICHTS ALS DIE WAHRHEIT (THE VERDICT)/ USA 1982/ Regie: Sidney Lumet

VERHÄNGNISVOLLE AFFÄRE, EINE (FATAL ATTRACTION)/ USA 1987/ Regie: Adrian Lynne

VICTOR/ VICTORIA (VICTOR/ VICTORIA)/ USA 1982/ Regie: Blake Edwards

VIER HOCHZEITEN UND EIN TODESFALL (FOUR WEDDINGS AND A FUNERAL)/ GB 1993/ Regie: Mike Netwill

VIKTOR UND VIKTORIA/ D 1933/ Regie: Reinhard Schünzel

WAFFEN DER FRAUEN, DIE (WORKING GIRL)/ USA 1988/ Regie: Mike Nichols

WÄHREND DU SCHLIEFST (WHILE YOU WERE SLEEPING)/ USA 1995/ Regie: Jon Turteltaub

WALL STREET (WALL STREET)/ USA 1987/ Regie: Oliver Stone

WAS FRAUEN WOLLEN (WHAT WOMEN WANT)/ USA 2000/ Regie: Nancy Myers

WEISSE HAI, DER (JAWS)/ USA 1975/ Regie: Steven Spielberg

WHEN NIGHT IS FALLING (WHEN NIGHT IS FALLING)/ Canada 1995/ Regie: Patricia Rozema

WIE DER VATER, SO DER SOHN (LIKE FATHER, LIKE SON)/ USA 1987/ Regie: Rod Daniel

WILD AT HEART (WILD AT HEART)/ USA 1990/ Regie: David Lynch

YENTL (YENTL)/ USA 1983/ Regie: Barbra Streisand

ZAUBERER VON OZ, DER (THE WIZARD OF OZ)/ USA/ Regie: Victor Fleming, King Vidor

ZAUBERHAFTE ZEITEN (PRELUDE TO A KISS)/ USA 1992/ Regie: Norman René

ZEIT DER ZÄRTLICHKEIT (TERMS OF ENDEARMENT)/ USA 1983/ Regie: James L. Brooks

ZEIT NACH MITTERNACHT, DIE (AFTER HOURS)/ USA 1985/ Regie: Martin Scorsese

ZIVILPROZESS (A CIVIL ACTION)/ USA 1988/ Regie: Steven Zaillian

ZOFF IN BEVERLY HILLS (DOWN AND OUT IN BEVERLY HILLS)/ USA 1986/ Regie: Paul Mazursky

Zurück in die Zukunft (Back to the Future)/ USA 1985/ Regie: Robert Zemeckis

Zurück in die Zukunft II (Back to the Future II)/ USA 1989/ Regie: Robert Zemeckis

Zurück in die Zukunft III (Back to the Future III)/ USA 1990/ Regie: Robert Zemeckis

Zwei Banditen (Butch Cassidy and the Sundance Kid)/ USA 1968/ Regie: George Roy Hill

Zwei mal zwei (Big Business)/ USA 1988/ Regie: Jim Abrahams

Zwei stahlharte Profis (Lethal Weapon)/ USA 1987/ Regie: Richard Donner

Zwölf Uhr mittags (High Noon)/ USA 1952/ Regie: Fred Zinnemann

Literaturverzeichnis

Adler, Richard P. (1986) (hg.): Understanding Television. Essays on Television as a Social and Cultural Force. New York

Adorno, Theodor W. (1963): Fernsehen als Ideologie. In: ders.: Eingriffe. Neun kritische Modelle. Frankfurt a. M., 81–98 [zuerst 1953]

Adorno, Theodor W. (1963a): Prolog zum Fernsehen. In: ders.: Eingriffe. Neun kritische Modelle. Frankfurt a. M., 69–80 [zuerst 1953]

Albersmeier, Franz Josef (1979): Texte zur Theorie des Films. Stuttgart

Albrecht, Gerd (1964): Die Filmanalyse. Ziele und Methoden. In: Filmanalyse 2/hg. v. F. Everschor. Düsseldorf, 233–270

Allen, Richard (1988): Brushing classical Hollywood narrative against the grain of history. In: *Camera Obscura* 18 (September 1988), 136–145

Allen, Robert C. (1985): Speaking of Soap Operas. Chapel Hill

Allen, Robert C. (1989): Bursting Bubbles: Soap Opera, audiences and the limits of genre. In: Seiter 1992, 44–55

Allen, Robert C. (1992): Audience-oriented Criticism and Television. In: Allen, Robert C. (hg.) (1992): Channels of Discourse, Reassembled. Television and Contemporary Criticism. London, 101–137

Allen, Robert C. (hg.) (1995): to be continued … Soap Operas Around The World. London

Altman, Rick (1992): Dickens, Griffith, and Film Theory Today. In: Gaines 1992, 9–47

American Psychiatric Association (1996): Diagnostisches und statistisches Manual psychischer Störungen DSM IV. Göttingen; Bern; Toronto; Seattle [zuerst 1994]

Andrews, Charlton (1915): The Technique of Play Writing. Springfield, Mass.

Anobile, Richard J. (1974): Michael Curtiz' CASABLANCA. London

Arch, Jeffrey (1992): SLEEPLESS IN SEATTLE [d. i. SCHLAFLOS IN SEATTLE]. Unveröffentlichtes Drehbuch. (Fassung vom 29. 8. 1992 – *white revision*)

Archer, William (1960): Play-Making. A Manual of Craftsmanship. New York [zuerst 1912]

Aristoteles (1982): Poetik. Stuttgart

Armer, Allan (1988): Writing the Screenplay. Belmont, Calif.

Armes, Roy (1976): The Ambiguous Image: Narrative Style in Modern European Cinema. London

Armes, Roy (1994): Action and Image. Dramatic Structures in Cinema. Manchester; New York

Armour, Richard A. (1987): Genesis of American Film Narrative 1896–1903. In: *Literature/Film Quarterly* Jg. XV (1987) Heft 4, 268–273

Balázs, Béla (1972): Der Film: Werden und Wesen einer neuen Kunst. Wien

Balázs, Béla (1982): Der sichtbare Mensch/hg. von H. H. Diederichs u. a. München; Berlin (DDR); Budapest

Ball, Eustace Hale (1913): The Art of the Photoplay. New York

Barthes, Roland (1985): Die helle Kammer: Bemerkungen zur Photographie. Frankfurt a. M.

Barthes, Roland (1988): Das semiologische Abenteuer. Frankfurt a. M.

Bazin, André (1980): Orson Welles. Wetzlar

Bellour, Raymond (1986): Segmenting/Analyzing. In: Rosen 1986, 66–92 [zuerst 1976]

Belton, John (1994): American Cinema/ American Culture. New York

Benjamin, Walter (1991): Der Erzähler. Betrachtungen zum Werk Nikolai Lesskows. In: ders: Gesammelte Schriften Bd. II/2. Frankfurt a. M., 438–465 [zuerst 1937]

Berger, Arthur Asa (1981): Semiotics and TV. In: Adler 1986, 91–114

Berger, Arthur Asa (1997): Narratives in Popular Culture, Media and Everyday Life. London, New Delhi

Berman, Robert (1988): Fade in: The Screenwriting Process. New York

Blacker, Irwin (1986): The Elements of Screenwriting. A Guide for Film and Television Writing. New York

Bloem, Walter S. (1924): The Soul of the Moving Picture. New York

Blothner, Dirk (1999): Erlebniswelt Kino: Über die unbewußte Wirkung des Films. Bergisch Gladbach

Blum, Richard A. (1980): Television Writing: From Concept to Contract. New York

Bonnet, James (1999): Stealing Fire from the Gods: A dynamic new story model for writers and filmmakers. Studio City, CA

Bordwell, David (1976): CITIZEN KANE. In: Nichols 1976, 273–290

Bordwell, David (1985): Narration in the Fiction Film. London; New York

Bordwell, David (1985a): The Classical Hollywood Style. In: Bordwell, David; Staiger, Janet; Thompson, Kristin: The Classical Hollywood Cinema. New York, 1985, 1–84

Bordwell, David (1988): ApProppriations and ImPropprieties: Problems in the Morphology of Film Narrative. In: *Cinema Journal* Jg. 37 (Frühjahr 1988), Heft 3, 5–20

Bordwell, David (1989): Making Meaning: Inference and Rhetoric in the Interpretation of Cinema. Cambridge; London

Bordwell, David (1995): DIE HARD [d. i. STIRB LANGSAM] – und die Rückkehr des klassischen Hollywood-Kinos. In: Der schöne Schein der Künstlichkeit/ hg. von Ken Adam und Andreas Rost. Frankfurt a. M. 151–200

Bordwell, David (1995a): CITIZEN KANE und die Künstlichkeit des klassischen

Studio-Systems. In: Der schöne Schein der Künstlichkeit/ hg. von Ken Adam und Andreas Rost. Frankfurt a. M. 117–149

Bordwell, David; Thompson, Kristin (1986): Film Art. An Introduction. New York

Borges, Jorge Luis (1971): CITIZEN KANE. In: Focus on CITIZEN KANE/ hg. von Ronald Gottesmann. Englewood Cliffs, 127–128

Boyle, James F. (1984): Observing The Feature Screenplays as a Unified Structure: Twenty-six Things Found On The First Three Pages. In: *Journal of Film and Video* Jg. 26 (Sommer 1984), Heft 3, 58–64

Brady, Ben; Lee, Lance (1988) The Understructure of Writing for Film and Television. Austin

Brandt, Ulrich (1995): Schieß los! Erzählmuster in amerikanischen Fernsehserien. In: Schneider, Irmela (hg.) (1995): Serien-Welten: Strukturen US-amerikanischer Serien aus vier Jahrzehnten. Opladen, 52–73

Branigan, Edward (1984): Point of View in the Cinema: A Theory of Narration and Subjectivity in Classical Film. Berlin (BRD); New York; Amsterdam

Branigan, Edward (1992): Narrative and Comprehension of Film. London; New York

Bremond, Claude (1972): Die Erzählnachricht. In: Ihwe 1972, 177–217

Bremond, Claude (1973): Logique du récit. Paris

Bronfen, Elisabeth (1999): Heimweh: Illusionsspiele in Hollywood. Berlin

Brooks, Peter (1984): Reading for the plot: Design and Intention in the Narrative. New York

Browne, Nick (1982): The Rhetoric of Filmic Narration. Ann Arbor (Studies in Cinema, No. 12)

Brunow, Jochen (1989): Schreiben für den Film. Das Drehbuch als eine andere Art des Erzählens. München

Burch, Noël (1990): Life to those Shadows. Berkeley

Busfield, Roger M. (1958): The Playwright's Art. Stage, Radio, Television, Motion Pictures. New York

Campbell, Joseph (1978): Der Heros in tausend Gestalten. Frankfurt a. M. [zuerst 1948]

Campbell, Joseph (1994): Der Flug der Wildgans: mythologische Streifzüge. München; Zürich [zuerst 1969]

Cardullo, Bert (1986): The real fascination of Citizen Kane. In: ders. (hg.): Before His Eyes: Essays in honor to Stanley Kaufmann. Landham, 169–179

Carringer, Robert L. (1976): Rosebud, Dead or Alive: Narrative and Symbolic Structure in Citizen Kane. In: PMLA (März 1976), 185–193

Carringer, Robert L. (1985): The Making of Citizen Kane. Berkeley

Carroll, Noël (1988): Mystifying Movies: Fads and Fallacies in Contemporary Film Theory. New York

Carroll, Noël (1996): Theorizing the Moving Image. Cambridge

Cavell, Stanley (1981): Pursuits of Happiness: The Hollywood Comedy of Remarriage. Cambridge

Charney, Leo (1990): Historical excess: Johnny Guitar's containment. In: *Cinema Journal* Jg. 24 (Sommer 1990), Heft 4, 23–34

Chatman, Seymour (1978): Story and Discourse: Narrative Structure in Fiction and Film. Ithaca; New York

Chomsky, Noam (1973): Aspekte der Syntax-Theorie. Frankfurt [zuerst 1965]

Christie, Ian (1998): Formalism and Neo-formalism. In: Hill/Gibson 1998, 58–64

Chunovic, Louis (1995): Jody. A Biography. Chicago

Clover, Carol (1992): Men, Women and Chainsaws: Gender in Modern Horror Film. London

Cohan, Steve; Shires, Linda M. (1988): Telling Stories: A Theoretical Analysis of Narrative Fiction. New York; London

Cole, Hillis R.; Haag, Judith (1995): The Complete Guide to Standard Script Formats. Part I: Screenplays. Hollywood

Creed, Barbara (1998): Film and psychoanalysis. In: Hill/Gibson 1998, 77–90

Cunningham, Keith (1992): Myths, Dreams and Movies: Exploring the Archetypal Roots of Cinema. In: *The Quest* (Spring 1992), 30–40

Dancyger, Ken; Rush, Jeff (1995): Alternative Scriptwriting: Writing Beyond the Rules. Boston; Oxford u. a.

Danziger, Marie (1994): Basic Instinct: grappling for post-modern mind control. *Literature/Film Quarterly* Jg. 22 (Januar 94), Heft 1, 7–10

de Lauretis, Teresa (1984): Alice Doesn't. Feminism, semiotics, cinema. Bloomington

de Vany, Arthur S. (1995): The Emerging New Order in Natural Gas: market versus regulation. Westport, Connecticut

Deleuze, Gilles (1989): Das Bewegungsbild. Kino 1. Frankfurt a. M.

Deutelbaum, Marshall (1986): Rosebud and the Illusion of Childhood Innocence in CITIZEN KANE. In: Fowler, Douglas (1986): The Kingdom of Dreams in Literature and Film. Tallahassee, 46–61

Distelmeyer, Jan (1999): »Wir müssen an die Oberfläche!« Renny Harlins postklassisches Kino. In: *epd film* 16. Jg. (1999), Heft 11, 20–25

Drake, Diane (1993): ONLY YOU/Unveröffentlichtes Drehbuch (*undatierte Fassung*)

Duden ›Etymologie‹: Herkunftswörterbuch der deutschen Sprache. Mannheim u. a. 1989 (Der Duden; Bd. 7)

Dunne, John Gregory (1997): Monster: Living off the Big Screen. New York

Dupont, Ewald André (1919): Wie ein Film geschrieben wird und wie man ihn verwertet. Berlin

Dyer, Richard (1979): Stars. London

Dyer, Richard (1994): Action! In: *Sight and Sound* (1994)10, 7–10

Eco, Umberto (1990): Lector in fabula. Die Mitarbeit der Interpretation in erzählenden Texten. München

Eder, Jens (1999): Dramaturgie des populären Films: Drehbuchpraxis und Filmtheorie. Hamburg (Beiträge zur Medienästhetik und Mediengeschichte; 7)

Egri, Lajos (1946): The Art of Dramatic Writing: Its Basis in the Creative Interpretation of Human Motives. New York; London u. a.

Eichenbaum, Boris (1974): Probleme der Filmstilistik. In: Beilenhoff, Wolfgang
(Hg.): Poetik des Films. München, 12–39

Eisenstein, Sergej (1923): Montage der Attraktionen. In: Albersmeier (1979),
46–57

Eisermann, Jessica (2001): Mediengewalt. Die gesellschaftliche Kontrolle von
Gewaltdarstellungen im Fernsehen. Wiesbaden

Elsaesser, Thomas (1990): Early Cinema: Space Frame Narrative. London

Emerson, John; Loos, Anita (1920): How to Write Photoplays. New York

Engell, Lorenz (1992): Sinn und Industrie. Einführung in die Filmgeschichte.
Frankfurt a. M.; New York

Engell, Lorenz (1995): Bewegen beschreiben. Theorie zur Filmgeschichte. Weimar

Erens, Particia (1977): SUNSET BOULEVARD – a Morphological Analysis. In:
Film Reader, No. 2

Esterhas, Joe (1991): Basic Instinct. Unveröffentlichtes Drehbuch. (Fassung
ohne *draft*-Angabe und Datum)

Faulstich, Werner (1980): Einführung in die Filmanalyse. 3. vollst. neu bearb.
u. erhebl. erw. Aufl. Tübingen

Faulstich, Werner; Faulstich, Ingeborg (1977): Modelle der Filmanalyse. München

Faulstich, Werner; Korte, Helmut (hg.) (1995): Fischer Filmgeschichte. Bd. 5:
Massenware und Kunst (1977–1995). Frankfurt a. M.

Feil, Georg; Kließ, Werner (2003): Profikiller. So schreiben Sie das perfekte Kri-
midrehbuch. Bergisch Gladbach

Fell, John (1977): Vladimir Propp in Hollywood. In: *Film Quaterly* Jg. 30 (1977)
Heft 3, 31–39

Fell, John (1980): Motive, mischief and melodrama: the state of film narrative
in 1907. In: *Film Quarterly* Jg. 33 (Frühjahr 80), Heft 3, 30–37

Fell, John (1986): Film and the Narrative Tradition. Berkeley; Los Angeles; London [zuerst 1974]

Ferris, Lesley (hg.) (1993): Crossing the Stage: Controversies on Cross-Dressing. London

Feuer, Jane (1982): The Hollywood Musical. London

Feuer, Jane (1995): Seeing through the Eighties. Television and Reaganism.
London

Field, Syd (1991): Das Handbuch zum Drehbuch: Übungen und Anleitungen
zu einem guten Drehbuch. Frankfurt a. M.

Field, Syd (1994): Four Screenplays: Studies in the American Screenplay. New York

Field, Syd; Märtesheimer, Peter u. a. (1987): Drehbuchschreiben für Film und Fernsehen: Ein Handbuch für Ausbildung und Praxis. München

Fischer, Gottfried; Riedesser, Peter (1998): Lehrbuch der Psychotraumatologie. München

Fischer, Lucy (1990): The Desire to Desire: DESPERATELY SEEKING SUSAN [d. i. SUSAN … VERZWEIFELT GESUCHT]. In: Lehmann 1990, 200–214

Fischer, Robert (1993): Jodie Foster – Hollywoods Wunderkind. München

Fiske, John (1987): Television Culture. London

Fleishman, Avrom (1992): Narrated Films: Storytelling Situations in Cinema History. Baltimore; London

Foss, Bob (1992): Filmmaking: Narrative and Structural Techniques. Los Angeles

Foster, Buddy (1997): Foster Child. A Biography of Jodie Foster. New York

Freeburg, Victor O. (1918): The Art of Photoplay Making. New York

Frey, James N. (2000): The Key: How to Write Damn Good Fiction Using the Power of Myth. Houston

Freytag, Gustav (1894): Die Technik des Dramas. 7. Aufl. Leipzig. [zuerst 1863]

Friedmann, Julian (1999): Unternehmen Drehbuch. Drehbücher schreiben, präsentieren, verkaufen. Bergisch Gladbach

Frye, Northrop (1957): Anatomy of Criticism. Princeton

Fuhrmann, Manfred (1992): Dichtungstheorie der Antike. Darmstadt

Gaines, Jane M. (1992) (hg.): Classical Hollywood Narrative: The Paradigm War. Durham; London

Gaudreault, André (1987): Narration and monstration in the cinema. In: *Journal of Film & Video* Jg. 34 (Frühjahr 1987), Heft 2, 29–36

Gaudreault, André (1990): Film, Narrative, Narration: The Cinema of the Lumière Brothers. In: Elsaesser 1990

Gelbart, Larry (1982): TOOTSIE. Unveröffentlichtes Drehbuch. (Fassung vom 27. 8. 1982)

Gerhold, Hans (1994): Der Zufallslyrismus der Serie und die Vorläufer des Kriminalfilms. In: Faulstich 1994, 182–200

Gesing, Fritz: Kreativ Schreiben. Handwerk und Technik des Erzählens. Köln 1994

Giannetti, Louis (1988): Understanding Movies. Englewood Cliffs

Giles, Denis (1986): A Structural Analysis of the Police Story. In: Kaminsky, Stuart; Mahn, Jeffrey H. (1986) (hg.): American Television Genres. Chicago, 67–84

Gillain, Anne (1981): Reconciling Irreconciliables: an interview with François Truffaut. In: *Wide Angle* Jg. 4 (1981) Heft 4, 26–37. illus.

Goldau, Antje; Prinzler, Hans Helmut (hg.): Rouben Mamoulian: Eine Dokumentation. Berlin, 1987

Goldman, William (1986): Das Hollywoodgeschäft: Wie man Träume verkauft. München

Grant, Barry K. (hg.) (1986): Film Genre Reader. Austin

Green, Bonnie L. (1993): Identifying Survivors at Risk Trauma and Stressors across Events. In: Wilson, John P.; Raphael, Berverly (hg.): International Handbook of Traumatic Stress Syndromes. New York; London 1993, 135–144

Greimas, Algirdas J. (1971): Strukturale Semantik. Methodologische Untersuchungen. Braunschweig [zuerst 1966]

Greimas, Algirdas J. (1973): Les actants, les acteurs et les figures. In: Chabrol, Claude (hg.): Sémiotique narrative et textuelle. Paris

Grimm, Petra (1996): Filmnarratologie. München

Groth, Franz von der (1919): Der Filmschriftsteller. Weimar

Gunning, Tom (1986): The Cinema of Attractions: Early Film, Its Spectator and the Avant-Garde. In: *Wide Angle* 8 (1986) Heft 3/4, 63–70

Gunning, Tom (1998): Early American film. In: Hill/ Gibson 1998, 255–271

Haag, Judith (1994): The Complete Guide to Standard Script Formats. Part II: Taped Formats for Television. Hollywood

Hagedorn, Roger (1988): Technology and Economic Exploitation: The serial as a form of narrative presentation. In: *Wide Angle* Jg. 10 (1988), Heft 4, 4–12

Halberstein, Judith (1991): Skinflick: Posthuman Gender in Jonathan Demme's The Silence of the Lambs [d. i. Das Schweigen der Lämmer]. In: *Camera Obscura* Nr. 27 (1991), 37–52

Hant, Peter (1991): Das Drehbuch: Praktische Filmdramaturgie. Waldeck

Harris, Thomas (1988): Roter Drache. München

Harris, Thomas (1988a): Das Schweigen der Lämmer. München

Harris, Thomas (2001): Hannibal. München

Hauge, Michael (1988): Writing Screenplays That Sell. New York

Heath, Steven (1981): Questions of Cinema. London

Henderson, Brian (1986): Romantic Comedy Today: Semi-Tough or Impossible? In: Grant 1986, 309–28

Henderson, Mary (1998): Star Wars. Magie und Mythos: die phantastischen Welten des George Lucas und ihre Ursprünge. Köln

Herman, Lewis (1952): A practical Manual of Screen Playwriting for Theater and Television Films. Cleveland; New York

Hickethier, Knut (1991): Filmkunst und Filmklassik: Citizen Kane. In: Faulstich/Korte 1991, 293–309

Hickethier, Knut (1996): Film- und Fernsehanalyse. 2. überarb. Aufl. Stuttgart

Hill, John; Gibson, Pamela Church (hg.) (1998): The Oxford Guide to Film Studies. New York

Hoagland, Herbert C. (1912): How to Write a Photoplay. New York

Holtgreve, Sabine; Adolph, Jörg (1995): Talking about my generation. Vom Lebensgefühl zwischen guten und schlechten Zeiten. In: *Ästhetik und Kommunikation* Jg. 26 (1995), Heft 88, 37–42

Honeycut, Kirk (1981): Whose film is it anyway? In: *American Film* Jg. VI (Mai 1981), Heft 7, 34–36; 38–39; 70

Horst, Sabine (2003): Der Trend zur Serie. In: *epd film* Heft 4 (2003), 26–31

Howard, David; Mabley, Edward (1996): Drehbuchhandwerk: Technik und Grundlagen mit Analysen erfolgreicher Filme. Köln

Huetlin, Thomas (1999): »Der Sprung in den Glauben«. Star Wars gegen Titanic. In: *Der Spiegel* (1999) Heft 20, 304–306

Jeffords, Susan (1993): The Big Switch. Hollywood Masculinity in the Nineties. In: Film Theory goes to the Movies/hg. von Jim Collins, Hilary Radner, Ava Preacher Collins. New York, London, 196–208

Jennings, Ros (1995): Desire and Design – Ripley undressed. In: Wilson, Tasmin (1985): Immortal Invisible: Lesbians and the Moving Image. London, 193–206

Jesionowski, Joyse E. (1987): Thinking in Pictures. Dramatic Structures in D. W. Griffith's *biograph films*. Berkeley 1987

Joyce, James (1939): Finnegan's Wake. New York

Jung, C. G. (1957): Bewußtes und Unbewußtes. Frankfurt a. M.

Kabir, Shameen (1998): Daughters of Desire: Lesbian Representation in Film. London

Kael, Pauline (1971): The Citizen Kane Book. Boston

Kael, Pauline (1989): Working Girl [d. i. Die Waffen der Frauen]. In: *New Yorker* 9. 1. 1989, 80–81

Kaltenecker, Siegfried (1999): Dirty Jackie, Funny Chan. Action, Komik und Männlichkeit bei Jackie Chan. In: *Film und Kritik* (1999) Heft 4, 61–82

Karetnikowa, Inga (1990): How Scripts are Made. Southern Illinois

Karstens, Eric; Schütte, Jörg (1999): Firma Fernsehen. Wie TV-Sender arbeiten. Reinbek b. Hamburg

Kathan, T. L. (1990): Reading for a Living. How to be a professional story analyst for film and television. Los Angeles

Katsahnias, Iannis (1991): La Puritaine. In: *Cahiers du cinéma* Nr. 442 (Juni 1991), 56 f.

Keane, Christopher (2002): Schritt für Schritt zum erfolgreichen Drehbuch. Berlin

Kellner, Douglas (1995): Media Culture: Cultural Studies, identity and politics between the modern and the postmodern. London

Kessler, Frank (1993): Attraktion, Spannung, Filmform. In: *montage a/v* Jg. 2 (1993), Heft 2, 117–126

Khouri, Callie (1990): Thelma und Louise. Unveröffentlichtes Drehbuch. (Fassung vom 5. 6. 1990 – *final shooting script*)

King, Barry (1985): Articulating Stardom. In: Gledhill 1991, 167–182

King, Viki (1988): How to Write a Movie in 21 Days. New York

Kinnard, Ray (1983): Fifty Years of Serial Thrill. Metuchen; London

Kirchmann, Kay (1999): Die Rückkehr des Vaters: Psychomotorik und phantasmatische Strukturlogik des zeitgenössischen amerikanischen Action-Films. In: *Film und Kritik* (1999) Heft 4, 45–60

Klinger, Judson (1990): Save Our Script. In: *American Film* 9 (June 90), 30–33, 44–45

Kloos, Reinhard; Reuter, Thomas (1980): Körperbilder: Menschenornamente in Revuetheater und Revuefilm. Frankfurt a. M.

Kobal, John (1980): The Art of the Great Hollywood Portrait Photographers 1925–1940. New York

Koch, Howard (1973): CASABLANCA. Script and Legend. Woodstock; New York

König, Hans-Dieter (1994): Mutter und Sohn und ein Mann aus Stahl. In: *medium* (1994) Heft 1, 12–18; Heft 2, 45–49; Heft 3, 52–60

König, Hans-Dieter (1994a): BASIC INSTINCT(s) und der Geschlechterkampf. In: Müller-Doohm, Stefan; Neumann-Braun, Klaus (1994) (hg.): Kulturinszenierungen – Kultureffekte. Vom Unbehagen zum Behagen in der Kultur. Frankfurt a. M., 141–164

Korte, Helmut; Faulstich, Werner (1987): Action und Erzählkunst. Die Filme von Steven Spielberg. Frankfurt a. M.

Kozloff, Sarah (1988): Invisible Storytellers: Voice-Over Narration in American Fiction Film. Berkeley

Kozloff, Sarah (1992): Narrative Theory and Television. In: Allen 1992, 67–100

Kreutzner, Gabriele (1991); Das Phänomen Kultfilm: CASABLANCA. In: Faulstich/Korte 1991, 324–336

Krützen, Michaela (1999): »Ted ist nicht mehr der gleiche.« Väter im Hollywoodkino der achtziger Jahre. In: Männer und Frauen/hg. von Elmar Buck. Köln, 101–124

Krützen, Michaela (2002): »I'm having an old friend for dinner.« Ein Menschenfresser im Klassischen Hollywoodkino. In: Pape, Walter; Fulda, Daniel (2002): Das Andere Essen. Kannibalismus als Motiv und Metapher in der Literatur. Freiburg im Breisgau, 483–531

Kuchenbuch, Thomas (1987): Das Abenteuer und andere Erzählmuster in JÄGER DES VERLORENEN SCHATZES (1981) und INDIANA JONES UND DER TEMPEL DES TODES (1984). In: Korte/ Faulstich 1987, 148–177

Kuner, E.; Schlosser, V. (1988): Traumatologie. Stuttgart

Labov, William (1967): Narrative Analysis: Oral Versions of Personal Experience. In: Essays on the Verbal and Visual Arts. Proc. Of the Annual Spring Meeting of the American Ethnological Society. Seattle, 12–44

Labov, William (1972): The Transformation of Experience in Narrative Syntax. In: ders.: The Social Stratification of English in New York City. Washington, D. C.

Lanser, Susan Sniader (1981): The Narrative Act: Point of View in Prose Fiction. Princeton

Larsen, Stephen (1991): A Fire in the Mind: The Life of Joseph Campbell. New York

Lawson, John H. (1985): Theory and Technique of Playwriting and Screenwriting. New York

Lawton, Jonathan; Metcalfe, Stephen (1989): THREE THOUSAND [d. i. PRETTY WOMAN], unveröffentlichtes Drehbuch (Fassung vom 16. 6. 1989)

Leff, Leonard J. (1981): I hear America typing: a survey of scriptwriting manuals. In: *Quaterly Review of Film Studies* Jg. 6 (Sommer 1981), Heft 3, 279–294.

Leff, Leonard J. (1985): Reading Kane. In: *Film Quaterly*. Jg. 39 (Herbst 1985), Heft 1, 10–21

Leitch, Thomas M. (1986): What Stories Are: Narrative Theory and Interpretation. University Park; London

Levaco, Ronald (1974): Lew Kuleshov. Kuleshov on Film. Berkeley

Lippert, Renate (1995): Die Schatten der Phantasie: Psychoanalyse, Phantasie und Narrationstheorie. In: *frauen und film* (Februar 1995) Heft 56–57, 99–114

Longman, Stanley V. (1985): Composing Drama for Stage and Screen. Boston, Mass.

Lotman, Jurij (1970): Die Struktur literarischer Texte. München

Lotman, Jurij (1973): Probleme der Kinoästhetik. Einführung in die Semiotik des Films. Frankfurt a. M.

Lotman, Jurij (1979): The Origins of Plot in the Light of Typology. In: *Poetics Today* Jg. 1(1979), Heft 1–2, 161–184

Lubbock, Percy (1921): The Craft of Fiction. London

Lucas, George (1974): THE STAR WARS. Unveröffentlichtes Drehbuch (Fassung 5/74 – nicht exakt datiertes *rough draft*)

Lucas, George (1975): THE ADVENTURES OF THE STARKILLER [d. i. KRIEG DER STERNE]. Unveröffentlichtes Drehbuch (Fassung vom 28. 1. 1975 – *second draft*)

Lucas, George (1976): THE STAR WARS – Episode IV: A New Hope. [d. i. KRIEG DER STERNE]. Unveröffentlichtes Drehbuch (Fassung vom 15. 1. 1976 – *fourth draft*)

Lyons, John (1971): Noam Chomsky. München [zuerst 1970]

Mahlke, Günter (1984): DALLAS – ›Around and Around‹. In: *Zwischenschritte: Beiträge zu einer morphologischen Psychologie* 2 (1984), 40–47

Maltby, Richard; Craven, Ian (1985): Hollywood Cinema. An Introduction. Oxford

Mann, Karen B. (1990): Narrative Entanglements: THE TERMINATOR. *Film Quarterly* XLIII/2 (Winter 89–90), 17–27

Manthey, Dirk (1999): Making of … Wie ein Film entsteht. Reinbek b. Hamburg [Bd. 1]

Martin, Wallace (1986): Recent Theories of Narrative. Ithaca; London

Matthews, Brander (1885): The Philosophy of the Short Story. In: ders.: Pen and Ink. New York 1902

Matthews, Brander (1919): Principles of Playmaking. London

McCarty, John (1989): The Official Splatter Movie Guide. New York

McConnell, Frank (1979): Storytelling and Mythmaking. New York; Oxford

McGilligan, Pat (1986): Backstory: Interviews with Screen Writers of Hollywood's Golden Age. Berkeley; Los Angeles; London

McKee, Robert (1997): Story. Substance, Structure, Style and the Principles of Screenwriting. New York

McLuhan, H. Marshall (1991): Die magischen Kanäle. Understanding Media. Düsseldorf; Wien u. a. [zuerst 1964]

McQuarrie, Christopher (1994): THE USUAL SUSPECTS. Unveröffentlichtes Drehbuch (Fassung vom 25. 5. 1994 – *revised draft*)

McQuarrie, Christopher (1996): THE USUAL SUSPECTS. London; Boston

Mehring, Margaret (1990): The Screenplay: A Blend of Film Form and Content. Boston

Mikos, Lothar (1987): Fernsehserien. Ihre Geschichte, Erzählweise und Themen. In: *medien und erziehung* Jg. 31 (1987), Heft 1, 2–16

Milne, Tom (1969): Mamoulian. London

Morsch, Thomas (1999): Die Macht der Bilder. Spektakularität und die Somatisierung des Blicks im Actionkino. In. *Film und Kritik* (1999) 4, 21–44

Müller, Gottfried (1941): Dramaturgie des Theaters und des Films. Mit einem Beitrag von Staatsschauspieler Wolfgang Liebeneiner. Würzburg

Mulvey, Laura (1992): CITIZEN KANE. London

Naremore, James (1978): The Magic World of Orson Welles. New York

Neale, Stephen (1983): Genre. London

Neitzel, Britta (2000): Gespielte Geschichten: Struktur- und prozeßanalytische Untersuchungen der Narrativität von Videospielen. Weimar

Nelmes, Jill (hg.) (1996): An Introduction to Film Studies. London; New York

Nelson, J. Arthur (1913): The Photplay. How to Write, How to Sell. Los Angeles

Neupert, Richard (1995): The End. Narration and Closure in the Cinema. Detroit

Nichols, Bill (hg.) (1976): Movies and Methods. Berkeley

Nowell-Smith, Geoffrey (hg.) (1998): Geschichte des Internationalen Films. Stuttgart; Weimar

Packard, William (1987): The Art of Screenwriting: story, script, markets. New York

Paech, Joachim (1988): Literatur und Film. Stuttgart

Parish, James Robert (hg.) (1971): The Great Movie Series. South Brunswick; New York

Pavel, Thomas G. (1985): The Poetics of Plot: The Case of English Renaissance Drama. Minneapolis

Pearson, Roberta (1998): Das Kino des Übergangs. In: Nowell-Smith 1998, 25–42

Persons, Dan (1992): Scripting the Bestseller. In: *Cinefantastique* Jg. 22 (1992), Heft 4, 31

Persons, Dan (1992a): Production Design, visualizing the Nightmare. In: *Cinefantastique*. Jg. 22 (1992), Heft 4, 24–27

Persons, Dan (1992b): Jonathan Demme on Horror. In: *Cinefantastique*. Jg. 22 (1992), Heft 4, 39

Phillips, Henry Albert (1914): The Photodrama. Larchmont; New York

Polti, Georges (1895): Les trente – six situationes dramatique. Paris

Porter, Dennis (1982): Soap Time: Thoughts on a Commodity Art Form. In: Newcomb, Horace (hg.) (1982): Television. The Critical View. New York; Oxford, 122–131 [zuerst 1977]

Prince, Gerald (1982): Narratology: The Form and Function of Narrative. Berlin (BRD); New York; Amsterdam

Prince, Gerald (1987): A Dictionary of Narratology. Lincoln; London

Propp, Vladimir (1972): Morphologie des Märchens/ hg. von Karl Eimermacher. München

Pudowkin, Wsewolod (1983): Die Zeit in Großaufnahme. Berlin (DDR)

Rall, Veronika (1991): »Miss the Rest of Me.« Jonathan Demmes SILENCE OF THE LAMBS [d. i. DAS SCHWEIGEN DER LÄMMER]. In: *frauen und film* (Juni 1991) Heft 50/51, 134–146

Reid, Craig D. (1993): Fighting without Fighting. Film Action Fight Choreography. In: *Film Quaterly* Jg. 47 (Winter 1993/94), Heft 2, 30–35

Rieser, Susanne (1999): *absolute action*: Zur Politik des Spektakels. In: *Film und Kritik* (Oktober 1999) Heft 4, 5–20

Rimmon-Kenan, Shlomith (1983): Narrative Fiction. Contemporary Poetics. London; New York

Rockwell, F. A. (1975): How To Write Plots That Sell. Chicago

Root, Wells (1979): Writing the Script. New York

Rosen, Philip (hg.) (1986): Narrative, Apparatus, Ideology: A Film Theory Reader. New York

Rother, Rainer (hg.) (1997): Sachlexikon Film. Reinbek b. Hamburg

Rowe, Allan (1996): Film form and narrative. In: Nelmes, Jill: An Introduction to Film Studies. London; New York 1996. 87–120

Rubin, Bruce Joel (1989): GHOST. Unveröffentlichtes Drehbuch, revised first draft 23. 6. 1989 (Salmon Revision 13. 8. 1989)

Rumelhart, David E. (1975): Notes on a Schema for Stories. In: Representation and Understanding: Studies in Cognitive Science/hg. von Daniel G. Bobrow; Allan Collins. New York; San Francisco, London, 211–236

Rushdie, Salman (1992): The Wizard of Oz. London

Ruthrof, Horst (1981): The Reader's Construction of Narrative. London

Sadoul, Georges (1982): Geschichte der Filmkunst. Frankfurt a. M.

Salewicz, Chris (1998): George Lucas. Reinbek b. Hamburg

Salt, Barry (1978): Film form 1900–1906. In: *Sight and Sound* Jg. 47 (1978), Heft 3

Sansweet, Stephen (1998): Star Wars Enzyklopädie. Köln

Sautter, Carl (1988): How to sell your screenplay: The real rules of film and television. New York

Schatz, Thomas (1981): Hollywood Genres: Formulas, Filmmaking and the Studio System. New York

Schedlich, Claudia (1998): Konzeption des Kölner Trauma-Inventars und Pilotermittlung. Köln (unveröff. Diplomarbeit)

Schickel, Richard (1996): Only the Bare Essentials. In: *Time Magazine* 8. 7. 1996

Schlesinger, Thomas (1990): The Myth Conception of Creativity. In: *Hollywood Scriptwriter* Nr. 117 (February 1990), 1–10; Nr. 118 (March 1990), 1–6

Scholes, Robert (1979): Fabulation and Metafiction. Urbana

Scholes, Robert; Kellogg, Robert (1966): The Nature of Narrative. New York

Schütte, Oliver (1999): Die Kunst des Drehbuchlesens. Bergisch Gladbach

Schwarz, Alexander (hg.) (1992): Das Drehbuch: Geschichte, Theorie, Praxis. München

Seger, Linda (1989): Making a Good Script Great. New York; London; Toronto

Seiter, Ellen (hg.) (1992): Remote Control. Television, Audiences & Cultural Power/hg. von Ellen Seiter, Hans Borchers, Gabriele Kreutzner, Eva-Maria Warth. London

Shanley, John Patrick (1986): MOONSTRUCK [d. i. MONDSÜCHTIG]. Unveröffentlichtes Drehbuch

Silverman, Kaja (1983): The Subject of Semiotics. New York

Silverstone, Roger (1981): The Message of Television: Myth and Narrative in Contemporary Culture. London

Singer, Ben (1998): Die Serials. In: Nowell-Smith 1998, 98–104

Solomon, Stanley, J. (1976): Beyond Formula: American Film Genres. New York

Sragow, Michael (1983): Ghostwriters. Unraveling the Enigma of Movie Authorship. In: *Film Comment* Jg. 19 (1983), Heft 2, 9–18

Staiger, Janet (1993): Taboos and Totems: Cultural Meanings of ›The Silence of the Lambs‹. In: Film Theory goes to the Movies/hg. v. Jim Collins, Hilary Radner, Ava Preacher Collins. New York; London, 142–154

Stam, Robert; Burgoyne, Robert; Flitterman-Lewis, Sandy (1992): Film-Narratology. In: dies.: New Vocabularies in Film Semiotics: Structuralism, poststructuralism and beyond. London, 69–122

Stedman, Raymond W. (1977): The Serials. Suspense and Drama by Installment. Norman

Straczynski, J. Michael (1982): The Complete Book of Screenwriting. Cincinnati

Stuart, Jeb (1987): DIE HARD [d. i. STIRB LANGSAM]. Unveröffentlichtes Drehbuch (Fassung vom 2. 10. 1987 – *second revised draft; incl. revisions 1–8, 2. 11. 1987–30. 11. 1987*)

Studlar, Gaylyn; Desser, David (1990): Never Having to Say You're Sorry. Rambo's Rewriting of the Vietnam War. In: Dittmar, Linda; Michaud, Gene (hg.): From Hanoi to Hollywood: The Vietnam War in American Film. New Brunswick, 101–112

Swain, Dwight (1988): Film Scriptwriting. Boston

Tally, Ted (1989): THE SILENCE OF THE LAMBS [d. i. DAS SCHWEIGEN DER LÄMMER]. Unveröffentlichtes Drehbuch, 2nd draft 28. 7. 1989

Tally, Ted (1989a): THE SILENCE OF THE LAMBS [d. i. DAS SCHWEIGEN DER LÄMMER]. Unveröffentlichtes Drehbuch, 4th draft (*shooting script*) 6. 10. 1989

Tasker, Yvonne (1993): Spectacular Bodies. Gender, Genre and the Action Cinema. New York; London

Tasker, Yvonne (1998): Working Girls: Gender and Sexuality in Popular Cinema. London; New York

Thompson, Kristin (1981): Eisenstein's IVAN THE TERRIBLE. A Neoformalist Analysis. Princeton

Thompson, Kristin (1985): The Formulation of the Classical Style. In: Bordwell, David; Staiger, Janet; Thompson, Kristin (1985): The Classical Hollywood Cinema. New York, 155–240

Thompson, Kristin (1986): The Concept of Cinematic Excess. In: Rosen 1986, 130–142 [zuerst 1977]

Thompson, Kristin (1988): Breaking the Glass Armor. Neoformalist Film Analysis. Princeton

Thompson, Kristin (1995): Neoformalistische Filmanalyse. Ein Ansatz – viele Methoden. In: *montage/av* 1 (1995), 23–62

Thompson, Kristin (1997): Wiederholte Zeit und narrative Motivation in GROUNDHOG DAY [d. i. UND TÄGLICH GRÜSST DAS MURMELTIER]. In: Zeit, Schnitt, Raum/ hg. von Andreas Rost. München, 59–94

Thompson, Kristin (1999): Storytelling in the New Hollywood. Understanding Classical Narrative Technique. Cambridge; London

Thüna, Ulrich von: Die Kunst des Drehbuchschreibens. In: *epd Film* IX/8 (August 92), 6–7

Tobias, Ronald B. (1999): 20 [Zwanzig] Masterplots. Woraus Geschichten gemacht sind. Frankfurt a. M.

Todorov, Tzvetan (1966): Les catégories du récit littéraire. In: *Communications* Jg. 7 (1966), Heft 8, 125–151

Todorov, Tzvetan (1972): Die Kategorien der literarischen Erzählung. In: Blumensath, Heinz (hg.): Strukturalismus in der Literaturwissenschaft. Köln, 263–294

Todorov, Tzvetan (1977): Poetik der Prosa. Frankfurt a. M.

Todorov, Tzvetan (1993): Angesichts des Äußersten. München

Toeplitz, Jerzy (1987): Geschichte des Films [2 Bde.]. München

Traub, Valerie (1995): The Ambiguities of ›Lesbian‹ Viewing Pleasure: The (Dis)articulations of BLACK WIDOW [d. i. DIE SCHWARZE WITWE]. In: Out in Culture: Gays, Lesbian and Queer Essays on Popular Culture/ hg. von Corey K. Creekmur; Alexander Doty. London, 115–136

Traube, Elizabeth G. (1992): Dreaming Identities: Class, Gender and Generation in 1980's Hollywood Movies. Boulder, Colorado

Truffaut, François (1973): Mr. Hitchcock, wie haben Sie das gemacht? München [zuerst 1966]

Turim, Maureen (1989): Flashbacks in Film: Memory and History. New York

Turner, Graeme (1998): Cultural Studies and Film. In: Hill/Gibson 1998, 195–201

Tynjanow, Jurij N. (1974): Über die Grundlagen des Films. In: Beilenhoff, Wolfgang (hg.): Poetik des Films. München, 40–63

Vale, Eugene (1987): Die Technik des Drehbuchschreibens für Film und Fernsehen. München

Vogler, Christopher (1992): The Writer's Journey. Mythic Structures for Storytellers and Screenwriters. Los Angeles

Wade, Kevin (1987): WORKING GIRL [d. i. DIE WAFFEN DER FRAUEN]. Unveröffentlichtes Drehbuch, *revised draft* 19. 12. 1987 [*with revision #1* vom 29. 1. 1988, *with revision #2* vom 12. 2. 1988]

Waller, Gregory A. (1990): RAMBO: Getting to Win this Time. In: Dittmar, Linda; Michaud, Gene (hg.): From Hanoi to Hollywood: The Vietnam War in American Film. New Brunswick, 113–128

Walter, Richard (1988): Screenwriting: The Art, Craft, and Business of Film and Television Writing. New York

Weiss, Ken; Goodgold, Ed (1972): To be continued … New York

Wilson, George M. (1986): Narration in Light: Studies in Cinematic Point of View. Baltimore; London

Wilson, John P.; Raphael, Beverly (hg.) (1993): International Handbook of Traumatic Stress Syndromes. New York; London

Winnett, Susan (1990): Coming Unstrung: Women, Men, Narrative, and Principles of Pleasure. In: PMLA 105 (1990), 505–518

Wolff, Jurgen M. (1984): How to pitch ideas. In: *Journal of Film and Video* Jg. 36 (Sommer 1984), Heft 3, 23–34.

Wolff, Jurgen M.; Cox, Kerry (1988): Scriptwriting: How to write and pitch winning scripts for movies, sitcoms, soaps, serials and variety shows. Ohio

Wolff, Jürgen; Ferrante, L. P. (1997): Sitcom: Ein Handbuch für Autoren. Köln

Wollen, Peter (1972): Signs and Meaning of the Cinema. London

Wollen, Peter (1975): Introduction to Citizen Kane. In: Film Reader, no. 1 (1975), 9–15

Wollen, Peter (1982): Readings and Writings: Semiotic counter-strategies. London

Wood, Robin (1981): Howard Hawks. London

Wright, Will (1975): Six Guns and Society: A Structural Study of the West. Berkeley

Wuss, Peter (1992): Der rote Faden der Filmgeschichten und seine unbewußten Komponenten. Topik-Reihen, Kausal-Ketten und Story-Schemata. In: *montage/av* Jg. 1 (1992), Heft 1, 25–35

Young, Elizabeth (1991): The Silence of the Lambs [d. i. Das Schweigen der Lämmer] and the Flaying of Feminist Film Theory. In: *Camera Obscura* Nr. 27 (1991), 5–35

Anmerkungen

Einleitung

1 Prince 1982: 4, Brooks 1984: XIII, Grimm 1996: 11, Turner 1998: 67
2 Bordwell 1985, Leitch 1986, Gaudreault 1987
3 Prince 1982: 83–92, vgl. Cohan/Shires 1988: 54–63
4 Branigan 1992, 118–124, vgl. Ruthrof 1981
5 Browne 1982; Lanser 1981, Wilson 1986, Branigan 1984; vgl. Fleishman
  1992; Allen 1992a: 101–138
6 Bronfen 1999
7 König 1994, Blothner 1999
8 Traube 1992, Feuer 1995, Kellner 1995: 55–93, Creed 1998, Kozloff 1992
9 Stam 1992: 82
10 Eco 1990: 128
11 Aristoteles 1982: 21
12 Vgl. Branigan 1992: 115–119; Eder 1999: 12, Martin 1986: 107
13 Barthes 1988: 104
14 Vgl. etwa Young 1991, Halberstein 1991, Rall 1991; Thompson 1999
15 Die ersten Lehrbücher wurden schon vor rund 90 Jahren veröffentlicht
  (vgl. etwa Hoagland 1912; Ball 1913; Nelson 1913; Phillips 1914; Freeburg
  1918; Dupont 1919; Groth 1919; Emerson/Loos 1920). Ende der siebziger
  Jahre identifiziert THE FILM BOOK BIBLIOGRAPHY rund 20 weitere Titel;
  bekannt wurde insbesondere Eugene Vales THE TECHNIQUE OF SCREEN-
  WRITING aus dem Jahre 1949 (Vale 1987; vgl. auch Rockwell 1975). Seit
  Anfang der achtziger Jahre ist von einem regelrechten Ratgeber-Boom auf
  dem amerikanischen Buchmarkt zu sprechen (vgl. Leff 1981); in den Buch-
  handlungen werden heute gleich Dutzende von Handbüchern angeboten
  (vgl. zum Beispiel Root 1979, Miller 1980, Straczynski 1982, Lawson 1985,
  Longman 1985, Blacker 1986, Field 1987, Packard 1987, Vale 1987, Armer
  1988, King 1988, Swain 1988, Berman 1988, Brady/Lee 1988, Walter 1988,
  Wolff 1988, Brunow 1989, Seger 1989, Karetnikowa 1990, Mehring 1990,
  Hant 1991, Schwarz 1992, Dancyger/Rush 1995, Howard/Mabley 1996,
  McKee 1997, Tobias 1999, Schütte 1999, Bonnet 1999, Frey 2000, Keane
  2002)
16 Field 1987, Field 1991, Field 1994, Vogler 1992
17 Thüna 1992: 7
18 Vogler 1992: 6
19 *Der Spiegel* Heft 35 (25.8.2003) http://www.spiegel.de/spiegel/0,1518,
  262710,00.html

20 Vgl. hingegen Blothner 1999: 237–268
21 de Vany 1995
22 McKee 1997: 6
23 Goldman 1986: 55

1. Eine Erinnerung

24 Field 1991: 76
25 Egri 1946: 36–43
26 Vgl. Herman 1952: 30, Busfield 1958: 89, Schütte 1999: 18–24
27 Wolff/Cox 1988: 48, vgl. Foss 1992: 133
28 Keane 2002: 66
29 Vgl. etwa Herman 1952: 30; Busfield 1958: 89, Vogler 1992: 114, McKee 1997: 183, Kathan 1990: 50, Schütte 1999: 18–24
30 Vgl. den Audio-Kommentar von Callie Khourie auf der DVD
31 Bordwell 1985, Chatman 1978, Branigan 1992, Thompson 1999
32 McGilligan 1986: 1
33 Feil/Kließ 2003: 300 f.; Keane 2002: 104
34 Field 1991: 76
35 Vgl. Eder 1999: 123–128
36 In der englisch-, deutsch- und französischsprachigen Literatur wird dieser Begriff sehr unterschiedlich transliteriert: Neben *syuzhet* heißt es zum Beispiel *sujet* oder *sjuzet* (vgl. etwa Brooks 1984: 13, Prince 1987: 87).
37 Thompson 1995
38 Zur Begrifflichkeit vgl. ausführlich Martin 1986: 107–109
39 Bordwell/Thompson 1986: 84; vgl. Branigan 1992: 119–121; Bordwell 1985: 49–62; Cohan/Shires 1988: 52-82; Christie 1998
40 Thompson 1995: 55
41 Bordwell 1985a: 12
42 Thompson 1995: 55
43 Benjamin 1991: 446
44 Benjamin 1991: 446
45 Freytag 1894: 278–292
46 Archer 1960: 245–251 [zuerst 1912]
47 Archer 1960: 248 [zuerst 1912], eigene Übersetzung
48 Vgl. Scholes/Kellogg 1966: 236, Fell 1980: 36, Armour 1987
49 Vgl. Lippert 1995: 103
50 Thompson 1985: 180, eigene Übersetzung
51 Thompson 1985: 170
52 Langenscheidts Großwörterbuch 1993
53 American Psychiatric Association 1996: 491
54 Fischer/Riedesser 1998: 79; vgl. Kuner/ Schlosser 1988
55 Fischer/Riedesser 1998: 57

56 Fischer/Riedesser 1998: 41

57 Vgl. hingegen Silverman 1983: 146–148

58 Thompson 1995: 57; vgl. auch Bordwell/Thompson 1986: 86

59 Thompson 1995: 57

60 Barthes 1988: 121

61 Thompson 1995: 58; vgl. McKee 1997: 375; Dancyger/Rush 1995: 98

62 Leitch 1986: 158

63 Maltby/Craven 1995: 353

64 Turner 1998: 80

65 Thompson 1995: 58; vgl. McKee 1997: 375; Dancyger/Rush 1995: 98; Maltby/Craven 1995: 353; Leitch 1986: 158

66 Vgl. Bronfen 1999: 478

67 Honeycut 1981

68 Sragow 1983: 12–16

69 Dunne 1997; vgl. Klinger 1990

70 Arch 1992

71 Stuart 1987

72 Klinger 1990: 32, eigene Übersetzung

73 Vgl. McQuarrie 1994: 77–79; vgl. McQuarrie 1996, 89–92

74 Khourie 1990

75 Field 1994: 68

76 Rubin 1989: 12A–13A

77 Arch 1992: 1–8

78 Gelbart 1982

79 Lawton 1989: 90

80 Harris 1988a: 230 f.

81 Harris 1988a: 230

82 Tally 1989

83 Vgl. auch 28 Tage, Nell, Conan – Der Barbar, Cobb, Fletchers Visionen, Halbblut, Sleepy Hollow, Staatsanwälte küsst man nicht, Truman Show, Top Gun, Während du schliefst, Wild at Heart

84 Vgl. auch Crossing Guard, Fearless, Footloose, Sophies Entscheidung

85 Vgl. auch Best Seller, Explosiv, Marvins Töchter, Memento, Mission To Mars, Stanley & Iris

86 Vgl. auch Eine ganz normale Familie

87 Vgl. auch Der Pferdeflüsterer

88 Vgl. auch Bound, Sphere – Die Macht aus dem All, Das fünfte Element, Victor/Victoria, Die Braut, die sich nicht traut, Stirb langsam, Kindergarten Cop, Sweet Home Alabama

89 Vgl. auch Sleepers, Thelma und Louise

90 Vgl. Taxi Driver

91 Vgl. Payback

92 Vgl. Esterhas 1991

93 Schedlich 1998: 40–47; vgl. Wilson/Raphael 1993: 395–526
94 Vgl. Green 1993: 138–141, Fischer/Riedesser 1998: 129
95 Zu CASABLANCA vgl. zum Beispiel Koch 1973; Anobile 1974; Faulstich/
    Faulstich 1977: 61–115; Faulstich 1980: 122–139; zu CITIZEN KANE vgl.
    Bazin 1980, Bordwell 1976; Carringer 1985; Kael 1971, Naremore 1978,
    Wollen 1975
96 *epd film* 9 (1998): 2
97 Hickethier 1991: 293
98 Wollen 1982: 49
99 Kreutzner 1991: 324
100 Maltby/Craven 1995: 345
101 Vgl. die CD-ROM Cinemania (1997); vgl. Branigan 1984: 35
102 Bordwell/Thompson 1986: 109
103 Bordwell 1995a
104 Vgl. etwa Kael 1971; Bordwell 1976; Carringer 1976; Naremore 1978; Leff
    1985; Cardullo 1986; Hickethier 1991; Mulvey 1992: 149–54
105 Carroll 1996
106 Deutelbaum 1986: 59
107 Vgl. Cardullo 1986: 169
108 Giannetti 1988: 430; vgl. Turim 1989: 113; Wollen 1982: 58
109 Armes 1976: 23
110 Borges 1971: 127
111 Armes 1976: 21
112 Rall 1991: 138
113 Tasker 1998: 102
114 Vgl. Harris 1988a: 25

2. Zwei Welten

115 Campbell 1978: 43
116 Campbell 1978: 43
117 Campbell 1978: 36
118 Müller 1941: 38
119 Polti 1895: 37
120 Müller 1941: 38–49
121 Tobias 1999: 87–314
122 Tobias 1999: 101
123 Bordwell 1989: 188
124 Campbell 1978: 36
125 Campbell 1978: 42
126 Todorov 1993: 11 f.
127 de Lauretis 1984: 113–125
128 Joyce 1939: 581

129 Larsen 1991
130 Vgl. Sautter 1988: 88 f.; Wolff 1984: 24
131 Vgl. auch Field 1994: XIV; Seger 1989: 95–105
132 Field 1994: XIV
133 Vgl. auch McConnell 1979: 7–16; Bonnet 1999, 22
134 Seger 1989: 94
135 Vogler 1992: VII
136 Eine Ausnahme ist allerdings Martin 1986: 88 f.
137 Prince 1987: 56; vgl. Scholes/Kellogg 1966: 218 f.; Fuhrmann 1992: 26
138 Martin 1986: 91
139 Frye 1957
140 Cunningham 1992: 37; Scholes 1979: 26 f.; eine ausführliche Kritik findet sich in Winnett 1990
141 Jung 1957: 14
142 Jung 1957: 103
143 Campbell 1978: 26
144 Campbell 1978: 247
145 Campbell 1978: 247
146 Campbell 1978: 9; vgl. Campbell 1994: 43
147 Campbell 1978: 237
148 Campbell 1978: 237
149 Vgl. Traube 1992: 97–122
150 Vgl. GELIEBTE APHRODITE, MOULIN ROUGE
151 Vgl. SANFTE AUGEN LÜGEN NICHT
152 Vgl. hingegen MY BIG FAT GREEK WEDDING: Hier sieht die Griechin ihre Familie plötzlich mit den Augen ihres amerikanischen Bräutigams.
153 Fischer 1990, 211
154 Vgl. TÖDLICHE WEIHNACHTEN
155 Vgl. Tasker 1998: 30–35
156 Vgl. MRS. DOUBTFIRE
157 Vgl. LASS MICH MAL RAN
158 Vgl. auch JUNIOR
159 Vgl. THE BIRDCAGE
160 Vgl. WIE DER VATER, SO DER SOHN
161 Vgl. auch ALWAYS; BEINAHE EIN ENGEL; MADE IN HEAVEN
162 Vgl. PHILADELPHIA, GEBOREN AM 4. JULI, PASSION FISH
163 Bronfen 1999: 36
164 Bronfen 1999: 86
165 Bronfen 1999: 38
166 Bronfen 1999: 44
167 Bronfen 1999: 95
168 Bronfen 1999: 115
169 Bronfen 1999: 117
170 Bronfen 1999: 146

171 Barthes 1988: 147
172 Barthes 1988: 147
173 Vgl. Heath 1981: 136
174 Seger 1989: 15; vgl. Dancyger/Rush 1995: 168; Miller 1984: 38
175 McKee 1997: 37
176 McKee 1997: 37
177 McGilligan 1986: 156
178 Dancyger/Rush 1995: 24
179 Bremond 1972; Bremond 1973; vgl. Bordwell 1988
180 Vgl. auch die Modifizierungen in Rimmon-Kenan 1983: 13–28; Martin 1986: 96; Prince 1987: 100
181 Neitzel 2000: 90
182 Branigan 1992: 4; vgl. Lippert 1995: 105
183 Blothner 1999: 195
184 Vgl. DER HIMMEL ÜBER BERLIN, STADT DER ENGEL
185 Branigan 1992: 4
186 *epd film* 9/98: 2
187 Vogler 1992: 102
188 Rushdie 1992: 23
189 http://uk.imdb.com/Mlinks? Wizard+of+Oz,+The+1939
190 Bronfen 1999: 538
191 Vgl. Tally 1989a: 22
192 Rushdie 1992: 57
193 Vgl. jedoch Bronfen 1999: 204
194 Bloem 1924: 132
195 Bordwell 1995: 163; vgl. Bordwell 1985: 157
196 Vgl. Wolff/Cox 1988: 23; Field 1991: 67; Howard/Mabley 1996: 64–67
197 Egri 1946: 93
198 Gaines 1992: 1; Dancyger/Rush 1995: 21
199 Bordwell 1985: 35; vgl. auch Labov 1967
200 Schütte 1999: 25; vgl: auch Waller 1990: 113–115
201 Campbell 1978: 254
202 Campbell 1978: 254
203 Der Akzent wird in der deutschsprachigen Fassung nicht erwähnt.
204 Deleuze 1989: 201
205 Campbell 1978: 97

3. Drei Erzählphasen

206 Campbell 1978: 237
207 Campbell 1978: 237 f.
208 Campbell 1978: 238
209 Field 1991: 39

210 Field 1991: 29; Field 1994: XVI; vgl. Tobias 1999: 13; Miller 1984: 35

211 Field 1991: 38

212 Field 1991: 39–41; Field 1994: XVII

213 Vgl. Dancyger/Rush 1995: 16; Eder 1999: 31; Schatz 1981: 30

214 Seger 1989; Wuss 1992

215 Field 1991: 40; vgl. Schütte 1999: 59–63

216 Wolff/Cox 1988: 94

217 Khouri 1990; Tally 1989a

218 Field 1991: 40

219 Wolff/Cox 1988: 18

220 Wolff/Ferrante 1997: 38

221 Aristoteles 1982: 33

222 Aristoteles 1982: 25

223 Aristoteles 1982: 25

224 Vgl. etwa Field 1994: 153; Seger 1989: 3–25; Wolff/Cox 1988: 18–20; Howard/Mabley 1996: 45–47; McKee 1997: 217–219; Schütte 1999: 59 f.; Tobias 1999: 26-29

225 Howard/Mabley 1996: 357

226 Vgl. Dancyger/Rush 1995: 18

227 Vgl. Matthews 1885, Matthews 1919; Freytag 1894

228 Thompson 1985: 168; vgl. Matthews 1885; Matthews 1912; Archer 1960 [zuerst 1912]; Andrews 1915

229 Thompson 1985: 168

230 Freytag 1894: 26

231 Freytag 1894: 171–185

232 Freytag 1894: 102

233 Field 1991: 40

234 Vgl. etwa Seger 1989: 1–74

235 Vgl. etwa Rowe 1996: 112–115

236 Field 1991: 44

237 Field 1991: 47

238 Field 1991: 129

239 Freytag 1894: 120

240 Freytag 1894: 121

241 Freytag 1894: 2

242 Vgl. Altman 1992: 9–47; Bordwell 1985a: 13

243 Fell 1986: 10–36; vgl. Armour 1987

244 Vgl. McLuhan 1991: 18

245 Freytag 1894: 102

246 Field 1991: 42

247 Seger 1989: 17; vgl. Tobias 1999: 28

248 Field 1991: 142

249 Field 1994: 17

250 Field 1991: 45

251 Vgl. Khouri 1990: 110

252 Field 1994: 63

253 Field 1991: 43; Field 1994: 25

254 Field 1994: 25

255 Freytag 1894: 107 f.

256 Field 1994: 25

257 Field 1991: 151

258 Field 1994, 189

259 Field 1994: XVIII

260 Schütte 1999: 76

261 Field 1991: 148; Field 1991: 147

262 Field 1991: 144

263 Freytag 1894: 94

264 Freytag 1894: 93

265 Freytag 1894: 115

266 Vgl. Field 1991: 141

267 Vgl. Field 1991: 150

268 Vgl. Field 1991: 149–152

269 Vgl. König 1994

270 Thompson 1999: 131–154

271 Vgl. allerdings Thompson 1999: 50–76

272 Diese Ermittlungen sind nicht im Bild zu sehen. Sie werden von Crawford in der 88. Minute bei einem Telefongespräch zusammengefasst.

4. Trennung

273 Barthes 1988: 254

274 Barthes 1988: 237

275 Seger 1989: 6; vgl. Field 1994: 105–110

276 Vgl. Miller 1984: 36

277 Barthes 1988: 234

278 Bordwell 1985a: 63

279 Fischer 1993; Chunovic 1995

280 Foster 1997

281 Vgl. King 1985; Dyer 1979: 109–148

282 Rall 1991: 136

283 Field 1994: 170 f.

284 Tally 1989a: 1

285 Seger 1989: 6

286 Bordwell 1995: 171

287 Bordwell 1995: 171

288 Vgl. Stuart 1987

289 Goldman 1986: 164 f.

290 Goldman 1986: 164 f.

291 Fischer 1993: 86; Chunovic 1995; Foster 1997

292 Brooks 1984: 39

293 Brooks 1984: 39

294 Brooks 1984: 39

295 Brooks 1984: 61

296 Vogler 1992: 106

297 Vogler 1992: 107

298 Dancyger/Rush 1995: 35

299 Schatz 1981: 33; vgl. Tasker 1998: 26

300 Cunningham 1992: 32

301 Fischer 1990: 205

302 Fischer 1990: 208

303 Vgl. Tasker 1998: 43–47

304 Vgl. Traube 1992: 108; Kael 1989: 81

305 Tasker 1998: 26

306 Tasker 1998: 21

307 Tasker 1998: 26; zur Diskussion des *cross-dressing* vgl. etwa die Textsammlung Ferris 1993

308 Tasker 1998: 35

309 Tasker 1998: 26

310 Vgl. Mann 1990: 22

311 Schlesinger 1990: 3

312 Cunningham 1992: 36

313 Lucas 1976: 17

314 Thompson 1997: 59–94

315 Thompson 1997: 89; vgl. Thompson 1999

316 Vgl. CD-ROM Cinemedia (1997)

317 Thompson 1997: 70

318 Schlesinger 1990: 3

319 Vgl. Schatz 1981: 150–185; Henderson 1986: 311 f.

320 Vgl. Wade 1987: 9

321 Heath 1981; vgl. Neale 1983

322 Todorov 1972

323 Todorov 1977: 111

324 Heath 1981: 136

325 Heath 1981: 136

326 Heath 1981: 136

327 Vgl. etwa Paech 1988: 7 f.

328 Belton 1994: 22; vgl. Nelmes 1996: 112–115

329 Carroll 1988: 167

330 Carroll 1988: 165

331 Todorov 1977: 111

332 Carroll 1988: 165

333 Carroll 1988: 165

334 Vgl. Wollen 1972: 80–94; Wood 1981: 68–71; Cavell 1981: 113–131

335 Nelmes 1996: 113

336 Nelmes 1996: 114

337 Diese Begriffe wurden zum Beispiel im Winter 1999 in einer Diskussion in der *mailinglist* »Drehbuchforum« verwandt (http://www.drehbuch forum.de).

338 Seger 1989: 12 f.; Schütte 1999: 65; Hant 1991; Gesing 1994; Egri 1946: 178–186

339 Freytag 1894: 106

340 Freytag 1894: 107

341 Freytag 1894: 107

342 Campbell 1978: 41

343 Campbell 1978: 62

344 Vogler 1992: 117

345 Campbell 1978: 56

346 Bordwell 1985a: 17; vgl. Maltby/Craven 1995: 333

347 Campbell 1978: 56

348 Vgl. auch Baby Boom

349 Carroll 1996: 87; vgl. Carroll 1988: 147–181; Eder 1999: 17

350 Pudowkin 1983: 201

351 Carroll 1988: 171

352 Carroll 1996: 94–117; Carroll 1988: 170–183

353 Vgl. Eder 1999: 17

354 Carroll 1988: 171

355 Carroll 1988: 174 f.; zur Differenzierung zwischen Szene und Sequenz vgl. Rother 1997: 267

356 Campbell 1978: 63

357 Campbell 1978: 66

358 Arch 1992: 1–15

359 Truffaut 1973: 230; vgl. Wollen 1982: 27

360 Wollen 1982: 23

361 Propp 1972: 26

362 Propp 1972: 36–39

363 Propp 1972: 97

364 Wollen 1982: 31

365 Vgl. die Analysen Erens 1977; Turner 1998: 67–71; Fiske 1987: 135–142; Fell 1977; Silverstone 1981; Berger 1981: 91–114; Giles 1986: 67–84

366 Vgl. die Kritik von Kozloff 1992: 72; Bordwell 1988: 16

367 Wollen 1982: 24–32

368 Wollen 1982: 26

369 Wollen 1982: 40

370 Persons 1992a: 25

371 Campbell 1978: 79

372 Vogler 1992: 131; Bonnet 1999: 60
373 Vogler 1992: 131
374 Campbell 1978: 75
375 Lucas 1976: 39
376 Vgl. McConnell 1979: 17–20
377 Campbell 1978: 72
378 Campbell 1978: 75
379 Vgl. Vogler 1992: 137–144
380 CD-ROM Cinemedia 1997
381 Vgl. König 1994a
382 Vgl. Prince 1987: 2; Rimmon-Kenan 1983: 35
383 Greimas 1973
384 Barthes 1988: 261
385 Greimas 1971: 165
386 Cohan/ Shires 1988; vgl. auch Foss 1992: 148–154
387 Katsahnias 1991: 56
388 Campbell 1978: 72
389 Danziger 1994: 9
390 Campbell 1979: 79

5. Prüfungen

391 Vogler 1992: 152
392 Vgl. jedoch Campbell 1978: 97–187; Campbell 1978: 237 f.; Vogler 1992: 16
393 Lotman 1970: 327
394 Lotman 1973: 205
395 Neitzel 2000: 46
396 Campbell 1973: 79
397 Campbell 1978: 83
398 Vogler 1992: 152–154
399 Vogler 1992: 154
400 Schlesinger 1990; Cunningham 1992
401 Lucas 1976: 48
402 Campbell 1978: 237
403 Campbell 1973: 79
404 Campbell 1978: 97
405 Vogler 1992: 158
406 Tobias 1999
407 Bordwell 1995: 166
408 Vgl. Shanley 1986: 74–144
409 Vgl. Lawton 1989: 92–95
410 Tally 1989: 31

411 Bordwell 1985a: 16; vgl. Bordwell 1985: 156
412 Vgl. Staiger 1993, Clover 1992: 233
413 Tasker 1998: 12
414 Vgl. etwa Kabir 1998: 208–231, Jennings 1995: 193–206; Traub 1995: 115–136
415 Harris 1988a: 354 f.
416 Tally 1989: o. S.; Tally 1989a: 93
417 Tasker 1998: 105
418 Vgl. zusammenfassend Tasker 1998: 91–113
419 Bordwell 1985: 157
420 Eder 1999: 96
421 Eder 1999: 96
422 Bordwell 1985: 157; vgl. Bordwell 1985a: 44–46
423 Vgl. Drake 1993: 25
424 Bordwell 1985: 40
425 Bordwell 1985: 57
426 Branigan 1992: 72–83
427 Vgl. dagegen Branigan 1992: 76 f.
428 Vgl. Carroll 1996
429 Branigan 1992: 75
430 Truffaut 1973: 65
431 Chomsky 1973: 19
432 Chomsky 1973: 30
433 Vgl. dazu ausführlich Lyons 1971: 73–82
434 Rumelhart 1975
435 Pavel 1985: 13
436 Pavel 1985: 17
437 Pavel 1985: 19
438 Dies ist ein Unterschied zu Pavels Diagrammen, bei denen die Lektüre links unten beginnen und rechts oben enden soll. Pavel selbst hat aber auch mit anderen Anordnungen experimentiert, sodass die neue Aufteilung keinen Bruch mit seinem System bedeutet (Pavel 1985: 134).
439 Vgl. Rall 1991: 134 f.
440 Vgl. Staiger 1993
441 Vgl. Dancyger/Rush 1995: 134–145
442 Cunningham 1992: 36
443 Tally 1989a: 61
444 Campbell 1972: 237
445 Schlesinger 1990
446 Vogler 1992: 24
447 Vogler 1992: 174
448 Campbell 1972: 106
449 Campbell 1972: 106
450 Campbell 1972: 106

451 Vogler 1992: 181–201
452 Turim 1989: 1
453 Bordwell 1985: 74–98
454 Branigan 1984: 212
455 Branigan 1992: 173–177; vgl. Bordwell 1985a: 43
456 Persons 1992b: 39
457 Balázs 1982: 83
458 Eichenbaum 1974: 34
459 Tynjanow 1974: 48
460 Pudowkin 1983: 307
461 Balázs 1972: 63
462 Milne 1969: 72 f.
463 Kobal 1980
464 Goldau/Prinzler 1987: 38 f.
465 Levaco 1974
466 Vgl. Katsahnias 1991: 57
467 Faulstich 1995: 278
468 Tally 1989: 87 f.; vgl. auch Tally 1989a
469 Campbell 1978: 164
470 Vogler 1992: 203–211
471 Vogler 1992: 206
472 Vogler 1992: 209
473 Barthes 1985: 36
474 Adorno 1963: 92; vgl. Adorno 1963a
475 Adorno 1963: 90 f.
476 Adorno 1963: 91; vgl. Lippert 1995: 103
477 Adorno 1963: 92
478 Lawton 1989: 104

6. Ankunft

479 Vogler 1992: 217
480 Campbell 1978: 238
481 Vogler 1992: 217; vgl. Armes 1994: 67
482 Vogler 1992: 219
483 Campbell 1978: 238
484 Campbell 1978: 191
485 Cunningham 1992
486 Hickethier 1996: 133
487 Zit. n. McKee 1997: 310; vgl. Goldman 1986: 146–153
488 McKee 1997: 311
489 Seger 1989: 22; vgl. McKee 1997: 309–312; Howard/Mabley 1996: 74
490 Freytag 1894: 120

491 Freytag 1894: 122 f.
492 Vgl. etwa Foss 1992: 168
493 Seger 1989: 22
494 Vgl. etwa Foss 1992: 160
495 Vogler 1992: 230
496 Vgl. Neupert 1995: 35–74
497 Vogler 1992: 227; vgl. Campbell 1978: 237
498 Rother 1997: 269
499 Vgl. Vogler 1992: 230
500 Salt 1978: 149; Thompson 1985: 175; zu einer abweichenden Datierung vgl. Jesionowski 1987: 60
501 Engell 1995: 187–212
502 Engell 1995: 192
503 Engell 1995: 192
504 Engell 1995: 195
505 Wright 1975: 46
506 Engell 1995: 195
507 Engell 1995: 195
508 Persons 1992: 26
509 Engell 1995: 196
510 In Einzelbildschaltung sind zwischen den Schüssen jeweils mehrere *frames* Schwarzfilm zu erkennen. Diese wurden hier nicht als einzelne Einstellungen gezählt, obwohl dies technisch gesehen korrekt wäre.
511 Engell 1995: 200
512 McKee 1997: 311
513 Field 1991: 195
514 Vgl. Berger 1997: 63–69; Eder 1999: 69; Schütte 1999: 75
515 Vgl. Field 1994: 73
516 Khourie 1990: 128
517 Carroll 1996: 100–117
518 Field 1994: 65; vgl. allerdings Vogler 1992: 227–244
519 Bordwell 1985: 159
520 Vogler 1992: 257
521 Gillain 1981: 32
522 Hant 1991: 101; vgl. Eder 1999: 71
523 Bordwell 1985: 159
524 Eder 1999: 69
525 Neupert 1995: 33
526 Neupert 1995: 89
527 Neupert 1995: 37
528 Neupert 1995: 36–38
529 Bellour 1986: 66
530 Bordwell 1985: 202
531 Labov 1972: 363

532 Campbell 1978: 238

533 Labov 1972; vgl. Martin 1986: 98

534 Branigan 1992: 18

535 Branigan 1992: 18

536 Boyle 1984: 59

537 Campbell 1978: 221

538 Campbell 1978: 229

539 Solomon 1976: 116

540 Tally 1989: o. S.; vgl. Tally 1989a: 119

541 Martin 1986: 95

542 Thompson 1988

7. Erzählung und Exzess

543 Salewicz 1998: 37

544 Vgl. Huetlin 1999: 306; vgl. auch die Hitliste in der *Internet Movie Database* http://uk.imdb.com/Charts/usatopmovies; http://www.wikipedia.org/wiki/List_of_highest_grossing_films

545 http://www.boxofficeguru.com/blockbusters.htm

546 Die Zahl der Versionen, die Lucas schrieb, ist heute nicht mehr rekonstruierbar. Erhalten und zugänglich sind drei Fassungen aus den Jahren 1974–1976: Die früheste Version ist ein nicht nummeriertes, so genanntes *rough draft*, das die vage Datumsangabe »5/1974« trägt. Des Weiteren sind ein *second draft* von 1975 sowie ein *revised fourth draft* von 1976 überliefert. Diese Fassung wurde unter der Bezeichnung »public draft« im WWW veröffentlicht (http://www.godamongdirectors/com/scripts). Sie entspricht bis auf eine Reihe nicht verwendeter Szenen der Verfilmung, deren Dreharbeiten drei Monate nach Fertigstellung des Buchs begannen. Eine dritte Fassung, die Lucas im August 1975 abgeliefert haben soll, ist nicht erhalten (Salewicz 1998: 51).

547 Lucas 1974; Lucas 1975; Lucas 1976

548 Vgl. Cole/Haag 1995

549 Gunning 1986; vgl. auch Gunning 1998

550 Vgl. etwa Sadoul 1982: 21–44; Toeplitz 1987: 22–26

551 Vgl. auch Pearson 1998: 17

552 Gaudreault 1990; vgl. auch Burch 1990

553 Gunning 1986: 67

554 Eisenstein 1923: 46

555 Eisenstein 1923: 48

556 Eisenstein 1923: 46

557 Engell 1992: 88

558 Duden ›Etymologie‹ 1989: 50

559 Gunning 1986: 66

560 Thompson 1985: 168
561 vgl. Pearson 1998: 31; Fell 1986; Fell 1980: 30–37; Armour 1987
562 *Saturday Evening Post* 23. 11. 1907, zit. n. Fell 1986: 206; vgl. Fell 1980, 30–37; Armour 1987
563 Gunning 1986: 70
564 Morsch 1999: 28; Kessler 1993: 118
565 Manthey 1999: 264
566 Gunning 1986: 70
567 Gunning 1986: 66
568 Lucas 1976: 3
569 Vgl. Salewicz 1998: 46; Bonnet 1999: 7
570 Henderson 1998: 203
571 Vgl. auch Manthey 1999: 70
572 Salewicz 1998: 45
573 Vgl. Friedman 1999: 120; Distelmeyer 1999: 21
574 Bordwell 1995: 153
575 Leitch 1986: 194; vgl. Dyer 1994: 7–10; Kuchenbuch 1987: 152
576 *Süddeutsche Zeitung* 31. 10. 81
577 Feuer 1982: 7
578 Feuer 1982: 8
579 Feuer 1982: 47
580 Waller 1990; vgl. Studlar/Desser 1990
581 Vgl. Rieser 1999: 9 f.
582 *epd film* 8/1996, 46
583 Schickel 1996
584 Vgl. Morsch 1999: 31
585 Tasker 1993; vgl. Kirchmann 1999: 47 f.
586 Rother 1997: 270
587 Kloos/Reuter 1980: 84
588 Kloos/Reuter 1980: 90
589 McCarty 1989: 55
590 *cinema*. Heft 303 (August 2003): 75
591 Eisermann 1999: 22–24
592 Morsch 1999: 36
593 Reid 1993: 33; vgl. Kaltenecker 1999: 67–72
594 Rother 1997: 235
595 Thompson 1986: 130
596 Thompson 1986: 134; Thompson 1981; Thompson 1986: 130–142; Thompson 1988: 259–262; vgl. auch Lotman 1979: 161–184
597 Thompson 1986: 135
598 Vgl. Charney 1990
599 Bordwell 1985: 53
600 Bordwell 1985: 53
601 Bordwell 1985: 53

602 Altman 1992: 30–47
603 Thompson 1986: 140

8. Erzählung und Fortsetzung

604 Harris 1988; Harris 1988a
605 Harris 2001: 22
606 *New York Times* 30. 3. 1999
607 *Universal Press Release* 20. 2. 2000; vgl. King 1999
608 *Entertainment Weekly* 19. 2. 2000
609 http://hannibal.simplenet.com/lecter/html/news.html; vgl. auch http://newmovies.8m.com/2000.hannibal.html
610 *Hollywood Reporter* 24. 2. 2000
611 Vgl. http://upcomingmovies.com/hannibal.html; *Variety* 28. 12. 1999
612 Paech 1988: 113–121; Hagedorn 1988; Singer 1998
613 Gerhold 1994: 184
614 Gerhold 1994: 186
615 Parish 1971; Weiss/Goodgold 1972; Stedman 1977; Kinnard 1983
616 Singer 1998: 103
617 Hagedorn 1988, 9 f.
618 Horst 2003: 26
619 Kinnard 1983; Stedman 1977
620 Singer 1998: 100
621 Rother 1997: 267
622 Cinemedia 1997
623 Vgl. dazu ausführlich Krützen 2002
624 Heute wird der Film zumeist unter dem Titel Roter Drache verliehen.
625 Das Gebäude war in der Zwischenzeit abgerissen worden.
626 Audiokommentar des Regisseurs auf der DVD-Fassung von Roter Drache.
627 Harris 2001: 290
628 Adorno 1963: 92; vgl. Adorno 1963a
629 Harris 1988a: 27 f.
630 http://hannibal.simplenet.com/lecter/html/news.html (The SOTL Sequel Site)
631 Karstens/Schütte 1999: 72 f.
632 Brandt 1995: 64
633 Brandt 1995: 64
634 In Deutschland wurde die Serie von VOX ausgestrahlt.
635 Staffel 03/Folge 16
636 http://www.nbc.com/profiler
637 Staffel 2/Folge 4
638 Kozloff 1992: 72

639 Staffel 06/Folge 07
640 Staffel 01/Folge 03; Staffel 01/Folge 06;
641 Staffel 01/Folge 03; Staffel 01/Folge 1; Staffel 02/Folge 10
642 Vgl. etwa Staffel 01/Folge 01
643 Porter 1982: 783
644 Holtgreve/Adolph 1995: 40
645 vgl. Allen 1995, Allen 1985, Allen 1989; Mikos 1987: 6
646 Mahlke 1984: 44
647 Mahlke 1984: 44
648 Kozloff 1992: 91

Register der erwähnten Spielfilme und TV-Serien

Spielfilme und TV-Serien werden unter ihrem deutschen Verleihtitel geführt, der nur in Ausnahmefällen mit dem Originaltitel übereinstimmt. Wurde der englischsprachige Titel im deutschen Verleih verwendet, so ist auch in diesem Fall der Artikel nachgestellt (PLAYER, THE). Hinweise auf DAS SCHWEIGEN DER LÄMMER sind nicht eigens aufgeführt.

Danksagung

Für ihre Hilfe bei der Fertigstellung dieses Buches möchte ich Christa Karpowitz und Klaudia Brunst danken.

Die Anregungen von Paul Ludwig und Dr. Jessica Eisermann waren eine große Hilfe. Hans Georg Andres, Bettina Flitner, Dieter Jansen, Wanda Puvogel, Claudia Schedlich, Birgit Schulz, Dietlinde Stroh, Bettina Tronich, Petra Uher und Bettina Wente haben mir während der Abfassung des Textes zur Seite gestanden. In besonderer Weise unterstützt haben mich Claudia Odekerken sowie Doris, Andreas und Patrick Krützen. Ihre Hilfe war von unschätzbarem Wert.

Dank auch an die Mitarbeiterinnen der Abteilung I der *Hochschule für Fernsehen und Film* (München), insbesondere an Margit Werb, Margit Hausen und Bettina Trapp, sowie an die Studierenden der Kurse 2001 und 2002. Für eine Filmwissenschaftlerin ist es eine ganz besondere Herausforderung, Filmpraktiker zu unterrichten.

Nicht nur während meines Habilitationsverfahrens an der Universität zu Köln hat mich Prof. Dr. Renate Möhrmann tatkräftig unterstützt. Prof. Dr. Elmar Buck stellte mich im April 1985 als studentische Hilfskraft ein und begleitete mich sechzehn Jahre später, im April 2001, auf dem Weg zu meiner Antrittsvorlesung in die Aula der Universität zu Köln. Er hat mich als Mentor auf meiner ›Reise‹ begleitet; dafür sei ihm gedankt.

Gewidmet ist dieses Buch meinen Eltern.